普通高等教育"十一五"国家级规划教材
"十三五"国家重点图书出版规划

王斯德 主编

世界通史 第三版

第二编　工业文明的兴盛
——16—19世纪的世界史

沐涛　李宏图　王春来　卢海生 ◎ 著

华东师范大学出版社
·上海·

图书在版编目(CIP)数据

世界通史.第二编,工业文明的兴盛:16—19世纪的世界史/王斯德主编.—3版.—上海:华东师范大学出版社,2020

ISBN 978-7-5760-0237-9

Ⅰ.①世… Ⅱ.①王… Ⅲ.①世界史-高等学校-教材②世界史-近代史-高等学校-教材③世界史-现代史-高等学校-教材 Ⅳ.①K10

中国版本图书馆CIP数据核字(2020)第097008号

世界通史(第三版)第二编
工业文明的兴盛——16—19世纪的世界史

主　　编	王斯德
著　　者	沐　涛　李宏图　王春来　卢海生
责任编辑	范耀华
项目编辑	张　婧
特约审读	朱　茜
责任校对	王丽平
装帧设计	俞　越
出版发行	华东师范大学出版社
社　　址	上海市中山北路3663号　邮编 200062
网　　址	www.ecnupress.com.cn
电　　话	021-60821666　行政传真 021-62572105
客服电话	021-62865537　门市(邮购)电话 021-62869887
地　　址	上海市中山北路3663号华东师范大学校内先锋路口
网　　店	http://hdsdcbs.tmall.com
印刷者	浙江临安曙光印务有限公司
开　　本	787毫米×1092毫米　1/16
印　　张	21.25
字　　数	439千字
版　　次	2020年5月第3版
印　　次	2024年8月第5次
书　　号	ISBN 978-7-5760-0237-9
定　　价	54.00元
出版人	王　焰

(如发现本版图书有印订质量问题,请寄回本社客服中心调换或电话021-62865537联系)

Preface 前 言

人类历史、人类文明社会的历史和世界历史是类似同心圆结构的三个既有重合又有不同的概念。其中,人类历史是涵盖面最大的圆,从地球上出现最初的人类群体算起,大约已有三百多万年;人类的文明史一般指脱离了蒙昧和野蛮状态、有了文化传承和形成了社会运作机制的人类历史,这样的文明社会历史大约已有五六千年;世界历史则是最小的圆,它是指人类社会进入了整体性发展、形成了世界性体系结构的现代工业文明时代以来的历史,正如马克思和恩格斯所说:"大工业……首次开创了世界历史,因为它使每个文明国家以及这些国家中的每一个人的需要的满足都依赖于整个世界,因为它消灭了以往自然形成的各国的孤立状态。"①这一工业文明时代的历史大约发端于16—18世纪,目前仍在延续、发展。

《世界通史》,顾名思义是对世界历史的通观,它所考察的对象应当是人类社会作为一种整体性历史运动的发展进程。它之所以区别于国别史和地区史,首先就在于它以"世界"——人类社会的整体作为自己的考察对象和研究视域;而它之所以区别于更广义的人类史或人类文明史,也在于它所确立的中心概念——"世界"具有结构意义上的特殊内涵,而不是一般意义的对人类社会的泛指。然而,人类社会的发展并非一开始就具有世界性,"世界史不是过去一直存在的;作为世界史的历史是结果"②。严格意义上的"世界历史"只是在最近的五百年间才逐步形成,尽管在发展的速度和程度上这五百年的变化是以往任何时段所不能比拟的,但毕竟只是人类历史长河中短短的一程。而且,世界历史的发生学研究也需要从人类社会的各个时段、各个局部的发展形态中破解整体性运动得以形成的历史基因及其组合密码。因此,《世界通史》对人类社会整体运动的考察不可能仅限于五百年左右的世界历史,在内容上必然要扩及世界历史的漫长前史,贯通人类社会从远古以来、迄今为止的历史总进程,包含着前世界历史时代的地域性历史。

从总体上看,人类社会的发展线索可以概括为两个基本向度:

一是纵向的发展,主要指人类文明形态的演进。以生产力和生产关系的发展为主轴,人类社会由文明的低级阶段向高级阶段演进,迄今已发生过两次大的文明转型,即从原始的采集、游猎文明向农业(游牧)文明的嬗变;从农业文明向工业文明的飞跃。目前,人类社会正在继续向更高级的后工业的新型文明演化。虽然在进入工业社会前,各地区、各民族的具体文明形态表现不一,各自的发展路径别具特色,但在多样性中仍然展现了人类文明由生产力

---

① 《马克思恩格斯选集》第1卷,北京:人民出版社,1972年版,第67页。
② 《马克思恩格斯选集》第2卷,北京:人民出版社,1972年版,第112页。

水平较低的简单生产方式向生产力水平较高的复杂生产方式发展的总趋势,以及发展水平大致相当的诸文明区域之间生产方式的共性特征。这些在相对孤立的发展条件下形成的文明共性,一方面反映了人类作为生物种群的统一性和作为社会种群在行为方式上的普遍性;另一方面也说明了即使在地域性文明时期,人类整体性发展的基因已经存在,这就为后来工业文明的全球性扩展提供了前提。

二是横向的发展,主要指不同文明间的接触、交流、融合、冲突和主流文明的扩展。人类社会的早期文明呈点状分布,在各个原始民族的群落独立地发展,以后随着生产能力的提高和共同体结构的扩大,高度分散的文明点逐渐聚合为较大范围的文明区域。在自然经济条件下,人们既缺乏远距离沟通的技术手段,也缺乏外向型发展的驱动力,所以文明的横向扩展是有限的。诸文明区域间的接触和交流主要发生在交通相对便利的欧亚大陆和北非,主要形式是互通有无的贸易和由商人、宗教使者、探险家推动的文化交流,而历史上通过军事征战一度建立的跨地域大帝国(如阿拉伯帝国、蒙古帝国、奥斯曼土耳其帝国等)也在客观上促进了不同区域间文明的交流。但总体来看,各个地区的民族和国家基本上沿着各自的传统发展路线平行地发展,地域性特征相当明显。至于有些地区,如撒哈拉以南非洲、美洲和澳洲,因为有沙漠、大洋的阻隔,更是处在与其他地区基本隔绝或完全隔绝的状态,文明发展的孤立性更为突出。一直到15世纪末,由于人类社会的横向发展受到纵向发展的严重制约,地域性历史的格局并没有根本的变化。

人类社会从地域性历史向世界历史的跨越是横向发展进程中的重大突破,这一具有根本性转折意义的突破是与纵向发展进程中文明形态的重大飞跃——工业文明的兴起联系在一起的。由于工业生产方式从根本上改变了人类受土地束缚的自然经济形态,极大地拓展了人类生存和活动的空间,同时,工业生产方式所提供的经济增长和财富积累的巨大可能性也强烈地刺激了人们追求利益的欲望和不断扩大再生产的需求。这一社会发展机制上的革命性变化带动了全方位的社会形态的变革,人类由传统的农业社会进入了现代工业社会,这个意义上的社会转型也就是通常所说的"现代化"。

现代化的世界进程也就是世界历史的形成过程。这一过程开始于西欧。1500年前后,西欧地区社会结构中有利于制度创新的各种因素通过一系列彼此联结的历史运动(如文艺复兴、地理大发现、宗教改革……)而会聚、互动,最终为工业文明的诞生准备了知识基础、制度环境和政治、经济、文化条件。16—18世纪的200年间,西欧地区的科学革命、思想革命、政治革命和产业革命接踵而至,在英法等国首先塑造了现代社会的原型。此后,就开始了工业文明向全球的扩展。与此同时,以西欧国家为中心的殖民体系作为工业文明扩展的载体被建立起来,到19世纪末,随着世界被列强瓜分即殖民地的"全球化"而形成了世界历史的第一种结构形态——欧洲列强支配的资本主义世界体系。这种形态的世界体系虽然已经具备了一个辐射世界的经济体,即欧洲国家运作的世界市场,但它的世界性又是不充分的,因为世界上大部分国家和地区并未获得进入世界体系的自主权。从这个意义上说,16—19世纪的世界史还只是世界历史的初级阶段。人类社会的整体性发展已经在工业文明的扩展中启动,但是由于工业文明的发展程度还不高,世界体系的早期形态还延续着传统的帝国式政治结构,欧洲之外的大部分地区还未能展开自主的现代化进程,所以,这一阶段的人类社会整体性运动尚处在较低的水平,很多国家的发展不同程度地依然滑行在传统社会的轨道上。

20世纪,在迄今的人类社会发展史上,最充分地展示了具有内在统一性的世界历史运动。这一百年间,大工业所开创的世界现代化进程决定性地超越了区域性发展阶段,工业文明的全球普及和现代社会发展机制的全球扩散最终把世界各个区域联结成为一个相互依存、不可分割的整体,人类在经济力量的驱动下,在伴随着各种矛盾和冲突的历史进程中,进入了全球性现代化的世界历史新阶段。

从区域现代化向全球现代化的推进,是工业生产力主导下人类社会整体性发展的必然趋势。这一突破性的进展之所以能在20世纪实现,主要是由于20世纪的历史运动创造了有利于"全球化"的基本历史条件。

第一,20世纪是科学技术不断取得革命性突破的时代,由此带动了社会生产力的大发展。如果说,16—18世纪先后发生在欧洲的近代科学革命和工业革命从地球上的一个区域启动了现代化的世界进程,那么,20世纪初以现代物理学理论的创立为标志的现代科学革命及其推动下的持续的技术革命(尤其是20世纪中后期在能源、信息、材料、生物工程和空间技术等领域取得的巨大进步),通过充分释放工业生产力的潜能,使工业文明的扩展获得了从根本上突破自然区域障碍的强大技术支撑。在现代交通技术和通信技术条件下,居住在地球各区域的人们已不再受自然的时空间隔的束缚,全球性的人员、资金、物资流动和信息沟通成为现代化世界进程进入全球化阶段的重要特征。

第二,20世纪是世界体系经历裂变和重组、向全球统一的世界市场过渡的时代,奠定了经济全球化的结构基础。世界历史的发生、发展与世界体系(首先是经济体系)的建构表现为同一个过程,这一过程约从五百年前即已开始。但是,在16—19世纪的早期现代化进程中所形成的世界体系的初级形态还不具有充分的世界性,现代化的区域性严重地限制着世界体系的结构特性。那种以"欧洲体系"为骨架的"世界体系"在进入20世纪后因内外矛盾的激化而发生剧烈动荡和裂变。以战争与革命为基本特征的20世纪上半叶的历史进程,也就是世界体系初级形态的解构过程。然而,这一否定性的历史进程所抛弃的并不是世界体系的本体,而是它的前现代因素。所以,看起来似乎矛盾的现象是:恰恰在解构性运动中,世界历史的整体性进一步增强了,多种选择取向的出现及其斗争并没有背离人类走向现代文明的普遍道路。第二次世界大战是世界体系从解构走向重构的转折点,世界主导力量的转移和殖民体系的瓦解为世界体系的重新整合准备了条件。但是,二战后出现的东西方冷战格局延缓了统一的世界市场的形成,在国际政治层面的两极结构影响下,世界体系一度表现出二元特性。实际上,这种二元性所反映的仍然是世界体系重构中的过渡性。作为世界体系基础的世界市场的本质是由经济运动的客观趋向决定的,所以,即使在冷战过程中,世界体系的重构仍然按其固有的规律调整着世界历史运动的各个层面,其中包括世界经济全球化趋势的加强和国际政治朝多极化方向的发展,最后以二元结构的整合和两极结构的崩溃结束了冷战。冷战后,世界市场的全球性得到了充分展示,市场经济的运作机制也得到了普遍认同。世界体系的发展所提供的结构性要素与科技革命所提供的技术性要素相结合,成为世界经济全球化趋势不可逆转的深刻根源。

第三,20世纪是民族解放运动席卷全球的时代,殖民帝国的崩溃和殖民体系的瓦解以及在此基础上现代民族国家的普遍建立,为世界体系的政治结构奠定了具有普遍性的单元(行为主体)形态。全球现代化虽然是从区域现代化发展而来的,但本质上它不是某一区域发展类型的放大,而是各个区域内在的现代化因素发展融合的结果。只有在每一个地区、每一个民族都获得自主选择发展道路权利的前提下,人类才可能真正形成发展的共识,走上普遍发展的道路。所以,现代意义上的民族解放运动及其推动的世界历史进程是人类社会走向全球现代化的必要政治途径。在这个过程中,社会主义取向的革命运动和现代化实践发挥了重要影响,它不仅是引导和推动民族解放运动的强大政治力量,而且为全球现代化的文化内涵和价值坐标提供了符合人类整体和长远利益的理论导向。

总之,人类历史的纵向发展和横向发展是互相联系、互相推动的。纵向发展的水平决定着横向发展的程度,横向发展的突破又反作用于纵向发展,使纵向发展的速度大大加快,人类文明由此发展到今天的高度。20世纪末的世界相当清晰地凸现了人类历史的"世界性"即整体性发展,也充分地展示了现代文明和现代社会在全球范围的结构性特征。在这个意义上可以认为,20世纪基本完成了地域性历史向世界历史的转变。

以上所述,是我们站在20世纪和21世纪之交的历史高度对世界历史的总体认识,也是我们这部三卷本《世界通史》的基本理论架构和分编的依据。我们认为,世界通史作为宏观史学,首先要把握人类社会纵向发展和横向联系的总体运动规律,揭示人类社会由地域性历史向整体性历史发展的大趋势。通史的灵魂在于"通",要有一种贯通古今、融会经纬的历史通感,"登高壮观天地间,俯仰古今一脉流"。同时,通史对历史进程的阐释又必须建立在具体的、生动的历史事实的基础上,所以宏观考察与微观考察应当有机地结合,取精用弘,执简驭繁,将普遍性和特殊性统一起来。当然,通史的理论架构可以各有特色,各家"通"法不一。以已有的各种通史著作为例,有的以王朝更迭为主线,有的以社会形态演变为脉络,有的以阶级斗争为纲要,有的以社会现代化进程为坐标,……"横看成岭侧成峰,远近高低各不同"。相异的视角,不同的史识,形成各种通史体系,这是学术生态的自然景观。百花齐放,才有百家争鸣,客观历史运动的复杂性需要史学研究的多维性,各种理论架构的通史可以从不同的侧面解读人类历史,丰富人们的历史意识。就通史的研究和写作而言,不同学派的学术争鸣能够深化人们的认识,以此提高通史著作的质量,使新出版的著作后来居上,有所突破和创新。

新世纪版的《世界通史》,除了内容上要尽力反映史学研究的新成果,在历史观念、理论框架和编撰体系上更应当吸取以往各种通史著作的经验,结合史学理论的新发展,形成自己的特色和创新点。而在理论创新方面,关键是正确运用马克思主义唯物史观,理解和把握世界历史运动的本质,这正符合党的二十大报告中指出的"深入实施马克思主义理论研究和建设工程,加快构建中国特色哲学社会科学学科体系"的要求。在此基础上,重视整体性和结构性,是研究世界通史的基本视角和方法。只有揭示了世界历史的结构性特征,才能从整体上对世界历史的发生、发展过程及其阶段性特征作出吻合于世界历史本质的解释。否则,面对繁杂的历史事件和色彩斑驳的历史行为主体,世界通史的编写很容易陷入历史事件堆砌或国别史汇集的窠臼。

当前,以经济全球化为驱动力的世界历史运动正在将人类文明推向新的高峰。鉴往知来,跨入新世纪的人们比以往任何时候都更需要用世界历史的眼光审视过去、理解现实、展望未来。我们希望,这部新世纪版《世界通史》能够为满足这种需要做出贡献。

Contents
目 录

第一章　　　现代社会的曙光 / 1
 第一节　科学的新发现 / 1
  一、"文明的先知"：培根和笛卡儿 / 2
  二、科学的发现与技术的进步 / 5
  三、科学社团的创建 / 9
  四、科学革命兴起的原因与意义 / 11
 第二节　新航路的开辟 / 12
  一、新航路开辟的背景 / 12
  二、新航路的开辟 / 13
  三、葡萄牙与西班牙的殖民活动 / 15
  四、新航路开辟的影响 / 17
 第三节　文艺复兴 / 18
  一、文艺复兴产生的基础 / 18
  二、早期代表人物 / 19
  三、"佛罗伦萨美术三杰" / 20
  四、欧洲其他国家的文艺复兴 / 22
 第四节　宗教改革 / 23
  一、德国的宗教改革 / 24
  二、欧洲其他国家的宗教改革 / 25
 第五节　理性的光芒——17—18世纪欧洲的启蒙运动 / 27
  一、启蒙与启蒙思想家 / 27
  二、批判封建专制制度 / 30
  三、自由和平等 / 33
  四、进步主义观念 / 37
 第六节　市场经济的发展 / 40
  一、市场与交换的扩展 / 40
  二、市场扩展的制度性保证 / 43
  三、经济组织形式的变化 / 45
  四、市场经济与市场观念 / 48

第二章　政治革命与西方现代政治体制的确立 / 51

第一节　尼德兰革命 / 51
一、商业与尼德兰经济的发展 / 51
二、革命的经过与意义 / 53

第二节　英国资产阶级革命 / 54
一、英国封建统治危机 / 55
二、英国革命的过程 / 57
三、君主立宪体制的确立 / 62

第三节　美国独立战争 / 62
一、英国统治下的北美殖民地 / 62
二、独立战争的进程 / 65
三、美国联邦共和体制的确立 / 67

第四节　法国大革命 / 70
一、封建专制统治的危机 / 70
二、革命爆发和君主立宪派的统治 / 71
三、吉伦特派统治和共和国的建立 / 75
四、雅各宾派专政时期的法兰西共和国 / 76
五、热月党人和督政府的统治 / 77
六、拿破仑时代 / 79

第三章　英国工业革命与工业文明时代的来临 / 85

第一节　英国工业革命的孕育 / 85
一、17世纪政治革命的影响 / 86
二、工业革命的社会原因 / 88
三、英国农业改革：社会大变革的先导 / 89
四、商业的繁荣和交通运输业的发展 / 91
五、海上霸权和殖民掠夺活动 / 92
六、工场手工业的发展 / 93

第二节　英国工业革命的历程 / 95
一、棉纺织业：工业革命急先锋 / 95
二、蒸汽机和冶金技术：工业革命的中流砥柱 / 97
三、交通运输业：工业革命集大成者 / 99

第三节　工业文明时代的来临 / 100
一、机械化和工厂制 / 100
二、产业结构的变化 / 101

　　　　　三、阶级结构 / 103
　　　　　四、城市化 / 105
　　第四节　英国世界霸权地位的确立 / 106
　　　　　一、英国的议会改革 / 106
　　　　　二、社会立法和社会福利 / 109
　　　　　三、"世界工厂"和"日不落帝国" / 111

第四章　工业社会的诞生和工业文明在欧美的扩展 / 113
　　第一节　1848年革命 / 113
　　　　　一、新旧势力的分水岭：革命的背景 / 113
　　　　　二、1848年欧洲革命 / 114
　　　　　三、革命的影响 / 116
　　第二节　法国进入工业社会 / 117
　　　　　一、法国工业革命的展开 / 117
　　　　　二、从复辟王朝到第二帝国 / 118
　　　　　三、法国经济发展和工业革命的完成 / 124
　　第三节　德意志统一民族国家的建立 / 127
　　　　　一、19世纪上半叶德意志民族统一运动 / 128
　　　　　二、德意志资本主义发展和初期的工业化 / 130
　　　　　三、普鲁士道路和德意志关税同盟 / 131
　　　　　四、19世纪中叶德意志社会的变化 / 133
　　　　　五、王朝战争和德意志统一 / 135
　　第四节　意大利复兴运动 / 138
　　　　　一、复兴运动的开始 / 138
　　　　　二、马志尼和"青年意大利" / 141
　　　　　三、意大利统一事业的完成 / 143
　　第五节　美国内战与工业资本主义的胜利 / 147
　　　　　一、工业革命和美国的初步发展壮大 / 147
　　　　　二、南北分裂的危机 / 150
　　　　　三、南北战争和南部重建 / 152
　　第六节　俄国的改革与资本主义的发展 / 155
　　　　　一、俄罗斯统一市场的逐渐形成 / 155
　　　　　二、彼得一世改革 / 156
　　　　　三、1861年废除农奴制的改革 / 159

第五章　对工业文明的批判与工人运动的兴起 / 163

第一节　工业文明行进中社会问题的凸现 / 163
一、资本主义诸原则的确立与张扬 / 163
二、社会问题的凸现 / 166

第二节　工业文明的批判者与辩护人 / 170
一、激烈的批判 / 170
二、工业文明的辩护人 / 175

第三节　工人运动与社会主义运动的兴起 / 181
一、工人运动的勃兴 / 181
二、从一国斗争到国际组织 / 185
三、巴黎公社——社会主义的第一次实践 / 188

第四节　马克思主义对资本主义工业文明的批判与超越 / 191
一、马克思、恩格斯早期的理论探索 / 191
二、对资本主义工业文明的剖析 / 193
三、超越工业文明 / 196

第六章　工业文明的发展和列强的盛衰 / 201

第一节　第二次工业革命的兴起 / 201
一、第二次工业革命兴起的历史条件 / 202
二、第二次工业革命的兴起和"电气时代"的到来 / 203
三、第二次工业革命的特点 / 206

第二节　资本主义生产关系的新变化 / 208
一、垄断资本的形成 / 208
二、世界经济整体化趋势的加强 / 210

第三节　受到挑战的英国 / 213
一、"世界工厂"地位的丧失 / 213
二、资本的扩张与"殖民帝国" / 216
三、改革浪潮的再起 / 218

第四节　持续进步的法国 / 222
一、经济的渐进发展与工业化 / 222
二、高利贷资本与"食利国" / 225
三、共和制的确立及内外政策 / 226

第五节　崛起中的德国 / 231
一、中欧工业强国的崛起 / 231
二、资本的集中与容克、资产阶级的合流 / 235

　　　　　三、德意志帝国的内政 / 237
　　　　　四、从"大陆政策"到"世界政策" / 241
　　第六节　快速发展的美国 / 243
　　　　　一、"大转变的时代" / 243
　　　　　二、转型期的社会难题与改革运动的兴起 / 249
　　　　　三、走向海外扩张 / 255
　　第七节　传统与现代交织的俄国 / 256
　　　　　一、农奴制改革后资本主义的发展 / 256
　　　　　二、军事封建帝国主义的形成 / 257
　　　　　三、民粹派运动 / 258
　　　　　四、工人运动的兴起和马克思主义的传播 / 259

第七章　　工业文明在全球的扩张 / 263
　　第一节　殖民入侵与非洲社会的变革 / 263
　　　　　一、黑奴贸易 / 263
　　　　　二、内陆探险与对非洲的殖民瓜分 / 266
　　　　　三、殖民统治和经济掠夺 / 269
　　　　　四、巨变下非洲人的抗争 / 270
　　第二节　拉美从殖民地走向民族国家 / 275
　　　　　一、拉美的殖民地化 / 275
　　　　　二、殖民统治危机的加深 / 276
　　　　　三、西属美洲独立战争 / 278
　　　　　四、葡属巴西的独立 / 281
　　　　　五、独立战争的影响和独立后的拉美 / 281
　　第三节　两种文明在亚洲的碰撞 / 283
　　　　　一、西方殖民势力在亚洲的扩张 / 284
　　　　　二、近代亚洲社会结构的变动 / 286
　　　　　三、民族大起义 / 287
　　　　　四、亚洲国家上层的变法图强活动 / 289
　　第四节　英国在加拿大和澳大利亚的殖民扩张 / 291
　　　　　一、英属加拿大殖民地的建立和发展 / 291
　　　　　二、澳大利亚殖民地的建立和现代文明的初创 / 294
　　第五节　明治维新和日本的崛起与扩张 / 295
　　　　　一、德川幕府的垮台和明治政府的建立 / 296
　　　　　二、明治维新和日本的崛起 / 299

三、垄断资本与封建残余的结合体 / 302
　　　四、自由民权运动与1889年帝国宪法 / 303
　　　五、日本军国主义的对外侵略扩张 / 306

第八章　　工业文明下的社会、思想与文化 / 309
　第一节　现代社会的新面貌 / 310
　　　一、工业社会的新特点 / 310
　　　二、城市生活的新面貌 / 312
　第二节　自然科学的巨大进步 / 315
　第三节　思想文化的创新与发展 / 316
　　　一、哲学、文学新思潮的涌现 / 316
　　　二、新学科的形成 / 318
　　　三、"历史学的世纪" / 320
　　　四、教育的新发展 / 321
　　　五、艺术的繁荣 / 322

第三版后记 / 325

第一章
现代社会的曙光

当历史的脚步迈进16世纪时,原先的不同地区、不同文明区域、不同国家,由于其政治制度、社会结构、文化传统的不同,开始显示出其进步的动力各有差异。从此,世界历史的进程呈现出梯度发展的特征,世界也被划分为呈现不同进步趋势和面貌的区域。从世界历史的范围内看,西欧诸国最早迈向了现代世界,发展了现代工业文明,并取得了在世界范围内的优势地位。是什么力量推动它的进步和发展?从长时段的视角来考察,科学革命、思想革命、市场经济体制给了西欧诸国以强劲的推动力,使其以不可阻挡的力量在世界舞台上猛然崛起,以前所未有的速度进行跳跃式发展。

第一节 科学的新发现

16至18世纪,西欧诸国出现了一系列科学发明,引起了知识、思维方式以及社会的巨大改变,人们常常把这一时期的一系列科学发明和进步称作科学革命。它极大地展现了科学方法和科学精神,标志着科学战胜了神学,宣告了近代科学的诞生,这是一种完全不同于过去的新的知识体系、思维模式和科学方法。那个时代的科学家自己也是这样认为,他们常常将其富于创造性的科学著作冠之以"新"这个字。培根(1561—1626)写了《新工具》,倡导新的科学方法;

1609年开普勒(1571—1630)出版了《新天文学》;1638年伽利略(1564—1642)的最后一部著作叫作《两种新科学》;居里克(1602—1686)把他用来阐述新发明的空气泵所取得的革命性实验结果的著作取名为《马德堡的新实验》;波义耳(1627—1691)也在他许多著作的书名中使用"新"这个字。1600年,吉伯(1544—1603)发表了《论磁石——一门被许多论据和实验证实的新的生理学》,他还在献词中写道:"谨以这部几乎是全新的前所未闻的关于自然知识的著作献给你们。"到18世纪时,很多人将这些科学发现和创造称之为"革命",尽管那个时代的有些科学家并未完全把他们的这些科学发现称为革命,而仅仅只是视之为古代知识的复兴或重新发现,是知识改善和扩展的革新。

科学革命的出现并非猛然突现、一蹴而就,而是经过漫长的孕育,并在与宗教神学及各种偏见的斗争中累积而成的。中世纪的欧洲,人们沉溺于宗教的迷信,遵循经院哲学的方法,这些观念禁锢着人们的思考,束缚着人们的求知。因此,要获得有关自然世界的可靠知识、真实知识和有用知识,必须要破除既有的思维方式和方法体系,英国的培根和法国的笛卡儿(1596—1650)完成了这项伟大而艰巨的工作,成为从思维和方法论上引发科学革命的"文明的先知"。

一、"文明的先知":培根和笛卡儿

培根出生于伦敦,曾在剑桥大学三一学院求学,1584年进入议院,踏上政治仕途。1613年任检察总长,1617年任掌玺大臣,后任大法官,1621年由于受贿罪而被免职。人生的最后五年,他一直过着隐士般的生活,醉心于学术和科学的实验与研究。

看到现实社会中人们的迷信和愚昧,培根坚持认为必须探究自然,发展科学,造福于人类。他坚信知识就是力量,认为人的知识和人的力量是合二为一的;而真正的知识只是来自对自然的探究,因此这种知识也是有用的,即使现在不能起作用,以后终究会有用。这种知识的有用性体现在造福于人类社会,他在《新大西岛》一书中即为我们描绘了一个用科学知识探究自然、征服自然、控制自然、造福人类的理想王国。在这里,人们通过运用科学知识控制了自然,获得了巨大的进步,享受到从未有过的福祉。相比较而言,培根所说的这种知识与经院哲学家的知识完全不同,经院哲学家只是用他们的智慧编织出了学术的蜘蛛网,网丝编织之精细令人赞叹,但却是空洞和无益的。

为了获得这种真实有用的知识,培根认为必须摆脱经院哲学一贯喋喋不休的求知方式和已经形成的各种偏见、教条,倡导科学的求知,形成科学的方法。他说,一切科学知识都必须从不带偏见的观察开始,可做到这一点却并非易事。因为人的心灵"像一面魔镜",是一面虚假反映而不是正确映象的失真的镜子,这种失真是由于人的心中存在着偏见,培根把它称为"假相"。他详细列举了四种"假相"类型:"种族假相",即整个种族共有的偏见;"洞穴假相",是个人所特有的成见;"市场假相",主要由于语言的应用而产生的成见;"剧场假相",指由于采纳特殊的思想体系而引起的成见。任何一个人只有从他心灵中破除这四种"假相",才能走向获得科学知识的殿堂。

仅此还不够，培根认为还需要有正确的方法论，这种方法论，是把经验主义和理性主义、仔细的观察和正确的推理结合起来的一种方法。他形象地把单纯的经验主义者比作蚂蚁只知采集和利用，把先验的理性主义者比作蜘蛛用自己的材料编织成网，而把结合两者优点的科学家比作蜜蜂，从花朵采集原料，并用它自己的力量来变革和处理这些原料。培根力主的这一新方法即称之为归纳法，指从具体的系统的观察和实验开始，达到一般的普遍性原理，再从这些原理出发，通过渐缓的逐次归纳，求得更为广阔的概括。这就是我们通常所说的从特殊到一般、从具体到抽象的推理方法。以叶子的研究为例，如果我们对百万张大小不等、形状各异的叶子进行观察、对比和归纳后，就可获得关于叶子所具有的一般特性的知识。运用这种归纳法，我们就可以获得关于自然界各种事物的一般原理和认识，把知识建立于观察和实验之上，可以避免以事实去迎合各种预先设想出来的思想模式。它要求我们用观察到的实际事实来塑造、形成我们的思想和观念。

培根深信，只要人们使用这种方法，就能求得科学的发现和真实有用的知识。这一方法将为科学提供一种新工具，他把自己的书名就定名为《新工具》，并在书的扉页上印上这样一幅画，画面上一艘满帆的船驶过旧世界的尽头——"海格立斯柱"而进入大西洋以探寻一个新世界。这是一个新的知识的世界，这是一个新的科学的发现。培根自己曾这样写道："我之发表和提出这些猜测，一如哥伦布在他越过大西洋的那次令人惊叹的航行之前所做的那样，当时他说明了他为什么相信可能发现新的土地和大陆的理由。"

与培根一样，法国哲学家笛卡儿也多次强烈呼唤，人们的各种探索和求知不是为了得到学院派的思辨哲学，而是为了得到实用哲学或科学和应用知识，人们运用它可以清晰地理解水、火、空气、星宿和天空，以及我们周围一切事物的力量和行动。由此，我们就可以发明很多技术和机械装置，成为大自然的主人和大自然的占有者。具体而言，能使人们不需辛苦便可享受各种农产品和地球上的所有财富。巨大的进步将最终消灭"身体的心灵的疾病"，根除老年人的衰弱等。总之，运用科学知识，定会实现人类的进步，实现人类普遍利益这一目标。

正是怀着上述远大目标，笛卡儿潜心于新科学的探索和研究，出版了《几何学》、《折光学》、《大气现象学》、《宇宙论》等多种科学著作，在一系列科学领域作出了卓越贡献。在科学的探索中，笛卡儿愈益发现以往经院哲学的荒诞和所谓既定"正确知识"的谬误，他曾这样说道："我从孩提时代起就一直在学问的哺育下成长，因为人们让我相信，凭借学问我们清楚而又确切地知道一切人生有用的东西，所以我渴求获得教育。可是，一当我完成了全部学业，而人们在结束这学业后通常都被接纳进学者行列，我的见解却完全变了。因为我为这么多的怀疑和错误所困扰，以致我似乎觉得，我受教育的结果无非是越来越发现我自己的愚昧……并得出结论：我以往所相信的那种学问在世界上并不存在。"[①]如何能求得正确的知识，其方法至关重要。正如笛卡儿所说："方法对于探求事物真理是绝对必要的。"为此，他撰

[①] 转引自[英]亚·沃尔夫：《十六、十七世纪科学、技术和哲学史》，周昌忠等译，北京：商务印书馆，1984年版，第720页。

写了一系列方法论著作《方法谈》(1636年)、《论正确运用理性的方法》(1637年)、《第一哲学沉思集》(1641年)、《探索真理的指导原则》(1646年)等，形成和发展了理性与怀疑的科学方法论。

在笛卡儿看来，人们不能盲目地相信他所接受的一切知识全都正确，只有经过自己的怀疑与思考之后所接受和形成的东西才是正确的、真实的。所以，笛卡儿强调必须遵守的一条规则是："决不把任何没有明确地认识其为真的东西当作真的来接受……只把那些十分清楚和十分明白地呈现在我的心智之前，使我无法有任何怀疑的东西包含在我的判断中。"因此，可以订立一条总则，"凡是我们领会得十分清楚，十分分明的东西都是真实的"。这样，人们必须怀疑，怀疑那些教条、偏见或意见，凭借理性来判断和辨别。我怀疑，就是我思，因我思，证明了我的存在，一旦我停止思维，"我"的存在便没有证据了。于是，笛卡儿得出他的主要哲学原理：我思故我在。

在现实世界中，人们能怀疑一切事物吗？笛卡儿认为不仅能怀疑，而且必须去怀疑，因为以往我们所接受的知识都是不可靠的。他说："直到现在，凡是我当作最真实、最可靠而接受过来的东西，我都是从感官或通过感官得来的。不过，我有时觉得这些感官是骗人的；为了小心谨慎起见，对于一经骗过我们的东西就决不完全加以信任。"[①]他曾举例说：我能不能怀疑我正穿着睡衣坐在炉火旁？能，完全能怀疑，因为有时候我实际上赤身睡在床上。即便对于算术和几何这些并非由感官得来的知识仍可以怀疑，因为说不准我在算二加三时，神就叫我出错。这些均表明，人们必须运用自己的理性，去辨析与裁判一切。

在笛卡儿那里，普遍怀疑与运用理性就是反思、重申和破除陈旧的知识、偏见和教条，并将它们一扫而光。他说："我没有别的更好的方法，只有把它们一下子统统清除出去，以便空出地方，然后或者安放上另外一些更好的意见，或者当我把原来的意见放在理性的尺度上校正之后，再把它放回去。"在理性的引导下，如何重建真理的知识，笛卡儿希望在四个原则指导下进行。第一，只接受对心智来说是清楚明白的观念；第二，把问题尽量分析到最简单的部分；第三，由简及繁引导思想；第四，对问题详加审察，尽量完全列举。在此之后，我们即可重建起真理知识的大厦。

实际上，笛卡儿倡导的是在理性前提下的演绎法，深信只要前提正确，是不可怀疑的或"不证自明"的"公理"，只要严格按照演绎法进行推理，就可得到许多其他可靠的知识。他甚至雄心勃勃地宣布：给我运动和广延性，我将为你构造出整个世界。笛卡儿哲学体系所弘扬的理性与怀疑具有革命性的意义，在一个受宗教神学和经院哲学统治的时代，在一个理性被压抑与遮蔽、只知信仰与盲从的时代，笛卡儿呼吁理性，号召人们运用自己的理性去怀疑、思考和裁判，告诉人们只有依靠理性才能发现知识、发现真理，只有理性的生活才是人的生活。而这成为日后引导人们探寻科学真理，进行科学发现的基本原则。

在思维和方法论上，培根和笛卡儿成为引发科学革命的"文明的先知"，他们所倡导的思

[①] [法]笛卡儿：《第一哲学沉思集》，庞景仁译，北京：商务印书馆，1986年版，第15页。

维和方法业已向世人宣告:这是一种真正的可靠的求知方法,也是一种全新的求知方法。中世纪的科学愚昧即将结束,一个科学文明的时代已经到来。

二、科学的发现与技术的进步

自 16 世纪始,一大批科学家积极从事各门科学的研究与探索,在天文学、物理学、化学、生物学、医学等许多领域都有了突破性进展,取得了巨大的成果,数代人的努力终于使西欧各国出现了绵延两个多世纪的科学革命和近代历史上的第一次科学大发现。这是科学巨匠辈出的时代,天文学家哥白尼、物理学家和天文学家伽利略、医学家哈维(1578—1657)、物理学家和数学家牛顿、物理学家和化学家波义耳、化学家拉瓦锡(1743—1794)、生物学家林耐(1707—1778)等等,犹如群星璀璨,冲破黑暗,给科学带来了光明。

自古代希腊开始,在欧洲一直占据统治地位的是"托勒密体系"的宇宙观。它认为宇宙是一组同心圆球体,地球为其中心,太阳围绕地球转动,这一"地心说"从未受到过任何人的怀疑与动摇。16 世纪,通过长时间科学研究,哥白尼(1473—1543)发现"地心说"不是科学的真理。他得出:太阳是众恒星的中心,地球只是众多行星之一,并且环绕太阳运转,它既环绕太阳公转,又反绕地轴自转。这些新的发现促使他写出了《天体运行论》,但在当时的情况下,他不敢发表这部著作,只是不断地进行修改。直到晚年,哥白尼才在朋友们的劝说下把这部手稿送交出版。1543 年 5 月 24 日,这部著作出版,据说哥白尼拿到出版的第一本书后几小时便去世了。在《天体运行论》的扉页上,哥白尼写道:"天文学公理:天体的运动是匀速圆周运动,或者,是由匀速圆周运动部分合成的运动。"在这本书中,他对这个新的世界体系作了极为简明易懂的说明。

哥白尼的新发现对传统的托勒密体系是一个全然否定,继哥白尼之后,丹麦科学家第谷(1546—1601)继续使用新方法从事新的科学探索,包括:使用不同的仪器来观察天体,使用新的大气折射表,新的观测体系,以及夜复一夜地在某个行星可见的全部时间内对它进行连续的观测。凭借这些仪器和他敏锐的观察力,他得出:水星、金星等行星围绕太阳旋转,而太阳和月球绕地球旋转,各个星球都有各自的旋转周期,并且在绕地球的周日旋转中共占恒星天球,而地球是宇宙的固定不动的中心。在这些结论中,尽管他仍坚持旧有的地心说,但他对行星的运动却进行了富有创见的观测和探索。由于过早去世,他未能对自己的一系列观测结果进行完全的理论总结,不过他临终时在病榻上将这项工作托付给了他的助手开普勒。开普勒出生于德国斯图亚特,因醉心于天文学研究而成为第谷的助手。第谷去世后,他接替第谷的职位继续探索。1608 年发表《以对火星运动的评论表达的新天文学或天体物理学》,1619 年出版《宇宙和谐论》,1618—1621 年出版《哥白尼天文学概要》。在这些著作中他阐述了新发现,提出了行星运动的三条定律,后人简称为开普勒定律或开普勒体系。他的这些成就为后来的天文学及牛顿的科学发现奠定了基础。

1610 年,意大利科学家伽利略借助于自己制作的天文望远镜公开他的新发现,这是人类首次通过天文望远镜来观察宇宙太空,具有重要的意义。通过实际的观察,伽利略发现,月球表面也像地球一样，峭壁林立，起伏不平，而且月亮本身并不是一个发光体，只是反射太阳光而已。他还观测到太阳上存在着黑子，并非像以往认为的那样纯净完美，是不同于地球的"理想天球"。对于星体，伽利略观察到众行星都有一定的宽度，但恒星仍旧只是光点，远得难以测量。木星有好几个卫星，它们像月亮环绕地球运行那样绕着木星转，是木星的月亮。因此伽利略认为：从前的有关这方面争议不休的问题可以迎刃而解，因为银河系只不过是一团成串地聚集在一起的数不清的星体。如果有谁把望远镜直接对准银河系的任何部分，眼前就会出现一大群星体；其中许多星体还算大，而且极其明亮，但是，小星体的数目完全无法确定。这些发现使他确信哥白尼学说的正确性，并表明宇宙天体是由各种星体组成的，它可能与地球一样，是一团团在空间转动的物质。除天文学外，伽利略还在物体运动动力学上论证了自由落体运动，并进行了著名的比萨斜塔实验。1632年，伽利略发表了他的《关于托勒密与哥白尼两大世界体系的对话》，系统地总结了他的天文学发现和理论，这部著作成为近代天文学经典著作之一。他还使用望远镜，使天文学的观察基础发生了革命。他的一系列发现具有十分深远的意义，不仅成为现代科学的奠基，也是对经院哲学和宗教神学的一次彻底性打击。人们把他的发现比作哥伦布（1451—1506）发现新大陆："屈服吧，韦斯普奇，让哥伦布也屈服吧。诚然，他们各自都掌握了通向未知大海的航路……但是，只有你，伽利略，给了人类以一连串的星体，天上的新的星座。"

如果说伽利略的科学发现改变了人们的思考方式和方法，引导人们进入近代科学，那么英国科学家牛顿（1642—1727）则对前人的科学发现进行了全面的综合，完成了一个人类前所未有的知识体系，在物理学、数学、天文学等很多领域作出了极大的贡献。在物理学上，光学方面，他对光的本性、色的现象作出了新的研究，发现了牛顿环，提出了光的微粒说；力学方面，他发现了牛顿运动定律和万有引力定律，构建起了一个物质世界的经典力学体系。在数学上，他创立了微积分，建立了二项式定理，发展了方程式的大部分理论，引进了字母标志。在天文学上，他创制了反射望远镜，初步探索了行星运动规律，对潮汐现象、岁差现象作出了解释。牛顿的科学研究成果把科学革命推向了新的高峰。

在牛顿之前，伽利略发现，一个物体总是在作匀速直线运动，除非有外力的推动使其改变运动方向，但行星为什么不沿着直线飞出到外部空间，而是趋向太阳，结果形成椭圆形的运行轨道？月亮为什么趋向地球？这些问题伽利略未能给予解答，解答这一问题的重任历史性地留给了牛顿。牛顿在研究中不断地追问，"这是一种什么力量所带来的结果"？这一问题始终萦绕在他心头，令他苦苦思索。据传说，这位伟大的科学家是在苹果园里从苹果落地而受到了启发，找到了这种力量。

牛顿把这一力量称之为"引力"，它可以简洁地表达为：一切物质都在运动，任何两个质点之间似乎都存在着一种相互吸引的力，其大小和它的质量的乘积成正比，和它们之间的距离的平方成反比，无论是在地球上或是在太阳系内，一切能够计时与测定的运动都存在这种引力，因此这种引力被称为万有引力。至于万有到何等程度，牛顿没有作出界定。1687年，牛顿出版了《自然哲学的数学原理》，详细地论证和阐释了这一原理。尽管与牛顿同时代的一些人对此很难接受,也极为困惑,但在科学史上来说,万有引力的发现是一项革命性的创见,它揭示了整个宇宙运动的内在规律。同时,这条定律既可适用于苍茫的宇宙,也可运用于最微小的物体,整个宇宙和自然界都可运用此法则来进行解释。牛顿万有引力的发现标志着经典物理学的创立,并在后来长久地统治着整个科学界,直到 20 世纪初期,爱因斯坦相对论的出现才发展和修正了牛顿的这一经典定律。同时,牛顿的物理学分析方法和结论不仅被应用于物质世界,而且也强烈影响到了社会思想文化领域,"牛顿推翻或改变了所有思想",他的哲学导致了一场革命。英国哲学家伯林(1909—1997)曾说:"牛顿思想的冲击是巨大的;无论对它们的理解正确与否,启蒙运动的整个纲领,尤其是在法国,是有意识地以牛顿的原理和方法为基础的,同时,它从他那惊人的成果中获得了信心并由此产生了深远的影响。而这,在一定时期中,使现代西方文化的一些中心概念和发展方向发生了确实是极富创造性的转变,道德的、政治的、技术的、历史的、社会的等等思想领域和生活领域,没有哪个能避免这场文化变革的影响。"[①]牛顿这位科学的巨匠,他的科学理论对世界的贡献和影响无法估量,诗人蒲柏(1688—1744)这样赞美牛顿:"自然和自然规律隐藏在黑暗之中,上帝说:让牛顿出生吧!于是一切显现光明。"而牛顿自己却说:"如果我比别人看得远些,那是因为我站在了巨人的肩上。"

直到 17 世纪,在人们的观念中还是坚持认为:一切物体皆由土、水、空气和火四种元素组成,而火是最重要的分析工具,能够把一切混合物和化合物离解为构成它们的基元物质。同时,这一时期所有关于化学炼金术、冶金和医药化学活动均属于实用性质,还没有上升为科学,即旨在为实利而活动,而不是促进对化学现象的科学理解。而真正把化学作为科学的奠基人则是英国物理学家、化学家波义耳。波义耳出生在爱尔兰,伊顿公学毕业后去欧洲大陆游学,1661 年出版《怀疑的化学家》这本重要的著作。波义耳认为化学不是一种制造贵重金属或者有用药物的经验技艺,而应当看作一门科学、一个自然哲学的分支。他批判当时流行的"元素"观念,提出了自己的元素概念:"我……必须不把任何物质看做一种真正的要求或元素,而看做是业已化合的;物体不是完全均匀的,而是可以进一步分解为种数任意的独特物质,不管种数是多么少……我现在说的元素是指……某些原初的和单纯的,即丝毫没混合过的物体,这些物体不是由任何其他物体组成,也不是相互组成,而是作为配料,一切所谓的完全物体都直接由它们化合而成,最终也分解成它们。"[②]他通过实验证明了一切物质都不是仅由四种元素或三种要素化合或分解而成的,如果这样做,无法解释既存的无数物质。为什么会出现这样的错误观念?波义耳认为这是人们过分夸大了火的作用,认为火是万能的分析工具,事实上,火并不能分析一切混合物。同时,波义耳还解释了"化合"这一概念,认为,在单纯的"混合物"中,每个组分均保持其性质,能够同其余部分分离开来;在一个"化合物质"中,每个组分均失去其特性,很难把它同其余部分分离开来。在一系列的实验中,波义耳

---
① [美]科恩:《科学中的革命》,鲁旭东、赵培杰、宋振山译,北京:商务印书馆,1998 年版,第 219 页。
② [英]亚·沃尔夫:《十六、十七世纪科学、技术和哲学史》,北京:商务印书馆,1984 年版,第 387 页。

还发现空气具有"弹性",在上层压力下会弯曲或被压缩,而在压力消除后又会恢复它原来的体积。此即"波义耳定律"。

在医学领域,影响最大和较为深远的当数英国医学家哈维发现的血液循环原理。哈维毕业于剑桥大学,1602年获医学博士学位,1615年任皇家医学院解剖学讲师。在科学探索和医学实践中,哈维通过接受萨维里(1514—1564)、塞尔维特(1511—1553)、法布里修斯(1537—1619)等人的科学成果,写出并于1628年发表了《论心脏和血液的运动》,批驳了既定的关于心脏、动脉、静脉和血液等问题上的流行的错误观点,系统解释和论证了他所提出的血液循环观点。哈维认为:血液通过心室的搏动,(是)心脏搏动的唯一原因。对于这一发现,哈维自己说过,他已经纠正了"一个持续了两千多年的错误"。这样说一点也不过分,哈维以血液循环为标志使医学真正成为科学,并且建立了以实验、观察和定量推理为基础的近代科学方法。

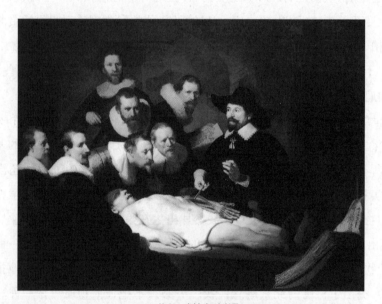

17世纪时的解剖课

科学的发现推动着技术的不断进步,它表现在农业、纺织业、建筑工程、机械等各个领域,人类的生产和生活的很多方面,这些技术的不断积累成为后来出现工业革命的技术支撑。如蒸汽机,从古代到16世纪,很多人对此进行设想和试验,希望能应用蒸汽动力。1680年,荷兰物理学家惠更斯(1629—1695)设计了一种用火药膨胀力作动力的机器,但未能实际制造出来。而惠更斯的助手法国人帕潘(1647—1714)制成了第一台带有活塞的蒸汽机。1707年,帕潘用他的蒸汽机在卡塞尔的富尔达河上开动了一条模型船。英国人莫兰(1625—1695)为解决一系列技术问题做过各种蒸汽实验,17世纪末,英国人萨弗里(1650—1715)设计了一种蒸汽机并获得专利证书,专门用于矿井的抽水。这是第一种可付诸实用的蒸汽机,但由于存在着很多缺点,而未能得到实际运用。在纺织业上,17世纪时已经发明了织带机、织袜机、缩绒机等。在矿业和冶金领域,已经出现了运输材料的绞车、水力提升机、扇风机、捣矿机,以及用于冶炼矿石的熔炼炉等。

三、科学社团的创建

随着科学的发展,一批科学家愈来愈感到既存的大学从教育和组织形式上都还处于保守陈旧的状态,他们无法与此共存并获得支持。为了培育新的精神,获得科学新成果,就必须有一个真正全新的世俗的组织机构,以便科学家们能够齐心协力共同从事科学探索与发现。正是出于这一要求,意大利、英国、法国等国成立了科学社团组织,鼓励和支持科学家们的各种科学研究。在这些新机构中,最重要的有意大利的西芒托学院、英国皇家学会、法国法兰西科学院和德国柏林学院。

1657年,由伽利略的两个最杰出的门生维维安尼(1622—1703)和托里拆利(1608—1647)发起并在佛罗伦萨成立了西芒托学院,美第奇家族的托斯卡纳大公斐迪南二世(1610—1670)及其兄长利奥波尔德(1617—1675)为此提供了必要的资助。1667年,由于种种原因,其科学活动便告中止,学院也被迫解散。在学院存在的十年时间中,一批科学家在这里共同从事科学研究,他们采用精密的实验方法,根据观察证据得出结论,从而取得了一些科学成就。1667年,学院成员发表了《西芒托学院自然实验文集》,记载了他们所做的科学实验和发现。在这部著作中,最重要的部分是论述大气压和温度的测量。他们做了一系列空气自然压力实验,并发明了好几种新的仪器用来演示大气压怎样随着地面以上高度的增加而减少,对于温度的研究,他们把一块冰放在一面凹镜面前某个距离处,观察一个放在凹镜焦点处的灵敏温度计的指示。

在近代科学组织中,英国皇家学会的产生较为典型。1645年左右,英国一批科学家开始每周在伦敦聚会讨论科学研究等问题,他们中有数学家沃利斯(1616—1703),后来成为切斯特主教的威尔金斯(1614—1672),物理学家戈达德(1617—1675)等。1649年,随着沃利斯等人迁居牛津,便在牛津新组成了一个小规模的科学社团,一度曾在波义耳的住所定期聚会。由于大部分科学家仍在伦敦,牛津这一社团到1690年便不复存在。而原来在伦敦的科学社团依然生机勃勃,兴旺发达。随着活动的频繁和实际工作的需要,他们想改变目前仍处于不正规的民间组织的状态,建立一个致力于探索科学的正式学会,使得各项科学研究能得到有效的组织和更多的支持。1662年,查理二世颁发特许状,批准成立英国皇家学会,旨在利用和完善自然知识,促进自然知识的增长。作为一个科学研究组织,皇家学会把具体的探索任务或研究项目分配给会员个人或小组,同时,学会还要求会员进行任何他们认为将促进学会目标和科学研究的新实验,定期举行会议,让会员通过作报告和演说向学会汇报研究成果、演示实验等,所有会员都可对所提出的科学问题进行讨论。随着时间的推移,又根据各学科的特点,建立了一些专业学术委员会来指导学会各部门的活动,如天文学、解剖学、贸易史等委员会。1665年3月,学会出版学术刊物《皇家学会哲学学报》,其内容主要包括会员的论文或论文摘要,观察到的奇异现象的报道,与国外研究者的学术通信和学术争论,以及新近出版的科学书籍的介绍。

在科学研究方面,皇家学会致力于科学实验和科学创新,如用化合方法生产颜料、测得空气的密度、改进机械发明等等。根据国王特许状,学会还获得了解剖被处死的罪犯尸体的权力,为此专门成立了一个委员会主持每逢处决日的解剖,这一举措推动了医学的进步。同时他们还广泛进行动物解剖实验,并作详细记载。为了储存学会所得到的自然标本(如人体、动物、植物、地质标本等),1663年开设了一个陈列室,陈列室还保存了会员制造或发明的许多仪器和机械装置,以及许多珍品。学会对科学研究的支持和鼓励使得天文学、物理学、数学、医学等在很多方面都取得了成就,如恒星的光行差、万有引力原理、高等几何的发明等成果,推进了科学的不断进步和发展。

与英国皇家学会前身一样,法兰西科学院起源于17世纪中叶巴黎一些哲学家和数学家的非正式聚会,如笛卡儿、帕斯卡(1623—1662)、伽桑狄(1592—1655)和费马(1601—1665)等人,他们不定期举行聚会,讨论当时的科学问题,提出新的数学和实验研究。这些聚会影响较大,甚至有些国外学者也来参加。一些学者向政府提出模仿英国创立正规学院组织,科学家的提议与政府的想法不谋而合,主持政务的柯尔贝(1619—1683)也非常羡慕英国的这一科学研究组织以及所取得的科学成果,于是便向国王路易十四建议设立学院。1666年,法兰西科学院正式成立,其成员得到国王的津贴,研究活动也得到政府的资助。由于政府的高额补贴,意大利的天文学家卡西尼(1625—1712)、荷兰的物理学家惠更斯、丹麦天文学家罗梅尔(1644—1670)均加入到法兰西科学院。院士们一般一周聚会两次,研讨各种科学问题。

由于政府的大力支持和资助,法兰西科学院取得了一些卓有成效的科学创新成果,如路易十四(1638—1715)下令出资修建天文台后,划定了子午线;科学院还组织了几次海外考察,如1672年,在天文学家里歇(1630—1696)的率领下到法属圭亚那的卡宴观察火星的一次脉冲,根据这次观测推算出火星和太阳视差的值,并发现了地球扁率;1700年,生物学家图尔

路易十四参观法兰西科学院

内福尔(1658—1708)前往地中海东岸地区,在那里采集各种花卉草木,进行植物分类研究。

和前面提到的科学院相比,德意志的柏林学院到1700年才成立,由此也反映一个国家的科学发展状况以及对科学的重视程度,而柏林学院能够建立则是与著名哲学家、科学家莱布尼茨(1646—1716)密不可分。早在1670年,莱布尼茨就提出应该建立一个科学社团,它人数不多,职责是记载实验,同其他学者和外国科学社团通信和合作,出版学术书刊,莱布尼茨还把这个学院定名为"德国技术和科学促进学院或学会"。他通过访问伦敦和巴黎,实地考察了法兰西科学院和英国皇家学会的工作,更坚定了要在德意志设立同样的机构的决心,经过莱布尼茨和许多人的努力,建议得到批准,学院正式成立,莱布尼茨出任院长。十年后的1710年,学院首次用拉丁文出版了《柏林学院集刊》的第1卷,共收录了58篇文章。

四、科学革命兴起的原因与意义

从16世纪后期至18世纪初,科学革命在西欧猛然爆发,取得了令世人瞩目的许多科学成就,从此近代科学开始诞生。这场科学革命如何兴起,很多学者对此作了不同的探讨。马克思主义学派的历史学家从社会经济发展角度认为近代科学的兴起是这一时期经济发展变化的结果,为了提高生产效率,这时资产阶级逐渐打破封建秩序,并把科学应用于资本主义的生产过程。另一些学者受到德国社会学家马克斯·韦伯(1864—1920)的影响,把科学的兴起与清教联系在一起,提出清教刺激了人们的思想,使之更为开放、进取和求知。还有一些学者从知识传承的演进过程入手,得出科学革命的兴起是欧洲基本知识存量不断累积增长的结果,知识的逐步"有效增长"孕育着这时科学的大突破和大发展。上述从不同视角的理解均有其合理性,但却不是唯一的原因,实际上它是诸如社会体制的转变、时代精神的变化、知识的世俗化等多方面因素综合而成的结果。

科学上的每一次发现与进步并非一帆风顺,总是在血与火的搏斗中为自身开辟着道路。特别是在封建宗教权威和现实的思维模式与社会传统统治控制之下,要进行科学研究和创新,需要的不仅是科学的智慧,同时更需要勇气和献身精神。1600年2月17日的凌晨,天文学家布鲁诺(1548—1600)被天主教会押往刑场,舌头被钳子夹住,而布鲁诺却毫不畏惧,无比英勇地迎接了死亡,他相信真理是不能被压制的。30年之后,当伽利略出版他的《关于托勒密与哥白尼两大世界体系的对话》一书后,也遭到教会的残酷迫害,被处以无限期监禁。当教会要他签字放弃其科学见解时,他说道:"地球还在转动。"表达了他对科学的执着信念。笛卡儿的《哲学文集》曾被编入《禁书索引》,但他并不畏惧,继续写作和传播自己的思想。

培根在他的《新工具》一书的扉页上,刊画了一艘帆船正不畏艰险扬帆远航,它穿越象征旧知识的直布罗陀海峡,驶入宽阔的新世界——大西洋,以寻找新的更有用的知识。在这些科学家看来,他们所进行的科学探索和发现并非仅是一种智力构建,或是为了个人名誉,而是要通过科学来认识自然、改造自然,转变人们的思维习惯,增进社会的福祉,推进人类的进步。培根、笛卡儿都曾经表达过这样的信念。亨利·奥尔基伯格在1662年致著名的荷兰哲学家斯宾诺莎(1632—1677)的信中集中表达了那时科学家们的追求:"杰出的先生,来吧,打消惊扰我们时代庸人的一切疑惧;为无知和愚昧而作出牺牲的时间已经够长了;让我们扬起真知之帆,比所有前人都更深入地去探索大自然的真谛。"

　　对大自然的探索不仅需要科学,同时也需要技术,正是在这一时期,既有科学的发现,也有技术的进步,并且实现了科学与技术的结合。众所周知,科学着重于发现真理,形成概念系统,而技术则致力于各种具体的发明和新的工艺。这两者在此之前是一直分离的,这也就是科学家与工匠之间的分离,并且从事实际技术的还会遭到世人的鄙夷。进入16世纪,近代科学的先驱者一反过去为知识而知识的经院主义传统,着力从事新科学的探索和研究。在实际的生产和解决各种问题过程中,科学家们利用技术作出科学发现、增进自己的科学知识,而科学的每一次发现又会促进或转换成为新的技术和方法,实现着科学与技术的密切结合、共同发展。

　　科学革命为西欧各国的发展注入了强劲的动力,科学的发现与传播日渐打破了宗教权威的控制、传统思维方式的束缚,深刻影响着人们的行为方式和生活方式。更为重要的是,科学革命直接预示和推动着日后科学的更大发现和知识的进步,特别是震撼世界的工业革命,带来了社会的巨大变革和普遍进步。同样,在世界范围内看,此时西欧各国在科学技术上的独占优势,也为日后西欧各国向落后国家的扩张、取得世界优势地位和建立霸权提供了坚实的基础。这场科学革命对西欧各国所具有的历史意义十分重大和深远,20世纪杰出的历史学家巴特菲尔德(1900—1979)指出:"所谓科学革命……胜过自基督教兴起以来的一切事物,使文艺复兴和宗教改革运动均降为仅仅是一系列事件中的一个事件,仅仅是中世纪基督教世界体系中的内部替换……科学革命作为现代世界和现代思想的起源如此赫然地耸现,以致我们对欧洲历史时期的通常的划分已成为一种时代错误,成为一种阻碍物。"[①]

第二节　新航路的开辟

　　15世纪和16世纪之交,西欧国家进行了一系列海上探索,它们试图寻找新的航路,以取代传统的经过地中海东部的航道。这些探索向东开辟了环绕非洲南部进入印度洋的新航路,往西航行的过程中发现了美洲。这两个方向的新航路探索对后来欧洲的发展以及世界的一体化产生了重要影响。以往在欧洲中心论的影响下,一般将这个事件称作"地理大发现",但事实上,并非欧洲人发现了欧洲以外的世界,而且,在新航路开辟以后,也出现了双向的互动,构成了一个早期的全球化时代。

一、新航路开辟的背景

　　新航路的开辟有外部和内部两方面的原因。在外部方面,欧亚之间的贸易开始受阻。

---

① 转引自[美]斯塔夫里阿诺斯:《全球通史:1500年以后的世界》,吴象婴、梁赤民译,上海:上海社会科学院出版社,1992年版,第245页。

15世纪以前,东西方之间的商路主要有两条:一条是走陆路,经由南俄草原、黑海和里海北部,或者经过小亚、波斯和中亚将东西方的陆上部分连结起来,这也是传统意义上的丝绸之路;另外一条走海路,印度洋是主要通道,在欧洲一侧或者取道红海,或者经由波斯湾,将地中海东部与东方的印度、东南亚、中国南部连结起来,这也被称作海上丝路。在这两条商路上,活跃着意大利人和阿拉伯人,他们垄断了东西方之间的香料、纺织品、陶瓷等商品的贸易,这些商品主要是亚洲生产的,在欧洲受到极大的欢迎。到15世纪中叶以后,北部商路被奥斯曼帝国所垄断,南部商路受到埃及马穆鲁克王朝的控制,意大利商人在这里的获利日渐萎缩,不得不大幅度提高东方商品的价格,加上欧洲贸易严重入超,贵金属外流,财政负担沉重,威尼斯和热那亚的商人在欧洲的中介商角色被人们所憎恶,各国决定绕开东边的商道,尝试开辟新的商路以应对这种局面。

从内部来看,欧洲对外部世界商品的需求构成了直接的推动力。首先,欧洲对东方的香料需求很大,因此,诸如印度马拉巴尔海岸的胡椒、阿拉伯半岛南部也门的乳香和没药、印度尼西亚马鲁古群岛的丁香和豆蔻都在欧洲有着极大的市场。这些香料原本是由意大利商人从地中海东部运输到南欧,再分发到欧洲各地。其次,西非盛产黄金,中世纪马里帝国国王挥金如土的故事还吸引着欧洲人,他们以往都是通过北非商人经由撒哈拉大沙漠从西非带来黄金,欧洲人很想直接进入产地获得黄金。此外,欧洲内部的贵金属数量非常有限,在面对外来商品大量进口,而又没有相应的产品能够提供出口的情况下,入超使得欧洲财政不堪重负。于是发展对外直接贸易、获取贵金属产地,也成为欧洲人摆脱困境的重要方式。

恰在这时,欧洲的造船技术、航海能力、地图学都有了较大的发展。特别是伊比利亚半岛上的西班牙和葡萄牙,在造船和航行技术方面都远远超过其他国家,他们由于在中世纪与伊斯兰世界有密切的联系,因此也较早地借鉴了阿拉伯人在航海方面的特长,使其船只能够离开地中海,到风暴强烈的大西洋中去探索。

而且,这一时期,伊比利亚半岛上的王国刚刚结束了数百年之久的再征服运动,许多战士希望能够进一步向外征服,以逞余勇和表达宗教虔诚,但也是为了更多的土地和财富。而且,欧洲的大家族实行长子继承制,其他的儿子或者进入教会,或者成为骑士,他们继承家业无望,只能通过外出冒险,寻找机会。对于伊比利亚半岛上的这些骑士而言,探索新世界成为他们建功立勋的重要途径。于是,西班牙和葡萄牙首当其冲,成为开辟新航路的先锋。它们的国情和技术发展使其做好了开辟新航路的准备。

二、新航路的开辟

葡萄牙是最早寻找新航路的国家,这也是由其狭小的国土面积决定的,葡萄牙人试图寻求更广阔的生存空间。他们进行再征服运动的同时,就在试图向南方的海洋进行探索。1415年占领直布罗陀海峡南岸的休达城之后,葡萄牙的王室资助和支持葡萄牙航海家沿着非洲海岸继续向南探险。出身王室的恩里克王子甚至亲自带头进行航海探险,他还创办了航海学校,建造海港、船坞、船只。这时候葡萄牙在北非大陆的征服不是非常顺利,于是,海洋成为其发展的必然空间。在王室的推动下,葡萄牙于1419年占领了马德拉群岛,1432年夺取亚速尔群岛,1445年抵达非洲最西端的佛得角。到1460年恩里克王子逝世时,葡萄牙人已经抵达西非的塞拉利昂。到15世纪70年代初,葡萄牙人到达了赤道附近的几内亚沿海,在加纳建立了军事据点,达到了其获取黄金的目标。然而,葡萄牙并未就此满足。到15世纪末,出现了两位著名的航海家——迪亚士(1450—1500)和达·伽马(1460—1524)。

1487年,迪亚士奉葡萄牙国王约翰二世(1481—1495年在位)之命,率3艘帆船沿着非洲西海岸南下,途中曾被暴风雨吹离海岸,却出人意料地绕过了非洲的最南端,抵达非洲东海岸。在返航的途中,船员们在骇人的风暴中发现了非洲南端的海岬,故将其命名为风暴角。但是,后来国王又将其改为好望角,以示好的希望。迪亚士发现好望角,为后来葡萄牙继续向东航行和进入印度洋奠定了基础。

1497年7月,达·伽马率4艘船只沿着迪亚士的航线再次探索。到11月,船队绕过了好望角,并且继续向前航行。次年3月,船队到达莫桑比克港,4月抵达马林迪,在这个东非斯瓦希里城邦,达·伽马与其船员受到当地酋长的欢迎,并且发现了前往印度的可能性,他们在马林迪遇到了一名熟悉印度洋海域的阿拉伯导航员马吉德。在马吉德的带领下,葡萄牙人于1498年5月20日顺利地到达了印度西海岸的商港卡利卡特(位于今喀拉拉邦,中国古籍称之为古里),从而开辟了欧洲与东方的新航路。该年9月,达·伽马的船队满载着香料、丝绸、宝石等东方物品返回里斯本,获得了巨额利润。虽然在这次航行中有超过三分之二的船员丧命,但是与东方通航的消息极大地振奋并鼓舞了葡萄牙人,也刺激了欧洲人继续向外探索的野心。达·伽马被国王任命为葡属印度的总督,参与了在东方的殖民活动。

达伽马航行到印度西海岸,受到卡利卡特的君主扎莫林的接待

就在葡萄牙人活跃于非洲西海岸之时,西班牙人也开始了海上探索。在1492年再征服运动结束之后,所有失地均已收复,伊莎贝拉女王本想继续向北非征战,但是这时热那亚人哥伦布(1451—1506)来求见她,请求资助进行向西方的探索。哥伦布热衷于航海事业,坚信

向西一直航行就能达到东方的富裕之地印度,他为此还制作了详细的航行计划。在他的请求下,西班牙王室决定给予他 3 艘船只试一试。1492 年 8 月,哥伦布带领 3 艘船只踏上了前往大西洋的未知世界的航程。在茫茫大海中经过了 2 个多月的航行后,就在船员们想要放弃的时候,发现了陆地,原来这里是圣萨尔瓦多岛。于是,船队有了希望,决定继续向前航行,先后抵达古巴、海地等岛屿。哥伦布坚持认为他所发现的就是东方的印度,故而将当地人称作印度人(后改称为印第安人)。此后,哥伦布又西航了三次,先后抵达多米尼加、波多黎各、牙买加、特立尼达等岛屿。在这些航行中,哥伦布还在帕里亚半岛首次踏上了美洲大陆。但是,由于他并没有按照计划的那样发现大量的黄金和财富,因此失去了投资者的兴趣,最后贫寒交加地死去。到 1502 年,佛罗伦萨人阿美利哥·韦斯普奇沿着哥伦布开辟的航线前往美洲探险,返回后写了《新大陆》一书刊行,指出他所到之处为一块新发现的大陆。因此,到 1507 年,当德国地理学家马丁·瓦德西穆勒在制作地图时,参考了阿美利哥的书,并且以其名字命名新大陆,即亚美利加洲,简称美洲。

1513 年,西班牙探险家巴尔博亚在印第安人的指引下,从北向南穿越了巴拿马海峡,见到了太平洋,将其称之为"南海"。这次发现为新航路又辟出了一个新方向,也为麦哲伦的环球航行奠定了基础。

麦哲伦(1480—1521)是葡萄牙贵族,坚信印度和中国就在南海的彼岸,只要绕过美洲就能够到达东方。他先请求葡萄牙政府,但是没有得到批准,于是前往西班牙,得到西班牙国王的支持和资助。于是,1519 年 9 月 20 日,麦哲伦率领 5 艘帆船和 265 名水手出发,前往寻找印度和中国。到 11 月底,船队抵达南美洲的巴西沿岸,沿着南美大陆继续向南航行,数月的航行令许多水手不堪忍受,公开哗变,但是被麦哲伦坚决镇压下去,船队继续前行。1520 年 10 月 21 日,船队驶入南美洲与火地岛之间的狭长海峡,并于 11 月 28 日进入了南海。这个海峡后来被命名为麦哲伦海峡。之后,船队在浩瀚无际的南海上航行了三个多月,沿途风平浪静,故被麦哲伦和水手们称作太平洋。在这一段长期不见陆地的航程中,水手们耗尽了食物,不得不以木屑、老鼠等充饥,在历尽艰辛险阻之后,终于在 1521 年 3 月抵达菲律宾群岛。麦哲伦由于干涉岛上居民内讧而被杀,剩下的水手继续航行,于 11 月到达了马鲁古群岛(香料群岛),这也是此次航行的最终目标,水手们采购了大量香料之后驾船继续穿过了印度洋,绕过好望角回到了西班牙,这时已是 1522 年 9 月 6 日,距离出发已有三年的时间了,水手仅剩下了 18 名。麦哲伦的船队终于实现了人类历史上的首次环球航行,成为之后西班牙帝国建立太平洋航路的先驱。

三、葡萄牙与西班牙的殖民活动

随着新航路的开辟,葡萄牙和西班牙在沿途的地区建立了殖民地,极大地改变了欧洲以外地区的面貌,开启了早期的全球化进程。

葡萄牙最早开始建立殖民地。早在 15 世纪初,为了掠夺黄金、象牙和奴隶,葡萄牙在非洲西海岸建立了许多殖民据点,如几内亚、刚果、安哥拉等。当达·伽马在印度洋的航行成功后，葡萄牙也开始在东方建立殖民据点。1502年，葡萄牙王室授予达·伽马海军上将的头衔，令其率领一支由20艘战舰组成的船队再次前往印度。这次航行同初次的发现之旅相比，充满了血腥。船队在航行中俘获了一艘阿拉伯商船，将船上的所有穆斯林都当作异教徒烧死。到达印度后，达·伽马为了获得贸易垄断权，命令卡利卡特城统治者扎莫林驱逐阿拉伯商人，遭到拒绝后便命令舰队炮轰卡利卡特，大肆杀戮当地民众。次年2月，达·伽马满载着大量的香料返回了葡萄牙，所获利润竟超过航行成本的60倍以上。不久，葡萄牙人又占领了位于红海和波斯湾入口处的两座战略地位极其重要的岛屿，切断了阿拉伯与印度以及东南亚的商业联系，从而垄断了东方贸易。至此，葡萄牙不再担心地中海东部的商业竞争，因为其所需的香料等商品均可通过新航路获得。1520年代，葡萄牙人攻占了马来半岛上的马六甲，并在科伦坡、爪哇、马鲁古群岛建立商站，控制了东方的香料。1543年，葡萄牙人首次抵达日本，在九州设立商站，1557年又入居中国澳门，此外还占据了罗安达、莫桑比克、桑给巴尔、蒙巴萨、索科特拉、果阿、帝汶等，遍布亚非。限于国力和人力，葡萄牙的殖民活动主要是在新航路沿岸建立商站作为据点，无法继续向内陆大规模征服，只是通过获取商品来牟取暴利。

西班牙的殖民活动是随着哥伦布开辟美洲新航路而开始的。当西班牙的船队于1492年10月12日抵达巴哈马群岛的华特林岛时，哥伦布立即宣布该岛为西班牙所有，在船队所到达的其他地方也都如此宣布主权。接着，西班牙人就开始在加勒比海地区建立据点，于16世纪初在海地岛建立殖民地，并将其称作"西班牙岛"（伊斯帕尼奥拉岛），在岛上建立了圣多明各城。之后又征服了古巴岛，建立了圣地亚哥和哈瓦那。1519年，西班牙人登陆墨西哥，建立了韦拉克鲁斯城，并且在南边的巴拿马海峡建立巴拿马城，开始了在美洲大陆的征服。科尔特斯于1521年征服了阿兹特克帝国，1533年，皮萨罗征服了印加帝国，建立了利马城。接着，西班牙人又探索了北美洲的今美国南部地区，将这里命名为加利福尼亚，并且开始深入北美内陆。从1535年开始，为了更好地统治美洲，西班牙王室在这里先后建立了四个总督区：新西班牙总督区，以墨西哥城为首府，管辖今墨西哥、中美洲和加勒比海岛屿；秘鲁总督区，以利马为首府，管辖南美洲；新格拉纳达总督区，以波哥大为首府，管辖今哥伦比亚、委内瑞拉、厄瓜多尔；拉普拉塔总督区，以布宜诺斯艾利斯为首府，管辖今阿根廷、乌拉圭、巴拉圭、玻利维亚等地。西班牙还在总督区下面设置都督区，包括危地马拉、古巴、委内瑞拉、波多黎各和智利。这些分区影响到了后来拉丁美洲独立国家的边界和行政区划分。可以看出，西班牙的殖民统治与葡萄牙不同，它是在广阔的殖民地上建立政府进行统治，从而将这些原本居住着印第安人的土地变成了从属于西班牙帝国的领地。正是由于受到西班牙拉丁文化的统治和影响，中美洲和南美洲才被统称作"拉丁美洲"。

葡萄牙和西班牙在各自的殖民过程中，也为了争夺市场和领地而矛盾频繁，经常会相互冲突，为了解决这个问题，教皇于1494年6月敦促二者签署了《托尔德西拉斯条约》，规定在地图上的佛得角以西370里格（约为2220公里）的地方从北极到南极划了一条线，这条线以西的所有土地属于西班牙，以东的都归于葡萄牙，这条线被称作教皇子午线。根据这个规定,南美洲的巴西归属葡萄牙。然而,当麦哲伦环球航行到达马鲁古群岛时,丰裕的香料令两国纷争再起,因此,到1529年两国又签署了《萨拉戈萨条约》,规定在马鲁古群岛以东17度处划一条新的界线,以西属于葡萄牙,以东属于西班牙,根据这个规定,西班牙在亚洲的菲律宾和中国台湾积极地展开了殖民活动。至此,二者在全球的势力范围确定了下来。

四、新航路开辟的影响

新航路的开辟给欧洲和欧洲以外的地方都带来了巨变,对世界进程有重大影响。世界各个地区逐渐成为一个整体,相互之间的联系越来越频繁,构成了一个早期全球化的时代。然而,相互之间又会有竞争和冲突,欧洲开启了其在世界上建立经济、政治和文化霸权的历程,然而,美洲、非洲、亚洲也对欧洲产生了影响。

发现美洲以及美洲新航路的开辟,使新世界的作物进入到旧世界,产生了巨大的变化。美洲的玉米、马铃薯、西红柿、橡胶、烟叶、可可等物产被西班牙人带回欧洲,继而传遍全世界,对各地的饮食产生了很大的影响。尤其是在墨西哥和安第斯地区生产的玉米,进入到亚洲以后,推动了对边远地区的拓荒,使亚洲很多地区的面貌被极大改变。新世界的作物比较容易生长,因此也克服了旧大陆长期的农业歉收问题,使很多地区的人口得到快速增加,世界人口在近代早期有过大爆炸似的增长,这与美洲作物的传入有很大关系。同时,旧世界的麦子、水稻、甘蔗、茶叶等作物以及马、狗、牛等动物也被输入到新世界,改变了美洲的生产方式和生活习惯,随着欧洲移民的大量进入,更进一步地影响了这里原先的经济和社会生活。

在经济方面,新航路开辟给欧洲带来了"价格革命"。美洲的殖民者发现了这里储备丰富的银矿,尤其是在今秘鲁和玻利瓦尔一带,出现了大量的银矿,其中以波托西银矿最为有名,甚至"阿根廷"这个名字也是与白银有关。当这些白银被大量地运输到欧洲以后,使欧洲的贵金属市场受到极大的冲击,西欧的贵金属严重贬值,物价大幅度上升,尤其是在西班牙表现得最为明显,因为这里是流入美洲白银最多的国家,通货膨胀也表现得最为明显。西班牙王室大肆挥霍,从而使白银流入欧洲各国,然而,由于欧洲在与东方的贸易中一直处于入超地位,这些白银又通过支付东方商品而流入东方,主要是印度和中国,使这里的白银储备也急剧增加,进而影响了这里的物价和经济生活。中国明代中叶颁布"一条鞭法"就是对这个问题的回应。另外,通过西班牙的太平洋航路,许多大帆船将美洲的白银运到东南亚购买这里的产品,因此这也是白银进入亚洲的一个重要门户,大西洋贸易也因此而蓬勃发展起来,推动了美洲与亚洲之间的物质和文化交流。

在新航路开辟以后,欧洲的内部也发生了经济重心转移,出现了新的经济体。在大西洋沿岸,出现了一批重要的城市,如里斯本、塞维亚,以及后来借助大西洋贸易而发展起来的阿姆斯特丹和伦敦。这些大宗贸易中心及其所在的区域逐渐被纳入到大西洋贸易的网络当中,出现了欧洲、非洲、美洲的三角贸易,因此逐渐发达起来。但是,旧的地中海贸易并没有就此一蹶不振,欧洲内陆和地中海与地中海东部的经济和文化交流仍然还持续了很长一段时间。但是，可以看出新航路的开辟使老的意大利商人及其商业衰落下去，西班牙、葡萄牙等新起之秀逐渐主宰了欧洲和世界的贸易。为了更好地进行海上远航贸易，许多垄断型的商业公司、银行、证券交易所和保险公司也都发展起来，推动了资本主义的发展，也使欧洲优先于世界其他地区而得到了快速发展。

在思想方面，新航路开辟也为欧洲人带来了强烈的冲击。在中世纪，欧洲思想界被教会主宰，只有教会才拥有对世界的解释权，一般认为地球是平的，而罗马教会是世界的中心，后来又更正认为地球是圆的，但是背面并无人居住。当哥伦布和麦哲伦的航行成功之后，中世纪的陈旧说法被无可辩驳的事实推翻。对于世界的新观念、新看法使教会的权威性受到了质疑和挑战，也为此后宗教改革提供了条件。由新航路带来的贵金属和巨大的商业利润，也打破了欧洲原来的封闭保守性，自然科学的研究兴起，推动科学研究的成果源源不断地出现。同时，人文方面也受到了影响，文艺复兴艺术在16世纪以后的发展一定程度上受到了外部世界的新事物的影响。

总之，新航路的开辟使世界各地的相对孤立状态被打破，各个区域之间的交流越来越频繁，日益成为一个整体。在这个新的整体中，欧洲人起到了主导作用，欧洲也成为世界的中心，这对于后来欧洲中心论的形成提供了历史基础。

第三节 文艺复兴

文艺复兴是14至16世纪在欧洲出现的新思想、新文化运动，它最早出现在意大利的城市，之后扩展到欧洲各国，并于16世纪达到顶峰。复兴的目标是古希腊、古罗马的文化，其精髓是人文主义，在艺术和科学方面也都出现了大量优秀的成果。在欧洲的历史上，曾经有加洛林文艺复兴、奥托文艺复兴、12世纪的文艺复兴数次，但是这次文艺复兴的影响最大，一般都认为它是中世纪和近现代历史的分界线。意大利艺术史家瓦萨里(1511—1574)最早使用"文艺复兴"这个词，用于概括他的时代以及之前的文艺活动的特征，意指古代文化艺术的复兴。

一、文艺复兴产生的基础

文艺复兴最初是在地中海沿岸的意大利城市中产生的，这是与中世纪意大利商品经济的发展分不开的。意大利的经济基础主要是呢绒业、金融业等行业，意大利人也积极到遥远的地方经商，由于远距离结账的需要，产生了金融汇兑行业，这成为了意大利商人享誉全欧洲的领域。正因为有这样活跃的经济活动，意大利的城市最早进入到了注重享乐、追求文化的阶段。很多商人变富之后，都希望提高自己的品味和地位，于是他们花钱聘请艺术家为其创作肖像画，或者建造家族礼拜堂甚至宅邸，这都推动了这一时期意大利文艺复兴的发展。

文艺复兴之所以在意大利发生，也是由于教皇的推动。1453年，拜占庭帝国沦陷，大量学者文人都逃难到意大利,古希腊、古罗马的文化典籍也都随之被带到了意大利,促使古典文化在意大利的再生。作为赞助人的角色,教皇也大力推动文艺复兴,教廷邀请艺术家为教堂创作壁画,教皇本人也热衷于收集古典艺术作品,并不完全拘泥于中世纪教会的陈旧戒律。这些都是文艺复兴在意大利得以发展的重要条件和保障。

在政治方面,意大利在中世纪长期以来处于四分五裂的状态,但是这也为其提供了活力。从意大利的北部到南部,分布着米兰、威尼斯、热那亚、佛罗伦萨、教皇国、那不勒斯等一些大的城邦,此外还有许许多多的较小的城邦,它们有着独立的经济基础和外交,并且经常合纵连横相互制衡,这种分裂的局面为艺术家和学者的发展提供了自由的土壤。各个城邦都会邀请优秀的艺术家和学者为其所用,而又无法控制他们在各个城邦之间游走,择良木而栖,为其满意的赞助人贡献聪明才智,而各国之间的竞争也激发了对新式文化的需求。因此,文艺复兴发生在意大利,与这种政治状况不无关系。

文艺复兴的思想内核是人文主义,也正是人文主义支撑着文艺复兴发展下去。从19世纪开始,历史学家使用人文主义来概括文艺复兴时代所表现出来的早期资产者的理论体系和思想精神,沿用至今,成为我们认识文艺复兴的重要方面。人文主义大力抨击中世纪的禁欲观念和来世观念,渴望突破教会对思想的束缚,反对传统的权威和教条。与教会宣扬上帝高于一切不同,人文主义认为应当将人本身置于中心,强调人本身的价值和尊严,摆脱对神的依附关系。因此,人文主义者们呼吁文艺应当体现人的伟大,突出人的思想和情感,而不再是仅仅对神进行歌颂。人文主义者强调人不应当追求来世,而是应当追求现世的幸福和快乐,反对教会的禁欲主义,歌颂爱情。正是在这一思想的引领下,文艺复兴时期掀开了历史新的一页。

二、早期代表人物

早期意大利文艺复兴发端于14世纪,代表人物有但丁、彼特拉克、薄伽丘。他们被称作"佛罗伦萨文坛三杰"。他们一方面与传统的中世纪有着千丝万缕的联系,一方面开启了一个新的时代,成为文艺复兴的先驱者。

但丁(1265—1321)出身于佛罗伦萨没落贵族家庭,受过良好教育,学识渊博。由于在佛罗伦萨的家族和政治斗争中失败,他被流放他乡,后来客死于拉文纳。他的代表作是《神曲》,包括地狱篇、炼狱篇、天堂篇三个部分,既有宗教神学的思想,又体现了人文主义的光芒。这部诗歌虽然是天主教主题,但是有强烈的现实感,借用隐喻的手法映射现实社会,对于那些不符合作者人文主义道德和价值标准的教俗权力者都打入地狱或炼狱,让其受煎熬,而对于那些贤明的君主则使其进入天堂。这也与作者的政治倾向有关,他希望借助神圣罗马帝国皇帝的力量统一意大利,结束党派纷争和教皇干涉,从而被佛罗伦萨人视作叛国。但是,但丁通过《神曲》抒发了他的政治和宗教理想,讴歌人性,他认为人"生来不是为了像野兽一般活着,而是为了追求美德和知识"。

彼特拉克(1304—1374)出身于佛罗伦萨的公证人家庭,1302年其全家与但丁一道被流放,彼特拉克一生中颠沛流离,在意大利和法国很多地方生活过。他是第一个号召复兴古典文化的学者,并最早提出"人文学科",认为与神学对立,他也因此被称作"人文主义之父"。彼特拉克赞扬凡人和世俗的生活,反对教会说教,指责罗马教廷是"黑暗的监狱"。他擅长十四行诗,曾荣膺"桂冠诗人",有代表作《歌集》,赞美人性,讴歌爱情,展现了作者对女友劳拉的纯真爱情和对现实幸福的向往。该作品比但丁的《神曲》更具有人文主义色彩,劳拉的形象也较《神曲》中的贝阿特丽采更加平易近人、栩栩如生,是一个完全生活在现实世界中的全新的少女形象。同时,该作品也歌以咏志,体现了作者强烈要求意大利统一和进行政治改革的愿望。

薄伽丘(1313—1375)生于巴黎,1340年回到家乡佛罗伦萨。他精通希腊文,热爱古典文化,深入研究了《神曲》,著有《但丁传》。他的代表作是《十日谈》,讲述了1348年黑死病时期佛罗伦萨十对男女躲避在一座别墅中,每人每天讲一个故事,十天共讲了一百个故事,故名《十日谈》。其内容大多来自历史传说和民间故事,但是体现了很强的批判现实的态度,一部分内容揭露了教会的腐败和教士的无耻,嬉笑怒骂,大胆攻击,开启了此类批判文学的先河,对后世现实主义文学的发展产生了很大的影响。

三、"佛罗伦萨美术三杰"

意大利文艺复兴盛期的重要代表人物为"佛罗伦萨美术三杰":达·芬奇,米开朗基罗,拉斐尔。他们将文艺复兴的浪潮推向了巅峰。

达·芬奇(1452—1519)出生于佛罗伦萨附近的芬奇小镇,名为利奥纳多。他从小被送往佛罗伦萨著名画师的作坊作为学徒学习,很快就远近闻名。达芬奇的成就不独绘画,而是遍及人类文明很多领域。他崇尚科学,认为应当更多地观察和研究自然,将大自然作为知识来源进行探索。他学习亚里士多德的理论,掌握了一套科学方法,并应用到科学研究中去。他不认同教会推崇的托勒密"地心说",而是大胆猜测地球围绕太阳旋转,还认为太阳发出的光芒使月亮发光。达芬奇为进行人体素描而研究人体各部分构造,堪称近代生理解剖学的先驱,为此还受到教廷的责难。他早于英国的哈维认为人体内血液是循环的。达芬奇的一系列理论后来得到了哥白尼、伽利略、培根等人的进一步发展,而他有着奠基之功。

在建筑和工程学方面,达芬奇设计过教堂、街道、桥梁,还参与水利设施建设,他还有无数发明设计,如机动车、相机、桥梁、机关枪、坦克、滑翔机、降落伞、潜水艇等,后世都被实现。达芬奇堪称文艺复兴时期所推崇的完人,使科学和艺术达到了完美的结合。在这种广博的积淀之上,达芬奇的艺术才能更是得到惊人的发挥,《最后的晚餐》《蒙娜丽莎》等作品成为了他一生中最为脍炙人口的艺术杰作。

1482年达芬奇在30岁的时候来到米兰,一直住到1499年,受到当时米兰大公斯福尔扎的青睐和庇护,这时期是其艺术创作的高峰期。在旅居米兰期间,他为圣方济各教堂绘制的祭坛画《岩间圣母》,摆脱了圣像画的死板和拘泥,体现了圣母与圣子在大自然中充满生命气息的场景,而画面结构则体现了达芬奇设计的金字塔形构图原理。他为米兰格雷契修道院餐厅所作的壁画《最后的晚餐》，表现了耶稣被捕之前与众门徒临别聚餐的场景，这幅壁画的构思很巧妙，与其所在的环境颇为协调，使用餐者有身临其境之感，尤其生动描绘了各个门徒在听到坏消息后流露出的神态，展现了各个门徒的内心活动及性格。1499 年达芬奇为躲避法国对意大利的侵略而逃亡威尼斯等地，次年回到佛罗伦萨，在此期间创作了著名的《蒙娜丽莎》，这幅画像达芬奇极其珍爱，一直带在身边，最后随他到了法国。达芬奇还曾移居罗马，但对那里浓重的宗教氛围并不满意，不久又到了米兰。到 1515 年法国国王弗朗索瓦一世占领米兰后，聘请达芬奇为其宫廷画家，从此他便客居巴黎，直至 1519 年逝世。

除此以外，达芬奇的各种素描习作也都具有很高的艺术价值，成为艺术史上的重要遗产，被视作典范之作。正是在这些大量的素描基础之上，他完成了那些著名的油画、壁画。他对艺术理论的总结也散见于几千页的手稿之中，成为文艺复兴时期艺术理论的奠基之作。

与喜爱世俗生活的达芬奇相比，米开朗基罗（1475—1564）与教廷走得很近，他的许多作品都带有浓厚的宗教意味。米开朗基罗生于佛罗伦萨附近的小镇，家族世代经营小银行，到其父亲时进入政界。他从小被送到佛罗伦萨的文法学校，但对绘画和雕塑更感兴趣，并显露出惊人的天赋，因而转向学画。米开朗基罗是画家，更以雕塑而闻名，同时也是建筑师和诗人。他的著名雕塑作品有大卫像、摩西像等，壁画作品有西斯廷壁画，建筑作品有罗马教廷的圣彼得大教堂等，此外还有众多的诗作。

米开朗基罗小时候是文艺复兴早期画家多纳太罗和吉兰达约的学生。他的才华受到佛罗伦萨执政的美第奇家族的欣赏和重视，因而也得以经常出入美第奇的府邸，学习和研究那里收藏的大量艺术品，打下了扎实的基础。当洛伦佐·美第奇死后，米开朗基罗失去庇护人，1496 年到达罗马。20 岁时为圣彼得大教堂创作了《哀悼基督》雕像，从此声名鹊起。1501 年他回到故乡佛罗伦萨，完成了《大卫》雕像，立于老宫（市政厅）的正门前。1505 年又受教皇邀请，到罗马为教皇建造陵墓，期间又受命用四年多创作了西斯廷礼拜堂的屋顶壁画《创世纪》。1513 年，米开朗基罗在罗马完成了《摩西像》、《垂死的奴隶》等雕像。1519 年他重返故乡，一直生活到 1534 年，其间受教皇利奥十世之命为美第奇家族创作陵墓雕像《昼夜晨暮》。1536 年米开朗基罗再度被邀请到罗马为西斯廷礼拜堂创作祭坛壁画《最后的审判》，此后一直生活在罗马，直至 89 岁高龄去世。1546 年教皇还任命他为圣彼得大教堂的建筑师，他负责设计了大多数的建造方案，尤其是大教堂的穹顶。

米开朗基罗最负盛名的作品是西斯廷礼拜堂的壁画。屋顶壁画是以圣经开篇《创世纪》的故事为主题在天花板上作的九幅独立的画作，天花板的周围空余空间则留给先知和使徒，以及其他圣经人物。米开朗基罗历经四年每天站在脚手架上仰望着作画，逐渐将创世纪的全过程画满天花板。二十年后，米开朗基罗又受命为西斯廷礼拜堂创作祭坛壁画《最后的审判》，历时六年，使祭坛壁画与屋顶壁画在主题上遥相呼应，从上帝造人到世界末日的拯救和惩罚。从早期天顶壁画作品的色彩明亮，到祭坛壁画时的明暗不清，体现了画家对世态和命运理解的演进变化。

米开朗基罗的壁画作品体现了很强的宗教意味，他的作品对艺术发展产生了很大的影

米开朗基罗,西斯廷礼拜堂,祭坛壁画

响,在雕塑方面更是如此,从后世的许多作品中,无论是巴洛克时期,还是新古典主义时期,都可以看到米开朗基罗的影子。

拉斐尔(1483—1520)出生于佛罗伦萨南边的乌尔比诺,他的作品显现出平和雅致的特点,以及"秀美"的画风,他最为著名的作品多为圣母主题,将宗教虔诚与艺术美感结合,却表现出母性的温柔和人性的光芒,较著名的有《西斯廷圣母》、《带金莺的圣母》、《草地上的圣母》。《西斯廷圣母》用金字塔的形状构图,表现出圣母的雅致柔美。拉斐尔的圣母画不再有宗教束缚,而是用充满人性的母亲形象来拉进与人的距离,以艺术的人性增进人的信仰。为梵蒂冈创作的大型壁画《雅典学院》中,拉斐尔将基督教和异教的学者并列起来,描绘了古希腊以来的50多个著名哲学家。该幅画作以柏拉图和亚里士多德作为整幅画面的中心和焦点,一人指天,一人指地,象征他们不同的哲学观点。其他哲学家散布在周围,反映了人类文明的历程。

同达芬奇的深沉含蓄、米开朗基罗的雄浑激情相比,拉斐尔作品的柔美秀丽自成一派,对后世也产生了很大的影响。直到19世纪中叶,在英国成立的前拉斐尔派还力图纠正拉斐尔所开启的风格主义、学院派传统。

文艺复兴时期意大利的艺术三杰,以其广博的视野、辉煌的成就为人们树立起了三座丰碑,为后世所景仰和模仿,却难以超越。

四、欧洲其他国家的文艺复兴

意大利的文艺复兴很快传播到阿尔卑斯山以北的地区,欧洲许多国家的文人学者也都赴意大利学习,进一步传播了文艺复兴。15世纪中叶古腾堡的活字印刷术更是借助书籍推动了人文主义的传播。

伊拉斯谟(1465—1536)出生于荷兰鹿特丹,曾旅居法国、英国、意大利、德国,与其他人文主义者关系密切,他的才智和学识深受各国学者推崇。他的代表作《愚人颂》通过一个懒惰而骄傲的女人之口,揭露了教士的傲慢贪婪和愚昧无知,批判世俗贵族的腐朽平庸和好战成性,尤其是将矛头指向了教皇的统治。

英国的人文主义者托马斯·莫尔(1477—1535)曾官至财政大臣、议院议长和大法官,但因为触怒国王亨利八世而被砍头。他1516年出版的《乌托邦》批判了不合理的社会制度,描述了作者心目中的理想社会模式,在虚构的乌托邦中,不再有城乡差别和私有制度,人人都参加劳动,全部产品都归社会所有,实行按需分配,所有公民政治上一律平等,行政人员皆由全体公民选举产生。这部作品是欧洲历史上第一部空想社会主义的杰作,历史影响深远。

英国作家莎士比亚(1564—1616)是著名的诗人、戏剧家,著有剧本37部,长篇叙事诗2部,十四行诗154首。他的剧作有历史剧《亨利六世》、《约翰王》等,喜剧《仲夏夜之梦》、《威尼斯商人》等,悲剧《罗密欧与朱丽叶》、《哈姆雷特》、《奥赛罗》、《李尔王》等。这些作品都反映了当时英国社会的急剧变化和各种矛盾,作者借这些剧作表达了人文主义精神,批判社会的黑暗腐朽和拜金主义。莎士比亚的作品人物塑造鲜明,语言精练优美,在思想和艺术上达到了极高的水平,对后世文学的发展有很大影响。

法国作家拉伯雷(1494—1553)一边行医,一边写作,他的代表作是《巨人传》,展现了作者理想中的君主制、社会结构和教育模式,认为教育应当全面发展人的个性,传授进步的知识,使受教育者成为知识渊博的"巨人"。《巨人传》文字戏谑,充满俚语和格言,很受读者喜爱。

西班牙作家塞万提斯(1547—1616)的代表作《堂吉诃德》是一部寓言,通过穷乡绅堂吉诃德和侍从桑乔仿效骑士游侠而处处碰壁的故事,讽刺了中世纪的骑士传统,进而揭露了当时西班牙的社会现实,同情下层民众的不幸遭遇,赞美自由和平等,是现实主义的文学杰作。

总而言之,文艺复兴时期的欧洲思想界、文化界、艺术界都出现了很大的变革,也产生了一大批新的成果,这些成就使这个时代成为继往开来的重要阶段。

第四节 宗 教 改 革

16世纪时,随着大航海时代的发展、文艺复兴和人文主义的传播,宗教领域也出现了重大的变革,这就是宗教改革。它是对此前中世纪的以天主教会为主导的结构的反抗,也掺入了欧洲北部诸国解决政治困境的努力,因此体现出了宗教性和政治性混杂的特点。德国因其特殊的地理、政治和宗教背景,各种矛盾尤其尖锐,成为宗教改革的发源地。其后,瑞士、英国、法国也先后掀起了宗教改革的大潮。

一、德国的宗教改革

15、16世纪之交,德国在经济各个领域都取得了一定的进步,采矿、冶金、纺织、武器制造等方面非常发达。由于中世纪以来的传统,德国的城市发展很快,除了莱茵河、多瑙河沿岸的众多城市,中部和北部也出现了大量城市,甚至形成汉萨同盟,加入到跨国的贸易当中。然而,德国在政治方面非常不统一,各个地区往往形成独特的联盟,或者城市同盟,或者由封建领主领导,难以形成有效的国家实体。虽然德国名义上有一个神圣罗马帝国的皇帝,但是还有七大选帝侯、十余个大诸侯、200多个小诸侯,它们相互之间互不相让,彼此竞争,使德国呈现出支离破碎的政治局面。在宗教上,德国从11世纪以来,就有皇帝与教皇竞争的传统,双方一开始争夺圣职叙任权,到14世纪,德国干脆自行选举和加冕皇帝。德国与教皇的关系越来越紧张。而德国的诸侯们在宗教立场上也各不相同,都会为了各自的利益而选择立场。

在这种情况下,马丁·路德(1483—1546)首先发难。1517年10月,教皇利奥十世为了修缮罗马的圣彼得大教堂,到德国出售赎罪券,声称只要购买赎罪券,就可以减少人在炼狱中煎熬的时间。针对这个事件,当时任德国维滕堡大学神学教授的马丁·路德在10月31日写了《关于赎罪券的功效》(又称《九十五条论纲》),并贴在了维滕堡大教堂的正门上。他指出出售赎罪券是欺骗和错误,是"与基督教不符的道理",他甚至还大胆地指出,不应当相信教皇,而是应当"因信称义"。这份檄文很快传遍德国,在全国范围内迅速掀起了一场声势浩大的运动。

1519年6月,马丁·路德在莱比锡与教皇代表辩论,否认教皇权力神授,声称没有教皇教会也能存在,他还指出宗教会议的决议也有可能错误。1520年,马丁·路德发表了《致德意志基督教贵族书》、《教会的巴比伦之囚》、《论基督徒的自由》,以此作为宗教和政治纲领,进一步阐释了他的宗教思想,并号召德国的贵族们联合起来,将德国从教皇手中解放出来。1520年6月,教皇宣布路德的学说是异端,要开除他的教籍。但是路德竟毫不退让,同年12月当众将教皇的敕令和其他一些法令付之一炬。1521年4月,神圣罗马帝国皇帝查理五世在教皇的请求下,要路德到沃尔姆斯帝国议会上承认错误,但是路德依然坚持自己的立场。同年5月,皇帝下令逮捕路德。但是,幸好有萨克森选帝侯出手相助,将路德隐藏于其领地的瓦尔特堡,在此将拉丁文《圣经》翻译成德文。此举为德国语言文字的统一做出了巨大贡献,也推动了圣经的普及和普通民众对教廷的知识垄断的反抗。

马丁·路德进行宗教改革的同时,德国也出现了激进的农民起义。下层民众趁着宗教改革,要求改变现存社会制度,甚至主张废除私有制,消灭阶级压迫和剥削。其中,尤其以闵采尔为中心,掀起了农民战争。闵采尔最初是马丁·路德的拥护者,但是,二者最终分道扬镳,闵采尔的思想更加激进,他强调理性才是真正的启示,《圣经》并不是唯一正确的启示,而且人人皆有理性和信仰,都可以升入天堂,即使非基督徒也是如此。他还指出天堂不在来世,就在现世,信徒的使命就是在现世建立天堂。这已经接近无神论了。在政治上,闵采尔主张采用暴力革命的手段建立一个没有阶级差别、没有私有财产、没有国家政权的人人平等

路德与同事和学生们于 1520 年 12 月将教皇利奥十世的诏书付之一炬。1872 年保罗·图曼(Paul Thumann)作

的社会。1524—1525 年,德国爆发了声势浩大的农民战争,波及德国大部分地区,西南部的施瓦本、中部的法兰克尼亚和图林根、东北部的萨克森的战争尤其激烈,农民军死伤严重,惨遭杀戮。然而,路德并没有站在农民一边,他始终反对暴力革命,坚持通过改革循序渐进,因此,他坚决反对农民战争,支持诸侯对农民的镇压。

经过农民战争,宗教改革继续进行。1529 年,查理五世在施派尔召开帝国议会,重申 1521 年沃尔姆斯帝国议会关于反对异端的敕令,并且禁止剥夺天主教会的财产。对此,支持路德宗教改革的五名诸侯和 14 个城市代表表示抗议,他们被称作"抗议宗",中文一般翻译为新教,以马丁·路德为首的德国新教派被称作路德宗。

1530 年,路德的亲信向奥格斯堡帝国议会提交了路德宗的信仰纲要,即"奥格斯堡信纲",认为基督教各派都是耶稣的战士,应当互相宽容,强调路德宗的首脑不是教皇,而是德国的诸侯,而且要求反对天主教会的铺张,建立廉俭教会,规定路德宗的仪式。

1531 年,德国信仰新教的诸侯组成了士马尔卡登同盟,对抗皇帝和天主教诸侯。1547 年,从对法战争中脱身的皇帝查理五世战胜了新教徒,但是,在法国国王的支持下,新教诸侯与部分天主教诸侯结盟,于 1552 年打败查理五世。1555 年,经过长期谈判,双方缔结了《奥格斯堡和约》,承认路德宗在德国的合法地位,确立了"教随国定"的原则,即诸侯有权决定其臣民的宗教信仰,以及任命教职和建立宗教法庭。从此,德国形成了两大诸侯集团,北部和东北部属于路德宗诸侯集团的势力范围,天主教诸侯则控制着南部和西南部,两大势力将继续角力。

二、欧洲其他国家的宗教改革

继德国之后,西欧其他国家也先后爆发了宗教改革。

瑞士以加尔文(1509—1564)为首进行宗教改革。加尔文出身法国律师家庭,先习神学,后转攻法律,在巴黎求学时改宗新教,1534年因法国政府的迫害而流亡瑞士。加尔文在瑞士发现宗教改革的呼声很大。1536年,他发表了《基督教信仰典范》,系统阐述宗教改革的理论,否定罗马教皇的权威。他在路德宗的基础上,提出了更激进的"预定论",认为人的得救与否完全依赖上帝的选择,被选中者就是上帝的"选民",其他人就是"弃民",只有在事业(即资本积累)上成功才能证明可以获得拯救,成为"选民",而祈祷、忏悔、善行都无济于事。他应邀前往日内瓦领导当地的宗教改革,并于1541年起长期定居于此,创建了加尔文宗,并且组建了一个政教合一的神权共和国,而他正是最高领袖,由市民直接选举产生的议会是共和国最高权力机构。新政权在加尔文宗的指导下,严厉镇压天主教会的活动,惩罚反对加尔文宗的人士,也严密监视、干涉居民的私人生活,一切浮华的宗教仪式都被取消,赌博、歌舞、酗酒、卖淫和奇装异服等皆在严禁之列,违反者将受到驱逐和极刑的严酷惩罚。加尔文与人文主义者的关系比较复杂,提出了血液循环论的人文主义者塞尔维特就被加尔文活活烤死。但是,加尔文宗重视资本原始积累,从而推动了资本主义在西欧的发展。

16世纪的英国也进行了宗教改革,但是是自上而下的,亨利八世的离婚案是其导火索。1529—1536年间,英国连续召集八届议会,批准了一系列宗教改革的法令,宣布英国天主教会奉英王为最高首领,不再从属于罗马教廷,国王有权任命教职和决定教义,英格兰所有教职人员第一年的年俸和其后年收入的十分之一均归国王所有,未经国王许可教会不得制定新的教规,现行教规须得到国王首肯,宗教法庭应改为国王法庭,由国王派人审判教徒,镇压异端,保留天主教的主教制度、重要教义和仪式。英国由此建立了民族教会,改革后的教会称英国国教,或安立甘教。1536年和1539年,亨利八世两次下令关闭修道院,没收教产,大量教会地产被转到国家和资产者手中,有助于推动资本主义农业发展。但是,英国国教也没有完全满足那些想要进一步改革的人士的愿望,于是,16世纪下半叶他们在国教会内部形成了一个类似于加尔文宗的派别,要求彻底清除国教中残存的天主教因素,这就是清教徒。

宗教改革后,形成了新教的三大宗:路德宗、加尔文宗、英国国教。其中,路德宗为温和派,加尔文宗为激进派,英国国教为保守派。它们的共同点就是强调《圣经》是信仰的最高权威和唯一依据,要使用本民族语言进行宗教活动,否定教皇是耶稣在现实世界的代表,并与之断绝一切关系,反对教皇对各国教会内部事务的干涉和控制。新教各宗均独立自主,没有统一的组织和领导,废除天主教的教阶制度,信徒和神职人员在宗教领域一律平等,神职人员可以通过选举和聘任产生,牧师可以自由结婚。新教也取消了天主教的大部分宗教仪式和节日,仅保留了圣洗、圣体两项礼仪和圣诞节、复活节等少数重大节日。

面对宗教改革,天主教也掀起了声势浩大的反宗教改革。1545—1563年间,天主教会在意大利北部的特伦托连续召集宗教会议,决定不与新教妥协,宣布所有新教徒为异端,重申天主教教义和仪式的正确性,以及教皇的最高权威。天主教会还加强宗教裁判所的活动,严惩异端,对一切出版物实行审查。与此同时,天主教会内部也进行了一系列整顿,惩罚贪污腐化、违反教规的教士，以改善教会形象，提高教会威信。教皇也利用耶稣会，1540年批准了西班牙贵族罗耀拉在巴黎创建的耶稣会，以此维护教皇威信，重振天主教会，对抗宗教改革，要求耶稣会无条件服从会长和教皇，并且投入到前往亚非拉地区的传教活动中，以挽回在欧洲北部失去的地区。从此，欧洲南部的天主教传统更加强烈，与欧洲北部的新教地区势不两立、水火不容，二者走上了两条不同的道路。

第五节　理性的光芒——17—18世纪欧洲的启蒙运动

17—18世纪，欧洲出现了波澜壮阔的启蒙运动，这场运动在时间上绵延长达一个多世纪，更重要的是，它作为一次伟大的思想解放运动而永载史册。在启蒙运动中，现代社会的一系列原则诸如人权、自由、平等等第一次得到了高扬。同时，启蒙运动开启了人的理性力量，号召人民运用这种力量努力构建一个更符合人的理性和人性的现代社会。因此，作为思想革命的启蒙运动不仅作为时至今日仍有意义的一笔思想财富奉献给了全人类，而且也成为构建现代社会的强大观念动力。这场启蒙运动发轫于17世纪的英国，鼎盛于18世纪的法国。到19世纪，它的影响已遍及欧洲和北美，以及拉丁美洲和亚洲的部分地区。

一、启蒙与启蒙思想家

17—18世纪的启蒙思想家在承继着前辈思想遗产的同时，进一步高扬起理性的旗帜，认为理性的批判决不应仅限于纯思辨的哲学领域，而应扩展到宗教、政治、社会等一切领域，要用理性来批判一切，裁判一切，重构一切。在政治领域，他们要求变革旧的封建专制制度，要消灭专制主义、封建特权和不平等，建立新体制，实现政治民主、人的权利、自由和平等；在宗教领域，他们反对教会权威，反对宗教迷信，要用人的理性取代神的意志，彻底打碎强加给人民的宗教枷锁；在知识领域，他们倡导科学知识，进行科学探索，推动科学实验和发现，把人民从蒙昧无知的状态下解放出来。总之，"他们不承认任何外界的权威，不管这种权威是什么样的。宗教、自然观、社会、国家制度，一切都受到了最无情的批判；一切必须在理性的法庭面前为自己的存在作辩护或者放弃存在的权利……以往的一切社会形式和国家形式，一切传统观念，都被当作不合理的东西扔到垃圾堆里去了……从今以后，迷信、偏私、特权和压迫，必将为永恒的真理，为永恒的正义，为基于自然的平等和不可剥夺的人权所排挤"[①]。这批哲学家所进行的全面深刻的理性批判，便是我们所称之为的启蒙运动。

德意志哲学家康德（1724—1804）在回答别人"什么是启蒙运动"的提问时说："启蒙运动就是人类脱离自己所加之于自己的不成熟状态。不成熟状态就是不经别人的引导，就对运

[①]《马克思恩格斯选集》第3卷，北京：人民出版社，1972年版，第56-57页。

用自己的理智无能为力。当其原因不在于缺乏理智,而在于不经别人的引导就缺乏勇气与决心去加以运用时,那么这种不成熟就是自己所加之于自己的了。Sapere aude! 要有勇气运用你自己的理智!这就是启蒙运动的口号。"[1]

的确,启蒙思想家正是真诚地启发民智,要把潜藏于每个人自身之中的理性召唤出来,使人类走出不成熟的依附和奴役状态,成为敢于运用自己理性的独立的和自由的人。伏尔泰认为,必须要按理性行事,不能让人陷于无知中,挣扎于谬误中,生活在暴政下,过不幸的日子。他们相信,理性的阳光必将冲破迷信与专制的漫漫长夜,给人们带来光明与幸福。因而启蒙思想家所掀起的启蒙运动(Enlightenment)使 18 世纪成为了"哲学的时代"、"理性的时代"、"光明的时代"、"批判的时代"。理性的启迪、运用与批判是哲学家的重要任务,在理性的引导下摧毁神权、王权和特权,追求与实现人的权利、自由和平等,是启蒙运动的主要内容,也是启蒙的内在精神,同时也成为了 18 世纪的时代精神。正是在这一精神的鼓舞下,法国人民在 1789 年奋起进行革命,推翻了封建专制制度,正如国王路易十六所说:是伏尔泰灭亡了法国。当然,灭亡的不是法国,只是专制制度。相反,却迎来了一次"壮丽的日出",使法国重获新生。

伏尔泰

在这批启蒙思想家中,最为杰出者有法国的伏尔泰(1694—1778)、孟德斯鸠(1689—1755)、狄德罗(1713—1784)和卢梭(1712—1778)。伏尔泰,真名为弗朗索瓦·马里·阿鲁埃,伏尔泰是他的笔名。在长达 84 年的生涯中,他挥笔写下了《哲学通信》、《哲学辞典》、《路易十四时代》等伟大著作,以满腔的热情呼唤自由与平等,反对宗教迷信。伏尔泰因之遭到封建统治者及教会当局的忌恨与迫害。甚至在 1778 年伏尔泰去世后,他们还不准在公墓下葬伏尔泰的遗体,伏尔泰的朋友们只能偷偷地把他的遗体秘密运出巴黎,安葬在香槟省的一个教堂里。1791 年,法国大革命中的制宪会议作出决议,将伏尔泰的骨灰迁回巴黎,葬入先贤祠。迁葬这一天,巴黎有 10 万人为之送葬,60 万人伫立街头迎送灵柩。灵车上赫然写着:"诗人、哲学家、历史学家。他给人们的心灵以巨大的震动,他引导人们走向自由之路。"

孟德斯鸠,原名叫夏尔·路易·德·塞孔达,后来继承了伯父的职务和爵位后才改称孟德斯鸠。丰裕的贵族生活并未束缚住他求知的渴望,相反却使他更有条件博览群书,钻研知识,从事研究和写作。1721 年,他发表了第一部著作《波斯人信札》,这是一本书信体小说,也是一部闪烁着启蒙思想的哲理作品。不久,孟德斯鸠又出版了《罗马盛衰原因论》。此后,孟

---

[1] [德]康德:《历史理性批判文集》,何兆武译,北京:商务印书馆,1991 年版,第 22 页。

德斯鸠便集中精力投入《论法的精神》一书的写作,历时20年,几易其稿,终于完成。该书一经出版,立刻轰动了巴黎和欧洲,两年内连续印刷了22次,并被译成多种文字出版。书中提出了一系列建立资产阶级国家的宪政原则,成为18世纪影响最为深远的政治理论著作和经典作品。

孟德斯鸠

狄德罗

丹尼·狄德罗出生在一个制刀工匠的家庭,他自幼聪颖过人,19岁便获得巴黎大学的硕士学位。1745年,一位出版商钦佩他的才华,盛情邀请他主编一部百科全书。狄德罗接受了邀请,并将这部书定名为《百科全书或科学、艺术和工艺详解辞典》,他一再表示,要通过这部书去改变人们现存的思想方式,要让它成为一个介绍科学知识、破除宗教迷信、反对封建专制的巨型炸弹。为了这一目标,狄德罗请哲学家、数学家达朗贝尔任副主编,还邀请了许多志同道合的启蒙思想家如霍尔巴赫、爱尔维修等参加该书的编写。这样,以狄德罗为中心,围绕编写《百科全书》形成了一个"百科全书派"。1751年,《百科全书》第1卷正式出版,至1780年,共计35卷的《百科全书》全部出齐。恩格斯曾这样评价狄德罗说:"如果说,有谁为了'对真理和正义的热忱'而献出了整个生命,那么,例如狄德罗就是这样的人。"[1]

卢梭出生于日内瓦一个钟表匠的家庭。他幼年丧母,当过学徒、家庭教师等,饱尝人间苦难。1749年夏,卢梭回应第戎科学院的征文,写下《论科学与艺术》,并获得征文一等奖,由此声誉鹊起。后来他又撰写了《论人类不平等的起源和基础》,指出了人类不平等的根源。经数年苦思,卢梭又写作出版了《社会契约论》,此书的中心是探讨如何实现人的自由,提出了"天赋人权"、"主权在民"的思想,目的是要推翻封建君主国,建立资产阶级的民主共和国。卢梭的著作受到人民的热烈欢迎,但却遭到封建统治者的仇视,卢梭因此被迫逃亡国外,开始了长期的流亡生活。后因病于1778年去世。

---

[1]《马克思恩格斯选集》第4卷,北京:人民出版社,1972年版,第228页。

二、批判封建专制制度

在法国专制制度下,专制君主把自己看作是国家的化身和象征,一切权力为上帝所赋予,由国王所掌握,他是整个国家至高无上的权威,没有任何限制和制约。针对君主专制制度的暴虐统治,启蒙思想家在理性的引导下对现存的封建专制制度进行了猛烈的批判,彻底摧毁了封建专制制度的理论基础。

启蒙思想家多次指出,专制君主制是一种最坏的统治形式,专制制度依靠的不是契约而是暴力。孟德斯鸠详细地揭露了专制制度的这一本质,专制制度的实质就是君主一人独断专行,实行恐怖统治,不要任何法律,君主的意志就是法律。他说:"专制政体的原则是恐怖","专制的国王没有任何基本法律,也没有法律的保卫机构"。"君主的意志一旦发生,便应确实发生效力",要"绝对服从"。即使国王是在酒醉或者精神失常时做出某种荒谬的决定,臣下仍要执行。在孟德斯鸠看来,这样的专制君主完全是一个暴君,专制制度也是"横暴的政制"。在此政制之下,"人的命运像牲畜一样,就是本能、服从与惩罚"。狄德罗指出,专制君主剥夺了人民言论和行动的权利及必要时反对君主意志的权利。在专制制度下,人民被变成了一群牲畜,他们的愿望、要求、权利等都遭到漠视和践踏。因此,在专制制度下,没有公民,有的只是臣民。这种高压统治的专制制度不仅违背了理性和自然法,而且侵犯了人的自由和权利,注定不会维持长久。

从自然法和社会契约理论入手,启蒙思想家认为每一个人都是独立的个体,他不受任何人的干涉和控制。同样,也没有一个人能从自然那里得到支配别人的权力,即使后来进入社会,统治者的权力也是人民赋予的和有限的。狄德罗说:"君主从他的臣民本身取得支配他们的权威;这种权威是受到自然法和国家法的限制的。自然法和国家法乃是臣民服从政府或者必须服从政府的条件。这些条件中的一个条件就是:只是凭着臣民的选择和同意,才有支配他们的权柄和权威,君主决不能运用这种权威来破坏那个使他获得权威的法规或契约,只要一破坏这种契约,他就会对自己不利,因为他的权威只有凭着树立权威的那种资格才能继续存在。谁取消了一个,也就毁坏了另一个。因此,不取得臣民的同意,离开宣布服从的契约中所表现的选择,君主是不能任意行使权力,任意处置他的臣民的。"他还指出:"政权尽管为一个家庭所继承,掌握在一个单独的人手中,却不是一件个人的财产,而是一件公共的财产,因此它决不能离开人民,它在本质上只属于人民,仅仅为人民所固有。……并不是国家属于君主,而是君主属于国家;统治国家的权力之所以属于君主,只是因为国家选择了君主来统治,只是因为他负有给人民管理各项事务的义务,只是因为人民根据法律有服从他的义务。"[①]卢梭也从自然法理论出发,指出专制权力不是共同体最初之时的标志,而是随着文明的进步而出现的结果。他说:"政府并不是从专制权力开始的,专制权力只不过是政府腐化的结果。"按照卢梭的说法,人们之所以拥立首领,需要他们的管理者,乃是为了保障他们

[①] 北京大学哲学系编:《十八世纪法国哲学》,北京:商务印书馆,1963年版,第429页。

自己的权利、自由和幸福。这是无可争辩的事实，同时也是政治法的基本准则。当专制君主篡夺了权力成为暴君时，就违反了这个基本准则，从根本上说便是违反了自然法。卢梭说："一个孩子命令着老人，一个傻子指导着聪明人，一小撮人拥有许多剩余的东西，而大量的饥民则缺乏生活必需品，这显然是违反自然法的，不管对自然法下什么样的定义。"[①]

路易十四曾这样宣称："诸位，你们自以为是国家吗？朕即国家！"这形象而又鲜明地表达了王朝国家的一大本质，即把自己视为国家，把国家当作王朝的私有财产，追逐自身的王朝利益。启蒙思想家也对王朝国家的这一本质进行了深刻的批判。法国启蒙思想家爱尔维修（1715—1771）认为，一个国家是由它的全体公民所组成，公共利益也是由每个人的利益所组成，由于"个人利益支配着个人的判断，公共利益支配着各个国家的判断"，因此，对于一个君主和一个政府来说，由每个公民的利益所组成的公共利益才是最高的、唯一的追求和行动的目的，同时也是判断他们的行为是否符合正义和道德的标准。他还指出："一个人一切行为都以公益为目标的时候，就是正义的"，"要行为正直，就应当仅仅倾听和信任公共的利益"，"公共的福利——最高的法律"，"这种利益是人类一切美德的原则，也是一切法律的基础"。这样，君主和政府是否保障人民的幸福就不仅是实际利益的需要，更重要的是也符合正义美德等伦理的要求。由此出发，启蒙思想家通过大量事实揭露了君主专制的本质只是为了维护自身的王朝利益，丝毫也不关心国家的强盛和人民幸福，"专制君主的利益经常与公共利益相反"。另一位法国启蒙思想家霍尔巴赫（1723—1789）也说道，专制君主的统治"很少符合正义的规范，他也就通常成为一个暴君，其权力不断地与人民的公道、理性、权利、自由和幸福发生冲突，因而也时时刻刻违反他自己的利益"，"专制制度在本质上是违反人的本性和整个社会的目的的"。

启蒙思想家曾这样尖锐地指出，君主们乃是社会的管理者，是它的代言人，是社会权力或大或小的一部分之受托者，但并不是它的绝对的主人，也不是国家的所有者。地球上没有任何社会能够而且愿意把侵害自己的权利不可收回地托付给这个统治者。因此，君主们的专制统治，以及追求自身的王朝利益全然侵犯了人民的天赋自由和权利，危害着国家的公共利益，在这个共同体中，人民被剥夺了权利，失去了自由，赤贫如洗，悲惨欲绝。霍尔巴赫曾详细描写了社会的这种凄惨状况，认为专制制度甚至达到了污染空气、改变气候与土地的性质的程度。这样，"我们不能把专制制度看成一种治理形式；……它不能是不合法的，因为它仅仅建立在任意妄为上，是违反那些永远合于正义的自然法则的；它违反那些永远不能违背自然法则的公民法；它违反那些永远应当以公平治国为目标的国家根本法。合法的专制制度乃是一个自相矛盾的名词"[②]。卢梭更明确地指斥道，"专制君主则永远都是暴君"。

当然，必须指出的是，也有一些启蒙思想家在反对封建专制制度中，主张"开明君主制"，认为在一个良好开明君主的治理下，能够实现所向往的但在封建专制制度下不可能实现的

---

① ［法］卢梭：《社会契约论》，何兆武译，北京：商务印书馆，1980年版，第149页。
② 北京大学哲学系编：《十八世纪法国哲学》，北京：商务印书馆，1963年版，第662页。

自由、权利与幸福,启蒙泰斗伏尔泰便是典型。他说:"当君主是一个哲学家时,对人们来说是最大的幸福。""仁慈的国王是上天能给予大地的最好的礼物。"在他的心目中,这种开明君主政治制度就是英国式的政体。君主的权力被约束在一定的界限之内,以免出现专制统治,制约贵族权利,以免造成无政府状态。"英国是世界上抵抗君主达到节制君主权力的唯一国家,他们由于不断的努力,终于建成了这样开明的政府,在这个政府里,君主有无限的权力去做好事,倘使想做坏事,那双手就被束缚了。"

对伏尔泰的"开明君主制",狄德罗持不同看法。他认为,只要是专制制度就是坏的,即使是开明君主专制。他说:"开明君主的专制统治总是坏的。它的优点是最危险、最有害的诱惑。"善良、公正、开明的专制君主,归根到底比恶人更危险,因为他使人民养成爱戴和尊敬君主的习惯,人民则把这些感情移注给他的继承者,而不管后者有多么凶恶和愚蠢。"公正、温和、开明然而专制的统治者连续几朝的统治,对人民来说也许是最大的不幸,因为巧妙的统治会使人民完全忘记自己的特权、陷于彻底被奴役的境地。"

从反对专制主义出发,孟德斯鸠坚持认为,要建立一个法治国家,要维护人民的自由,不仅需要良好的政体和完善的法律,而且还要有运行良好的政治权力机构,这种权力机构蕴含如下思想:"不强迫任何人去做法律所不强制他做的事,也不禁止任何人做法律所许可的事。"如何实现此种目的,如何防止统治者变成专制君主,孟德斯鸠认为,就事物的本性来说,任何权力都会在运行中扩展、蜕变和滥用,"一切有权力的人都容易滥用权力",这是万古不易的一条经验。同时孟德斯鸠也认为,并非只有建立起英国式的君主立宪政体才能保证人的自由,在君主制政体下,只要实行三权分立,也能达到政治自由。他说:"在这些君主国家中,三权的划分和建立并非以上述那个国家的政制为模范,每一个国家的权力有它独自的分法,依照这分法,三权都或多或少地接近于政治自由。"不论哪一种政制、哪一种权力,无论如何,有一点可以确信,没有权力的分立和制衡,这种权力终会走向滥用,良好的政体将蜕变成专制政体。孟德斯鸠所孜孜追求的便是法国应该建立起这种良好的政治权力结构,改变专制统治暴政局面。

在这种批判中,卢梭从社会契约和人民主权出发,认为在人民主权之下,所有的个体应当联合成为一个新的共同体。这个共同体的最鲜明的特征,是抛弃了压迫与专制,实现和保证参与订立契约的每个个体的自由、平等和幸福。卢梭认为订立社会契约的根本任务和目的也即是如此。他多次指出,"国家创制的目的即公共幸福","公意永远正确,而且永远以公共利益为依归","人类由于社会契约而丧失的,乃是他的天然的自由以及对于他所企图的和所能得到一切东西的那种无限权力;而他所获得的乃是社会的自由以及对于他所享有的一切东西的所有权"。这样,以人民主权为中心,实现了国家的利益与人民的利益相一致,国家的职能是保障与增进人民的利益、自由和幸福。与此相对应,人民也自觉地对国家怀有眷恋热爱之情,为维护国家的团结稳固,他们会勇于牺牲,乐于奉献,并将因此而感到光荣和自豪。正如卢梭所说:"一旦人群这样地结成了一个共同体后,侵犯其中的任何一个成员就不能不是在攻击整个的共同体;而侵犯共同体就更不能不使它的成员同仇敌忾。"事实上,当人民在保卫自己的国家时,也就是在保卫他们自己的切身利益。

对现实君主专制的批判,对理想社会的追求,使卢梭一直在苦心思索,"要寻找出一种结合的形式,使它能以全部共同的力量来护卫和保障每个结合者的人身和财富,并且由于这一结合而使每一个与全体相联合的个人又只不过是在服从自己本人,并且仍然像以往一样地自由"。通过社会契约,卢梭彻底解决了这一根本问题,在订立契约后,人民把自己的全部权利转让给整个集体,而这个集体是全体人民自己结合而成的。公民作为整体,国家主权存在于他们之中;作为个体,他们是主权权威的参与者。这样,人民主权取代了君主主权,他们不是专制统治下的臣民,而是拥有权利的公民,他们失去了自然状态下的自由和平等,而获得了社会和道德的自由和平等。

总之,在启蒙思想家的尖锐批判下,神圣的君主已丧失了他昔日作为这个社会中心和国家化身与象征的意义。国王已经被从国家之中完全分离了出去,剥夺了其无所不有的绝对权力。并且,一个国家的最高权威以及政府的最终目的也就是保障与增进人民的利益,因为它们必须通过服务于国家和民族的利益才能证明它的权力,它的存在的合理性。

三、自由和平等

卢梭曾在《社会契约论》中大声疾呼:人是生而自由的,但却无时不在枷锁之中。这是专制君主统治下的人们的真实写照。对于生活在专制暴政下失去自由的启蒙思想家来说,自由弥足珍贵,他们热烈地渴望自由、追求自由;他们要打破枷锁,挣脱镣铐,恢复和实现自由。

启蒙泰斗伏尔泰一生受尽专制统治的迫害,青年时因开罪于贵族两度被投入巴士底狱,其著作受到专制政府的查禁,他自己甚至不能踏上祖国的土地,晚年被迫住在法瑞边界地区的菲尔奈,被尊称为"菲尔奈教长"。一生的悲惨经历使他对法国毫无自由深为痛心,并渴望获得自由。他在《哲学辞典》一书中专门列有"论自由"一条,认为自由就是你个人试着去做你的意志绝对必然要求的事情的那种权利。他还曾对"自由"作过这样的解释,认为除了法律之外,不依赖任何东西,就意味着自由。其含义为,自由是一种源于自己独立意志的一种行为,一种权利,一种天赋权利,它不容压制和剥夺,自由的界限并不是专制君主的意志或别的什么,只是法律的规定,这种法律是符合于自然权利的立法,而非封建专制的任何法规。换言之,自由并非是随心所欲,它是在不违背法律前提下的自由,如果你的意志和行为违背了法律,也就侵害了别人的自由,也使自己成为不自由。他说:"成为自由,那就是只受法律支配。"①

伏尔泰在英国生活了三年,亲眼目睹了英国人民所享有的高度自由,"所有的公民不能同样地有势力,却能同样地自由"。他在《哲学通信》一书中向法国人介绍了英国人民所享有的自由内容:人身和财产的自由;用笔向国家提意见的自由;只能在一个由自由人所组成的陪审委员会面前才可受刑事审问的自由;不管什么案件,只能按照法律条文的明确规定来裁判的自由;信仰的自由。他指出:这些自由是人民所享有的天赋权利,不容剥夺,它是超之于

---

① [法]伏尔泰:《哲学通信》,高达观等译,上海:上海人民出版社,1961年版,第191页。

国家之上的人的特权。如当你睡觉在第二天醒来时,你的财产还和昨天一样,没有丝毫变动;你不会在半夜三更从你妻子的怀抱里或从你孩子的拥抱中被人家拖出去押入城堡,或流放沙漠;当你若有所思,你有权发表你的一切想法;当你被人控告,或写了闯祸的文章,只能依照法律来裁判等等。

  作为思想家,伏尔泰更重视思想、言论与出版自由,他认为思想言论和出版自由是人们的天赋自然权利,"我们天然地据有使用我们的笔的权利,就像我们有说话的权利一样","发表自己思想的自由是公民的自然权利。公民能够使用自己的笔就像使用自己的声音一样:禁止写作比禁止说话更不应该;用笔犯法而受处罚就像因说话而受处罚一样"。一个社会只有允许自由地发表言论才会带来社会的团结和稳定。伏尔泰强烈地谴责下令烧毁卢梭著作的日内瓦当局,认为焚书行为是令人憎恶的,那种以为言论自由和出版自由将导致亡国的想法是幼稚可笑的。事实证明,"倘若每个人都能自由地发表意见,社会会是平静的,不会产生混乱",相反,如果暴君控制了人们的思想,则是社会的灾难、人类的灾难。

  从伏尔泰所列举的自由的这些内容来看,不仅全都是法国人民所没有的,也是他自己所遭受的毫无自由经历的真实表达。通过对比,他更加深切地感受到没有自由的痛苦和自由的可贵。"在自由的国家有一百金币比在专制的国家拥有一千金币更有价值。"伏尔泰向法国人民大声疾呼:"人民呵,醒来! 挣断自己的枷锁,自由在向你呼唤!"

  与伏尔泰不同,孟德斯鸠生为贵族,作为个体,他享有很多"特权"式的自由,但他却看到了整个法国在专制统治下毫无自由可言的状况。所以,在他的内心,在他著作的字里行间充满了对自由的追求。

  孟德斯鸠很明确地把自由分为两类:一种为"哲学上的自由",一种为"政治上的自由"。他说:"哲学上的自由,是要能够行使自己的意志,或者,至少(如果应从所有的体系来说的)自己相信是在行使自己的意志。政治的自由是要有安全,或者至少自己相信有安全。"这两种自由完全不同,第一种自由相对应于自己的意志,第二种自由则与社会相互联结,形成互动。政治自由不像哲学上的自由,不是在自己的意志中完成和实现,而是在社会中完成和实现。有人以为在民主国家里,仿佛是人民愿意做什么就做什么,对此,孟德斯鸠坚决反对。他认为这不是政治自由的含义,政治自由并不是愿意做什么就做什么,"在一个国家,在一个有法律的社会里,自由仅仅是:一个人能够做他应该做的事情,而不被强迫去做他不应该做的事情"。实际上,"自由是做法律所许可的一切事情的权利,如果一个公民能够做法律所禁止的事情,他就不再有自由了。因为其他的人也同样会有这个权利"①。

  自由的界限是既存的社会法律,而自由的真正存在与否则与政体密切相关。人们通常总是认为民主政治有自由,而君主国无自由。他不同意这种看法,认为这是把人民的权利与人民的自由混为一谈。他认为民主政治的国家在性质上并不是自由的国家,"政治自由只在宽和的政府里存在",并且,它"只在权力不被滥用的时候才存在"。由此孟德斯鸠提出"三权

---

① [法]孟德斯鸠:《论法的精神》(上册),张雁深译,北京:商务印书馆,1963年版,第154页。

分立"学说,认定"政治自由是通过三权的某种分野而建立的"。否则的话,将会出现暴政,人民将失去自由。他说:"一个公民的政治自由是一种心境的平安状态,这种心境的平安是人人都认为他本身是安全的这个看法产生的。要享有这种自由,就必须建立一种政府,在他的统治下一个公民不惧怕另一个公民。"这种政府即是实行"三权分立"的政府。

自由并非是被动的,在一个好的政体下会自动出现,自由应是主动的积极的。要享有和保全自由的话,必须让每一个公民积极主动地参与政治,实现思想和言论自由,"说或写一切法律所没有明文禁止说或写的东西",决不能以言定罪。他认为,真正的自由只能是思想和言论的自由。他说:"在一个自由的国家里,一个人推理推得好或不好,常常是无关紧要的事,只要他推理就够了,自由就表现在这里,自由就是使人不受这些推理的影响的保证。"只有专制国家才会以言定罪,以思想定罪。如果这样做,"不但不再有自由可言,就连自由的影子也看不见了"。

自由是人们在法律界限下的一种生存状态,人们自由地思想、言谈和行动,就如同呼吸空气一样的自然和必不可少,没有自由,人们便无法生存。自由是世间最为珍贵的东西,它远胜于物质的利益和财富。如果拿自由与物质利益相比较,自由更为重要。所以孟德斯鸠说:"人民为了保卫这个自由,宁愿牺牲自己的财富、安乐和利益,宁愿担负最重的赋税,这种重税就是最专制的君主也不敢让他的臣民去负担的。"①的确,在这样一种热爱自由、保卫自由而甘愿牺牲一切的民族那里,难道不能实现他们真实的自由吗?

孟德斯鸠是用"三权分立"来捍卫人们的政治自由,而卢梭则认为靠三权分立,只能是短暂的政治自由而不能长久。他认为只有在社会契约和人民主权状态下才能真正实现人民的自由。卢梭把自由分为自然的自由和社会的自由两种,认为自然的自由是人民在自然状态下的自由,即"人生而自由"。但人无法永远生存于自然状态,他必然要进入社会状态,在社会状态下,原先的天然的自由要丧失,而代之以社会的自由。卢梭说:"人类由于社会契约而丧失的,乃是他的天然的自由以及对于他所企图的和所能得到的一切东西的那种无限权利;而他所获得的,乃是社会的自由以及对于他所享有的一切的东西的所有权。"②自然的自由受制于个人的力量,社会的自由受公意所约束。卢梭还认为,在社会自由之中,还有一项自由的内容,即道德的自由。这是一项非常重要的自由,它存在于社会自由之中,又超然升华于其上,在具有社会性的同时,又更多地带有人的主体良知的道德性。卢梭说:"唯有道德的自由才使人类真正成为自己的主人,因为仅有嗜欲的冲动便是奴隶状态,而唯有服从人们自己为自己所规定的法律,才是自由。"这里意味着必须要脱离自然状态下人的本能和原始性的欲望,自觉地服从在社会契约订立后社会共同体的法律,使自己的行动与法律相互协调一致。因而卢梭并不像伏尔泰、孟德斯鸠那样仅从自由是法律前提下的自由来考虑,而是更进一步从人的道德良知的主体性和人与法律关系的视角来考虑,在服从法律的前提下,人的自

---

① [法]孟德斯鸠:《论法的精神》(上册),张雁深译,北京:商务印书馆,1963年版,第322页。
② [法]卢梭:《社会契约论》,何兆武译,北京:商务印书馆,2003年第3版,第26页。

由并不在于他可以做他想做的事,而在于可以做他不想做的事,实际上也是做他不能做的事情。记住并理解了卢梭关于公民"美德"的阐释,就不难理解"道德的自由",正像卢梭所说,没有道德,何来自由。

百科全书派领袖狄德罗像其他启蒙思想家一样,也强烈要求人的政治自由、言论出版自由,他在百科全书中列有"出版自由"条目,认为出版自由利大于弊,它应该成为全世界共同的法律。除此之外,狄德罗还主张每个国家实行贸易自由,实现财富的自由流通。他多次指出贸易自由将会给国家带来繁荣,"如果仔细思考一下,人们会发现最接近高度民主的政府是最适合经商人们的政府,因为他们的繁荣取决于最大的贸易自由"。相反,如果没有贸易自由,货物和财富不能自由流通就会变成同饥荒一样可怕的灾难。由此可知,狄德罗的贸易自由代表着法国资产阶级的利益,表达了他们发财致富的愿望。

当启蒙思想家在追求自由的同时,他们也在要求平等。如果没有人格和地位的平等,又何来自由?卢梭就曾说过,立法的最终目的应是自由和平等,没有平等,自由便不能存在。两者应是有着内在联系的有机统一体。

对于平等,伏尔泰认为凡是具有天然能力的人显然都是平等的,没有任何地位的差别、压迫和奴役。他说:中国的皇帝、蒙古的大汗、土耳其的苏丹都不能对地位最低微的人说:我禁止你消化、上厕所和思维。在这个意义上,平等意味着独立和不受奴役,是一种天然的自然权利。这种权利赋予他具有一种与别人平等的地位。人类不仅仅在事实上是平等的,在社会状态下,在法律的规定上也是平等的,这种平等即是任何一个公民所拥有的政治权利和社会地位。法律使人平等,使人成为拥有同样权利和同样政治地位的公民。这样,任何依附和奴役都是违背平等的,并且任何凭借外在的力量进行奴役和制造不平等都是违背自然的。

当然,人的平等并非意味着一切平等,意味着在经济状况、社会地位等方面的无差别。伏尔泰就曾举例说,红衣主教和他的厨师是一种职业上的差别、分工的不同,他们在法律上、政治上拥有相同的权利。如果人们硬要抹杀社会分工的差别,实现一切平等,这不仅不可能实现平等反而会导致社会的混乱,伏尔泰说,人人在心里都有权自信与别人完全平等,可是红衣主教的厨师并不因此就可以命令他的主人给他做饭。因此人们必须对平等有一种正确的认识,不应走向极端。平等是最自然的,如果走向极端,也就变成最荒诞不经的了。

在《论人类不平等的起源和基础》一书中,卢梭深刻揭示了人类如何从自然状态下的平等走向不平等,然后再实现平等的长期历程。他把这一过程分为三个阶段,第一阶段是私有制的出现。在自然状态下人类处于平等状态,后来随着生产活动的展开,产生了贫富分化,由此导致私有制的出现,这是不平等的起源。随着私有制的出现,富人们为了确保自己的财产,在保护公共利益的借口下,与穷人共同缔结约定成立国家,富人们成为统治者,于是出现了政治地位的不平等,这时人类的不平等进入了第二阶段。在国家建立之后,统治者成了奴役人民的专制君主,或曰暴君,因此,专制暴君的暴政统治是人类不平等的第三个阶段。当不平等进入第三个阶段时,这是不平等的顶点和终点,在这里,它和平等的起点相遇,可以说是新的平等的起点,预示着新的平等的到来和实现,其途径就是人民使用暴力推翻暴政,迎来自身的新的平等。

四、进步主义观念

从古代希腊罗马到中世纪漫长的岁月里，人们没有关于社会或人类进步的观念，有的则是对历史和人类循环往复的解释和推断。到 16 世纪时，科学技术的新发现使人们产生了征服自然、改造自然的决心和信念，人类进步的观念由此萌发。培根认为知识就是力量，人类通过运用科学知识征服自然、改造自然，取得人类的进步。在《新大西岛》一书中，他描绘了一个科学主宰一切的理想社会。法国思想家丰特内勒（1657—1757）指出，人类的进步是无限的，并具有一定的规律。后来法国重农学派经济学家杜尔阁（1727—1781）较系统地提出了人类进步观念。1750 年，杜尔阁在索邦作了题为"人类精神持续进步的哲学考察"的讲演，与以后写下的若干篇文章一起陈述了具有现代意义的进步观念，认为，人类的历史是普遍的进步的历史，是人类从原始蒙昧状态逐渐进步到取得自由的历史，其表现为人类的知识在增长，心智在提高。这些均表明，此时社会的发展需要对人类自身的发展历程进行反思，作出解释，并给人们指明一条未来的进步发展之路。

18 世纪是启蒙运动的世纪，是崇尚理性的世纪，启蒙思想家常说，理性的太阳已高悬在地平线上，以最鲜艳的光辉照耀着大地，使人们走出黑暗的中世纪。理性是天赋的，人人所具有的，它的本质就在于要使事物不断完善，引导着人类获得公正、自由和幸福，达到前所未有的进步。所以，随着时间的流逝，社会必须进步。从这时起，社会的进步、人类的进步就成为启蒙思想家所关注的又一中心内容和矢志追求的目标。在他们看来，人类的进步是必然的、无限的，也是不可阻挡的。法国思想家孔多塞（1743—1794）这样说道："我将通过原因和事实显示出我所研究的成果，人类在实现其能力的完善上绝无限制，人类的完善是真正无限的，这种不断完善的进步将挣脱任何想使之停顿的力量，它比自然所赋予我们的地球的持久还要无限，毫无疑问，这种进步只会在速度上或慢或快，但它决不会倒退。"

穿越时空，启蒙思想家们通过总结、反思人类的发展历程得出，自人类诞生之日起，就不停地走向进步。孔多塞以欧洲的发展为依据，把这种进步划分为十个时期：

第一，原始部落时期；

第二，畜牧时期；

第三，农耕和发明字母时期；

第四，希腊时代人类心智进步时期；

第五，古代罗马科学的进步时期；

第六，科学衰落的黑暗时期；

第七，文艺复兴时期；

第八，印刷术发明和科学哲学挣脱宗教桎梏时期；

第九，从笛卡儿到法国革命时期；

第十，法国革命以后人类完美的理性王国时期。

在这十个时期中,人类由于理性和科学的发明而不断进步和取得完善。到了笛卡儿和法国革命时期则是人类进步的里程碑。由于笛卡儿的理性主义,把人们的思想从权威的桎梏下解放了出来,是在实践上使人类挣脱了锁链,为人类的自由、解放和进步开辟了广阔的道路。在法国革命之后,生产力有了高度发展,需要得到充分满足,国家与国家之间的不平等已被消除,合乎理性的制度被建立起来,国际大家庭和睦相处,人类在身体、精神和道德方面都将取得前所未有的长足进步,达到真正的完善。

人类的这种进步,按照孔多塞等人的说法,具体表现在:它是朝向知识和智慧的进步,朝向普选权、教育、言论和思想自由、法律平等以及财富再分配这些普遍目标的进步。总之,是人类在身体、精神和道德上的全面和谐的进步。这种进步是在理性和科学的引导下,人的本性的改善和心智的提高。爱尔维修认为,人类进步实质上是人性的进步,而人性进步的根本原因在于人性本身是可以被知识和政治制度所教化的,他说:"人们在一种自由的统治之下,是坦率的,忠诚的,勤奋的,人道的;在一种专制的统治之下,则是卑鄙的,欺诈的,恶劣的,没有天才也没有勇气的。"[1]霍尔巴赫说:"对科学、对人类精神的进步,对道德、法学、立法、教育的完善,有多少好处不会从思想自由中得到啊!如今,天才到处受到束缚;宗教不断地扯他的后腿。被带子缠着的人不能得到官能上的享受,甚至连他的精神也受到约束,人好像还被他儿时的褴褛裹着似的。"[2]所以,促使人类进步的方法在于改变和改善人所存在的社会环境,改变现存的政治制度和法律体系。由此,我们也会明白启蒙思想家何以尖锐地抨击现存的社会制度,希望建立一个崭新的社会政治制度。同样,人类的进步离不开科学的进步和教育的普及。孔多塞认为,科学的进步是必然和不可避免的,科学的进步必然带来社会科学的进步,从而推动社会政治、道德、法律和艺术等等的进步。他说:"政治上和道德上所有错误都是建立在哲学的错误之上,这些反过来又都与科学观的错误相关联,没有一种宗教体系或超自然行为不是建立在对自然法则的忽视上。"一旦人们在教育中接受了正确的科学知识和观念,便会确立独立的理性思考,同时也会确立科学法则至高无上的地位,从而摧毁在政治、道德等领域的种种谬误。因此,科学将通过摧毁偏见和谬误,调整人类智慧的方向,推动人类的进步。对于教育,启蒙思想家则多次论述其重要性,认为通过教育才能达到科学的进步、知识的增长,实现人类心智的进步。没有教育,这一切都无从谈起。孔多塞希望人人都能接受教育,人人都有机会汲取知识,发展个性和才能。他多次说道:科学的进步保证教育艺术的进步,教育的进步反过来又推动科学进步。这种相互影响不断前进,是推动人类进步完善的重要动因。

启蒙思想家崇尚理性,确信在理性的引导下人类精神的进步。由此,启蒙思想家把目光投向了历史领域,因为只有在历史领域中才能看到理性如何克服种种障碍,显现自己的力量,实现自己的真正命运。这意味着,作为哲学意义的理性在经验的、实践的历史过程中得

---

[1] 北京大学哲学系编:《十八世纪法国哲学》,北京:商务印书馆,1963年版,第539页。
[2] [法]霍尔巴赫:《自然的体系》(下卷),管士滨译,北京:商务印书馆,1977年版,第324页。

到了真实的体现和充分表现,并推动着人类的逐步进步。因而,在启蒙思想家看来,研究历史不是目的,而是手段。历史显示着人类进步的真实历程,是人类精神进步的教育工具。正如伏尔泰自己所说:"我的目的决非积累大量总是自相矛盾的事实,而是选择最重要、最确凿的事实,以便读者能自己判断人类精神的毁灭、复兴和进步,使他能够通过各民族的民俗来认识他们。"孔多塞也说道:历史应当观察、记录人类社会进步的不同阶段,分析揭示各阶段发展的连续性和变化的秩序,这样做将使历史成为一门预见、引导和促进人类进步的基础学科。因为只有通过审视、反思人类进步及完善的规律,我们才能理解我们今后进步的希望和所能达到的限度。

在这一目标下,历史也不再是纯粹像过去那样只见帝王将相、战争厮杀的政治史、军事史,而是视野更加广阔高远,关注于人类的精神、文化的演变和进步,不仅只看到某一国人民的进步,也要看到各国人民的进步。伏尔泰撰写的学术巨著《风俗论》便是如此。1756年,伏尔泰完成了《试论通史和各国人民的风俗和精神》一书,这本著作开宗明义地指出,其目的是要让人们了解世界上所有国家、所有国家风俗与精神的发展。书中,他不但赞扬了欧洲一些国家的优点,同时也将这种赞扬扩展到欧洲以外的东方各民族。他认为居住在巴勒斯坦的游牧民族是文明的奠基者,埃及在古代曾创造了高度发达的文化,他还叙述了阿拉伯人、加勒比人、中国人,特别是对中国文明,伏尔泰倍加赞赏。这样,在伏尔泰那里,历史的考察对象延伸到了宗教、艺术、科学和哲学的发展,从而描绘了世界各国人民精神演进的各个阶段。没有这种精神状态的描绘和理解,便不可能真正理解人类的进步。

人类的历史果然就是精神不断进步的历史?卢梭以他特有的思想智慧和洞察力对此提出了疑问。他认为,在自然状态中,人类为自己的生存而与自然作斗争,在此过程中和睦相处、齐心协力,并在与自然的相互关系中形成了良好、淳朴的德行。而科学与艺术等文明的发展,日益摧毁着这些原始自然的德行,"随着科学与艺术的光芒在我们的地平线上升起,德行也就消失了"。科学与艺术愈加变成一种外在修饰的形式,窒息着人们的思想和自由,腐化着人们的德性。卢梭断言,科学与艺术不会敦化风俗,相反,这种文明越进步,社会将越来越道德沦丧,腐化堕落。

伏尔泰读到卢梭的著作后,不同意他的看法,在信中写道:"你是要把人变成猴子,脱离文明,准备用四肢爬行。"其实,伏尔泰误解了卢梭的真正意图。卢梭始终认为,人类不可能始终处于自然状态,它终将发展进步,这种进步在于人类的本性,自我完善的本性。伏尔泰的误解恰恰表明他对进步观念的无比执着与自信。伏尔泰认为文明的进步、人类的进步是必然的、不可避免的,不能只是设想古代比现代好,同样,社会的进步并未引起人们道德观念的堕落。他热切地向往科学艺术繁荣昌盛,并断言最大的罪恶和人类进步的障碍是由无知造成的。伏尔泰说:"人们过去和现在大体上是一样的。"他无比乐观地相信,世界上所有的罪恶将会得到医治,社会必然要运用理性来取得胜利,人类的生活条件一定能够改善。这种乐观精神一直伴随着伏尔泰一生,只是在1755年里斯本大地震以后一段时期内曾流露出一些悲观情绪。但很快,他又重新恢复了对人类进步的乐观和自信。

在人类社会中,人类的进步是持久的、全面的和普遍的,它不限于某个国家、某个民族,而是全体人类。同时,这种进步体现在政治、经济和社会等一切方面,如各种丑行将被消灭,一切事务不断得到完善和发展。人类不仅生活得以改善,生命得以延续,幸福得到保障,而且智力和精神也将得到提高。正是从全人类而不是从本民族、本国家人们的本质和进步出发,自然衍生出人类彼此之间要互相热爱、和睦相处,不能心怀恶意,争战不已。他们认为,战争将是最大的瘟疫和最大的犯罪,卢梭希望实现各民族国家之间永久的和平,提出人类的形成并不只是为了要互相毁灭。伏尔泰、狄德罗、爱尔维修等人都称自己为世界公民,要为全人类的和平进步而工作。孔多塞建议创造世界语,以适应人类交往和进步的需要。孟德斯鸠曾经说:"如果我知道有些事情有益于我的祖国而不利于欧洲,有利于欧洲而不利于全人类,我将认为这是犯罪。"孔多塞在《人类精神进步史观》一书中衷心希望亚洲、非洲和美洲的落后民族获得独立和进步,国际大家庭平等互助、和睦相处,人类在社会地位、教育和财富上达到平等,在身体、精神和道德上达到完善。

列宁曾经指出,18世纪的启蒙思想家没有表现出任何自私的观念。的确,他们是真诚而又正直的人,他们从人、人类出发,抹去了地区、时代、民族的一切差别,衷心地期望要建立一个美好的"理性王国",实现全人类的自由、幸福和进步。

第六节 市场经济的发展

所谓市场经济,是通过市场进行交换的一种经济行为,市场经济是西方资本主义的底部和基础。经济学家和历史学家都一致赞同,市场经济是一个历史的演进过程,它作为封建中世纪自然经济的对立物而出现于历史舞台,并以自身强大的力量瓦解了中世纪的经济体制,创造出近代资本主义经济体制。17世纪的西欧,市场经济与资本主义有了更进一步的发展,并且逐渐上升成为占据主导的经济活动,成为现代社会的一种经济运行机制。

一、市场与交换的扩展

17世纪的西欧,存在着不同种类的市场形态,它对于市场交换活动的展开起着重要的作用。作为市场交换活动底部的市场形态是初级集市,这是遍布于农村与城市之中的固定的进行交换活动的场所。这种市场一般来说规模不大,交换内容多为生活用品,从事交易的人们也多为乡邻群众,交易成本较低;同时,由于是面对面的直接交易,也避免了欺骗,可以说是最公正的交换形式。一般而言每个区域都以这种市场形成一种交换的中心,历史学家布罗代尔为我们描绘了这样一幅初级市场的景象:几块木板,一块防雨布,每个摊位都按事先确定的数字登记编号,并根据当局或地产主的要求交费;成群的顾客,众多收入甚微但忙忙碌碌的帮工:从搬嘴弄舌著称的剥豆荚女人,代客剥青蛙皮(成筐的青蛙用骡驮到日内瓦和巴黎)和从事搬运、清扫和赶车的小工,私下兜售的小贩,继承父业而又喜欢吹毛求疵的市场管理员,二道商贩以及从衣着便可一眼认出的农民,物色便宜货的市民,串通起来(有钱人的说法)报假账揩油(当时称作"捞外快")的女仆,在集市售货的面包师傅,在街头和广场乱摆肉摊的屠户,批发商(经营鲜鱼、奶酪或黄油),税吏,等等。最后,到处堆着各种商品:黄油,蔬菜,奶酪,水果,水淋淋的鱼,野味,现买现割的肉,卖不出去的存书(其纸张用于货物包装)。此外,还有柴草、木料、羊毛、大麻、亚麻乃至土布从乡村运来出售。这种市场不仅遍布农村,城市中也广泛存在。通常每周开市一至二次,在固定日期进行,其交换内容和喧嚣热闹更胜于一般农村集市。如在巴黎圣母院的广场集市,巴黎人不论贫富都来购买火腿和肥肉。17世纪的英国的兰开斯特,店主威廉·斯图脱"每逢集市"总要多请帮手,因为购货的人太多。

交换的频繁,交易量的增大,推动了集市的增多和专业性集市的出现。这在城市中尤为突出。一种叫做"商场"的专业性市场开始形成,这种市场是四周被露天集市包围的室内市场,专门集中出售一种或一类货物,如呢绒商场、小麦商场、葡萄酒商场、皮革商场、皮鞋商场、菘蓝染料商场等等。伦敦的勒莱克威尔商场规模特别巨大,专营呢绒制品。1666年前后,该商场已有固定的经纪人和职员,以及一整套复杂的组织机构。法国亚眠市中心有一家毛线商场,众多的手工工匠每天从商场购买一种脱脂毛线,即经过梳理后脱脂并用纺车纺成的线。据统计,17世纪的英格兰约有760个设有一至几个集市的城镇,威尔士约有50个此类城镇。在800个城镇中,至少有300个城镇设有专一的市场;133个城镇从事小麦贸易,26个蔬菜集市,6个水果集市,92个牛市,32个羊市,13个马市,14个猪市,30个鱼市,21个家禽和野味集市,12个黄油和奶酪集市,30多个城镇经营羊毛或毛线买卖,27个城镇出售呢绒,11个出售革制品,8个出售亚麻,至少有4个推销黄麻。那些令人意想不到的更细的专业市场暂且不计在内,例如怀门德姆仅限于出售木匙和木旋塞。

交换内容的增加使交换量逐渐增多,大型的市场交易会随之兴起,其主要特征是商人之间进行交易的批发市场。与集市相比,它的交易量可用大进大出来形容,参与交易的基本上均为大商人。交易会的出现也带来了货币信贷业等的发展,到了18世纪,这种交易会的重要性逐渐减退。

中世纪的西欧,其交换的价格是按照习俗和惯例来制订,其道德的公平往往成为衡量价格的尺度。随着市场交换活动的发展,逐渐突破了这一旧俗,使之发生了质的变化,它体现为交换的价格是根据市场的供求关系制订,即以供求相适应的价格制度来取代不公正的法定价格制度。这包含着:商人自我决定商品的价格,只根据市场供求关系讨价还价。这一种转变标志着市场交换突破以往的任何约束,以自由自主的内在逻辑进程进行运行,奠定了市场经济运行机制的基础。波斯坦曾经指出:"为了使贸易成为一种全年都可以从事的专门职业,商人和手工业工匠必须摆脱种种限制我们的束缚和义务,使封建社会下层的人也有迁徙自由和订约自由。他们商店的房屋和地产必须不受农村租地的那种义务的负担;他们的交易应根据一种更适合商人之间买卖的法律来判断而不是按封建的习俗和普通法来判断。"①

---

① [美]内森·罗森堡等:《西方致富之路》,刘赛力等译,香港:三联书店(香港)有限公司,1989年版,第81页。

在初级集市贸易这一交换网络的基础上，17世纪的欧洲，已形成了几个较大的区域性商品集散地和贸易中心，如荷兰、英国。在阿姆斯特丹有来自波罗的海地区的粮食、木材、松脂制品，瑞典的铜和盐，有来自英国的羊毛和布；有来自地中海的葡萄酒、盐、丝绸和香料，比斯开的鲱鱼和盐；此外，还有产自西半球和东方的物品。同时，阿姆斯特丹为这种贸易组织运输工具和转运，并对一些转运商品进行加工。

就市场交换的本性来说，面向市场的交换关系一刻也不会停止它的运动过程，它总是不停地在进行扩展，全力扩大其市场区域，或市场半径，从邻近的地区扩展到范围更广的地区，再到全国直至全世界。其扩展的途径即为远程贸易，17世纪的西欧诸国如荷兰、英国、法国等全力进行这种贸易，把交易范围扩展到了世界。1602年，荷兰建立东印度公司，1626年建立西印度公司，相继向西非、南美洲的东北部沿海地区和北美洲的东部沿海地区扩展势力范围，进行海外贸易。1652年，在好望角建立了最后一个重要殖民地，从这些区域输入香料、糖、烟草等原料、金银和金属。在英国，1600年成立东印度公司，1609年在苏拉特建立第一个贸易基地，1607年在北美洲建立詹姆斯顿殖民地，1605年占领巴巴多斯，以此获得了在西印度群岛的立足之地。1618年，开始对非洲进行有组织的贸易；1670年，哈德逊湾公司开始争夺法国在加拿大的地盘。1650年和1651年，英国通过《航海条例》规定，殖民地的贸易，包括殖民地产品的再出口，只能由英国的商人来经营，由英国的船只来运输。此时法国也不示弱，在政府的支持下，组建了很多殖民贸易公司，如东印度公司(1604年)、西印度公司(1664年)、北非公司(1665年)、北方公司(1669年)、列凡特公司(1670年)、塞内加尔公司(1673年)、哈德逊湾公司(1682年)、中国公司(1698年)等，在北美、印度、非洲等地进行远程贸易。

远程贸易的发展与各国重商主义观念密不可分。作为一种经济学说，重商主义首先是由法国的蒙克莱田(1575—1622)提出。1615年他向国王亨利四世(1553—1610)献上《献给国王和王后的政治经济学》的文章，认为商业是国家活动的基础，国家应该保护商人的利益，商业，尤其是对外贸易，是财富的源泉，应保护关税，达到货币入超。这一理论一经提出，立即成为欧洲诸国政府的经济理论和经济政策，认为只有金银货币才是真正的社会财富，一切经济活动的目的和出发点都是为了获得金银，拥有尽可能多的金银是一个国家强大的标志。为此，必须大力发展对外贸易，并保持贸易顺差，实施保护关税，进行殖民活动，建立垄断性贸易公司，保护商人的利益。正是在此理念下，国家作为远程贸易的支持者和发动者有力地推动着远程贸易的扩展。海外远程贸易扩展的过程，不仅带来了市场半径的不断扩大，而且也是欧洲诸国如荷兰、英国、法国、西班牙、葡萄牙获利日渐丰厚的过程，更是不断地让非西欧国家和地区(包括东欧)依附于自己的过程。这也就是贸易发展、市场规模扩大具有的意义与对世界的重要影响。

17世纪的欧洲，已经构建起了一个从初级集市到远程贸易的市场交换网络，市场类型较多、交换半径更大、交换内容丰富、交易数量剧增。更为重要的是，交换价格发生了质变，市场与交换的扩展日益改变着原有的经济运行机制，成为构建新型经济体制最为坚实与最有活力的基础。

二、市场扩展的制度性保证

随着市场的扩展、交换的频繁,迫切需要创造一些新的要素来为之服务,并与之匹配,建立起保证市场正常运行、减少贸易风险、实现市场利润的制度,它包括交易所的建立、金融信贷业的开展、风险的规避与保险业的兴起等。这些制度性要素不仅为市场交换服务,而且自身也成为市场经济体制中的有机组成部分,成为市场交换的"高部"。按照布罗代尔所说,是真正属于市场经济中的"资本主义"那一部分。

如前所述,交易会只是定期举行,而市场交换活动的频繁进行迫切需要一种有固定场所的全天候的交易。1653年,法国马赛的商人就要求:有一个见面的地点,以避免踯躅街头产生的诸多不便,虽然很久以来,他们一直把街头当作他们谈买卖的场所。于是,交易所应运而生。萨缪尔·里卡尔在1686年出版的《新商人》中说:交易所是银行家、大小商人和经纪人等会面的地点。

很多国家都设有交易所,较大的一些交易所有如阿姆斯特丹交易所、佛罗伦萨交易所、伦敦交易所、巴黎交易所、莱比锡交易所等,这些交易所大都很相像。每当交易时只见人头攒动,经纪人的高声报价,商人们的私下谈话,对每笔交易的关注,信息的探听,成功与失败,懊恼与喜悦,组成了一幅交易所的合唱曲。有的交易所参与交易的人最多时可达4500人,经纪人1000多人,交易所对于商人们来说是信息之源、财富之源。一个商人离开了交易所,就无法想象他可能会获得成功。

就交换内容而言,交易所有多种类型。最简单的就是商品实物的交换,如阿姆斯特丹就有粮食交易所,每周集会交易3次,从10点到12点。每名商人都有其代理人,代理人都带好准备出售的粮食样品,装在容量为1至2磅的口袋里,由于粮价同时取决于重量多少和品质好坏,交易所都备有各式各样的小秤,只要称上三四把粮食,就可知道口袋的分量。渐渐地,这种货物交易便发展成了期货交易,即没有货物的交易。1688年阿姆斯特丹就有人记载说:人们在捕到鲱鱼前已经把鱼作为期货出售,或者在多种植物尚未发芽前和在商品尚未收到前就以期货形式出售,这形象地指明了期货交易的性质。由此,交易的性质愈显突出,商品交易不仅是一种货物的交换,更是一种无现货的根据供需关系或投资活动而进行的交易。每逢交易日,便公布商品行情表,上面记载着香料、食糖、烟草、木材、葡萄酒、鱼类产品等各种货物的价格,然后商人们根据各自的需求和投机进行交易,某种商品的价格价值涨落不一,其价格与实际价值也形成极大反差。这种反差,可以说即是市场供求关系的结果,但同样也是商人们的投机所为,更是他们获利或赔本之所在。

除了这种商品交易所外,还有股票交易,也称为证券交易所。17世纪阿姆斯特丹建立了第一所证券交易市场,首先是东印度公司,后来为西印度公司的股票入市进行交易。起初,股票是记名的,证券由公司保存,买主把自己的名字登上专门账本后,就算拥有股票。后来就开始实行不记名股票,从事股票交易,其实就是根据价格的涨跌"买空卖空",收盘时结算盈亏。在当时的欧洲,阿姆斯特丹、伦敦、巴黎是最大的证券交易地。在这些交易中交易数额大，参与人数多，不仅大资本家、大商人，而且普通百姓也始终踊跃参与。不仅如此，股票交易的投机性也愈发凸显，这种投机性用行话来表达就是"抛"和"收"、"多头"和"空头"，实际上就是"炒卖股票"。与此同时，具有投机于各种风险之中的现代交易所经营技术很快也完善起来，随之也就出现了一些职业投机家和经纪人。1688年，约瑟夫·德·拉维加(1650—1692)真实地记载道："在交易所开盘时，一名做'多头'的经纪人走进咖啡馆，人们向他打听股票的行情。他在当时的价码上多加百分之一、二，拿出一册记事本，写下他只在头脑中有过的打算，使人以为他果真这样做了，借以刺激别人买进股票的愿望……因为担心股票还会上涨。"[①]更有甚者，为了造成股票的波动而便于投机，一些人往往散布一些小道消息或谣言。如1687年，法国国王路易十四驻联合省的代表听到爪哇岛的万丹被收复的消息后感到惊奇，后来醒悟到这并不奇怪，这是为了使阿姆斯特丹的股票下跌，一些人借机谋利。当时的人们责骂这些投机者道："这伙被称作'炒卖股票者'的昆虫任意抬高或压低股票价格，以达到损人利己的目的，在我们的交易所，他们像当年吞噬埃及牧场的蝗虫一样害人。"

在证券交易所，除了公司的股票外，后来国家发行的有价证券也可以进行买卖。如1672年，在法国入侵的危急情况下，荷兰联省共和国向国内发行债券，这些债券当时就在交易所上市交易，后来别国也涌向阿姆斯特丹来投放自己的公债券，因此，阿姆斯特丹成为了欧洲主要的债券市场。在伦敦、巴黎等地交易所，也都在进行着公债等证券的交易。

当商人们在市场交换活动中深感用现金支付的种种不便时，银行的货币兑换及汇票制度也就应运而生。17世纪，阿姆斯特丹银行、汉堡银行、英格兰银行、威尼斯的流通银行等都在从事这项经营。由于当时每个小邦国或较大的城市都有发行货币的权力，只有通过银行确立一种结算和记账货币来为大宗款项往来建立一个货币单位，如荷兰的银行盾，汉堡的银行马克。当商人们把货币作为存款存入银行后，银行在结算过程中无需挪动这些存款就可以把货币转入另一客户手中。同样，商人们也使用汇票提取或交付账户上的款项，避免直接使用现金。如在伦敦市的日常交易中，使用票据代替了货币。这样，银行业对货币结算和信贷往来所给予的支持，大大方便了商品的流通和交换活动的展开。

商品在流通过程中往往会产生风险，特别是在进行远程贸易时，这种风险更频繁、更大。风险一般分为两种：海上航行风险和商业风险。前者指在远程贸易中，由于风暴、海盗和其他海上意外事故造成的损失。而商业风险则指货物的实际售价可能达不到预期的水平，从而使交换无法得到预期的利润，有时甚至要赔钱。为了规避这些风险，确保安全和获利，商人们在市场经济的实践中发展起保险业这一安全性经营方式。专业性的保险人负责承保海上航行风险，商人和船主承担商业风险，这就使风险得以由不同的人分担，从而降低了商人们自身的风险。17世纪保险业务的经营与英国人劳埃德(？—1713)密不可分。1688年，劳

[①] [法]布罗代尔：《15至18世纪的物质文明、经济和资本主义》(第二卷)，顾良、施康强译，北京：生活·读书·新知三联书店，1993年版，第90页。

埃德在伦敦开设一座咖啡馆,由于这里信息灵通,成为商谈生意的绝佳地方,因而,保险经纪人常来这里与承保人和船主商定保险费,签订保险合同。一旦签约,每方承担一部分风险,但同样,万一发生必要的索赔,也需按合同进行赔偿。这样,劳埃德咖啡馆就被公认为承保海上保险的重要场所。这种分担风险对海上贸易起着重要的作用。与此同时,在伦敦还开展了火灾保险和人寿保险。

三、经济组织形式的变化

英国古典经济学家亚当·斯密认为,市场的扩大能够促进生产的扩大和专业化,提高生产效率,伴随着市场交换活动的频繁展开,在工业、农业等领域,生产组织形式也发生着变化,在传统生产方式仍存的状态下,出现了一批新型的生产组织形式。

在工业领域,大致有这样几种生产组织形式。第一种为家庭手工作坊,这是独立的手工劳动者自己经营的小型生产单元,这类生产组织形式数量大,分布广,生产场所往往就在家庭进行,在手工作坊中,劳动分工十分简单自然或往往不实行分工,每人根据自己的技艺和能力不加区分地连续干着各项不同的活计。例如纺织作坊,妻子与子女负责拣选、清洗和纺纱,丈夫则是梳洗和织布。织好之后,他就拿到邻近的市场去出售。一般来说,在家庭人手

手工工匠与他的家庭

不足时，就雇佣少量帮工，或收用一两个学徒。但作坊主和帮工或学徒的关系非常和睦，双方没有截然鲜明的对立。帮工和学徒往往住在作坊主家中，食宿均由作坊主负担。因此，在这种生产组织形式中，生产关系呈现出这样的特征：他们彼此之间更像是伙伴，而不是雇主与雇工的关系。

此时，手工作坊仍然与农业有着天然紧密的联系。作坊主一般都拥有土地，用来种植粮食和饲料。每个家庭也都饲养马匹和奶牛，马匹以便运货，奶牛则供应全家人食用的牛奶。作坊的生产活动也是根据农业生产的季节来安排调整的，农忙时忙于农活，农闲时则从事工业生产。由于作坊主既是工匠又是小土地所有者，因此，这种作坊还不能算是完全从事工业的生产组织形式。一般而言，手工作坊生产的产品多为邻近狭小的市场范围内人们的消费品，如纺织、制鞋、小铁件、酿酒、食品等，其生产规模不大，在进行交换时，也并未完全按照市场交换的规则来进行。

第二种为集中的手工工场，相对于作坊而言，它是一种大型的生产组织，它把所有劳动力和不同的工序集合在同一个场所，以便对劳动进行监督并实行劳动分工和劳动综合。据记载，纽伯里的约翰·温奇库姆的手工工场有200名织工织布，并有200名学徒在帮工，100名妇女被用来梳理羊毛，200名少女在照看纺车，拣选羊毛则是由150名儿童去做。呢绒一经织好，立即交到50名剪毛工人和80名整饰工人手里，这个工场还有一个雇佣20名工人的漂洗坊和40名工人的染坊。这类手工工场不仅仅限于轻纺织品，还包括制革、纺编制品、冶金、造船、五金等生产工具和大型物品。如在荷兰，造船工场特别多，生产着被称为"Flyboat"的海上帆装货船，最大的可装载货物900吨。由此可见这类工场规模和生产技术。在手工工场里，分工已成为生产的基础。手工工场带来了生产效率的提高，产品质量的改善，更重要的是它面向市场而进行生产。

第三种形式为商业资本对工业生产领域的控制，这种形式又被称为包买商制度或"外包工制"。最初，商人从家庭手工作坊买进产品然后出卖，纯粹充当买卖中间人的角色。后来他们就逐渐参与生产领域，商人们购进原料，然后分发给手工工匠进行生产，并预付部分工资，而工匠则在规定的时间内交回产品，从商人那里领取全部劳动报酬。这样，商人与工匠之间就形成了一种雇佣关系，商人变成了生产的组织者，工匠则成为依附商人的劳动者。但是，工匠在形式上还保存着一定程度的独立性。他有自己的作坊，在自己的家里并用自己的工具生产，还可以雇佣帮工，因此，他也充任着作坊主的角色。在商人们的组织下，分散于各地的生产单元被结成一个有组织的庞大的生产网络。同时，包买商制度的最大特点即为它是以市场为导向，其产品跨越本地区，主要向国外或海外市场销售，因而这种产品对市场极为敏感，具有较强的竞争力。包买商最为关心的也是市场销售和产品质量。

手工工场的发展，对于欧洲诸国有着重要的意义，它体现为：第一，私人所有权的确立。尽管有些手工工场为国家开办，但大部分为私人兴办，这时对产权的承认尽管还无法律上的认可，但已取得事实上的承认，这使私人容易获得较高的收益，从而刺激生产的不断发展。

第二,产品的生产不再满足于自给自足的消费,而是为市场而生产。由此,在广大的城乡地区,构建起了一个面向市场的生产体系,以及产品交换的市场经济结构,尽管它还不完善。第三,推动着技术的不断发展。这一时期,产生很多发明,采用新的技术,改进工作工具。有学者认为,伴随着手工工场热,17世纪下半叶进入了全面的发明热。第四,手工工场的组织形式对工人的训练和要求,奠定了日后工业化大生产所必备的组织秩序、人的行为和心理状态。

从16世纪开始,欧洲诸国的农业生产发生了重大变革,出现了资本主义的租地农场这一新型生产组织形式,其主要表现在英国。16世纪初,由于获利的驱动,英国发生了"圈地运动",尽管遭到了很多人的抗议和反对,但在整个17世纪持续进行,并且开始出现支持"圈地"的舆论。1656年出版的一本题为《为合理化圈地的辩解》的书,从地主利益出发诘问道:"难道地主们没有足够的理由、不能问心无愧地使他们的土地获得最大的收益吗?"此后,关于圈地能使农业生产提高效益的辩护,关于旧式农村耕作制度弊端的揭露,关于如何使农业投资最能获利的探讨等方面的著作日渐增多。圈地运动使土地趋于集中,促进着农村资本主义的发展。如1645年,莱斯特郡的典型农场占地达100至200英亩,而至17世纪后期,100英亩以下的农场不断减少,300英亩以上的农场明显增加。

英国资本主义租地农场的出现和发展是与租地农场主密不可分的,这个阶级大致包括以下几种来源:地主贵族,中世纪租地农,圈地运动中贪于土地营利而多有积蓄的自耕农。英国的土地贵族为了维护与其身份相符的经济实力,很早就卷入了商品经济活动,他们按照资本主义经营方式,直接经办农场和牧场,采取雇佣的劳动方式,如17世纪早期北部最大的地主费·霍华德,在1613年仅仆役工资一次就支出111镑15先令8便士。除经营自己的土地外,为扩大经营规模,他们还承租别人的土地经营。杰拉德·弗利特伍爵士于1606年成为家庭农场的承租人,拥有租期长达两代人的承租地。中世纪的租地农原是农村中的富裕阶层,主要为土地贵族的管家,有一技之长者和强劳力。当领主开始出租自营地时,他们往往首先承租,成为租地农,进行资本主义性质的经营。同时,在圈地运动中发财致富的自耕农也把自己的地产卖掉去租地,而成为租地农场主。

与中世纪的土地占有制度相比,租地农场的经营方式是属于资本主义性质的,投入资本是为了获取利润,所雇佣的农业工人依靠货币工资为生,农场以市场为导向,以生产农业商品为目标,并为了追逐高额利润而采用新的耕作方式和生产技术,提高劳动生产率。

随着社会经济交换活动的增加,还出现了一种较为重要的经济组织形式——公司。最初,当从事某种商业活动或进行一次贸易时,为了规避风险、筹集资金或有效管理,一些资本持有者、合伙者和资本较少或没有资本但经营经验丰富的人就订立一种较为正式的合同,集合在一起组成公司共同经营,此即公司的起源(或称合伙公司)。这种经营体制只是较为简单的合伙制,每次经营活动完成获得应得的利润后,便收回资本。如果下一次还要经营便重新订立合同。因此,这种公司存在时间较短,只是一种短期经营,但从中仍体现着公司组织的本质:它是分担风险、资金和劳力的共同体。在公司的发展中,先后有有限责任公司、无限责任公司、股份公司等形式。17世纪时，在荷兰、英国等国大力开展远程贸易的过程中逐渐发展起股份公司这一类型的经济组织。1602年，荷兰"东印度公司"正式成立，在得到政府的垄断贸易特权后，其经营便按照股份公司的运作体制来进行。公司成立伊始便公开征集资本，社会各界人士以入股的方式投入资本。就连阿姆斯特丹市市长的女仆也以100盾现金投资入股，短短一个月便募集到6424578盾的资本。投资多的人成为董事兼大股东，一般投资者成为小股东。其日常经营主要由董事会选出的"十七人理事会"来负责。这样形成了财产所有权与经营权的分离，促进了资本的长期稳定和经营活动的有效进行。

透视英国"东印度公司"的运作体制的变化也更能体现现代股份公司的演进过程。1600年东印度公司成立，在刚成立时，它还远远不是一个股份公司，公司所需的资金在每次船只出航印度时筹集，在船只返回一次贸易结束后收取本金和利润。这种资本的短期化日渐影响着公司的经营。1612年，公司开始不仅为本次航行募集资本，而且为今后的一系列航行募集资本并建立长期账目。与此同时，由于去印度的往返旅程需要几年时间，每次的股份不可避免地混合在一起，就使得股东们无法随意退出。由此，1657年，公司确立起了长期资本，这标志着一次重大的转折，从而保证了企业经营的持续性。这样，公司可以有计划地进行购置大型船只、在海外设置固定商馆、支付人员的薪俸等一些长期性的投资项目。1688年左右，股份在伦敦交易所上市，完成了从一般公司到股份公司的体制演进。

尽管在这一时期出现的很多公司都与国家授予的垄断特权有关，但公司的具体运作机制逐渐向现代公司体制演进，特别是股份制公司的建立，在募集资本、规避风险等方面取得了便利。更重要的是，公司组织的出现突破了以往单一个体的经营活动，开始组成了一个较大群体的自主性的经济组织。同时，它实现了所有权与经营权的分离，使得公司的经营趋于正规化和长期化，面向市场获得利润使资本增值被经营者和所有者们一致认同，也成为经济组织充满活力的内在动力。

四、市场经济与市场观念

市场交换的扩展，使越来越多的人与市场发生着联系，被卷进市场经济的运作之中。在农村，遍布各地的乡村集市成为农民进行交换的场所，他们出卖粮食、牲畜、家禽等农副产品，买回农具和日常生活用品。在城市，每个家庭的衣、食、住等生活物品基本上都是通过市场获得。同时，市场经济的发展也为人们提供着更多的商品品种和数量，如巧克力、咖啡、茶、糖、土豆、瓷器等这些原本不是欧洲的商品现在都成为人们喜爱的商品。面向市场而生产，形成市场经济的观念，这是卷入市场经济体制的又一重要标志。不仅众多的手工工场是如此，一些农村地区也开始进行商品化生产，其农副产品主要不是满足自身消费，而是投入市场交换，如荷兰、英国等国。

随着市场经济的扩展和日益成长，出现了一些与以往根本不同的新观念、新运作。首先是**产权观念与产权安排**。市场经济要求有独立的明确的所有权，否则无法进入市场交换并获得收益。17世纪，一系列新的生产组织形式诸如手工工场、公司都拥有了独立的所有权，人们也形成了关于产权的观念,要求保护自己的私有财产。与此同时,在产权安排上,政府通过一系列措施巩固了私有产权的合法性与安全性。如政府改变过去那种强制夺取或没收的征税办法,而改为实行固定的征税税率。英国于1624年颁布了世界上第一部《专利保护条例》,旨在保护人们的各种发明创造和收益权。

复式簿记与计算精神。 由于每个经济组织是一个自主的单元,在市场交换中必须进行计算,这样才能进行成本核算,知晓赢利与亏空。由此出现了复式簿记法,它要求记两次账目,一次记录每笔收入,一次记录每笔支出,最后分别计算出收入与支出的总额。如果收入与支出这两个总额不一致,则说明出现了错误。复式簿记法的出现,使得一切经济活动都化简为数字显示于账目中,体现出资本主义的计算精神。

面向市场的营利观念。 在参与市场交换中,人们逐步确立起面向市场的营利观念,并用自己的进取努力来实现这一目标。17世纪的荷兰农民通过市场把自产的黄油出口到国外,而从爱尔兰或英格兰北部买回更为便宜的黄油供自己食用。同样通过市场这只"看不见的手",英国在纺织业上形成诸如兰开夏、德文、约克郡的西赖丁区等纺织中心,面向市场进行大批量生产,获得了利润。荷兰也是如此,它通过出售大批量的大众产品来实现营利,这一点与法国生产奢侈消费品完全不同,正如经济史学家齐波拉所说:"荷兰人摆脱了中世纪和文艺复兴早期盛行的传统而奉行一种势必在近代推广的原则。中世纪商人一般都企图从单位商品中谋取最大利润——因而他们偏爱高档品。荷兰人从根本上转向大众产品,他们在日趋增多的活动次数中,靠扩大销售数量的办法努力增殖利润。"[①]

垄断与投机。 市场供求关系的变化制约着价格的升降,直接影响着利润的高低。一批商人在市场交换中深谙此道,于是便对商品实行囤积,以牟取高额利润。据记载,1671年,荷兰的少数商人在仓库里库存着供全国10至12年消费的小麦,还有其他物品如鲱鱼、香料,英国的呢绒或法国的葡萄酒,瑞典的铜,马里兰的烟叶,委内瑞拉的可可,俄国的皮毛和西班牙的羊毛,波罗的海地区的大麻,勒旺地区的丝。同时,有时他们为了击败对手,又不惜低价倾售。17世纪的早期,荷兰的商人就是通过这种低价出售商品后又抬高收购价格的方式击败了法、英等国的商人,确保了对市场的垄断与控制。市场经济的另一特性则为投机,商人们充分利用这一法则,在期货、股票市场以及商品市场上大肆进行投机性炒作。1630年左右,荷兰郁金香的价格被哄抬到惊人的程度:一个鳞茎的郁金香售价竟达2500盾,人们争相购买,两年内其贸易额便高达1000万盾,但到1634年,这股投机热突然消散,许多人为此破产乃至自杀。随着市场经济的行进,这种投机行为也相伴而行,成为市场经济运行或资本主义的又一标志。

参考书目

1. 吴以义:《科学革命的历史分析:库恩与他的理论》,上海:复旦大学出版社,2013年版。

[①] 转引自陈勇:《商品经济与荷兰近代化》,武汉:武汉大学出版社,1990年版,第92页。

2. [法]伏尔泰:《哲学通信》,高达观等译,上海:上海人民出版社,1986年版。
3. [法]卢梭:《社会契约论》,何兆武译,北京:商务印书馆,1982年版。
4. [法]孟德斯鸠:《论法的精神》,张雁深译,北京:商务印书馆,1987年版。
5. [法]孔多塞:《人类精神进步史表纲要》,何兆武、何冰译,北京:生活·读书·新知三联书店,1998年版。
6. [法]布罗代尔:《15至18世纪的物质文明、经济与资本主义》第二卷,顾良、施康强译,北京:生活·读书·新知三联书店,1993年版。
7. [美]艾尔弗雷德·W.克罗斯比:《哥伦布大交换:1492年以后的生物影响和文化冲击》,郑明萱译,北京:中信出版社,2017年版。
8. [瑞士]雅各布·布克哈特:《意大利文艺复兴时期的文化》,何新译,北京:商务印书馆,1997年版。
9. [英]埃尔顿编:《新编剑桥世界近代史(第2卷):宗教改革,1520—1559年》,中国社会科学院世界历史研究所组译,中国社会科学出版社,2018年版。

第二章
政治革命与西方现代政治体制的确立

在 16 世纪后半期至 19 世纪初,欧美新生的资产阶级为了确立自己在政治上的统治地位,使国家机器为自己的经济利益服务,同封建势力进行了不懈的政治斗争,先后发动了尼德兰革命、英国资产阶级革命、美国独立战争、法国大革命等四次具有重大影响的政治革命,开辟了资本主义工业文明的新时代。在这四国资产阶级革命中,英、法反对的是以国王为首的本国的君主专制统治和封建势力,而尼德兰和美国资产阶级革命则还带有民族解放的性质。

第一节 尼德兰革命

马克思在《资本论》中曾指出:"虽然在 14 和 15 世纪,在地中海沿岸的某些城市已经稀疏地出现了资本主义生产的最初萌芽,但是资本主义时代是从 16 世纪才开始的。"[①] 人类世界最先迎来资本主义时代曙光的政治革命发生在尼德兰。

一、商业与尼德兰经济的发展

"尼德兰"一词,意为"低地",泛指西欧中部的莱茵河、马斯河、斯海尔特河

---
① 《马克思恩格斯选集》第 2 卷,北京:人民出版社,1972 年版,第 221-222 页。

下游及北海沿岸一带,相当于现在的荷兰、比利时、卢森堡和法国东北的一部分。16世纪时,它由17个省构成,属于西班牙国王的属地。当时,尼德兰已进入资本主义工场手工业阶段,在布鲁日、根特、伊普尔、布鲁塞尔等城市中,出口商控制了纺织品、铜器等商品的生产,他们买进原料,雇佣手工业者生产,并包销全部的产品。在农村,封建关系正逐渐为各种半资本主义的租佃关系所取代,并出现了一些资本主义农场,专门种植某一经济作物,产品全部拿到市场上出售或卖给包买商。发达的商业和运输业是尼德兰经济的一大特征。因为尼德兰具有发展国际贸易得天独厚的条件,它西朝大西洋和英国,背靠辽阔的德国,处在欧洲商道十字路口的位置,每年进进出出的商品主要有:本地产的鲱鱼和盐、地中海地区的酒、佛兰德省和英国产的布匹、瑞典的铜和铁、波罗的海地区出产的农产品和木材等。随着葡萄牙和西班牙海外殖民帝国的建立,尼德兰还经营起与殖民地的转运贸易。

商业的发达使尼德兰南部的安特卫普成为大西洋沿岸最大的商业和金融中心,在其商品交易所的门口挂着"供所有国家和民族的商人使用"的铜牌,每天吸引着数千名外国商人来此签订交易合同。1531年这里建立了股票交易所,买卖各种货币、有价证券、期票。北部的荷兰省依靠深海捕渔业和对外贸易,成为尼德兰资本主义经济最发达的省份。荷兰人当时设计了一种经济实用的运输船——三桅商船,具有船身宽、船底平、货舱大、居住舱小的特点,它一改过去的商船用厚实的木材建造、船尾架设火炮,既是商船又是军舰的双重做法,新的三桅船只能当货船使用。就是这种三桅商船后来在很长一段时间里主导了世界的航运业。

1556年腓力二世(1527—1598)继任西班牙国王后,尼德兰与西班牙之间的矛盾日益尖锐,主要表现在政治、宗教和经济三个方面。在政治上,腓力二世上台后除向尼德兰派遣总督进行统治外,还增派了官员和部队,不顾尼德兰各省原有的高度自治的传统,全面推行西班牙的专制政体。在宗教方面,以正统天主教卫道士自居,推行西班牙的宗教裁判所,压制和打击新教徒。在经济上,禁止尼德兰同英国和西属拉美殖民地的贸易,维护西班牙在贸易上的主导地位,并征收羊毛进口税,以筹措同法国作战的钱财。这些措施使尼德兰资本主义经济严重受挫,许多企业倒闭,商业锐减,出现了大批失业者。在此情况下,正在形成中的尼德兰民族走上了推翻西班牙殖民统治、建立民族国家的道路。

1566年,约有200名天主教贵族和新教贵族联合组成的"贵族联盟"向腓力二世上书,请求不要在尼德兰强制推行西班牙的宗教裁判所,以免激起民愤。腓力在尼德兰的代表——殖民总督不仅拒绝了他们的请求,反而骂他们是"乞丐"。此后,贵族联盟便把"乞丐"一词作为联盟的别名,并把讨饭袋和碗的图样作为联盟的标志。在后来的起义中,也常能听到以"乞丐"命名的组织和"乞丐万岁"的口号。同年8月,被激怒了的信奉新教的手工业者、农民和城市平民发动了"破坏圣像运动",他们捣毁了约400座天主教堂,把教堂里的圣像或撕坏,或烧毁。这场运动几乎席卷了全尼德兰,前后有数万人参加,由此揭开了尼德兰革命的序幕,同时也是世界近代资产阶级革命的序幕。

二、革命的经过与意义

"铁腕"政策的失败 尼德兰各地的"渎圣"行为传到西班牙后,腓力二世立即派阿尔瓦公爵(1507—1582)为驻尼德兰总督,率领西班牙精锐部队前往镇压。阿尔瓦采用"铁腕"政策,公开宣称:宁留一个贫穷的尼德兰给上帝,也不留一个富裕的尼德兰给魔鬼。他成立的"除暴委员会"被尼德兰人称为"血腥委员会",先后有几千人被该委员会判处死刑。他还没收了一些大贵族的地产,征收新税。阿尔瓦的血腥镇压激起了更大规模的反抗斗争。

1572年4月,在北部泽兰省的布里尔城,"海上乞丐"组织带头发动了武装起义,将尼德兰革命推入到武装斗争阶段。数周内,起义遍及北方各省,并占领了一些重要城市。在同年7月召开的北方七省会议上,荷兰省省长威廉被推选为革命的领导人。阿尔瓦不甘心自己的失败,镇压的手段更加残酷。1573年,在久攻不下被起义者占领的阿尔克马城时,阿尔瓦在给腓力二世的信中气急败坏地写道:"如果我拿下阿尔克马,我决不留下一个活人,刀将刺进每一个人的咽喉里。"在这次争夺战的最后,守卫这座城池的就剩下了一些普通百姓,几乎每一个活着的人都守在城墙上,他们用滚烫的水、沥青、煤油、熔化的铅和生石灰不断地向攻城的西班牙士兵浇去,"几百个涂着沥青并燃烧着的铁环巧妙地套住了敌兵的脖子……任何一个入侵者刚在缺口处立足,他们就会迎面碰上市民的刀剑和匕首,而且被倒栽着扔到墙下的壕沟里"。在死伤了数千人以后,阿尔瓦只得领兵撤退。1573年底,北方七省先后摆脱了西班牙人的统治,宣布独立。

统一与分裂 1576年9月,布鲁塞尔爆发了起义,推翻了西班牙在尼德兰的最高统治机构,革命的中心开始向南转移。同年10月,全尼德兰三级会议在根特召开,会上达成了《根特和解协定》。这是南北双方资产阶级与贵族相互妥协的一个温和协定,主张南北统一,废除阿尔瓦颁布的一切法令,但是没有明确提出独立的要求。

两年后,尼德兰革命的形势发生了逆转。1578年帕尔马公爵(1545—1592)继任为尼德兰总督。他采用软、硬兼施的手段分裂17省的反西联盟:一方面从西班牙国内增派军队进行反扑,在日昂布卢打败了三级会议军,在军事上形成了高压姿态;另一方面,他表示尊重尼德兰各省原有的高度自治的传统,呼吁各省的贵族和天主教徒停止"叛乱"。1579年1月,南方阿多瓦与埃诺两省的贵族组成"阿腊斯联盟",公开与西班牙站在一边,反对革命。南北双方组成一个独立国家的进程严重受阻,尼德兰由此走向了分裂。北方七省在荷兰和泽兰省的领导下,于同年成立了"乌德勒支同盟",宣布北方各省永不分裂,捍卫独立。1581年,同盟正式宣布脱离西班牙而独立,称为"尼德兰联省共和国",由威廉任执政。因为荷兰是七省中最大和最富庶的一个,处于支配地位,所以联省共和国通常称为"荷兰共和国"。南方佛兰德的安特卫普、布鲁塞尔和根特①等大城市此时也支持同盟,但尚未正式加入。

在此后的20余年里,西班牙军队与"共和国"的军队展开了拉锯式的战斗,后者为维护独

---

① 均在今比利时境内。

立并把西班牙军队赶出尼德兰进行了顽强的斗争。1585 年,西班牙军队占领了布鲁塞尔和安特卫普,并继续向北进攻。荷兰迅即与英国结成了反西同盟,英女王伊丽莎白一世(1533—1603)向荷兰派遣了 6000 名英军,公开地与这个新生的共和国并肩战斗。英荷的舰队还在海上向西班牙船队展开了全面的进攻,夺取西班牙从海外殖民地装运财宝回国的船只,甚至袭击西班牙在南美北部沿海的主要据点。

打败"无敌舰队"和革命的胜利 1588 年 7 月,西班牙组成一支庞大舰队,拥有 130 艘大型船只,运载了 3 万人和 2400 门大炮,号称"无敌舰队",悬挂绣有十字的船帆和圣母马利亚肖像的旗帜向尼德兰航行,准备从那里运送帕尔马公爵的军队直接攻打英国。英国在英吉利海峡进行了拦截。相比之下,英国参战的船只在数量上超过对手,约有 200 艘,但都是一些体积较小的轻便船,作战人员不到 9000 人。在 7 月 20 至 27 日间,英国舰队采用灵活战术,逐个地进攻"无敌舰队"中那些大而笨重的船只,破坏了对方舰队的队形。28 日午夜,英舰又采用火攻的办法,袭击了正驻扎在加来港的"无敌舰队",使许多船只葬身火海。那些侥幸逃出火海的船只,后来在海上又遇到了一场罕见的大暴风雨(史称"新教风"),将舰队刮向北方,不少船只翻没或触礁,"浮尸遍海"。到 10 月,"无敌舰队"返回西班牙时仅残存 43 艘。

经过这一场海战,西班牙再也无力向尼德兰发动更大规模的进攻,完全处于守势。1609 年 4 月,陷于内外交困的西班牙被迫同"联省共和国"签订了一项为期 12 年的休战协定。根据该协定,尼德兰被一分为二,北方七省即荷兰获得了事实上的独立,南方 10 省则称为"西班牙尼德兰"。1621 年休战协定到期后,西班牙再次向荷兰发动了进攻,双方经过 19 年的战争,仍以西班牙失败而告终。1648 年,西班牙公开承认荷兰独立。

尼德兰革命是人类历史上第一次成功的资产阶级革命。它既揭开了近代欧美资产阶级革命的序幕,也为荷兰资本主义经济的迅速发展创造了条件。在这场革命中,尼德兰南部不仅受到战争的严重破坏,而且在战后继续受到西班牙的压制,信奉新教的手工业者、商人、银行家大批逃往北方,南部逐渐走向衰落。与此相反,北方新建立的荷兰共和国进入了发展的黄金时代,首府阿姆斯特丹在 1585 至 1622 年间,人口从 3 万增加到 10.5 万[①],逐渐取代了安特卫普的商业和金融中心地位,1598 年在这里创立了保险公司,1609 年创办了阿姆斯特丹国家银行,荷兰成为欧洲的金融中心。

西班牙的衰落为荷兰的海外扩张铺平了道路,1602 年组成了荷兰东印度公司,开始在亚洲建立殖民地。荷兰还凭借自己拥有的一支强大的商船队,在 17 世纪成为世界上的"海上马车夫"。

第二节　英国资产阶级革命

16 到 17 世纪的英国还是一个较小的封建农业国,领土只有英格兰、威尔士和周围一些

---

① [美]斯塔夫里阿诺斯:《全球通史:1500 年以后的世界》,吴象婴、梁赤民译,上海:上海社会科学院出版社,1992 年版,第 165 页。

岛屿,人口约有四五百万,其中城市人口约占 100 万。从国家综合实力上看,当时的英国在欧洲只能算是一个弱国、小国。但是,如以资本主义经济在工商业和农业中发展的程度来衡量,它又处在欧洲的前列。正是由于资本主义经济的发展才造成英国封建统治危机,并促成一场政治大革命。

一、英国封建统治危机

资本主义工商业的发展 英国资本主义萌芽约出现在 15 世纪。到 17 世纪初,以生产毛纺织品为主的手工工场有了很大发展,它分为集中的手工工场和分散的手工工场两种形式,前者雇佣的人数多达上千人,后者又称为家庭手工业,接受包买商的订货。毛纺织品的出口额占英国总出口额的 90% 左右,每年英国约向欧洲大陆出口的毛纺织品超过 20 万匹。毛纺织业成为此时英国的"民族工业"。此外,从 16 世纪中期起,英国还兴起了造纸、火药、玻璃、制糖、造船和棉纺织业等新的工业部门,它们也采用与毛纺织业类似的生产方式。

手工业的发展推动了商业的兴旺。自新航路开辟以来,世界贸易的中心逐渐从地中海转移到大西洋,给英国发展海外贸易创造了良好的机遇。在 16 世纪末和 17 世纪初,英国相继建立了一些特许商业垄断公司,如 1588 年成立的"非洲公司",主要经营黑奴贸易;1600 年成立的"东印度公司",则垄断了对印度和中国等亚洲国家的贸易。

英国手工业和商业发展的基石是较发达的资本主义农业。从 15 世纪末开始,英国农村"恬静"的生活被"圈地运动"的狂飙所打破。这是英国贵族、地主用暴力大规模剥夺农民土地的过程,一直延续到 19 世纪上半叶。它在本质上构成了英国资本原始积累的基础,为资本主义的发展既提供了大批廉价的劳动力,又提供了资本,实现了农业生产者同生产资料土地的分离,是一场土地制度的大变革,即用资本主义土地所有制代替了封建土地所有制,农村的封建剥削关系转变为农业资本家对农业工人的雇佣剥削,促进了英国农业生产的发展,为农业机器的应用和推广创造了条件。但是,这个过程是在牺牲广大农民利益的基础上进行的,成千上万失去土地的农民成为"流浪汉",那些身强力壮的人乞讨无门,只得沦为农场主或手工工场主的雇佣劳动者。因为被圈占的土地大部分被用于养羊,圈地运动又有"羊吃人"运动之称。

阶级关系的变化 资本主义经济和农村圈地运动的发展,引起了英国阶级关系的深刻变化。

首先,封建统治阶级——贵族,分裂为旧贵族和新贵族两大阶层。在英国北部地区,大部分贵族仍沿袭旧的剥削方式,靠榨取农民的地租生活,获得了"旧贵族"的称号。他们坚信英国国教,其中许多人担任着国家的官职,成为封建专制统治的支柱。而在东部及西南部地区,许多中、小贵族雇佣农业工人,用资本主义方式经营农、牧场,或把土地出租给农业资本家,坐收地租,有些人还把从农业中赚得的利润投资到工商业中。这些具有经营头脑的贵族被称为"新贵族"。他们在政治上与旧贵族享受同样的特权,但多半担任地方官吏,并在经济上受到骑士领有制的压抑,无完整的土地所有权。因此,他们与资产阶级有更多的共同利益,在后来的革命中,双方结成同盟反对旧势力,成为英国资产阶级革命的特征之一。

其次,在圈地运动中丧失土地的农民,一部分继续留在农村,成为农、牧场的雇佣劳动者;另一部分流浪到城市,成为雇佣工人,他们和城市中原有的手工业者构成了英国最早的无产阶级,身受封建主义和资本主义的双重剥削,是后来革命中一支重要的生力军。

第三,伴随着资本主义工商业的发展,诞生了一支资产阶级队伍。他们包括农业资本家和城市工商业资产阶级,以及与宫廷有密切关系的大金融家。资产阶级的主体是中、小工商业者,他们受到封建行会制度和国王推行的垄断制度的束缚,在政治上又处于无权的地位,所以,他们强烈要求废除封建专制制度,发展自由资本主义,成为革命中的领导力量。

清教徒运动　在宗教领域,英国国教正日益受到加尔文教的冲击。

英国在16世纪30年代的宗教改革中,把"圣公会"确立为国教,其教义、组织和仪式均与原来信奉的天主教没有多大区别,只是它的最高领导权从罗马教皇转到了英国国王手中,倡导君权神授,成为专制统治的精神支柱。

力量逐渐壮大起来的资产阶级和新贵族对国教日益不满,包括反对国教中的许多繁文缛节和僧侣们奢侈放荡的生活。他们推崇并改信了加尔文教,主张简化宗教仪式,剔除教堂里的圣像、祭坛和花玻璃等华美的装饰,反对在提到"基督"时鞠躬和在读到福音书时起立,力求过简朴的生活,建立一个民主的教会组织,要"纯洁"教会。16世纪60年代初,"清教徒"一词开始出现。清教徒们宣扬工商业活动是上帝赋予的"神圣使命",只有发财致富才是上帝"特选子民"的标志,鼓动人民反对支撑专制王权的国教,为英国革命起到了宣传鼓动的作用,从而使这场资产阶级革命披上了一层宗教外衣。

斯图亚特王朝的专制统治　就在资产阶级和新贵族倡导社会变革之时,英国王室却在加强君主专制统治。1603年,统治英国近半个世纪的伊丽莎白一世去世,因她无嗣,王位由她在去世前指定的侄外孙、苏格兰国王詹姆士六世继承,改称詹姆士一世(1566—1625),从此开始了斯图亚特王朝在英国的统治。詹姆士是一个"君权神授"论的竭力鼓吹者,他曾著书《自由君主制度的真正法律》,他的"自由君主制度"是指不受议会、宗教和一切法律制约的君主制度,国王只对上帝负责。在这种思想支配下,他来到英格兰以后采取了许多加强君权的措施:对内进一步推行垄断制度,使许多生产部门和几乎全部的对外贸易操纵在王室授权的大公司手中,加强国教的统治地位,大规模迫害清教徒;对外,放弃了伊丽莎白时期"联荷打西"的外交政策,出于巩固专制统治的需要,极力讨好信奉天主教的西班牙,谋求儿子查理同西班牙公主联姻。

1625年詹姆士一世病死,其子查理一世(1600—1649)即位。他不仅继续执行其父的内外政策,主张"君权神授",而且在专制的道路上走得更远。1628年3月,为解决财政危机,征收新税,他召开了议会。在这届议会中,出现了一批代表资产阶级和新贵族利益的反对派领袖,如汉普顿(1594—1643)、皮姆(1584—1643)等,他们猛烈抨击斯图亚特王朝的内外政策,起草了《权利请愿书》,要求国王保障公民的人身、财产和自由的不可侵犯。为了获得35万英镑的额外进账,查理勉强在请愿书上签了字。但在第二年,当议会反对查理终身享受"吨税"与"磅税"①的征收权时,查理恼羞成怒,解散了议会。自此直到1640年,英国进入无议会统治时期。在这11年里,查理在斯特拉福(1593—1641)伯爵和劳德(1573—1645)大主教的辅佐下,横征暴敛,推行高压统治。为了强制实行对国教的单一信仰,恢复了针对清教徒的星室法庭和高等法庭,迫使大批清教徒逃往美洲。在1630至1640年间,逃往国外的清教徒约有65000多人。他还征收许多新税种,继续扩大工商业产、销的垄断制。至此,以国王为首的旧势力不仅与下层劳动人民之间的矛盾达到了激化的程度,与资产阶级和新贵族之间的矛盾也日益加深。一场空前的政治大革命即将来临。

查理一世

二、英国革命的过程

苏格兰起义和长期议会的召开 1637年,苏格兰人为反对查理一世在苏格兰强制推行英国国教,率先举起起义大旗。到1639年,起义军已进入英国北部边境。为了筹措镇压的军费,查理一世在1640年4月不得不召开已中断了11年的议会。但是,议员们在议会上讨论的重点却放在了抨击国王的内政外交上,反对同苏格兰交战。5月,查理一世愤怒地解散了议会,使这届议会只幸存了3个星期,因此被称为"短期议会"。

同年8月,苏格兰起义军发动了新的攻势。查理一世被迫在11月召开了新的议会。这一届议会在历史上存在了13年之久,史称"长期议会"。当选该届议会的议员基本上是"短期议会"的原班人马,他们不仅坚持原来的主张,还以苏格兰人的起义为要挟,向国王提出了更激进的要求:撤换并严惩国王的宠臣斯特拉福伯爵和劳德大主教;撤销星室法庭和教会的最高法庭;废除工商业垄断制度,等等。在下层人民的广泛支持下,这些要求基本上都得到了满足。

1641年,议会又相继通过了《三年法》和《根枝法》,规定议会至少要三年召开一次,把国教改为长老会教,使教会脱离国王而隶属于议会。"长期议会"采取的这些措施使英国的社会经济制度发生了很大的变化,沉重地打击了专制王权,表明英国正在发生一场重大的政治革命。因此,"长期议会"的召开揭开了英国资产阶级革命的序幕。

但是,查理一世并没有继续走顺乎民意的道路,先前只是在极不情愿的情况下满足了议会的要求。1641年11月,当议会通过了《大抗议书》,试图建立资产阶级的君主立宪政体时,查理一世拒绝在上面签字。并且,他在第二年1月3日又以"叛国"的罪名,要求议会交出皮

---

① 吨税是对酒类征收的进口税,磅税是对羊毛等物品征收的出口税。

姆、汉普顿等5位表现激进的议员。在遭到拒绝后,查理一世亲自率兵前往议会,准备武力逮捕,但伦敦的手工业者和平民将他们保护了起来。查理一世感到他在伦敦已彻底孤立,便在1642年1月10日悄悄地离开伦敦,来到了封建势力较强的北方,在这里招兵买马,准备讨伐议会。

英国内战 1642年8月22日,查理在诺丁汉的一个小山头上升起了军旗,这是号召家臣和诸侯"勤王"的传统标志,意味着正式向议会宣战。英国资产阶级革命进入内战阶段。

内战爆发后,英国国内立即分裂为两大阵营:拥护国王的称作"骑士党",包括封建大贵族、宫廷官吏和享有特权的金融家、大商人,因为他们当中的许多人仍像中世纪的骑士一样,身佩长剑,头戴假发,由此得名为"骑士党"。支持国王的地区主要是北部和西部。拥护议会的称作"圆颅党",包括资产阶级、新贵族、城市平民和农民,多信奉清教,因爱蓄短发而得名。支持议会的主要是工商业和农业较发达的南部和东部地区。内战初期,由"长老会派"控制的议会军不断失利,骑士党一度控制了全国3/4的土地,伦敦也受到了威胁。在危急关头,1645年初,议会开始改组军队,由奥立佛·克伦威尔(1599—1658)为首的"独立派"①执掌军队指挥大权。

克伦威尔

克伦威尔出生于亨廷顿郡的一个新贵族家庭,曾在剑桥大学学习,从1628年起当选为历届议会议员,参与起草了《根枝法》《大抗议书》等议会重要文件。内战爆发后,他在家乡组建了一支主要由自耕农组成的千人骑兵队,在1644年7月的马斯顿草原战役中,击溃了骑士党的军队,取得了内战以来议会军的首次大捷,克伦威尔从此名声大振。1645年1月,他受命改组议会军为"新模范军",有2万多人。这是英国历史上第一支统一而集中的常备军,士兵主要来自农民、手工业者和小商人,着统一的红色上装,纪律严明。在同年6月进行的纳斯比战役中,"新模范军"大获全胜,国王战败落荒而逃。此后,战局急转直下。1646年6月,"新模范军"攻克了王党的大本营牛津,查理一世逃往苏格兰。第一次内战至此结束。第二年1月,议会以40万英镑的代价把查理一世"买"了回来,将其囚禁在纳斯比附近的一个古堡中。

革命阵营内部的分裂 战胜了骑士党后,圆颅党内部进一步分裂,形成了议会与军队对立的局面:代表大资产阶级和新贵族上层利益的长老会派控制了政府和议会,是革命的既得利益者,认为革命应该就此结束,主张建立君主立宪政府;代表中等资产阶级和中小贵族利益的独立派控制了军队,他们在克伦威尔领导下,主张应当把革命继续进行下去,废除现实社会中束缚工商业发展的种种不合理制度,对长老会派独占政治和宗教权力不满。1647年3

---

① 长老会派和独立派是清教中的两个主要派别,形成于16世纪末。前者主张严格按照加尔文教的形式改组国教,由长老在教会和国家中起领导作用。在内战中,他们不希望与国王真正决裂,在军事上优柔寡断;后者主张每一位信徒都有宗教信仰上的独立自主权,各个宗教团体也是如此,独立于国家政权和教会权力之外。

月,议会以减轻纳税人负担为借口,宣布解散军队,遭到士兵们的拒绝。同年8月,克伦威尔带领军队进入伦敦,清除了议会中11名长老会派的代表人物,独立派开始控制长期议会。此后,军队内部独立派与平等派之间的矛盾日益突出。

平等派主要代表小商人、手工业者和富农的利益,在军队士兵中有很大影响。其领导人物是李尔本(1618—1657)。该派在1647年10月下旬发布了一份比较激进的纲领草案《人民公约》,主张在普选的基础上建立一院制议会,废除君主制和经济垄断制度,所有的人,不论其出身和地位如何,都要服从统一的法律。独立派的观点主要体现在《军队建议纲目》中,主张保留受限制的王权以及上院,年收入40英镑以上的英国公民才有选举权。同年11月中旬,克伦威尔用威逼利诱的手段,迫使大部分支持平等派的士兵改变了立场,然后对少数坚定的支持者采取了血腥镇压,将平等派掀起的政治运动暂时压制了下去。

处死查理一世和共和国的成立 就在独立派和平等派激烈斗争之时,骑士党开始蠢蠢欲动。查理一世于11月11日从监禁地逃跑,准备联合其支持者卷土重来,但逃至怀特岛时又被扣留。即使如此,查理一世仍与外界秘密联系,甚至同苏格兰的秘密使者签约,由骑士党联合苏格兰军队帮助其恢复旧秩序。1648年2月,骑士党在南威尔士起兵,开始了第二次内战。7月苏格兰军队大举南下,侵入英格兰境内。大敌当前,军队内的独立派和平等派取得暂时的和解,共同保护革命的成果。经过几个月的战斗,各地骑士党的叛乱相继被平定。9月,克伦威尔率领军队乘胜占领了苏格兰首府爱丁堡,结束了第二次内战。

1648年12月23日,根据克伦威尔的命令,查理一世被押到伦敦附近的温莎城堡,作为发动内战和反对议会的罪魁,等候审判。1649年1月27日,为审判国王而专门成立的特别最高法庭宣布:"查理·斯图亚特作为暴君、叛徒、杀人犯和国家的敌人,应该被斩首。"30日,查理一世在伦敦白厅外临时架起的断头台上被斩首。3月,议会决定废除君主制和上院,规定一院制议会为国家最高权力机关。5月19日,议会以法律的形式宣布:"英国的人民和所有隶属于它的领土和地区上的人民,都是并将由此构成、缔结、建立和团结成为一个共和国",英吉利共和国正式成立。英国资产阶级革命发展到了顶峰。

共和国成立后,以克伦威尔为首的独立派控制了国家政权,执行维护资产阶级和新贵族利益的政策。对没收的王室贵族和教会的大片土地,采用大面积和高价钱的办法拍卖,使土地大都落入资产阶级和新贵族手中,有些土地则直接"奖给"高级军官。对要求将革命继续进行下去的民主力量,政府采取了镇压的手段。1649年3月,逮捕了要求实行《人民公约》的平等派领袖李尔本,继而镇压了平等派在军队中发动的起义,结束了平等派在英国革命中的活动。1651年,政府军又用暴力将反映农民土地要求的"掘地派"镇压下去。平等派和掘地派都是代表英国广大农民和城市平民利益的,是英吉利共和国强有力的支柱,这两派力量的消失严重动摇了共和国存在的基础。革命中的民主力量受到沉重打击,为克伦威尔建立军事独裁统治铺平了道路。

克伦威尔的内外政策 国内局势相对稳定后,克伦威尔的注意力转向了爱尔兰。从12世纪后半叶起,英国在爱尔兰的东部和东南部先后建立了殖民统治。1641年,爱尔兰人民趁英国发生革命之机发动了起义,宣布脱离英国而独立。1649年8月中旬,克伦威尔亲率1万余人登陆爱尔兰,发动了英吉利共和国的第一次对外殖民战争。9月3日开始围攻起义军重点防守的德罗赫达城,一周后将其攻下,守城的3000多人几乎全部被杀,连传教士也未能幸免。事后,克伦威尔在给政务院院长的信中说:"守城的敌军有3000人,他们进行了顽强的抵抗……现在攻进去,当然不能饶过他们的性命。我相信我们杀死了所有的敌人,死里逃生的人绝不会超过30个",英国军队还在"处处横陈的尸体中仔细地搜索贵重物品"。到1652年5月,英国军队终于征服了爱尔兰全境。这场战争给爱尔兰带来深重灾难,大片土地被侵略者夺占,三年中因战争、瘟疫、饥荒和流放而死去的爱尔兰人达50万以上,另有许多人移民北美,爱尔兰的人口从1641年的146万降到1652年的61万,人口减少了一半以上。

在英格兰军队远征期间,查理一世之子在苏格兰被拥立为查理二世,从事复辟斯图亚特王朝的活动。1650年克伦威尔奉议会之召,从爱尔兰返回,又组织了一支远征苏格兰的军队。到第二年9月,彻底击败了苏格兰军队。1654年,苏格兰正式被英格兰合并。

对外发动战争,特别是远征爱尔兰,给英国自身也带来了严重的后果:爱尔兰人与英格兰人之间的矛盾进一步加深;因为出现了一批新的土地贵族阶层,给旧王朝增加了复辟的力量;参加征服的英国士兵因为获得了土地而更加拥戴克伦威尔,减少了其建立军事独裁的阻力;军事上的一系列胜利也助长了克伦威尔想独揽大权的欲望。对此,马克思曾经指出:"实际上,克伦威尔时代的英吉利共和国就是由于爱尔兰而覆灭的。"①

1653年4月,克伦威尔用武力驱散了"不听话"的长期议会。同年7月,克伦威尔又亲自圈定了100多名议员,召开了"小议会"。但在同年12月12日也被强行解散了。4天后,在克伦威尔授意下,一批高级军官、大商人和伦敦市长提请克伦威尔接受了"护国主"的称号,建立了共和政体下的军事独裁统治。根据高级军官拟定的《政府约法》,护国主是终身制,兼领陆海军总司令,有权指定自己的继承人,并同议会和国务会议共享立法和行政权。在6年的护国政府统治期间,克伦威尔对内实行军事警察统治制度,保护圈地者对农民土地的侵占;对外继续实行扩张政策,1655年发动了对西班牙的战争,夺取了西班牙在西印度群岛的殖民地——牙买加岛,1658年又夺取了西欧"大陆的钥匙"敦刻尔克,为建立不列颠帝国迈出了重要的一步。

斯图亚特王朝的复辟　1658年9月,克伦威尔病死,他的儿子理查·克伦威尔(1626—1712)继任护国主。由于小克伦威尔无法驾驭政府内部争权夺利的激烈斗争,他在第二年便"知趣地"辞去了护国主的职务,背着保王党分子送给他的绰号"坍台的迪克"②,过起隐居的生活。小克伦威尔离职后,护国政府处于群龙无首的状况,高级军官之间的斗争更加激烈,使统治力量受到严重削弱,这给旧王朝的复辟提供了可乘之机。

1660年2月,驻防在苏格兰的英军司令蒙克(1608—1670)率军进入伦敦,控制了政局。

---

① 《马克思恩格斯选集》第4卷,北京:人民出版社,1972年版,第376—377页。
② Tumble-down Dick,"迪克"是英国方言,指由于无用而被丢掉的东西。

他派人与流亡在荷兰的查理二世(1630—1685)就复位问题进行秘密谈判。4月4日,查理二世在布雷达发表了一份宣言,史称《布雷达宣言》,承认在内战期间所发生的土地变更;除了直接处死查理一世的人以外,不追究其他的革命参加者;保障宗教信仰自由。5月1日,新产生的议会宣布查理二世为英国国王,存在仅11年的英国共和制度就此结束。5月26日,查理被隆重迎回伦敦,登上他父亲失去的宝座,开始了英国历史上的封建复辟时期。

查理二世即位后,并没有履行《布雷达宣言》的条款。他宣布参加过审判查理一世的57人犯有"弑君罪",其中30人被判处死刑,包括已死的克伦威尔,他的尸体被从安葬地威斯敏斯特大教堂挖了出来,枭首示众。国教教会被恢复,并对非国教教徒实行歧视和迫害政策。对外实行亲法政策,以换取信奉天主教的法国的支持,1662年查理二世以20万英镑的价格将敦刻尔克卖给了法国,使英国失去了在欧洲大陆上扩展贸易的落脚点。查理二世的内外政策严重损害了英国工商资产阶级的利益,议会与国王之间的矛盾再次突出起来。在1679年产生的新议会中,反对查理二世的议员占了多数,他们坚持通过了《人身保护法》,规定在逮捕某人之前应先公布他的罪名,被捕者有权要求立刻依照法律程序审判。该项法律起到了限制王权和保护议员人身安全的作用。代表工商资产阶级和农村新贵族利益的这部分议员,在议会中被称为"辉格党";与其相反,支持国王实行君主专制的议员被称为"托利党"①。议会发生了分裂。

1685年查理二世病死,其弟詹姆士即位,是为詹姆士二世(1633—1701)。新国王是个傲慢的天主教徒,进一步推行其兄的内外政策,在准备恢复天主教时,他与资产阶级和新贵族的矛盾空前激化。1687年詹姆士发表《信仰自由宣言》,给予包括天主教徒在内的所有基督徒以信教自由,此前他已任命了天主教徒在军队和政府中担任官职。这与16世纪以来英国的反天主教传统完全背道而驰,使资产阶级、新贵族、英国国教和新教徒们的利益都受到了威胁,他们在反对天主教会的口号下结成了反对国王的联合阵线。当时,詹姆士二世年事已高,人们期待他死后,由其信奉新教的女儿、荷兰执政威廉的妻子玛丽继位。不料,1688年6月,从宫中传出国王的天主教妻子生下了小王子的消息,反对派的期望破灭了。他们四处散布消息说这是个假王子,同时写密信给玛丽和她的丈夫威廉,邀请他们来英继承王位。

"光荣革命" 1688年11月5日,荷兰执政威廉率领14000人的远征军在英国登陆。詹姆士虽然调派了2万多名官兵前去堵截,但是,军队都相继倒戈,包括军队总司令约翰·丘吉尔,威廉军队势如破竹地向伦敦挺进。在众叛亲离的情况下,詹姆士将国玺扔进了泰晤士河,下令解散了军队,自己在12月11日深夜离宫出走,逃往法国。18日,威廉进入伦敦。

1689年2月,英国议会通过了詹姆士二世"退位"的决议,正式立威廉为国王,称威廉三世(1650—1702),立玛丽为女王,称玛丽二世(1662—1694)。议会还要求威廉夫妇接受了一份《权利宣言》,规定国王未经议会同意,不得中止任何法律,不得擅自加税,未按法律程序,

---

① "辉格党"与"托利党"最初是双方在议会中相互攻击的诨号,前者是Whig的音译,原指苏格兰"叛乱者";后者是Tory的音译,原指爱尔兰"叛乱者"。

不得拘捕臣民。同年10月,议会将这份宣言变成法律,称《权利法案》。从此,英国确立了符合资产阶级和新贵族利益的君主立宪制度。这次确立的过程被有些历史学家称为"光荣革命",它实际上是一次不流血的政变。英国资产阶级革命至此结束。

长期困扰英国政坛的教派之争也通过立法形式得以解决。1689年议会通过了《信仰自由法》,允许人们信奉国教之外的其他基督教派,但不得支持詹姆士二世子孙对王位的"觊觎"。1701年又通过了《王位继承法》,规定今后任何天主教徒都不能担任英国国王,英国国王也不能与天主教徒结婚等。

三、君主立宪体制的确立

1640至1689年的英国资产阶级革命是人类从封建社会向资本主义社会过渡的一次重要革命,在英国确立了资本主义生产关系和政治制度;这次革命维护了法治,此后英国进入一个长时期的稳定发展时期,有利于英国经济的发展,加速了工业革命的到来;英国革命中产生的共和思想、君主立宪制度和议会至上原则,对近代世界政治制度的发展也产生了重要影响。

在英国革命期间,激烈的政治斗争在思想领域里也有反映,涌现出一批杰出的思想家。如提出人民主权论的弥尔顿(1608—1674),提出国家起源"契约说"的霍布斯(1588—1679),主张三权分立的洛克(1632—1704)等,他们论证了资产阶级的世界观和政治思想,批驳了神学和封建专制思想体系,提出了天赋人权说和分权说,为近代资本主义政治制度的确立提供了理论基础,是美国资产阶级和18世纪法国革命思想的先驱。

从17世纪晚期起,英国形成了由议会下院占多数席位的党派领袖担任枢密大臣的习惯,到18世纪初,又形成了内阁会议和首相一职,议会开始享有绝对的立法权,首相及其领导的内阁行使行政权,国王成为名义上的最高统治者。君主立宪制度得到进一步完善。

第三节 美国独立战争

一、英国统治下的北美殖民地

北美殖民地的构成 美国在独立战争前,是英国在北美的殖民地。从1607到1732年的120多年间,英国相继在北美洲东海岸建立了13个殖民地。殖民地的土著居民是印第安人,因为惨遭殖民者的屠杀,他们的人口从欧洲人到来时的约150多万,锐减至18世纪中叶的几十万人。在英属北美殖民地建立后,他们被赶到西部的沙漠地带,取而代之的是来自欧洲的移民,如英国人、爱尔兰人、荷兰人、德意志人、法国人、瑞典人、犹太人等,其中以英国移民最多,主要是在圈地运动中失去土地的农民和受宗教迫害的清教徒。自1619年第一批黑奴被贩运到弗吉尼亚殖民地后,非洲黑人成了北美南部殖民地种植园经济的主要劳动者。到独立战争前夕,13个殖民地的总人口约300万。

根据与宗主国的关系,13个殖民地分成英王直辖殖民地、业主殖民地和自治殖民地三种，各设总督和议会进行统治。议会有颁布法律、征税和分配经费的权力，它与代表宗主国利益的总督不同，主要代表殖民地居民的利益，因此常发生议会与总督之间的斗争。无论是哪一种殖民地，其社会结构都大致相同：上层是以总督为首的大商人、大土地所有者或种植园奴隶主，底层是白人契约奴和黑人奴隶，处在中间的是小土地所有者、小工厂主、技师和自耕农等。

到18世纪中叶，北美各殖民地的资本主义经济有了不同程度的发展。北部4个殖民地拥有较发达的工商业，纺织、酿酒、制革、炼铁、造船等工业已经兴起，所生产的工业品不仅能满足自身的需要，有些还能出口同英国竞争；中部的4个殖民地利用当地土壤肥沃、气候宜人的特点，发展了农业和畜牧业生产，盛产并出口小麦，素有"面包殖民地"之称；南部的5个殖民地以黑奴种植园经济为特征，主要种植供出口的烟草、大米和蓝靛。黑奴种植园兼具古代奴隶制和近代资本主义制度的双重特点，是一种带有资本主义性质的奴隶制度。与欧洲大陆相比，北美殖民地的资本主义商品经济是通过移植发展起来的，跳过了中世纪的漫漫长夜而直接同近代文明相连接。

美利坚民族的形成 殖民地间经济的差异性促进了彼此商品的流通。北方的工业品不断地向南方输送，中部和南部的农产品和工业原料则源源不断地运往北方，商业和水陆运输均有显著的发展，北美13个殖民地逐渐形成了统一的市场。经济的交往也促进了文化的交流，自1636年哈佛大学创立后，到18世纪上半期已诞生了10余所"殖民地际大学"，在北美培养了一批最早具有民族意识的知识分子，如杰弗逊（1743—1826）、麦迪逊（1751—1836）、汉密尔顿（1757—1804）等。虽然殖民地的移民来自欧洲各地，但是由于长时期地在同一地域内生活，缩小了他们之间的文化差异，英语逐渐成为他们的共同语言。并且为了共同的利益，他们在与以总督为代表的宗主国势力的斗争中，产生了共同的心理素质。1754年，富兰克林（1706—1790）在奥尔巴尼向殖民地代表大会提出了第一个殖民地联盟计划，主张在英帝国的管辖下，北美英属殖民地结成联盟。该计划虽然未能实现，但它是美利坚民族开始形成的一个标志。

英国对北美殖民地的压制政策 在重商主义政策的指导下，英国力图把北美变为自己的原料产地和商品销售市场。从17世纪上半期起，英国陆续颁布了一些有损北美殖民地工商业发展的法规，对殖民地的生产和产品销售作了严格规定。自1688年英国政局趋于稳定后，进一步加强了对殖民地的控制。1696年英国成立了贸易局，专门负责制订对北美殖民地的限制措施。1699年，英国颁布了《羊毛条例》，禁止一个殖民地将羊毛及毛织品运往另一殖民地或其他地方。1732年颁布《制帽条例》，禁止殖民地输出帽子，制帽商不许雇佣两个以上的学徒。1750年又颁布《制铁条例》，禁止殖民地建立金属加工厂、炼钢炉和加工铁制品，但鼓励生产输往英国的生铁。由于英国不断与西班牙和法国交战，同时也因为遭到了北美工商业主的抵制和反对，这些限制措施没有能严格执行。

1756年英、法"七年战争"爆发，为了获取殖民地的大力支持，英国采取了"宽容"政策，使殖民地经济在这段时期有了较快发展。1763年英、法签订《巴黎和约》，英国从法国人手里夺得了加拿大和密西西比河以东的土地。英国虽然取得了"七年战争"的胜利，但也付出了昂贵的代价，国债在战争期间增加了一倍，达 1.4 亿英镑，导致政府财政拮据。① 因此，英国在战后既有精力加强对殖民地的控制，同时也希望通过增加对殖民地的税收，缓解自身的经济困难。

1763 年，英王宣布阿巴拉契亚山脉以西的土地为王室财产，禁止北美殖民地人民向西迁移。这沉重地打击了一些土地投机商和同印第安人进行皮货贸易的商人，也激怒了大批欲向西迁移的无地小农。翌年，英国通过"食糖法"，对输入北美的食糖、糖浆、咖啡、丝绸、棉布等商品课以重税，同时规定英国需要的木材、皮革商品，殖民地只能输往英国。为了使该法得到切实执行，海关人员和英国军舰加强了对北美走私的打击。结果，北美殖民地出口的产品纷纷滞销，价格猛跌，而进口商品的价格暴涨。同年，英国还颁布了殖民地"货币法"，禁止殖民地发行和使用纸币。1765 年，又宣布在北美实施"印花税法"，规定各种印刷品都须缴纳此税。

接二连三的限制措施和新税种激起了殖民地人民的强烈不满。他们认为英国议会没有殖民地的代表，殖民地也就没有义务向英国纳税。各地人民纷纷举行反英集会，提出了"要自由，不要印花税"的口号。1765 年 10 月，9 个殖民地的代表在纽约召开了反印花税法大会，通过了《权利与自由宣言》，宣布英国议会无权向殖民地征税，殖民地人民只缴纳得到他们同意、并由他们自己的代表所征收的税款。1770 年 3 月 5 日，驻波士顿的英军在与当地居民的冲突中，开枪打死了 5 人，酿成"波士顿惨案"。该事件激起了殖民地人民的公愤，各地又纷纷举行反英集会，开展抵制英货运动。在此情况下，英国撤走了驻波士顿的英军，中止了"唐森税法"②中除茶叶、烟、糖浆之外的商品税，再次缓和了殖民地的反英情绪。

倾茶事件和英美矛盾的激化　可是，到 1773 年，英国议会为了挽救濒于破产的东印度公司，通过了"茶叶税法"，使英国与北美殖民地的矛盾空前激化。根据该法，东印度公司在缴纳每磅茶叶 3 便士的茶税后，可以直接向北美殖民地倾销积压的茶叶。这将使公司的茶叶比走私入境的茶叶便宜一半。此时，殖民地人民反而支持一直与殖民当局对抗的走私商人，认为自由比喝便宜茶叶更重要，反对公司的茶船靠岸卸货。12 月 16 日晚，一些波士顿居民化

波士顿倾茶事件

---

① John A. Garraty, R. A. McCaughey. *A Short History of the American Nation*. New York: Longman, 1974，p. 46.
② 由英国财政部大臣查尔斯·唐森组织制定而得名。

装成印第安人,趁着夜色潜水登上3艘茶船,将价值15000多英镑的茶叶全部倒入海中。此后,纽约、新泽西等地也相继发生了倾茶事件。

波士顿倾茶事件激怒了英国统治者。为了报复和压制殖民地人民的反抗运动,从1774年3月开始,英国政府接连颁布了5项高压法令:《波士顿港口法案》《马萨诸塞政府法》《司法管理法》《军队驻扎法》和《魁北克法》。它们规定:封锁波士顿港;取消马萨诸塞殖民地的特许状,将其置于英王总督的管辖下;英国官兵在殖民地犯罪须送往英国或其他殖民地审判;英军在24小时内如不能觅得兵营,可以征用旅馆和无人居住的建筑物;将俄亥俄以北的土地划归加拿大的魁北克。这些内容无一不损害北美殖民地人民的切身利益,终于成了北美独立战争的直接导火线。各殖民地纷纷成立通讯委员会,建立民兵组织,准备同英国进行武装斗争。

1774年9月5日—10月26日,除佐治亚殖民地外,12个殖民地的55名代表在费城召开了第一届大陆会议。会议通过决议,要求英国政府取消对殖民地的各种经济限制和5项高压法令,并以"大陆联盟"的名义,中止与英国的贸易往来。会议在给英王的请愿书中,仍表示将继续效忠于英国,尚未提出北美殖民地的独立。

英国没有接受大陆会议的要求,准备用武力弹压殖民地的反抗。英王乔治三世声称:北美殖民地"处于叛乱状态,必须用战斗来决定"。

二、独立战争的进程

"列克星敦枪声"和独立战争的爆发　　1775年4月19日凌晨,当马萨诸塞总督派遣的700名士兵到波士顿附近搜查民兵的军火库时,在列克星敦同当地的民兵组织"一分钟人"(一分钟内就能组织起来)发生武装冲突,打响了北美独立战争的第一枪。此役英军死伤273人,殖民地方面损失90余人。① 北美独立战争的序幕由此拉开。

"列克星敦枪声"发生后,殖民地人民纷纷拿起武器,加入到围攻驻守波士顿的英军的行列。在三天内,包围波士顿的民兵就多达16000多人。在其他地区也爆发了反英武装斗争。

列克星敦的枪声

---

① John A. Garraty, R. A. McCaughey. *A Short History of the American Nation*. New York: Longman, 1974, p.59.

在反英斗争方兴未艾之时,第二届大陆会议于 1775 年 5 月 10 日在费城召开,13 个殖民地都派代表参加了会议。会议的中心议题是组织力量进行抗英斗争,决定:募集志愿兵;发行纸币,向国外购买军火;把汇集在波士顿附近的各地民兵整编为大陆军,由华盛顿(1732—1799)任总司令。大陆会议成了北美反英的最高权力机构。

华盛顿原是弗吉尼亚一个富有的种植园主,参加过 1754—1758 年英、法在北美的殖民地争夺战,有一些军事经验。他是俄亥俄公司的股东之一,《魁北克法案》使他损失了几万英亩的土地。上任之初,华盛顿的主要工作是把松散的民兵队伍改组为一支有组织纪律性的正规军。1776 年 3 月,他指挥军队向波士顿发起了猛攻,迫使英军在固守了 10 个月后终于弃城而逃。

到 1776 年初,北美殖民地人民要求独立的呼声日益高涨。1 月,潘恩(1737—1809)出版了一本小册子《常识》,他在书中大胆地呼吁独立,认为君主制是罪恶之源,"一个普通的诚实的人要比从古到今所有加冕的坏蛋更有价值",下决心消灭北美自由的人就是英王乔治三世。《常识》讲出了当时许多人所不敢讲的话,在民间具有极大的鼓动性,3 个月内就发行了 10 多万册,使舆论开始向赞成独立的方向发展。英国报纸描述道:"凡读过这本书的人都改变了态度,哪怕在一小时之前他还是一个强烈反对独立思想的人。"在舆论的推动下,6 月 11 日,大陆会议组成了一个起草独立文件的委员会。

《独立宣言》 1776 年 7 月 4 日,大陆会议正式通过了主要由杰弗逊执笔的《独立宣言》。在这份历史性的文件里,阐述和发展了天赋人权和社会契约论,认为人人生而平等,享有不可剥夺的"生命、自由和追求幸福的权利",如果政府侵犯了这些权利,人民有权建立一个新政府取代之;宣言列举了英王政府在北美殖民地实施"暴政"的种种措施,表示"我们实在不得不宣布和他们脱离";最后以美利坚合众国代表的名义,郑重宣布"这些联合一致的殖民地从此是自由和独立的国家",与英国断绝一切政治隶属关系。《独立宣言》的发表具有重要的历史意义,它是北美独立战争的旗帜和美国历史的一个重要转折点,有力地推动了殖民地人民的反英斗争向更高阶段发展;它在人类历史上第一次以国家的名义宣布人民的权利神圣不可侵犯,是"第一个人权宣言"。美利坚合众国从此成立,7 月 4 日后来被定为美国的独立节。

面对殖民地如火如荼的独立运动,英国加紧从加拿大和英国本土调兵,到 1776 年夏末,参与镇压的英军已超过了 3 万人,他们不仅受过正规的训练,还拥有精良的武器,有世界上最强大的海军给他们运送给养。与此相反,新成立的大陆军是一批刚刚拿起武器的普通民众,他们不仅缺乏军事知识,也缺衣少粮,在军事力量上处于绝对的劣势。因此,在独立战争前期,大陆军在战场上屡次失利。1776 年 9 月,英军攻占纽约,次年又攻陷费城等地,大陆会议不得不迁至宾夕法尼亚的约克敦。在逆境之中,华盛顿毫不气馁,他一边用潘恩的文章鼓舞士气,一边组织训练正规军,聘请了普鲁士军官任教官,军队的素质和战斗力得到了提高。

扭转战局的萨拉托加战役 1777 年 9 月 19 日,从加拿大南下的数千名英军在纽约州北部要塞萨拉托加附近被大陆军击败,龟缩于要塞内。大陆军和民兵迅速将要塞团团围住。

10月16日,从纽约赶来救援的英军中途受阻。第二天,即10月17日,弹尽粮绝的5600名英军在将军伯戈英(1722—1792)率领下举旗投降。萨拉托加战役的胜利,对美国人民是个很大的鼓舞,同时提高了其国际威望,为争取国际盟友的支持奠定了基础。因此,该战役成了美国独立战争的转折点,战局开始向美国方面转变。

在七年战争中失败的法国,希望北美独立战争能削弱英国,以达到其复仇的目的。在战争之初,法国就在武器和经济方面秘密帮助美国,但是在英强美弱的情况下,它不愿意同美国正式结盟,在表面上还打着中立的旗号。萨拉托加战役的胜利改变了法国的态度。1778年2月,法国与美国终于缔结同盟条约及友好通商条约,承认美国独立,公开在军事和经济方面支持美国。同年6月,法国海军开到美国海面,与英国海军交火,法国开始直接加入对英战争。1779年6月,西班牙也对英宣战,旨在收复过去曾被英国夺去的直布罗陀、佛罗里达等殖民地。第二年底,具有同样目的的荷兰也加入对英战争,而俄国、普鲁士、丹麦、瑞典等国则结成"武装中立同盟"。北美独立战争扩大为一场国际性的战争,英国陷于孤立的境地。

独立战争的结局 1780年10月,美国的民兵游击队在北卡罗来纳的王山地区袭击英军,取得重大胜利。三个月后,大陆军在南卡罗来纳也击败英军。1781年3月,大陆军又在北卡罗来纳的吉尔福德法院镇使康华里(1738—1805)率领的英军损失惨重。在遭到一系列失败后,康华里在6月率军退到弗吉尼亚的约克敦,准备在那里等待英国海军的接应。不料,跟踪追击的美国军民在法国海军的协助下,很快将约克敦紧紧围住。10月19日,康华里在求援无望、出逃又不成的情况下,被迫率领约8000名英军在《天地翻转》的乐曲声中,向美法联军弃械投降。从此,英军一蹶不振,再也无力发动新的攻势,北美战事基本上结束,双方进入和谈阶段。

1783年9月3日,美、英代表经过一年多的谈判,最终在巴黎签订和约。根据《巴黎和约》,英国承认美国独立,确定美国的疆界北至加拿大和五大湖,东到大西洋,南至佛罗里达,西到密西西比河,土地面积比宣布独立时扩大了一倍。

北美独立战争是一场以弱胜强的民族解放战争。当时英国是世界上头号强国,拥有雄厚的经济实力和军事力量。美国在各方面虽然都显得很弱小,但它利用了本土作战的有利条件,充分动员了包括黑人在内的广大下层人民参战,在华盛顿的杰出领导下,运用游击作战的方式,机动灵活地打击英军,取得了良好的效果。成功的外交策略所争取的国际支持和援助,也是美国获胜的另一重要原因。

北美独立战争也是一场资产阶级民主革命,完成了许多政治和社会经济改革,为美国资本主义的发展创造了条件。独立战争还具有重要的国际意义,它冲开了英国殖民体系的缺口,促进了拉丁美洲独立运动的开展,并直接影响了法国资产阶级革命。

三、美国联邦共和体制的确立

邦联制下的美国 根据1777年第二届大陆会议通过的《邦联条例》,美国建国之初实行的是邦联制度。在此制度下,"美利坚合众国"的最高权力机构是一院制的邦联议会,由各州分别选出的2—7名代表组成,但各州都只有一票表决权;在获得至少9个州的同意后,邦联议会有宣战、缔约、举债、招募军队等权力,但无征税权,邦联所需经费由各州摊派而来;国家不设最高元首,议会休会期间,设立州际委员会作为常设机构,处理日常事务。议会中仅设了外交部、财政部、陆军部、海军部和邮政管理部。各州保留了很大的独立性,有征税、征兵和发行纸币的权力,对议会通过的决议可以置之不理,有的州甚至公开宣布为共和国。因此,邦联制下的美国实际上只是一个由13州组成的松散联盟。邦联体制主要反映了美国民主派、种植园主和小州代表的观点,他们认为中央权力过大会导致暴政、大州欺压小州和不利于南方的发展。

但是,邦联体制在战后很快面临了许多无法解决的问题。首先,国家无力偿还大笔债务。在独立战争期间,大陆会议为筹措军费,在国内发行了不少公债,还向法国、荷兰、西班牙等国借了外债,到1786年初,美国全部债务合计超过了4200万美元,而在1781至1786年间,各州每年向邦联政府仅上缴50万美元,只能维持政府的日常开支。其次,政府不能有效地促进国内外贸易。因为邦联政府无权制定统一关税,各州都有关税壁垒,币制也不统一,致使国内商品流通不畅,还面临欧洲大陆工业品的挤压,政府无力保护美国商人在海外的利益。第三,软弱的政府也不能有效地保护白人和国家的安全。由于政府无权维持军队,西部的白人在同印第安人作战时,得不到政府有力的支持。并且,英国军队还驻扎在美国西北边境内,南部和西部边境则面临西班牙人的威胁。一个软弱的邦联政府已令工商业资产阶级、土地投机商和有识之士感到失望。

邦联政府为解决财政困难,从1784年起多次颁布土地法令,意图把西部"自由土地"分段出售,以640英亩为一个最小单位,售价不低于640美元,在一个月内交清。尽管售价很低,但普通百姓在短期内仍无法筹足钱款购买,获利的主要是那些土地投机商。因此,美国下层民众对邦联政府的土地政策普遍不满。他们对州政府规定的各种捐税更是无法忍受。美国独立战争的一个重要原因是反对英国征税,可是独立后缴纳的税更多,如州税、郡税、市镇税、土地税、人头税等,有的人因交不起税而坐牢或举家出走。1786年,北部诸州发生了多起破产农民和工人起义,其中以谢斯起义规模最大。丹尼尔·谢斯(1747—1825)是独立战争后退伍的老兵,1786年9月他率领500余名农民在马萨诸塞州走上起义道路,围攻法院,释放因负债而被捕的穷人,起义人数最多时有1万多人。1787年2月起义失败,谢斯等13名起义领导人被州法院判处死刑,后因受到广泛的同情和人民的反对而将他们释放。

谢斯起义加速了美国从邦联制向联邦制的转变。起义发生后,马萨诸塞州曾向邦联政府请求援助,但无兵又无钱的邦联政府却一筹莫展。起义震动了整个统治集团,越来越多的人认识到需要强化中央政府的权力。

1787年宪法和联邦体制的确立 1787年5月25日至9月15日,来自各州的55名代表在费城召开了对美国历史有重要影响的制宪会议。各方经过激烈的争论,终于为美国制定了第一个治国方案——1787年宪法。宪法正文共7条,确立了美国的联邦体制,联邦政府为各州的中央政府,但各州在行政上仍保持很大的独立性。中央政府按"三权分立"的原则构

华盛顿

建:(1)最高立法机构议会由参议院和众议院组成。参议员由各州议会选出,[①]每州2人,任期6年,每两年改选总数的1/3;众议员根据各州的人口比例选出,任期2年。众议院通过的法案只有经参议院签署后才能成为法律。(2)最高行政权属于总统,兼武装部队总司令。总统由选举产生,任期4年,有权缔约,有权任命大使、最高法院法官和政府其他官员,但需议会同意;总统对宪法负责,不对议会负责,对议会的立法有否决权,但议会在复议之后仍以2/3以上的多数再次通过此法,即有效。(3)司法权属于各级法院,最高法官由总统任命,终身任职,有解释宪法的权力。

---

① 1913年后改由各州选民直接选举产生。

美国 1787 年宪法是世界上第一部成文宪法，它确立的联邦制、三权分立制开创了世界的先例，有利于维护美国的独立和统一，有利于美国经济的发展。到 1788 年 6 月，宪法经过 9 个州的批准，正式生效。1789 年 1 月，美国举行了历史上第一次总统选举，乔治·华盛顿当选为美国首任总统。同年 3 月，选出了第一届议会。在资产阶级民主派和广大人民的斗争下，1789 年 6 月议会通过了宪法 10 条修正案，规定美国公民有言论、出版、集会、请愿、携带武器等若干权利；人的身体、住所、文件与财产不得被无理搜查与扣押；不得未经法律手续而剥夺人的生命、自由或财产，从而用法律的形式保证了公民的人身与财产安全，弥补了宪法的缺陷。但是，土著居民印第安人和处在南方种植园奴隶制下的广大黑人并不能享有这些基本人权，南北不同经济体制之间的矛盾未得到解决。美国的联邦制度和民主制度仍有待完善。

第四节 法国大革命

在欧美爆发的早期资产阶级革命中，法国资产阶级革命最为激烈，跌宕起伏最大，所产生的影响也最广泛，将世界早期资产阶级革命运动推向了顶峰。因此，人们习惯将其称为"法国大革命"。

一、封建专制统治的危机

法国君主专制制度在路易十四统治时期（1643—1715）达到了极盛。国王自称"朕即国家"，被视作神的化身，在政治上大权独揽，亲自签署一切国事公文。在经济上，奉行重商主义政策，使资本主义经济得到了较快的发展，国家财力雄厚。到 17 世纪下半期，路易十四实行穷兵黩武政策，对外战争不断，结果使强盛的法国开始走下坡路。在其曾孙路易十五（1710—1774）统治时期（1715—1774），因宫廷腐败、政治黑暗，国家财政出现危机，对外战争几乎都以失败告终。对于死后"洪水滔天"也不怕的路易十五而言，整天追求的是打猎和荒淫的生活。法国封建专制制度不可避免地陷入全面的危机之中。

1774 年路易十五在民众怨声中死去，他的孙子路易继位。路易十六（1754—1793）在位时（1774—1792），在政治上虽然不专横独断，也不贪图享受，但他没有统治才能，意志薄弱，大量时间花在了修锁上，获得了"锁匠王"之称，听任权臣和王后处理国事。

路易十六统治危机首先来自政府进一步加重的财政困难。1786 年法国政府出于为地主阶级利益考虑，以降低英国工业品的进口税为代价，换取英国降低法国葡萄酒的进口税，结果，法国的工商业受到严重影响，许多企业倒闭，政府税收剧减。1788 年法国的天气又特别反常，夏季干旱，继以暴雨夹带冰雹，最后是严寒的冬季，致使农作物大幅度减产，出现粮荒。另外，由于参加美国独立战争，额外支付战费 20 亿里弗尔，[①]国家财政危机进一步加剧。到

---

① [法]阿尔贝·索布尔：《法国大革命史》，马胜利、高毅、王庭荣译，北京：中国社会科学出版社，1989 年版，第 67 页。

1789年,法国债务总额从1774年的2.35亿里弗尔增加到46亿里弗尔,年支付债务的开支已占到国家财政总支出的一半左右,即3亿里弗尔。值得注意的是,陷入泥潭的财政危机发生于法国经济蓬勃发展之时,当时在工矿业的先进部门中已使用机器生产,近代资本主义性质的生产已经萌芽,对外贸易的规模仅次于英国,交易所中活跃着股票和债券的投机买卖。造成这种矛盾现象的主要原因就是腐败无能的法国封建专制体制。当国家财政到了濒临崩溃的时候,政府不得已只好准备向贵族和教士等特权等级开征新税,但遭到他们的拒绝。走投无路的路易十六只能指望召开三级会议来解决财政危机了。

三级会议是法国中世纪遗留下来的等级代议机关,自1614年最后一次召开以来已中断了175年。三个等级是指教士、贵族和平民。第一等级的天主教士约有12万—13万人,约占全国总人口的0.5%,他们享有免税特权,除收入低微的下级教士外,大部分是专制王权的支持者。第二等级的封建贵族约有14万人,他们和国王共同构成了国家的世俗统治阶层,也是革命的对象。第三等级的平民包括教士和贵族之外的所有人,占法国总人口的98%,主要由资产阶级、城市平民和农民组成,彼此的经济地位虽然相差悬殊,但他们都处于被统治地位,是国家税收的主要来源,都反对封建专制制度。其中的城市平民、农民后来构成了革命的主力军,资产阶级成了革命的领导力量。资产阶级和广大下层人民结成革命同盟,共同推动法国资产阶级革命向前发展,是法国大革命的特征之一。

1789年2—5月间,举行了三级会议代表的选举。根据政府公布的选举规定,选举产生的代表共1139名,其中第一、二等级的代表分别为291名和270名,由直接选举产生;第三等级实行复选制,并受财产资格和居住年限的限制,结果选出了578名代表,包括受第一、二等级排挤而被选入该等级的教士西哀耶士和贵族米拉波。第三等级的代表在思想上深受启蒙思想家的影响。

在启蒙运动中,孟德斯鸠、伏尔泰、卢梭和以狄德罗为首的"百科全书派"反对宗教迷信和封建专制,宣扬个性解放和要求广泛的自由。他们的思想对于发动群众,把人们从封建思想中解放出来,进行反封建的革命运动起了巨大的鼓动作用,为大革命作了舆论和思想上的准备。法国思想家、历史学家托克维尔在《旧制度与大革命》一书中曾高度称赞启蒙运动,认为:"包含关于社会和民事、政治法律准则的所有新的或革新的观点,例如人类生来平等,因此应废除种姓、阶级、职业的一切特权,人民享有主权,社会权力至高无上,统一规章制度……所有这些信条不仅是法国革命的原因,而且简直可以说就是大革命的内容。"[①]

二、革命爆发和君主立宪派的统治

革命的导火线 1789年5月5日,三级会议在凡尔赛宫正式开幕。会议召开不久,第三等级就和第一、第二等级在如何计票问题上展开了激烈的斗争。根据过去惯例,每个等级一票,这意味着第一、第二等级可以联合起来对付第三等级。此时,力量已经壮大了的第三等

[①] [法]托克维尔:《旧制度与大革命》,冯棠译,北京:商务印书馆,1992年版,第46页。

级无法忍受这种不合理的安排。他们提出每个代表一票,试图依靠人数上的优势,掌握投票的主动权。但前面两个等级不同意。双方经过几个星期的争论后,6月17日,第三等级毅然宣布自己是国民议会,要单独开会。第一等级中的许多僧侣代表也站到了他们的一边。20日早晨,当他们来到原会议厅时,发现大门已被国王派来的军队封锁了。代表们不甘屈服,继而来到一个被用作网球场的大厅,他们在这里立誓要起草一部宪法,否则决不解散。7月9日,国民议会改名为制宪会议。一场反对国王专制统治和封建旧秩序的革命就这样开始了。三级会议的召开成了法国革命的导火线。

网球场宣誓

法国革命的进程异常曲折。从1789年三级会议的召开,到1815年拿破仑政权的彻底垮台,法国大革命可分为五个发展阶段:君主立宪派统治、吉伦特派统治、雅各宾派统治、督政府统治和拿破仑统治。各个阶段的时间虽然长短不一,但都发生了一些具有重大影响的历史事件。

攻占巴士底狱 面对迅速发展的革命形势,路易十六暗中调集军队,准备用武力进行弹压。7月11日,国王解除了主张改革的银行家内克尔(1732—1804)的财政主管职务,并撤换各部大臣。人们把此事看成是国王即将实行大规模镇压的信号。

13日晨,巴黎市政厅和各个教堂的警钟被敲响,激动的人群涌向大街和广场,在"我们要武器!"的口号声中,又冲向武器库和军械厂,夺取了大量的枪支弹药。当天,设在市政厅的常设委员会决定组织国民自卫军,号召公民加入。14日,巴黎人民已控制了市内各主要地区,并从当天上午9时起层层包围了象征封建专制统治的巴士底狱。经过4个多小时的围

攻占巴士底狱

攻,以死伤近 200 人的代价,[①]终于将其攻克。随后,愤怒的群众就动手平毁了这座已存在了 4 个世纪的黑暗堡垒。第二天早晨,当深居在凡尔赛宫的路易十六得知了在巴黎所发生的一切以后,他问近臣:"是一场叛乱吗?"得到的回答是:"不,陛下,是一场革命。"[②]

攻占巴士底狱,标志着法国革命取得了第一个回合的胜利。路易十六被迫命令军队撤离巴黎,他本人也于 7 月 17 日来到巴黎市政厅,从新市长巴伊手中接过红蓝白三色帽徽(其中红蓝两色代表巴黎市,白色代表波旁王室),象征着他已承认制宪会议和新政权的合法性。

君主立宪派的统治 巴黎起义胜利后,制宪会议成为法国最高权力机关。在会议代表中,主张君主立宪的大资产阶级和自由主义贵族占优势,操纵着国家政权,直到 1792 年 8 月起义时止,所以这段时期被称为"君主立宪派统治时期"。

首先提上制宪会议日程的是农民问题。巴黎人民的起义迅速波及全国,尤其是在广大乡村,农民反对的不仅仅是封建制度,还将革命的矛头直接对准了长期欺压他们的地主、投机商、高利贷者和包税人,使城乡贵族和大资产者感到惶恐不安。为了遏制农民运动,制宪会议决定对农民采取让步政策。8 月 5 日至 11 日,制宪会议通过了一系列废除封建特权的法令(史称"八月法令"):废除农民的人身依附和徭役、什一税、贵族的狩猎特权;取消第一、第二等级的免税特权;地租和贡赋将按规定价格予以赎偿。1790 年 3 月 15 日,制宪会议又通过法令,废除长子继承权等财产继承方面的封建制度。同年 6 月又规定:废除世袭继承的贵族阶层,取消一切爵位,公民都使用家族姓氏。封建特权的废除,为大资产阶级和自由派贵族的联合统治奠定了基础。

8 月 26 日,制宪会议在国民自卫军总司令拉法耶特(1757—1834)的建议下,通过了《人

---

① 其中围攻方面死伤 100 多人,防守的王军有 6 人被杀。参见:[法]乔治·勒费弗尔:《法国革命史》,顾良、孟湄、张慧君译,北京:商务印书馆,1989 年版,第 109 页。
② 沈炼之主编:《法国通史简编》,北京:人民出版社,1990 年版,第 160 页。

人权宣言

权和公民权宣言》(简称《人权宣言》)。它深受启蒙学说的影响,在一定程度上也以美国的《独立宣言》为蓝本,主张:"在权利方面,人们生来是而且始终是自由平等的",人民享有言论、信仰、著作和出版的自由;私有财产是"神圣不可侵犯的权利";"在法律面前,所有的公民都是平等的"。《宣言》同时还提出了"主权在民"的原则,并主张"三权分立"。在当时的历史条件下,《人权宣言》具有很大的进步性,是反对封建专制制度的一面旗帜,宣告了资产阶级政治制度的诞生,得到了人民的拥护。

制宪会议的反封建措施是国王和保守派贵族所不能容忍的。同时,欧洲其他国家的封建君主也以仇视的目光注视着法国革命的进程,伺机干涉。经过多次策划,1791年6月20日路易十六一家化装出逃,但在离边境不远的瓦伦镇被发现,随即被愤怒的群众押解回巴黎。瓦伦镇事件使许多原来拥护国王的人改变了看法,转而支持共和。

1791年9月,制宪会议通过了法国历史上第一部成文宪法——《法兰西宪法》,又称"1791年宪法",根据孟德斯鸠的三权分立思想,重新设计了法国的政权架构:国家行政权属于世袭的国王,他有权任命各部大臣、驻外使节和高级将领,对议会通过的法案有搁延否决权,但无权管理地方政府、动用国库款项和对外宣战、媾和;立法权属于一院制的立法议会,它是国家最高权力机关,有权提出法案并通过法律,国王不能随意将其解散;议会任期两年,议员由年满25岁、有固定住所、缴纳一定数额的直接税、被编入国民自卫军的男子("积极公民")选举产生;司法权属于选举产生的法官,实施陪审裁判制。这部宪法虽然存在历史局限性,但它确立了法国君主立宪政体,限制了王权,确认了大资产阶级所建立的政权。

宪法公布后,制宪会议完成了历史使命,让位于立法议会。出于阶级利益和个人政见的不同,立法议会内部分成立宪派、吉伦特派、雅各宾派等政治派别。

"祖国在危急中" 法国革命事态的发展令奥地利、普鲁士和俄国等封建君主产生恐惧,他们支持法国的逃亡贵族,扬言将以武力支持法国专制政体。1792年4月,路易十六提议"先发制人",向奥地利宣战,试图借助战争消灭革命的军队,达到复辟专制王权的目的。立法议会内的立宪派和吉伦特派不顾雅各宾派的反对,投票支持了国王的动议,一场持续了近1/4世纪的对外战争由此拉开了序幕。

4月28日法军向奥地利发动了攻势。尽管法军在人数和装备上胜过对方,但由于指挥无方和王室的里通外国,法军节节败退。7月6日普鲁士加入对法战争。普奥联军很快攻入法国境内。7月11日,立法议会在雅各宾派的强烈推动下,宣布:"祖国在危急中!"号召公民拿起武器,保卫祖国。国难当头,各地人民纷纷响应,组织义勇军开赴巴黎。其中,来自马赛的义勇军高唱《莱茵军歌》,步行27天来到巴黎。他们所唱的歌曲从此广为流传,后改称《马赛曲》,于1879年被定为法国国歌。

8月10日,巴黎人民为拯救新生的革命政权,再次起义,废除并逮捕了国王,迫使立宪派内阁垮台,将代表工商资产阶级利益的吉伦特派推上了统治舞台。

三、吉伦特派统治和共和国的建立

"吉伦特派"得名于该派主要领导人来自法国的吉伦特郡。新成立的吉伦特派政权重新组织力量,阻击普奥联军对巴黎的步步紧逼。9月20日,法军在离凡尔登不远的瓦尔密高地打退了普鲁士军队的进攻,取得了抗击入侵敌军的首次胜利,扭转了开战以来法军的被动局面。不久,法军即转入反攻,将敌军全部逐出法国。

在瓦尔密战役胜利的第二天,取代立法议会的国民公会开始行使职权,当天通过了废除王政的议案。9月22日,国民公会正式采用"共和国"的名称,法兰西第一共和国宣告诞生。11月,从杜伊勒里宫的一个秘密壁橱中发现了大量国王与国外敌对势力相勾结的文件,审判国王在所难免。1793年1月14日,国民公会对国王的命运进行了投票表决,结果超过半数的表决者认为国王有罪,主张无条件地判处其死刑。21日上午10时,在军鼓和"国民万岁"的欢呼声中,路易十六在革命广场(今协和广场)被送上断头台。处决路易十六的影响十分深远。它有效地维护了新生的共和政权,但也加剧了旧制度拥护者对革命政权的反抗,还使革命的法国与欧洲各封建国家的矛盾和冲突进入一个更加激烈的阶段。

路易十六被送上断头台

1793年春天起,法国内外形势再次恶化。2月初,以英国为首的第一次反法联盟组成,反法联盟军在击败法国军队后开始侵入法国,而担任法国北路军司令的迪穆里埃(1739—1823)在前线战败后,竟率部向奥地利军队投降。3月间,保王党分子在旺代发动叛乱,并得到英国的金钱援助。大敌当前,国民公会内部吉伦特派与雅各宾派的斗争日趋激烈,以罗伯斯比尔(1758—1794)为首的雅各宾派主张采取更为严厉的措施,以对付国内外的敌对势力。他们的主张得到了巴黎人民的支持。

6月2日早晨,巴黎群众再次敲响警钟,他们用大炮对准了国民公会,推翻了吉伦特派的统治,迎来了法国革命的最高阶段——雅各宾派专政时期。

四、雅各宾派专政时期的法兰西共和国

雅各宾派是对1789年10月初成立的雅各宾俱乐部成员的称呼,最初包括君主立宪派和吉伦特派的主要成员,后经多次分裂,到1792年10月时,只剩下了以罗伯斯比尔为代表的资产阶级民主派,因他们在国民公会开会时坐在会场较高的长凳上,所以又称为"山岳派"。该派反映了中小资产阶级的利益,要求实行民主和把反封建斗争进行到底,受到了广大群众的支持。

雅各宾派上台执政之初,欧洲反法联军正从四面八方进犯法国,一些重要港口,如土伦港已被英军占领;在国内,保王党分子和吉伦特派分子勾结在一起,联手发动叛乱。在全国83个省中,只有23个省继续效忠于国民公会。1793年7月13日,被称为"人民之友"的马拉(1743—1793)被一名女保王党分子夏洛特·科黛(1768—1793)刺杀身亡。数日后,里昂的雅各宾派领导人沙利埃也惨遭杀害。国家的经济形势也非常严峻,一些不法商贩囤积居奇,投机活动猖獗,致使物价不断上涨,货币贬值了30%以上。面对如此严峻的形势,雅各宾派采取了一系列果断的措施,将法国大革命推向了高峰。

1793年6月至7月间,雅各宾派先后颁布了三个土地法令,将没收的逃亡贵族的土地划成小块出售,分10年付清地价。同年6月24日通过了一部新宪法,史称"1793年宪法"。它规定:法国是统一而不可分割的民主共和国;立法会议是国家最高的立法机构,由年满21岁的男子普选直接产生;执行会议是最高行政机构,由24人组成;公民有信仰、出版、请愿、结社等自由,当政府侵犯了自由权时,人民有权起义推翻政府。宪法还规定了私有财产神圣不可侵犯。宪法贯穿了卢梭的思想,是在当时的历史条件下最民主的宪法。但是,由于国内外形势的险恶,这部宪法还没有来得及实施,民主便让位给了"革命恐怖"。

为了有效打击各种叛乱活动,1793年7月至9月逐步确立了专政体制。首先改组了1793年4月成立的公安委员会,由罗伯斯比尔直接领导,它在国民会议的名义下有权支配一切,成为国家事实上的临时政府。在公安委员会之下设立了社会治安委员会,负责领导警察部门。地方革命组织是公社,负责执行政府的各项指令,监视可疑分子,警戒交通要道等,成为雅各宾派专政的重要支柱。此外,还建立了一支由7000多名步兵和炮兵组成的"革命军",专门镇压与革命为敌者和投机商。

9月17日,国民会议颁布了《惩治嫌疑犯条例》,将王党分子、反革命分子以及"并无其他过错而只是未能履行选举职责的人",都列入嫌疑犯之列,由革命委员会负责将他们逮捕。这就将镇压的范围严重扩大化。在被送上断头台的嫌疑犯中,既有王后玛丽·安东瓦尼特(1755—1793)及煊赫一时的罗兰夫人(1754—1793),也有一些是无辜者。

在经济方面,严厉打击投机商,实行全面限价法,规定了粮食、日用品和原料等39种商品的最高价格,对于违反者,将处以罚款并登记于嫌疑犯名册。

为了最大限度地组织人力抗击外国干涉军,8月23日,国民公会通过了《全国总动员令》,规定:"从现在起到一切敌人被赶出共和国领土时为止,全法国人民始终处于征发状态,以便为军事服务。"结果,在很短的时间内就征集了42万人参军。在军队内部也进行了改革,

提升了一批出身贫寒但有才能的士兵为指挥官,提高了部队的战斗力。

雅各宾派政权对科教文化事业也非常关注,成立了国家科学艺术学院,组建自然历史博物馆,对平民百姓开放图书馆,推行新的度量衡——米突制等。

雅各宾派采取的这些措施收到了很大的效果。到1793年底,国内的叛乱相继被平定,国民会议的权力得到恢复,入侵到法国境内的外国干涉军,或逃离,或被歼灭,法军转而攻入荷兰和比利时,将战场转移到了别国的领土上。

但是,在战场上取得胜利的同时,雅各宾派的统治危机却在加重。在其内部形成了以埃贝尔(1757—1794)为首的左派、以丹东(1759—1794)为首的右派和以罗伯斯比尔为首的中间派,三派斗争的中心问题是要不要继续实行严厉的限价政策和专政措施。埃贝尔等人主张实行极端的镇压措施,对囤积居奇者一律处以死刑,提倡无神论,消灭基督教,对外担负起解放欧洲的任务。与其相反,丹东等人则主张"爱惜人类的鲜血",释放一切嫌疑犯,取消最高限价,反对继续对外战争,与英国妥协。而以罗伯斯比尔为首的中间派既不赞成极端的专政措施,也不主张取消限价,反对与英国妥协,认为英国是法国的主要敌人。当左右两派的斗争愈演愈烈并企图发动政变的情况下,罗伯斯比尔采取了镇压的措施。1794年3月13日至14日夜间,首先逮捕了包括埃贝尔在内的左派主要人物,并于24日将他们送上了断头台。3月30日夜又逮捕了右派的主要代表丹东、德穆兰(1760—1794)等人,在4月5日处以极刑。

镇压了左右两派,雅各宾专政的基础受到严重削弱,资产阶级和下层群众开始对罗伯斯比尔政权产生怨恨。为了摆脱困境,罗伯斯比尔一方面寄托于精神上的手段,于5月7日提出了崇拜"最高主宰"的议案;另一方面于6月10日通过了令人生畏的"牧月法令",使死刑的人数激增,雅各宾专政成为行使恐怖的机器。正如恩格斯所指出的,在反丹东派和埃贝尔派的斗争中,罗伯斯比尔派获得了胜利,"但从那时起,对他来说,恐怖成了保护自己的一种手段,从而变成了一种荒谬的东西"。

罗伯斯比尔

1794年7月27日(热月9日),反罗伯斯比尔的各派势力联合发动了政变(史称"热月政变"),在国民会议大厅逮捕了罗伯斯比尔、库东和圣茹斯特。第二天,罗伯斯比尔等22人未经审讯就被送上了断头台。① "革命吞噬了自己的儿子",雅各宾政权也就此终结。

五、热月党人和督政府的统治

热月政变后,那些在国民会议中联合起来推翻罗伯斯比尔政权的议员被称为"热月党人",他们控制了法国的政局,其中较为活跃的有巴拉斯、塔利安、西哀耶斯等人。为了巩固

---

① [法]路易·马德林:《法国大革命史》,伍光建译,长春:时代文艺出版社,2014年版,第389页。

统治,他们采取了许多措施。首先,对各类反对派或政敌实行宽容和赦免,释放了被关在狱中的嫌疑犯;其次,改革了雅各宾派时期建立或强化的专政机器,取消了革命法庭,削弱了救国委员会和治安委员会的职权;第三,打击雅各宾派的残余力量,封闭了雅各宾俱乐部,解散了巴黎公社,并纵容由富家子弟组成的"金色少年"帮四处迫害雅各宾派分子。1795年4—7月,热月党人又先后镇压了巴黎人民发动的"芽月起义"和"牧月起义",以及在基贝隆半岛登陆的王党叛乱,并瓦解了反法联盟。

在政权得到一定程度的稳固后,1795年8月22日,国民会议通过了新宪法,即"共和三年宪法",又称"1795年宪法"。它以维护大资产阶级的统治秩序为目的,既反对下层民众的反抗,又防止政府的专制和王党的复辟。新宪法取消了直接普选制和一院制,提高了选举权和被选举权的财产资格和年龄限制,规定立法权属于两院制立法团,行政权属于由5人组成的督政府。同年10月25日,两院选举产生了5人督政府,同时宣告了国民会议的终结,开始了督政府的统治时代(1795—1799)。

在督政府统治时期,重建了从中央到地方的行政体系,中央以督政府为中心,5名督政官分工主管不同事务,辅之以陆军、海军、司法、内政、财政、外交和警务7个部。在地方,恢复了1791年宪法规定的地方分权制,确立了郡、区、会社三级建制。为了克服财政困难和经济混乱局面,从1796年起,督政府先后进行了币制改革和财政改革,统一了税收制度,鼓励发展经济,使法国的社会经济生活开始从混乱向有序转变。

督政府对外继续进行战争,以彻底击败反法联盟并扩大战果为目标。当时法国在欧洲大陆上的劲敌主要是奥地利。1796年初,督政府制定了分三路进军维也纳的战略计划:儒尔当(1762—1833)率军沿美因河推进,莫罗(1763—1813)率军沿多瑙河推进,拿破仑(1769—1821)率军进入北意大利沿波河推进。三路军队只有拿破仑的一支进展顺利。4月初,拿破仑率军3万余人进入意大利,打败并迫使撒丁国王签订《巴黎和约》,控制了整个北意大利,随即挺兵奥地利,迫使奥皇求和。1797年10月17日,法奥签订了和约,奥地利承认法国在意大利北部的利益,承认莱茵河为法国的边界。1793年成立的第一次反法联盟宣告终结。为了打击英国,与其争夺海外霸权,1798年5月,督政府又派拿破仑率领3万多名法军远征埃及。7月初,法军在埃及登陆,击败了当地的马木路克军队,占领了埃及。但是,停泊在阿布基尔港的法国舰队在8月1日几乎全部被英军歼灭。

督政府在国内治理和对外战争方面虽然取得了一些成果,但其统治并不稳固,一直受到国内和国际的双重压力。1796年5月,以巴贝夫(1760—1797)为首的平等派试图发动推翻督政府的起义,遭镇压。此后,以保王党为代表的右翼势力和以激进的共和派、民主派为代表的左翼势力相继活跃起来,督政府同样采取镇压手段,先后于1797年9月和1798年5月发动了"果月政变"和"花月政变",打击了右翼和左翼势力。但是,督政府的这种"秋千政策"却使自己的统治基础受到严重削弱。在国际上,以英国为首的第二次反法联盟于1798年12月成立,英、俄、奥等国的军队联手打败了在意大利、瑞士和荷兰的法军,灭亡了刚刚建立起来的法国各附庸国,战争再一次逼近法国本土。此时,身为5名督政之一的西哀耶斯(1748—

1836)声称法国需要一把"宝剑",即寻找一名得力的将军来稳定政局。这把"宝剑"虽然很快就找到了,不料,它革的首先是督政府自己的命。

雾月政变 当法国政局不稳的消息传到埃及后,拿破仑匆匆把军队交给副手,自己于1799年10月9日乘坐一艘三桅帆船离开埃及,躲过了英国海军的封锁,并于10月16日赶回巴黎。这位"常胜将军"受到了群众的热烈欢迎,同样也得到了西哀耶斯和显贵名流们的赏识。11月9日(雾月18日),拿破仑被任命为巴黎卫戍司令。他随即用武力控制了巴黎,宣布逮捕督政官戈伊埃和穆兰,并迫使另一名督政官巴拉斯辞职。第二天,拿破仑的军队驱散了立法议会,当晚强迫剩下的几十名议员通过决议,废除督政府,成立由前督政官西哀耶斯、罗歇-迪科(1747—1816)和拿破仑三人组成的临时执政委员会,实际上是拿破仑一人独揽大权。这次政变史称"雾月政变",由此开始了执政府及拿破仑的统治时期。

六、拿破仑时代

从第一执政到法兰西皇帝 拿破仑·波拿巴生于科西嘉岛,1779年起,先后进入法国本土的布里埃纳预备军校和巴黎军校学习,16岁时被任命为炮兵上尉。大革命开始后,拿破仑同情雅各宾派,在1793年底的土伦战役中指挥炮兵有方,表现出优秀的指挥才能,不久晋升为准将,任意大利军团的炮兵指挥。在热月党和督政府时期,他多次平定王党叛乱和打败反法联盟军的入侵,在法国人民心目中赢得很高的声誉。雾月政变后,拿破仑登上法国统治舞台,开始了法国历史上的拿破仑时代,前后达16年之久,包括前5年的执政府时期和后11年的法兰西第一帝国时期,对法国及欧洲的历史进程产生了重要的影响。

1800年2月,经公民投票表决,拿破仑提交的"共和八年宪法"获压倒多数票通过。新宪法确立了资产阶级的中央集权制,宣布废除封建等级制度,维护共和制,规定拿破仑担任的第一执政,享有公布法律、任免政府官员、宣战、媾和等绝对权力;法国议会实行四院组成的多院制。这部宪法既坚持了大革命的原则,又使拿破仑的绝对权力合法化,为高度集权的资产阶级君主制提供了条件。两年后,拿破仑下令对该宪法进行修改,规定拿破仑为终身执政,并有权任命继任人。修改后的宪法史称"共和十年宪法"。

拿破仑对任终身执政还不满足,还想使自己的最高统治职位变为世袭。1804年5月,他授意元老院通过决议,宣布他为法兰西的皇帝。同年11月,提倡世袭制的"共和十二年宪法"再次获公民投票通过,定法国为帝国。12月2日,拿破仑在巴黎圣母院举行加冕典礼,称拿破仑一世。至此,法兰西第一共和国被法兰西第一帝国所取代。

拿破仑的治国方略 拿破仑执政时年仅33岁,既缺乏治国经验,面临的又是一个千疮百孔的烂摊子。为了不使支持他的法国人民失望,同时也为了巩固自己的统治,拿破仑上台后在内政方面采取了许多革新措施:

努力改革松散的行政机构,建立一个高效能的、集权的统治机器。拿破仑亲自挑选29名专家、名人组建了具有最高行政裁决权的参政院,分成海军、陆军、财政、立法、内务5个小组,与他共商国事。他还在中央设立12个部,分别由有真才实学的人担任各部部长。在地方行

拿破仑

政制度改革中,取消了大革命中建立的由选举产生的地方自治,把全国划为 88 个郡,由拿破仑直接任命郡守,使政策法令从上到下保持畅通。

建立严密的警察制度。把警察从地方行政机构中分离出来,置于中央机构的直接控制之下。在巴黎,设立了直接对拿破仑负责的秘密警察机关——巴黎警察总署。与警察并存的还有组织严密的宪兵队。

重视军队建设。拿破仑常说:"谁有强大的军队,谁就正确。"除了建立一支欧洲最强大的常规军外,拿破仑还创立了绝对忠诚于他的近卫军。1802 年又创立了"荣誉军团",由终身爵位的人组成,分成 15 个大队,5 个等级。

平息叛乱,稳定局势。对王党复辟势力,实行镇压和安抚相结合的方针,坚决反对封建王朝复辟。同时,禁止工人结社罢工,加强对新闻出版的控制。

拿破仑还注意把宗教变为自己统治的精神支柱。他本人虽然不信任何宗教,却经常参加各种宗教活动。1801年7月,拿破仑与罗马教皇在巴黎签订《教务专约》,承认天主教是法国大多数人的宗教,废除限制天主教仪式的革命法令,但天主教须承认大革命的原则和服从国家,已没收的教产不再要求收回,法国的大主教、主教均由拿破仑任命而由教皇批准。对基督教新教,他颁布了新教组织条例,承认新教与天主教拥有同样的地位,享有同等的权利。接着,他又通过了关于对待犹太教的法律,宣布犹太教与天主教、新教处于完全平等的地位。拿破仑开明的宗教政策,有利于缓和国内的宗教纠纷,特别是与天主教之间的敌对状态。

在经济方面,拿破仑采取了一系列有利于资本主义发展的经济措施:整顿国家财政,将收税权从地方集中到中央,厉行财政紧缩政策,健全会计制度,严厉打击贪污和盗窃国家财富的行为;实行刺激工商业发展的政策,包括采取国家定货、用巨额津贴补助、鼓励竞争和使用机器生产,实行发明专利、举办博览会和保护关税等措施,1800年成立了国家银行——法兰西银行,1801年成立了"奖励民族工业协会";注意基础设施的建设,下令开凿运河,修筑巴黎大码头,开拓18条河道,修建从巴黎到马赛、波尔多、里尔等公路;执行维护小农土地所有制的农业政策,组织农民兴修水利,实行作物轮作制,培植推广农业新品种,倡导种植甜菜。

继续革命时期开始的教育和法律改革。拿破仑曾称:"在我们的一切制度中,公共教育是最重要的。现在和未来,一切都得依靠它。"从1800年开始,对教育体制进行了全面的改革,把教育严格地区分为初、中、高三个等级。1806年创立了帝国教育团(或称"法兰西大学院"),负责监督整个教育制度和教师资格的认定,把军事学校和技术学校置于国家管理之下,命令每一个重要市镇都要建立公立学校,在巴黎建立一所培养教师的师范学校。

在一批法学家的帮助下,拿破仑相继颁布了《法国民法典》(1804年)、《民事诉讼法典》(1806年)、《商业法典》(1807年)、《刑事诉讼法典》(1808年)和《刑法典》(1810年)。这些法典是大革命的胜利成果和法国启蒙思想结合的产物,从法律上维护和巩固了资本主义所有制和资产阶级的社会经济秩序。其中《法国民法典》影响最大,是近代资产阶级革命以来制定的第一部民法典,对欧美各国民法典的制定都产生了重要的影响。拿破仑在其生命的最后岁月里还回忆道:"我真正的光荣并非打了40次胜仗;滑铁卢之战抹去了关于这一切的记忆。但是有一样东西是不会被人忘却的,它将永垂不朽,那就是我的民法典。"[1]这部《民法典》习惯称《拿破仑法典》,包括总则、三编(35章),共2281条[2]。它确认了资产阶级财产所有制的原则和自由、平等的原则,肯定了新的土地关系,维护并保障了自由买卖、等价交换和新的雇佣关系,对婚姻、家庭和财产继承等也作了具体规定,并使非婚生子女受到法律承认。

上述各种措施的实施,使法国在相当长的时间内出现了安定、繁荣的局面,经济有了较快的发展。粮食收获总量在1790—1812年间增加了10%,有些农产品甚至成倍增长。只是到帝国后期,因连年征战,法国经济才呈下滑趋势。

对外战争 从1793年12月土伦战役的获胜发迹,到1815年6月滑铁卢战役的失败而

---

[1] 转引自李元明:《拿破仑评传》,北京:中国社会科学出版社,1984年版,第313页。
[2] 《拿破仑法典》,李浩培等译,北京:商务印书馆,2006年版。

被流放，在这22年的戎马生涯中，拿破仑共指挥过大小战役约60场，创造了许多军事奇迹，成为近代杰出的军事家。

拿破仑对外战争的总体目标是打败欧洲反法力量，建立一批附庸国，把英国势力赶出欧洲大陆，确立法国在欧洲的霸主地位。综观其战争的发展，在1807年签订《提尔西特和约》前，主要是与反法联盟之间的战争，打击干涉军，维护革命成果和法兰西的独立。此后，对外战争的主流逐渐转化为扩张和争霸。

拿破仑上台之时，法国尚处在第二次反法联盟军的包围中。在向英、奥、俄提议媾和遭拒绝后，1800年5月，拿破仑亲率3.6万人马，出其不意地穿过大圣伯纳德山口，从意大利北部向对法国威胁最大的奥地利军队发动了进攻。6月中旬取得马伦哥战役的胜利，迫使奥军求和。翌年2月，双方在吕纳维尔签订了和约。马伦哥战役是拿破仑执政后指挥的第一个重要战役。借胜利余威，拿破仑发动了和谈的攻势，1801年10月与沙俄签订了《巴黎和约》，1802年3月与英国签订了《亚眠和约》，使第二次反法联盟解体。

1805年4月，英、俄、奥、瑞典、那不勒斯等国组成第三次反法联盟，与法国再次处于交战状态。10月21日，法、西混合舰队在地中海的特拉法加海角与英国海军发生遭遇战，受重创。此后，拿破仑被迫放弃从海上进攻英国的计划，把作战重点转向欧洲大陆。12月2日，在维也纳以北120公里的奥斯特里茨（今捷克境内，称斯拉夫科夫），拿破仑率领的7.3万法军与沙皇亚历山大一世（1777—1825）、奥皇弗兰茨二世（1768—1835）统率的8.7万俄奥联军展开了一场大血战。结果，法军以少胜多，以损失9000人的代价，歼灭联军3万余人，在拿破仑军事史上书写了光辉的一页。为纪念该战役的胜利，1806年8月开始在巴黎市中心建造凯旋门（1836年7月建成）。因在军事上遭惨败，奥地利于1805年底被迫与法国签订《普勒斯堡和约》，承认意大利转归法国，并割让奥地利1/6人口的土地给法国，赔款4000万法郎。第三次反法联盟瓦解。此后，"神圣罗马帝国"的称号被取消，莱茵河沿岸的21个小邦组成"莱茵联邦"。

1806年9月，英、俄、普组成第四次反法联盟。10月14日法军在耶拿和奥尔施塔特给普鲁士军队以毁灭性打击。27日，拿破仑率军进入普鲁士首都柏林。随后，法军继续东进，占领了华沙，在弗里德兰击败了俄军。1807年7月7日，法、俄、普在提尔西特签订和约，俄国退出反法联盟，并和英国断交；普鲁士割让一半领土给法国，并赔款1亿法郎，军队减至4万人。《提尔西特和约》签订后，普鲁士失去欧洲强国地位，拿破仑的权力扩展到整个西欧和中欧，第四次反法联盟瓦解。

在欧洲大陆上的军事胜利，助长了拿破仑与英国争霸的野心。1806年11月21日，拿破仑在柏林颁布了《大陆封锁令》，宣布封锁"大不列颠群岛"，禁止欧洲大陆各国与英国的贸易往来。1807年11月和12月，拿破仑又先后两次颁布《米兰法令》，禁止中立国和英国贸易。拿破仑想以此在经济上致英国于死地。实行大陆封锁政策后，虽然一度切断了英国与欧洲大陆的联系，英国的经济也受到一定的打击，但离预期的效果相差甚远。相反，英国运用自身的经济和海军优势，对法国及其盟国实行反封锁，使法国的对外贸易和工业生产受到很大影响。为了强化大陆封锁，1807 和 1808 年法国先后出兵侵占了葡萄牙和西班牙，结果引起葡、西两国人民的强烈反抗，使几十万法军无法脱身，削弱了拿破仑的军事实力。

1809 年 1 月，英、奥又组织了第五次反法联盟。5 月法军攻占奥地利首都维也纳。7 月在瓦格拉姆彻底击败奥军，迫使奥地利再一次签订割地、赔款的和约，粉碎了第五次反法联盟。

至此，拿破仑帝国达到强盛的顶点，欧洲的大部分地区处于法国的直接或间接控制之下。帝国强盛的基础是当时法国先进的资本主义制度和广大人民的支持，以及拥有一支纪律严明、训练有素的军队和拿破仑的杰出领导。在占领地，拿破仑除了进行各种掠夺和残酷镇压反抗运动外，还不同程度地摧毁封建制度，实行资产阶级性质的改革，为中、西欧及南欧的资本主义发展创造了良好的条件。

帝国的危机与崩溃　拿破仑帝国尽管强盛一时，但它是建立在强权政治和武力征服基础上的，其根基并不牢固，内部矛盾重重。一方面，被占领地区的民族解放运动日益高涨，另一方面，法国本身也因连年战争而不堪重负，人民的不满情绪日益增加。从拿破仑本人来讲，他的"革命性"越来越弱，相反加强了与封建势力的妥协。拿破仑称帝后，革命前享有特权的贵族和教士重新进入政府的人数迅速增加，同时又分封了许多新贵族，实行家族制统治。拿破仑的三个兄弟及姐夫、继子，连同刚出生的儿子都被封为各地的国王和副国王。1810 年 3 月，拿破仑第二次结婚，娶奥地利公主玛丽亚·路易莎为妻，正式与封建王朝联姻。拿破仑与封建势力的妥协严重腐蚀了帝国的政治基础，也为封建王朝的复辟铺平了道路。

帝国由盛转衰的转折点是侵俄战争的失败。1812 年 6 月，拿破仑为实现征服全欧、进而称霸世界的野心，亲率 61 万大军远征俄国。8 月，法军攻占通往莫斯科的要地斯摩棱斯克。9 月 14 日，占领莫斯科。但留给拿破仑的是一座空城，特别是当天晚上，莫斯科发生特大火灾，大火烧了整整三天，大部分建筑物和粮草被烧毁，法军遭遇严重的给养困难。撤退到城外的俄军既避免与法军进行决战，也拒绝拿破仑的和谈请求，使占领者成为实际上的受困者。10 月 13 日莫斯科下了第一场大雪，寒冬提前降临。在缺衣少粮的情况下，拿破仑被迫于 19 日下达撤退命令。俄军及哥萨克骑兵、游击队乘机袭击和捕杀败退的法军。到 12 月中旬，法军主力只有 3 万余人渡过涅曼河回国。

侵俄战争的失败使帝国元气大伤，也令各种反法力量再度联合起来。1813 年 3 月，俄、英、普、西、瑞典等国组成了第六次反法联盟。10 月 16 日—19 日，16 万法军和 32 万反法联军在柏林西南的莱比锡发生决战。结果法军大败。此后，拿破仑开始了抗击入侵者的法兰西战役。1814 年 3 月 31 日，联军终于攻进巴黎，前外交大臣塔列朗组成临时政府。4 月 11 日，拿破仑发表了退位诏书，并与普、奥、俄签订了《枫丹白露条约》，规定拿破仑及其家族放弃一切统治权，但保留皇帝的称号和拥有厄尔巴岛的主权。28 日，拿破仑乘英国军舰被流放到地中海上的厄尔巴岛。拿破仑帝国被推翻。

百日王朝　拿破仑退位后，路易十六的弟弟普罗旺斯伯爵在联军刺刀的护卫下登上王位，是为路易十八（1755—1824），波旁王朝复辟。路易十八上台后，在短期内把一万多名军官免职,把跟随他流亡的旧贵族都一一委以重任,为被镇压的王党分子修建纪念碑。① 这些倒行逆施激起了法国人民的不满和对拿破仑的怀旧之情。

1815年2月26日,拿破仑抓住法国人民对复辟王朝不满的大好时机,带领1000余人逃离厄尔巴岛,于3月1日在儒昂港登陆,20日进入巴黎。在不开一枪、不伤一人的情况下,拿破仑赶走了路易十八,在以后的近100天里重新成为法兰西皇帝,史称"百日王朝"。

拿破仑复位后,立即采取各种措施,稳定自己的统治。他致函欧洲各国君主,表示无条件地尊重各国的独立,希望用和平代替对抗;在国内,修改宪法,恢复普选权,实行广泛的政治和社会改革,并迅速重建军队。然而,正在维也纳召开分赃会议的各国君主无法容忍拿破仑的东山再起,他们匆忙拼凑了第七次反法联盟,组织了上百万军队围攻法国。1815年6月18日,拿破仑在比利时的滑铁卢指挥法军与英、普联军展开决战。经过激烈战斗,法军失败。滑铁卢之战最终结束了拿破仑传奇般的军事和政治生涯。

6月22日,拿破仑再次退位,不久被流放到远离法国的大西洋上的圣赫勒拿岛,法兰西第一帝国彻底覆灭。取而代之的是波旁王朝第二次复辟。1821年5月5日,拿破仑逝世,终年52岁。

经过法国大革命的洗礼,法国及欧洲各国的封建专制制度受到沉重的打击,资产阶级的自由、民主和平等思想得到广泛的传播,影响了19世纪上半叶的欧洲资产阶级革命运动和拉丁美洲民族解放运动,有力地推动了资本主义在欧洲的发展。正如马克思所说,这场大革命与英国资产阶级革命一样,"是欧洲范围的革命……宣告了欧洲新社会的政治制度","在更大得多的程度上反映了当时整个世界的要求"。②

参考书目

1. [荷兰]马尔滕·波拉:《黄金时代的荷兰共和国》,金海译,北京:中国社会科学出版社,2013年版。
2. [法]基佐:《1640年英国革命史》,伍光建译,上海:上海三联书店,2011年版。
3. 钱乘旦主编:《英国通史(第三卷)——铸造国家:16—17世纪英国》,江苏:江苏人民出版社,2016年版。
4. 王养冲、王令愉:《法国大革命史(1789—1794)》,上海:东方出版中心,2007年版。
5. [法]托克维尔:《旧制度与大革命》,冯棠译,北京:商务印书馆,1992年版。
6. 李元明:《拿破仑评传》,北京:中国社会科学出版社,1984年版。
7. 张友伦主编:《美国通史(第2卷)——美国的独立和初步繁荣1775—1860》,北京:人民出版社,2008年版。

---

① [法]乔治·勒费弗尔:《拿破仑时代》(下卷),中山大学《拿破仑时代》翻译组译,北京:商务印书馆,1995年版,第352页。
② 《马克思恩格斯选集》第1卷,北京:人民出版社,1972年版,第321页。

第三章
英国工业革命与工业文明时代的来临

人类历史上文明的转换虽然是一个漫长的过程,但也有明显的标志可寻。18世纪下半叶开始的英国工业革命,就是这样一个显著的标志。它标志着人类历经了一万多年的农业文明时代,逐渐步入一个工业文明的崭新时代。

如果说农业文明是"手工劳动时代",工业文明就是一个"机器时代"——无论是生产劳动领域,还是社会生活领域,机器都得到广泛使用。精准而高效率的机器,给世界带来翻天覆地的变化:各种会工作的机械取代了双手,蒸汽机取代了人力、畜力和风力、水力,钢和铁取代了木头,火车和汽船取代了马车、牛车和帆船。除了物质领域一系列的变化,人类的社会文化以及思想精神领域,都发生了深刻的变化。

在18世纪下半叶到19世纪中叶将近100年的时间里,英国通过工业革命,第一个完成"文明的转换",成为世界上第一个跨入工业文明门槛的资本主义国家。

第一节 英国工业革命的孕育

"工业革命"是个比喻的说法。从时间上说,它指的是工业化运动的启动和发展过程的一些关键时期或不同阶段。在内容上,工业革命涉及技术、生产、经济、社会等多个方面和层次。第一次工业革命于18世纪中下叶首先在英国启动。实际上,在英国的资本主义生产领域和经济领域,从手工生产向机器生产的过渡,是一个缓慢而杂乱的运动过程。但是,英国的工业化成效巨大,经济迅猛发展,因而带动和影响了其他欧洲国家以及美国的工业化。直到19世纪中叶以后,特别是在19世纪末,人们才逐渐意识到工业革命的意义:技术革新和革命使生产力突飞猛进,财富的迅速增长引起经济的巨大变革,给社会带来日新月异、天翻地覆的变化。正如马克思和恩格斯在《共产党宣言》中所言:"资产阶级在它的不到一百年的阶级统治中所创造的生产力,比过去一切世代创造的全部生产力还要多,还要大。"①

工业革命意味着一系列主导力量的变化。机械设备取代简单的生产工具,社会化的机器大生产取代家庭和作坊手工劳动。资本家和工人取代贵族和农夫,加工和制造业取代农耕、畜牧和渔猎。工厂、城市和工业社会取代农村、手工工场和农业社会。

和一切影响巨大、意义深远的变革一样,工业革命起初在局部领域呈现缓慢的渐进,最终以无可阻挡的强劲势头,不断推进和扩张。工业革命,或者说是工业化的启动,无疑蕴含着广泛、深远的起因。18世纪以前,在整个西欧社会,普遍发生了商业、科学、文化以及思想领域的变化,这些变化铺垫了历时百年的第一场工业革命。关键的突破首先在英国发生,因为英国在近代几百年的时间里,慢慢积累和汇聚了众多的有利于新的生产方式、新的经济发展模式诞生的因素。

一、17 世纪政治革命的影响

开始于18世纪的英国工业革命,是近代世界经济革命的开端。无独有偶,占据17世纪后半段的英国资产阶级革命,也一直被认为是近代资产阶级政治革命的一个开端。这种联系绝非偶然,经济革命显然受益于政治革命。"1688年是结束长期危机的年份,英国人在这一危机中斗争了六十年。这是一种有益的危机,因为它的结局使得英国有了欧洲任何大国还未具有的东西:自由政治。这个用很大代价换来的自由,经过付出大量努力才得到巩固,因而成为公共繁荣的最好保证。"②同样,在"制度学派"的经济学家看来,17世纪英国的政治革命,为英国以后的经济发展,提供了制度的框架和保障:"我们认为,由光荣革命(Glorious Revolution)所导致的英国政治体系的根本性变迁,是对英国经济发展有着关键性贡献的因素。"③

"光荣革命"后,英国王室专制被废除了。土地贵族和资产阶级的联合统治,取代了封建贵族的单独统治。在君主立宪制度建立初期,英国国王并非虚君,但其权力已经受到极大限制。实际上,国家政权朝着完全落入资产阶级议会手中的方向不断发展。虽说在19世纪中

---

① 《马克思恩格斯选集》第1卷,北京:人民出版社,1972年版,第256页。
② [法]保尔·芒图:《十八世纪产业革命》,杨人楩等译,北京:商务印书馆,1983年版,第71页。
③ [美]道格拉斯·C.诺斯:《制度、制度变迁与经济绩效》,杭行译,韦森译审,上海:格致出版社、上海三联书店、上海人民出版社,2014年版,第164页。

叶以前,在统治阶级——富裕的有产者阶级中,土地所有者阶级的地位至关重要,但工、商、金融业资产阶级作为同盟者,对英国的内政外交发挥着越来越重要的影响。英国资产阶级革命后,土地贵族集团已经严重分裂了,抱守残缺的旧贵族不但在经济上正经历着无可挽回的衰落,他们在政治上的声音也日益微弱;那些保持甚至扩大了经济势力的土地贵族,都是能够适应"市场"的人,他们兴旺发达的诀窍是保持同工、商、金融业的密切联系。这些新兴的资产阶级化贵族,同工、商、金融资产阶级有矛盾,但也有日趋一致的利益。

英国议会 1707 年通过的《任职法案》,以及 1710 年通过的《关于议会议员财产资格的法案》,都对新贵族和大资产阶级把持议会极为有利。如后者规定:议员只能由拥有每年至少收入 600 镑的地产的人,或者纳税后的年收入在 300 镑以上的城市居民担任。在 18 世纪英国议会党争中,代表新贵族和资产阶级利益的辉格党人不仅占尽上风,而且以法律的形式保障其未来在议会中的势力。所有这些,都使英国政治具有某些新的特点。如果说英国资产阶级统治的真正来临是在一个半世纪之后的话,那么"光荣革命"后英国政府实际上立即充当了英国资产阶级的"代言人"。

国家采取各种措施不遗余力地发展农业资本主义,城镇人口的增加、对欧洲大陆争端的介入以及对殖民霸权的争夺,保证了农产品市场的稳定与扩大。辉格党人沃尔波执政时期,实行了降低土地税、提高谷物和其他各种农产品的出售奖金的政策。议会极力鼓励圈地运动,使新的圈地浪潮掀起并席卷整个英国。在 18 世纪,通过议会立法圈占的土地面积达 350 万英亩,其中绝大部分集中在 18 世纪下半叶。"清洗领地"是圈地运动的顶点,封建土地所有制和落后的封建小农经营被彻底摧毁,农业资本主义得到更加迅速的发展,如果没有农业和农村的这些变革,工业革命是不可想象的。

国家执行有利于工商金融资产阶级的政策。政府为了进行对外战争,向富商和银行家们举借国债,并支付高额利息。国债制度有利于资本家们通过大肆投机赚取高额利润,因此是资产阶级积累资本的途径之一,"它像挥动魔杖一样,使不生产的货币具有了生殖力,这样就使它转化为资本"。[①] 政府取消或大大降低英国手工工场急需的原料的进口税,同时禁止可能对英国货构成竞争的外来商品的输入;政府奖励外国商品和殖民地商品的再输出,使得英国的大商人和船主在世界贸易中得利丰厚。政府大力促成英格兰银行的建立具有重大的意义。虽然初衷是为对法战争提供财政后盾,但之后随着英国工业的发展和扩张,它成为欧洲的金融中心。英国的工商业和金融资产阶级不仅由此获得了巨大的经济利益,也大大提高了自己的政治地位。

资产阶级革命后的英国政府,一方面积极维护国内的统一和安定,为资本主义经济发展提供良好的内部环境;另一方面继续执行传统的重商主义政策,不仅加大了海外殖民扩张的力度,而且积极介入欧洲大陆争霸的活动。镇压詹姆斯党人在爱尔兰的叛乱、1707 年的英格兰和苏格兰合并,有利于国内民族统一市场的发展、稳定。殖民地的开拓和对欧洲大陆的控

---

① 《马克思恩格斯全集》第 23 卷,北京:人民出版社,1973 年版,第 823 页。

制,为英国本土经济的持续发展和扩张创造了比较便利的外部环境——国际市场。可以这样说,英国资产阶级在有些时候和有些地方单靠"资本"和金钱的力量所得不到的利益,当借助于国家政权和政治力量时,往往能够轻松地得到。

二、工业革命的社会原因

英国并非资本主义最早萌芽之地。不过,从社会角度观察,近代早期的英国可谓领资本主义社会风气之先。工业革命首发于英国,是各种新的社会力量的长期积累与综合。经济史家注意到,在工业革命之前很久,英国社会已经在多方面不同于欧洲大陆。"至少从 13 世纪开始,英国就已经与我们传统上所以为的那种小农社会(peasant societies)不同了。这些传统特征包括:族长式统治、大家庭、妇女地位低下、连接紧密而又封闭的农民村落、自给自足、以家庭作为劳动单位。所有这些特征到 13 世纪都明显地消失了。"①

在许多欧陆国家,农奴制主导社会的局面,一直持续到 19 世纪。而英国的农奴制 13 世纪就趋向瓦解,农村更加开放、自由,更具流动性和个人主义,农村社会原来的各个阶层都产生了分化。14—16 世纪时,一些自耕农地位上升,他们从乡村村落的生活中退出并开始融入到"郡"的生活。②而作为农业社会领导者的"领主们的财富状况实际上是参差不齐的,即使在同一个郡也是如此。有些人面临困境,其他人则繁荣兴旺"。③那些有能力和有干劲的普通农民,面临更多的上升机遇,他们有的承包耕地养羊,有的租地办农场。最不济的,可以四处流动当雇工。当时的英国农村,几乎就是后来以流动、开放、多元著称的新工业社会的雏形。可以毫不夸张地说,工业革命最早是从农夫的解放开始的。因为农民的流动化、农村的自由化和农业的商业化,是整个国家的经济和社会改变的基础。

工业革命是以制造业和加工业开辟了财富的新泉源。但是工业革命本身的启动,却首先要求社会财富的积累达到一定的水平。而如果人们对私人的财富没有安全感,或者说社会没有对私有财产的保护,是谈不上长时期的财富积累的。早在 13 世纪初,英国国王被迫签署了《大宪章》,限制了封建王权对臣民私人财产的侵犯。在随后的捍卫私人财产的过程中,英国资产阶级付出了长期不懈的努力,英国议会就是在这个过程中产生,并不断发展和壮大的。17 世纪末"光荣革命"以后,议会至高无上的地位确立,私有财产神圣不可侵犯的信条也完全树立起来。这对于英国资本原始积累和工业革命的发生,都具有十分关键的作用。

有了国家和社会对私有财产的保护,人们热烈地追求财富。对所谓"贪婪"的抨击,正好可以证实这一点。对于因为圈地运动而导致的牧场取代耕地,农村遭到破坏,当时英国沃里克郡的一个学者指出:"这种罪恶的根源是贪婪。贪婪的瘟疫使这个时代受到感染而且令人视而不见。"④但是到了 17 世纪末,另一种声音已经逐渐强大。1691 年,达德利·诺斯在他的

---

① [美]道格拉斯·C.诺斯:《制度、制度变迁与经济绩效》,杭行译,韦森译审,上海:格致出版社、上海三联书店、上海人民出版社,2014 年版,第 137 页。
② [英]阿萨·布里格斯:《英国社会史》,陈叔平等译,北京:商务印书馆,2015 年版,第 105 页。
③ 同上书,第 117 页。
④ 同上书,第 117 页。

《贸易演讲集》中已经把"人的追求欲"称为对"勤劳和独创性"的主要刺激了。他写道:"人们若满足于极少量的必需品,我们将只有一个贫穷的世界。"约翰·霍顿则这样呼吁:"我们奢侈阔绰的生活非但无损于国家……反而使它富裕起来。"①

生产的自由和经营的自由,对于经济繁荣来说,是必不可少的先决条件。16—17世纪,英国行会走向没落和衰亡,这对手工业和商业发展十分有利。如同其他国家和地区,英国中世纪行会组织也曾经十分强大。行会制度和行会规则,本质上是用政治原则和道德条律制约经济自由发展。14世纪以降,伴随英国手工业和商业的发展,经济本身的力量日益壮大,不断冲击政治束缚和社会道德制约。经过17世纪的政治革命,妨碍工商业发展的封建行会的垄断生产权和垄断专卖权都被取消了。18世纪的时候虽然仍能够见到一些行会,但行规已经极大地被削弱,成为形式上的残迹。一些新兴的手工业行业如棉纺织业,在自由的环境中成长起来。新的工艺、技术的发明和采用,完全不受监督和管制。"棉纺工业从其出生时起就免除了那种压在其姐姐(指毛纺业——引者注)身上的沉重束缚。没有有关织品的长度、宽度和品质的规定,也没有强迫或禁止使用某种制造方法的规定。除了竞争和个人利害的控制,没有别的控制。因此,使用机器、大胆经营,以及产品的多样化能够很快得到推广。关于劳动力,也是同样的自由:行会及其悠久的传统,学徒制及其严格的规则,这一切在棉纺工业中都是不存在的。"②

三、英国农业改革:社会大变革的先导

工业社会从农业社会脱胎而来。在英国工业革命前,英国农业经济和农村社会已经发生了深刻变化。英国农业改革(也称"农业革命")是一场持久的农业资本主义改造运动,15世纪末16世纪初即已开始,到工业革命前夕,已积变革200余年之久。这一农业资本主义化的进程虽然在工业革命开始时尚未完成,但却使英国农业经济比欧洲任何国家都具有更为深刻的商品化、市场化性质,也使英国农村封闭落后的社会面貌、僵化腐朽的封建关系更大地遭到破坏、瓦解。它先是促进了、紧接着又全面地适应了英国整个社会的大变革。

英国封建农村社会,一如世界其他国家,充满了乡村生活的庸碌宁静,也不乏田园牧歌式的情调。但在悄悄渗入的资本主义因素作用下,它早已开始慢慢瓦解。英国的农业经营很早就和市场发生联系,对市场变化比较敏感。农村经济制度较为剧烈的变动发生在16世纪。地理发现、殖民掠夺、金银等贵金属涌入导致所谓"价格革命",进而引发地产贬值和实际地租收入减少,这对城乡依赖地租生活的贵族阶级来说简直是场灾难。但东西方贸易中心由地中海沿岸转移到大西洋西海岸,也带来新机遇。此时,英国本土毛纺织业兴盛,刺激羊毛价格上涨,养羊业成了当时最赚钱的行当。贵族地主把分散出租的土地收回,集中改并成牧场,这便是声名狼藉的"圈地运动"之始。早期圈地运动的受害者和牺牲品是农民阶级

---

① [英]阿萨·布里格斯:《英国社会史》,陈叔平等译,北京:商务印书馆,2015年版,第205—206页。
② [法]保尔·芒图:《十八世纪产业革命》,杨人楩等译,北京:商务印书馆,1983年版,第207页。

的最低阶层:小农、帮工、靠公地维持生计的穷人们。封建庄园解体,人口流离失所,乡村生活颓废。"上帝的牧羊人"——乡村牧师发现:以前40个人赖以为生的地方,现在只有1个人和他的1名牧人就把它占为己有了。①

如果说早期圈地运动由农产品价格回落引发,并已经在英国造成重大社会、经济后果的话,那么后来更大规模的圈地运动则是由农产品价格回升引起的,并导致了英国农村的彻底改造。17世纪初,由于英国城镇人口激增,商品粮及其他农副产品的市场需求扩大,价格不断上涨。这才是农业改革和农村改造的真正推动力。市场变动重新使土地收益增加,经营者的积极性空前提高,但他们已经不可能重新回到封建经营的老路上去。因为落后的封建经营既不能满足巨大的市场需求,也不能适应激烈的市场竞争。

许多贵族在农业经营丰厚收入的吸引下,纷纷投入大量时间、精力、金钱,有的不惜抛弃政治,解甲归田,潜心研究农艺、农具、畜牧。塔尔(1647—1741)发明播种机,取得成功,并编著《马耕法》(1762年出版)一书,鼓吹新的耕作法;汤申德勋爵(1674—1738)诨称"芜青勋爵",提出著名的"诺福克制",即著名的四轮制耕作法;贝克威尔(1725—1795)用异种杂交法培育出羊的新品种,推广全国。②

这些农业经济中的变革,无不以大土地为基础,以大量的资金投入为前提。资金缺乏的小农是无能为力的。因此,农业改革的"先锋派"们,大都是既有大地产又有大资金的资产阶级化的贵族。农业技术革新的结果,是推动农村生产关系的改造,引起英国农村社会结构的变动。建立在资本主义关系和先进农业生产技术上的大土地、大农业经营欣欣向荣,顽固的封建贵族家业凋零,落后的小农户趋向消亡。在破产的农户中,很多人打点行囊,举家迁入陌生的城市,谋求新的生计。

在英国资产阶级革命后,圈地运动被注入新的活力。由于得到资产阶级政府的认可,它已经从"私人的暴行"变为可以向议会提出请求并得到议会批准的合法行动了。国家权力的推波助澜,使圈地运动在18世纪达到高潮。经议会批准的圈地法案,1717到1727年共15件,1728到1760年共226件,1761到1769年达1482件,1797到1820年达到1727件。③ 圈地运动使英国农村土地高度集中,同时造成农村人口向城市迁移。然而大量人口的流失并没有影响农业生产力,相反,肉类、谷物产量大幅度增加了。资本主义大农场经营方式的采用,系统选种制的采用,耕作方法的改进,土壤的改良,新肥料的施用,农机的推广,使得谷物单位面积产量大大提高;牲畜的科学培育、饲养,意味着会有更多的鲜肉、牛奶、奶油。从1710到1795年,羊的平均重量从每只28磅增加到80磅,牛的平均重量从每头370磅增加到800磅。这便能够满足不断扩大的非农业人口的市场需求,从而为大工业的建立提供了坚实的物质基础。

农村人烟稀少,村舍为墟;与此同时,一支"自由劳动力"的大军在喧闹的城市里形成了。

---

① 米歇尔·博德:《资本主义史:1500—1980》,吴艾美、杨慧玫、陈来胜译,北京:东方出版社,1986年版,第24页。
② 林举岱:《英国工业革命史》,上海:上海人民出版社,1979年版,第1314页。
③ 同上书,第15页。

他们已经斩断了和土地的联系,聚集在每个城市的最肮脏、最杂乱的角落,地方观念日益淡薄。他们完全没有任何财产,在劳动力市场上无拘无束地出卖自己。他们没有多少技能,人数众多却不懂得团结,因此在这个市场上的处境极其不利,有时相互竞争、彼此倾轧。面包等一切日常生活必需品,必须从市场上购买,没有一天的劳作,就没有一天的衣食。他们比以前更依赖市场,他们的买和"卖"、饮食和劳作,也使市场更加扩大。

四、商业的繁荣和交通运输业的发展

推动英国工业革命的另外一股强大力量来自商业。正如一些历史学家所言,商业革命与工业革命相辅相成,彼此为对方提供强大的帮助。商业是商品流通的渠道,一头连着生产领域,一头连着市场消费,一如经济肌体的"血脉"。一切生产活动所生产的利润都通过商业来实现,市场需求的刺激通过商业不断传达到生产领域。商业还是财富积累的有效途径,可观的商业利润被投入生产,财富轻而易举地转化为资本,带来生产领域新一轮的革新、扩张和国民经济增长。商业不"创造"财富,但它是"真正的财富之源",英国工业革命的"成功之舟"是被英国当时较高的财富水平托起的。

对于18世纪英国商业的繁荣,一些历史学家使用了诸如"商业革命"、"一场真正的商业爆炸"等字眼。已知的数据表明,在18世纪,英国的国内商业以较大的幅度增长,而海外商业活动增幅更大,促进本土工业生产产量急剧上升;为国内市场生产的工业产量从基数100增为150,为出口而生产的工业产量从基数100猛增为550。[①] 国内、国外两股动力在一个方向形成合力,推动了工业革命。

国际贸易在英国当时的商业发展领域遥遥领先,首先是因为英国庞大的殖民领地和海上霸权为其商业活动极大地拓展了空间。英国有幸在本土以外建成一个巨大的商业帝国,英国商人的足迹遍及世界每个角落。其次,英国在远洋航运领域的劳动分工当时已经极其发达。从船只建造到装备配套;从筹集起航费到航海保险业务,英国均可提供服务。咖啡馆是船主、顾客、保险商、经纪人交换信息、商谈业务的场所。在伦敦,保险商们经常光顾的著名咖啡馆有"耶路撒冷"、"牙买加"、"山姆"、"劳埃德"等。接受了顾客委托的保险经纪人,经常是从一家咖啡馆到另外一家咖啡馆寻找保险商,以谋求业务合作。

国内市场也极为活跃。据估算,在1760到1769年间,英国国内贸易的年均数额是4000万—6000万英镑,年均利润为400万—600万英镑,相当可观。伦敦是英国商业的中心,发挥了"具有革命性的集中作用",这里有大型的专门市场,它周围的设集市镇星罗棋布。在英国,各种定期的交易会(如著名的斯陶尔布里奇交易会)兴旺无比,捎客、中间人成倍增加。

为迎合国内贸易的需求,国内运输业迅速发展,运输条件不断改善。在这方面,英国可谓占尽地利之便。这个岛屿国家四面皆有曲折的海岸线,优良港口海湾众多,港口与港口之

[①] [法]布罗代尔:《15至18世纪的物质文明、经济和资本主义》(第三卷),顾良、施康强译,北京:生活・读书・新知三联书店,1993年版,第666页。

间的近海航运久盛不衰。沿海贸易流通成为当时英国国内商业的王牌之一，一切货物，从小麦到煤炭，沿着英国海岸上的20多个繁忙的港口，从事着几乎连续不断的交换。英国的任何一个腹地城市距离出海口岸最远不超过100多公里，加之境内河流众多，水网密布，又为内河航运的开拓提供了先天优越的便利条件。自从1600年后，英国人已经不再满足于已有的天然条件了。最初是对一些河道进行整修、疏通和延长，设置新发明的船闸，到1755年则掀起了兴修运河的热潮。运河多由私人投资建造，最著名的工程是布里奇沃特公爵运河，它成功地将沃斯利煤矿与著名工业城市曼彻斯特连通。由于运输成本大大减少，使煤炭的售价降低了一半。据估算，如果以海运价格作为基数，运河的运价仅为3倍，而车载的运费为9倍，驮畜的运费为27倍。

英国的陆路交通网络也在不断编织。除了国家、地方政府出资建造以外，私人投资建筑道路也很普遍。在这种道路上行驶，要缴纳一定的费用，故称"收税路"。但是它路况较好，在冬天也能使用，这是原有的旧路所不具备的条件。为了解决矿井、码头和采石场的特殊问题，18世纪的最后几年，金属路轨问世了。它是现代铁路的前身，主要以马匹为牵引动力，一匹马沿轨道牵引的重量，是普通道路的3倍多。这类"铺铁条的路"一经出现，就迅速在英国的一些重要城市、港口和煤矿周围不断延伸，大大提高了运输的速度。

商业离不开交通。一切商品的运送，乃至订货单、信息的传递都取决于交通速度。运输速度的加快为整个英国经济的飞跃发展打下了基础。陆路运输、河流和运河交织的内河航运以及近海航运、远洋航运，环环紧扣，织成一张稠密的交通网络，英国的一个个经济单位之间彼此连通，每一个经济单位都向一个更大的经济单位开放，整个的不列颠经济向世界上最辽阔的交换单位开放。当时的一个法国人曾经感慨：英国在闹粮荒时，从印度运来60万公担大米，每公担运费仅为12法郎；而在法国的布列塔尼某城镇，当时竟然找不到人肯以低于40或50法郎的运费，将粮食运送到150法里外的洛林某城镇。

五、海上霸权和殖民掠夺活动

英国的殖民掠夺和海外贸易，直接为工业革命的开展积聚了大量的可用资金。海上霸权是保证取得这一财富的"渠道"畅通无阻的关键。这个偏踞大西洋一隅的岛国，依靠在美洲、非洲和印度进行的带有浓重血腥气味的"海外活动"，获得了滚滚财富。

英国争夺海上霸权的历史可谓悠久。自15世纪末至19世纪初，英国为达到称霸目的，不惜发动上百次对外战争。早在16世纪，英国已经排挤了西班牙、葡萄牙的海上霸权。资产阶级革命以后，英国通过三次对荷兰的战争，将其挤出争霸的圈外。下一个强劲的对手是法国，双方进行了长期的搏斗。涉及英国与法国争夺殖民市场和海上霸权的战争，仅举其要就有西班牙王位继承战（1702—1713）、奥地利王位继承战（1740—1748）和"七年战争"（1756—1763）。根据西班牙王位继承战结束后订立的《乌特勒支条约》，英国将法国在北美洲的部分殖民地攫为己有，还从西班牙手里捞到了直布罗陀以及西属美洲奴隶专卖权等贸易特权。通过奥地利王位继承战，英国进一步夺取了法国在北美洲的殖民领地。"七年战争"是双方规模最大的一次较量。在美洲、印度和海上,英国均最终以胜利者傲居。根据1763年签订的《巴黎和约》,英国不仅获得法属北美殖民地,还确立了在印度的优势,成为海上霸主。

没有不列颠殖民帝国的建立,就没有后来的"工业帝国"英国。在英国工业革命前夕和工业革命进行的过程中,从广大殖民地掠夺来的财富的数量极为庞大惊人。印度自18世纪中叶被征服以来,成为英国殖民者掠夺的重点。1757年普拉西一役,英国殖民扩张的急先锋——东印度公司占领孟加拉,不仅洗劫了国库,还将当地听话的封建主扶植为自己的傀儡,进一步勒索巨额赔款,攫取种种特权。公司利用被授予的征收地方赋税的特权,对当地居民进行敲骨吸髓的盘剥。此外,东印度公司不仅广泛使用奴隶劳动,还以极其低廉的工资强迫印度手工业者为其生产,低价收购,高价出售。公司的代理人在印度国内经商享有免缴内地税的特权,这种不平等竞争的结果是印度的商人被挤出商业活动之外,印度的国内贸易被英国人所控制。诚如一些英国的历史学家所说,策划一次殖民战争是"世界上收益最大的游戏"。据统计,1757—1815年,英国东印度公司从印度获得的财富达10亿英镑。公司职员、殖民军头目克莱武靠殖民活动发迹,从一个不名一文的穷光蛋变成腰缠20余万英镑的阔佬,回国后他不仅在英国的议会中大肆炫耀,还煞有介事地对自己在抢劫方面的"谦逊"行为表示"惊讶"。

18世纪,英国的海上霸权还造就了它作为当时世界上最大的黑奴贩子的不光彩角色。虽然英国殖民者参加贩卖黑人奴隶的罪恶活动由来已久,但只是在英国建立北美殖民地后,黑奴贸易才成为英国殖民者发财致富的手段之一。根据《乌特勒支条约》,英国获得向西班牙美洲殖民地出售黑奴30年的专利权。据统计,1680—1775年英国人向美洲各殖民地共输送黑奴300多万名。黑奴贸易获利极为丰厚,是英国工业资本积累的途径之一。

黑奴贸易还是支撑大西洋贸易体系的基础。大西洋是当时世界上最活跃的贸易区域,也是不列颠经济增长的源头。大西洋贸易同英国的制造业有着直接的密切联系,如控制烟草贸易的格拉斯哥商人,不仅建立自己的制革厂、印染厂、铸铁厂、制瓶厂、肥皂厂,还投资煤矿、亚麻布厂和棉纺织厂。统计显示,1709—1787年间,英国从事海外贸易的船只增加了4倍,而开往非洲的船只增长了11倍。造船业的发展、运往非洲交换黑奴的枪支、小商品的日益增多,引起连锁反应,促进了其他制造业的发展。

六、工场手工业的发展

一切形式的资本主义企业,都是当时条件下资本主义生产力和生产关系的载体。资本主义生产力和生产关系,既相互对立又相互依存于这一实体中,并借助它来实现和展示自己发展演变的全部过程。

资本主义工场手工业是资本主义机器大工业的前身。英国工业革命前夕,它已经在西欧的制造生产领域里取得了统治地位。而英国的手工工场是18世纪欧洲最先进、最发达的资本主义企业,因此,英国在从工场手工业向机器大工业的过渡中率先迈开步伐,是不足为怪的。

首先，英国高度发达的工场手工业，实现了生产过程中精细的劳动分工，为机器的使用创造了条件。每一件成品的生产过程都被分解，由许多细小的单一操作工序组成。如每织1尺布，平均需要14道工序；生产1枚小小的胸针，需要经过18道工序的操作。分工的发展使得生产操作日益简单化，生产工具日益专门化。例如18世纪英国伯明翰的五金工场，可以生产500多种不同形状的锤，以满足各种特殊操作工序之需。[1] 分工的复杂使得生产劳动的技术性大大降低，因为就每一道工序而言，劳动操作已经大大地简化了。工人的手工操作简单到了可以用机器代替的程度，机器生产排挤工人劳动已经为时不远了。

其次，在英国的手工工场里，集中了一批技术熟练的工人和经验丰富的能工巧匠，他们是生产实践中技术革新和技术革命的主力。英国当时的手工业技术领先，实力雄厚，得益于它曾长期、大量地吸收借鉴别国的先进手工业技术和生产经验。自中世纪末期，由于宗教战争和政治迫害，欧洲大陆许多国家的工匠纷纷逃亡到不列颠。当西班牙在镇压尼德兰资产阶级革命时，约有3万名尼德兰工匠来英国避难，英国女王伊丽莎白一世提出允许他们定居的一个条件是：每个工匠必须培养一名英国学徒。在残酷的胡格诺战争期间，一些法国新教徒不甘被屠杀、迫害的命运，带着资金和技术逃亡到英国，他们曾经对英国纺织手工业技术水平的提高和完善起了很大的作用。此外，英国人从雇用的德国矿工那里学到了有关深井采矿的新技术，对通风系统、抽水泵、提升装置等设备进行重大革新并付诸应用。从意大利工匠那里，英国人学会镜子和玻璃器皿的制造。欧洲大陆先进手工业技术的引进，不但提高了英国原有的手工业技术，还建立了一系列新的手工业：造纸、火药、铸炮、炼糖、制硝等。在工业革命前，英国已经借助欧洲大陆的技术壮大了自己的技术力量，并且夺取了技术优势。

最后，英国工业革命前夕，手工工场的高级形式——集中的手工工场规模已经很大。一个工场里集中了几百名工人从事生产劳动，工人们彼此既分工又合作，在工头监督下，有条不紊，秩序井然。因此，集中的手工工场在生产组织和管理等方面，积累了比较丰富的经验，为向工厂制过渡打下了基础。手工工场发展到了它所能具有的最高、最成熟的形式，也到了它即将被抛弃的最后阶段。

英国工业革命前夕，手工工场的矛盾明显表现在许多方面。手工操作对劳动者的技术熟练、经验丰富仍然十分倚重，但是这种劳动者又往往不能随时随地、轻而易举地找寻到。充斥于劳动力市场的童工和女工不能被大量利用。技术熟练的工人在同企业主的各种抗争中多少占有一些优势，企业主常常因为不能完全占有和支配工人而抱怨他们的所谓"任性"。这对于资本家的管理权威和经济利益都构成某种程度的挑战。另外一个不可克服的主要矛盾是，手工工场所能够最大限度容纳的生产能力，也远远不能满足市场的需求。工业革命中的技术革新和工艺突破，就是为了解决这个矛盾。它们发生在从家庭作坊到集中的手工工场这些旧企业形式中，最后对旧的企业形式又进行否定。

---

[1] 王荣堂：《英国近代史纲》，沈阳：辽宁大学出版社，1988年版，第155页。

第二节　英国工业革命的历程

英国工业革命,是人类历史上的第一次工业革命,它没有任何理论指导和人为的设计痕迹,天然自发、一气贯通。棉纺织工业首先实现机械化进程中的突破,然后带动其他密切相关行业、部门紧紧跟上。技术革新连锁反应的圈子不断扩大,环环相扣,每个环节的进展和突破又都为其前后环节的新一轮突破创造条件。如此,从"传动"到"互动",最后,几乎整个国民经济的所有行业和部门都被动员,投入到技术革新和生产革命运动中,一发而不可收。领先工业部门的资金积累,流入后发展部门,为其注入活力。就整个国民经济发展而言,生产机械化水平不断提高,经济增长持续不断。

一、棉纺织业:工业革命急先锋

棉纺织工业领域的技术发明和革新创造,使人留下深刻的印象。相对于历史悠久的毛纺织业,棉纺织业在英国的发展过程并不太长。虽然资金力量不够雄厚,但是它仍然有自己的优势:毛纺织工业的经验和技术可资利用,这使它的发展起点较高,为其进一步向机械化过渡打下基础;作为一个新兴的独立行业,它还没有过多地受到行会陈规陋习的束缚,这为打破旧传统、进行技术革新、推广新发明创造留下了充分的空间;当时欧洲人已经开始对消费棉布产生兴趣,棉布在欧洲以外的市场销售额更加可观,预期利润十分丰厚,这为棉纺织工业的发展提供了难得机会。棉纺织业是个轻工业部门,具有资金周转快和易于短期获得厚利的特点,这更能激发资本家们追求利润的热望。

以手工生产棉布而论,当时的英国无法同印度等一些亚洲国家竞争,英国政府采取的保护本国棉纺织工业的措施可以证明这一点。但是要根本解决这个问题还是要靠英国棉纺织工业自身的努力和发展。通过生产技术的革新创造,采用机械化和大规模的生产方式,是唯一的出路。只有这样才能以优质、廉价两大优势在本土、欧陆和前景广阔的海外市场占有最大销售份额。巨大的压力和难得的机会、资本对利润的渴望、工匠和发明家的勤勉与天才智慧、企业家的创新和创业精神,这些最宝贵的东西,首先在英国的棉纺织领域汇集了。

工业革命前夕,英国的棉纺织业既已存在纺纱和织布两个生产环节的不平衡。1733年,机械师凯伊(1704—1774)发明飞梭(织布机),使得过去通常需要两个人才能完成的工作现在只需一个人即可,不仅大大提高了织布效率,而且加宽了布幅。纺车的生产效率被织布机远远甩在后面,棉纱供应不足,纺纱机械的发明提上了日程。1738

珍妮纺纱机

年，英国人惠特等人制成了滚轮式纺纱机，第一次纺出了"不用手指"的棉纱。这一发明是英国工业革命的先声。

1765 年，织布工人哈格里夫斯(1720—1778)发明了新型手摇纺纱机，并用他妻子的名字来命名，这就是"珍妮机"。珍妮机带有机械轮子，和以往的单锭纺车相比，它可以使用 16—18 个纱锭同时纺纱。珍妮机纺出的纱线细而均匀，但是不够结实。珍妮机的发明在一定程度上满足了对纱线的需求，但同飞梭一样，需要用人力来转动，最初仅由家庭工人在其家里使用。

1769 年，理发师理查德·阿克莱特(1732—1792)在一个钟表匠帮助下，制成了水力纺纱机，并获得了该项发明的专利权，水力纺纱机可同时纺许多根线，但是与珍妮机相比，它纺出的纱线结实有余，粗细不均匀。由于这项发明的经过模糊不清，许多人怀疑阿克莱特实际上是剽窃了发明家托马斯·海斯的发明。不过，阿克莱特此人极具创业才能，而这正是一些发明家所缺少的。他携带这项发明专利，在 1771 年移居诺丁汉，并与当地两个富有的商人合作，建立了一家纺纱厂。在这家规模不大的纺纱厂里，所谓"水力纺纱机"其实靠马匹推动。同年，阿克莱特又到德比附近的克罗姆福德安家设厂。纺纱厂建立在水流湍急的河岸旁边，配备水车带动纺纱机工作。这家水力纺纱厂后来被认为是近代机器大工厂诞生的标志。阿克莱特本人也因此被誉为"近代大工业的真正的创始人"。1779 年，克罗姆福德纺纱厂已经拥有几千个纱锭，并雇佣 300 名工人。此后十多年里，阿克莱特又创建了许多新的纺纱厂，他本人成为当时英国最富有的纱厂主。①

机器纺纱的生产效率暂时压倒了手工织布。1779 年，纺纱技术领域又有新突破。童工出身的发明家克隆普顿(1753—1827)发明了骡机，这种新式纺纱机器集珍妮机和水力纺纱机的优点于一身，它可以使 300—400 个纱锭同时工作，纺纱效率极高，而且纺出的纱线结实、均匀，质量上乘。骡机的发明是工业革命中的一件大事，它有力地刺激了织布领域新发明的出现。1785 年，牧师卡德莱特(1743—1823)发明了自动织布机，将织布的效率提高了 40 倍，迅速改变了织布行业落后的被动局面。随后，英国又出现了规模较大的机器织布工厂。

由于纺纱机和织布机的使用日益增多，导致原棉生产严重紧张。在大西洋彼岸的美国康涅狄格州，家庭教师惠特尼(1765—1825)发明出一部轧棉机。它通过加快清除棉籽的速度，使原棉产量大大增加。这种机器在短短的时间里迅速传遍美国南部产棉区，成为支持、推动英国工业革命的一股力量。②

就这样，英国的棉纺织业用了 50 年左右的时间，通过不间断的技术发明、生产革新，开拓出一片新天地。到 18 世纪末叶，机械化生产率先在英国的棉纺织部门基本实现了，英国棉布的产量和质量都有了很大提高。据统计，1790—1820 年的 30 年间，英国进口原棉增加了 5 倍，棉花加工业的产值从原来占英国工业总产值中的第九位，一跃升至首位。1820 年，英国

---

① [法]保尔·芒图：《十八世纪的产业革命》，杨人楩等译，北京：商务印书馆，1983 年版，第 176 页。
② [美]帕尔默、科尔顿：《近现代世界史》(中)，孙福生等译，北京：商务印书馆，1988 年版，第 572 页。

棉花加工业产品的出口,几乎占英国出口总额的一半。英国的棉布产品最终击败印度棉布,畅销国内外市场。垄断地位确立之初,英国棉布产品利润之高,令人难以置信。用一位英国政治家的话来说,"不是5%,也不是10%,而是百分之几百或几千"。后来英国的铁路、造船、机械制造和大型冶金等投资巨大、利润不丰的企业兴起,在很大程度上依赖于棉纺织业的大量资金积累。一个周期推动另一个周期,棉纺织工业在英国工业革命中立下了汗马功劳。

二、蒸汽机和冶金技术:工业革命的中流砥柱

英国棉纺织行业的巨大进步,是机械科学原理普遍运用的结果。在机械化装置使用越来越多的情况下,工业革命的推进实际上遇到两大挑战:动力问题和原材料问题。原有的动力机器显得捉襟见肘,水力驱动受到许多自然条件的限制,使人们深感不便。许多机械装置零部件主要使用木、石和稀有金属(铅、铜等)为材料,不仅庞大笨重,而且造价昂贵,损耗极大。这好比两条绳索,束缚着工业巨人的手脚。

瓦特新蒸汽机的发明,解决了时代的难题。早在英国工业革命之前,蒸汽机就已经问世。1698年,英国人塞维里制造出世界上第一台具有实用价值的蒸汽抽水机,用来抽除矿井坑道中的积水。1705年,英国人纽科门(1664—1729)在前人已有的基础上进行改良,试验研制出一种性能更加良好的蒸汽抽水机,它当时在煤矿的深井抽水作业中被广泛推广和使用。但是上述这两种蒸汽机都不能驱动其他机器,而且燃料消耗很大,效率低下,只限于煤矿使用。1765年,曾经是苏格兰格拉斯哥大学教具修理师的瓦特(1736—1819),在总结前人经验的基础上,经历多次失败后,发明研制出单动式蒸汽机。它将汽缸同冷凝器分离,从而提高了热效率。但是这种蒸汽机仍然是单向

瓦特

动作的,不能用作工厂生产中的动力机。瓦特本人对此也不满意,决心继续改良。耗资巨大的试验一度使瓦特债台高筑,这时伯明翰的一个企业主马修·博尔顿主动提出合作,为瓦特提供试验所需设备、资金。1784年,瓦特又成功地研制出联动式蒸汽机,它将直线运动转变为连续而均匀的圆周运动,可以驱动其他机械装置工作。瓦特的新式联动蒸汽机,适用于各种工厂的生产,具有效率高和运行安全可靠的特点,因此又称"万能蒸汽机"。同年,瓦特获得该蒸汽机的专制特许证。后来,他制造的蒸汽机不但供英国本国使用,而且提供出口。

万能蒸汽机的发明,使本来走在工业革命前列的英国棉纺织业如虎添翼。在阿克莱特的纺纱厂里,蒸汽机很快取代水车,驱动纺纱机进行工作。在英国的其他棉纺织厂,同样如此。1820年左右,英国的棉纺织工厂已经成为使用蒸汽机的大户;1835年,英国棉纺织业使用的蒸汽机至少提供了30000马力,按照1马力相当于21个人的劳动力计算,蒸汽机的能量及其对人力的解放,已经达到了相当可观的程度。

瓦特的万能蒸汽机是英国工业革命中最伟大的技术发明,也是人类生产技术史上的一

次飞跃。它为英国的工业革命注入强大的活力,并将其带入一个崭新的发展阶段。蒸汽机为机器大工业的兴盛解决了至关重要的动力问题,而大工业身上的这个束缚一旦解除,就有可能无限迅速地发展。蒸汽机还为机器大工厂的建立开拓了极其广阔的地理空间。此后,工厂的选址不必非湍急的河流附近不可,凡是有燃料(煤炭)的地方,就能兴建工厂,组织起大规模的工业生产。英国煤藏丰富,稠密的水陆交通网络又能把煤运送到各地,全国已经变成一个特别适合于工业生长的世界。英国的工厂可以离开封闭的溪谷,开设在市场繁荣、交通发达之处,以便购买原料和销售产品;它可以移近人口密集地带,以便招募人员;许多工厂可以汇集在一起,进而形成巨大的工业城市和经济中心。

进入19世纪后,随着蒸汽机技术的不断完善,它成为车辆、船舶等交通工具上通用的便利的动力机器,促成了以铁路建设为代表的交通运输业的繁荣。

金属冶炼和蒸汽机的发明、推广,彼此关系密切。它们相互推动,都是英国工业革命当中的大角色。蒸汽机地位迅速上升,全靠性能优良的金属——铁。较早的蒸汽机不但构造笨重(有砖石结构),而且造价昂贵(锅炉用铜,汽缸用黄铜,管道用铅)。冶金技术的进步使铁成为制造蒸汽机的主要材料,蒸汽机因此变得相对灵巧和廉价。而蒸汽机在英国冶金业的推广,对冶金行业的发展也起到了极大的促进作用。蒸汽机推动巨大的鼓风机,使得高炉的容积有可能大大扩充,同时冶金工厂的地址也有了充分选择的余地。在英国煤矿和铁矿丰富的地区,冶金工业蓬勃兴起。

英国冶金业的技术进步,首先体现在焦炭炼铁法取代木炭炼铁法。早在18世纪初期,亚伯拉罕·达比就采用焦炭炼铁,获得成功。但是在英国工业革命之前,这一先进的方法迟迟未能推广,旧的炼铁方法仍然长期占据统治地位。这是因为当时焦炭炼铁的成本较大,而且焦炭炼出的铁不易进一步精炼。1750年以后,情况开始改变。木炭的价格大大提高,约占铁锭生产成本的一半;而采煤业的发展使得煤价下跌,焦炭炼铁成本相应降低。1760年前后,木炭炼铁的成本比焦炭炼铁的成本平均高出2英镑多,1775年以后,两种炼铁方法炼制的生铁价格差距进一步拉开,木炭炼铁法很快被普遍放弃。

没有钢铁的机器时代是不可想象的。英国冶金行业具有决定性的技术进步,正是在18世纪80年代工业革命广泛开展后出现的。当时在英国已经出现了强大的机器制造业,机器采用各种类型的金属部件,对金属的需要量日益扩大。与此同时,人们对于冶金产品特别是铁的质量要求也提高了。1784年,工程师科尔特发明了"搅炼和碾压法",采用焦炭炼出熟铁和钢,而且具有生产效率高和成本低廉的特点。这一技术进步,完成了冶金业在数量和质量两个方面的革命,直接把英国冶金产品的质量以及历来微不足道的数量,一举推到世界的最前列。正如法国历史学家保尔·芒图所说:"机械化的开端,属于纺织工业的历史,它的最后胜利和普遍发展,只有通过冶金工业的发展才能实现。"[1]

在18世纪的最后十几年和19世纪初,铁作为一种优质的原材料已经较为广泛地取代了

---

[1] [法]保尔·芒图:《十八世纪产业革命》,杨人楩等译,北京:商务印书馆,1983年版,第216页。

木料。这不仅表现在机器制造领域,如机器的齿轮、飞轮、链条、轴承、紧固件及外部附件,而且表现在各种公共设施和交通、建筑中。在英国的塞文河、威尔河等大小河流上,一座座铁桥取代了千百年来的木桥、石桥,成为当地引人注目的景致。1787年,英国塞文河上漂浮起第一只简易铁板船;1790年,在英国出现了第一艘铁甲船。1788年,巴黎市供水处向英国钢铁企业家订购40英里长的生铁水管。著名的伦敦桥上一直沿用的大口径木制水轮,也于1817年被一个大铁轮悄然取代。英国著名钢铁企业家伊萨克·威尔金森是那个时代钢铁材料的最热心的推广者,以致人们说他害上了"铁疯病"。他是钢铁事业的哥伦布,正是他首先为瓦特提供金属汽缸;第一座铁桥、第一只铁船、第一根铁水管,都出自他手。他坚信铁已经注定要替代大多数建筑材料,在不远的将来,人们会到处看见铁的房子、铁的大路、铁的船舰。1805年他逝世时,人们遵照遗嘱将他葬在一口铁制的棺材里。

如果说铁是支撑工业革命的头等重要的原材料的话,那么煤则是推动工业革命的首属能源。伴随着工业革命的进程,英国的采煤工业突飞猛进。在南威尔士、苏格兰,在兰开郡、约克郡,开凿了许多新的煤矿、煤井。英国煤炭产量直线上升,据统计,在1700年英国的煤炭产量总计260万吨,1790年就增加到760万吨,而到1795年则突破了1000万吨。1850年英国煤炭年产量达4900万吨,是同期美国的7倍、德国的8倍、法国的近10倍。乌黑的煤炭是英国工业巨人的食物,能量充足使它精力旺盛,不休不倦。

三、交通运输业:工业革命集大成者

英国交通运输技术的改进和交通运输业的发展,是为了适应工业革命的客观需要。进入19世纪,无论是在陆地交通还是在海上交通,技术革新都取得了空前的进步。英国交通运输事业发展的鼎盛期正值工业革命的鼎盛期,这种吻合在其他开展工业革命的国家也屡见不鲜,可见并非巧合。事实上,崭新的交通运输设施,集合了工业革命中涌现出来的一切精华:机械、钢铁、煤炭、蒸汽。它既是工业革命成就的大汇报、大展览,也将工业革命推向新高峰。

轨道交通运输,在英国工业革命前很久就出现了。大约在17世纪,在英国的一些采石场和矿区周围,就铺设有简单的木制轨道,装有木轮的矿车以马匹为牵引动力在上面滑行。1767年,铁轨开始取代木轨道,这在当时是一个很大的进步。1800年后,人们开始研究用蒸汽机作为牵引动力。1814年,英国人史蒂芬逊(1781—1848)成功地将蒸汽机安置在运行的车辆上,这是世界上第一台蒸汽机车。以当时的眼界,它堪称"精巧完美,力大无比",被人们誉为"参孙"(神话中的大力士)。1820年,质地更加坚韧的铁轨问世。1825年,英国建成世界上第一条铁路,史蒂芬逊

史蒂芬逊的"火箭号"

的火车头拖着一长列客车和货车前进,从斯托克敦到达林敦,时速达 25 公里。此举开拓了陆地交通运输的新纪元,人类进入了所谓"铁路时代"。1829 年,连接英国重要工业城市曼彻斯特和利物浦的铁路通车,牵引机车采用史蒂芬逊新设计的火车头——"火箭号",时速提高到 29 公里。铁路运输的优越性一经确认,英国迅速掀起一股铁路建筑的狂热。19 世纪 40 年代,欧洲大陆和美国也相继开始了大力兴建铁路的时期。

人类水上交通技术的变革,同样起自蒸汽机的使用。1807 年,美国人富尔顿发明蒸汽汽船。他使用从英国进口的万能蒸汽机,驱动客轮在哈得逊河航行,令世界注目。1811 年,英国人利用这项发明也很快造出了自己的汽船。为了扩大海外市场,也为了进一步加强殖民侵略、掠夺,英国十分注重发展以蒸汽机推动的铁制海轮,这样英国担任远洋航运的商船队力量大大加强了。

英国在工业革命之前,就曾得益于其交通事业的相对发达。工业革命中交通运输突飞猛进,其发达程度跟以往又不可同日而语。一路喷吐黑色烟雾的机车,满载着煤炭、钢铁、机器和谷物、肉类,驰骋于英伦三岛;旅行者以往靠双腿、马车经过数日乃至数月跋涉和颠簸才能到达的目的地,现在跨上火车几个小时就解决了问题;远洋货轮把英国的消费商品运销到世界每个角落,又把英国所需要的各种工业原料、生活用品运回。闭塞、孤立、结构简单的经济单位,被交通大动脉以及无数个"毛细血管"连成高等的经济生命体。这就是工业社会国民经济不同于传统社会之处。

第三节 工业文明时代的来临

在工业文明中,机器作为重要的工具,首先在生产劳动领域使用日益广泛,取代了大部分传统的手工工具和手工劳动。在生产中系统地使用机器,使劳动场所和劳动制度发生了变化——工厂制出现了。旧时代的农夫、工匠、手艺人甚至家庭妇女,离开土地、作坊和其他家庭劳动场所,集中在工厂里从事雇佣劳动。他们协同机器体系进行生产,劳动效率和强度都大大提高。过去,农业是主要的产业,土地上的收益是主要社会财富;现在,工业(制造业和加工业)是国家和社会的支柱,成为社会财富的新泉源。英国经济的主要地区,从东南部"金色的英格兰",变成西北部"黑色的英格兰"。在社会结构方面,工人阶级逐渐成为主要的和最显著的社会阶级。伴随着快速的城市化,越来越多的人选择在城市里定居、工作。繁忙的、商业化的城市生活,成了人们主要的生活方式。

一、机械化和工厂制

英国的工业革命开始于棉纺织业中的某个生产环节的机械化。从那时起到卡德莱特发明自动织布机,再到 18 世纪末的自动滚筒印染机,机械化的"传染性"扩张首先遍及整个英国的棉纺工业领域。当几乎所有的生产环节都实现不同程度的机械化,当越来越多的机器设备需要安置的时候,旧有的农舍或者手工工场就显得太小。起初人们修理和扩充废弃不用的谷仓,到实在没有办法的时候,只得建起新的集中劳动场所。这里汇集了大量的工人,并系统地使用机器生产,这就是工厂。

工厂制度是机械化的必然结果。"一套由若干相依成分组成的、带有一个总动力的设备,只能安设在一个地方,而它的运转是由一批受过训练的人员操纵的。这个地方就是工厂,工厂是不容许有别的定义的。"[①]18世纪末、19世纪初的工厂,一般拥有雇佣工人150人到600人之间。厂房通常是砖砌的,有四五层楼高。在依赖水力的时代,工厂比较集中地兴建在峡谷地带,以便利用水流的落差。蒸汽机广泛使用后,这个限制就解除了。

机器作业的快速和准确,是人工所无法达到的,成套地使用机器设备,极大地提高了生产效率。而且,机器不会生病、疲劳、怠工或者罢工。当然,由于还远远没有达到后来的全自动化水平,人工操作仍然是必不可少的,但操作被下降到非常简单的程度。工人成为机器的附属和附庸,劳动的地位大大下降;成年男性被妇女、儿童从劳动岗位上排挤——妇女和儿童能很快胜任简单的机器操作,她们的工资很低并且更加驯服、听话。

早期的工厂中,劳动条件十分恶劣,工作场所也不讲卫生、不顾安全,加上工作时间很长,劳动强度很大,使得工伤事故和职业病高发。工厂的劳动纪律和规章制度很严厉,工人动辄被处以罚款、降薪和解雇。在工厂里,工人不仅承受经济上的剥削,而且承受肉体和精神上的损害。

19世纪,英国的工业制度依然是多样化的。除了迅速发展的工厂制,手工工场继续存在而且获得一定的发展和扩大。家庭作业的新形式——发包制一度也十分盛行,并且成为手工工场劳动的外延和扩大部分。承包商把活儿交给在家里工作的工匠(裁缝、鞋匠等),工匠们定期领取生产原料,用自己的生产工具劳动,计件取酬。1830年,伦敦三分之一的服装生产采取这种办法。1834年,英国议会颁布《济贫法修正案》,取缔院外救济,城市里的流浪者、乞丐和失业者被赶进"贫民习艺所"。习艺所当时就是以落后的手工工场形式出现的。

工业制度的多样化,是生产力发展水平多样化的反映。尽管机械化、工业化取得了重大的进展,但是地区之间、行业之间并不平衡一律,而是呈现出梯次排列的格局。在机械化和社会化大生产程度比较低的领域,手工劳动仍然有很大的生存空间。尤其是在服装、制鞋行业领域,机械化尚不能展开,仍是传统手工工艺的天下。

二、产业结构的变化

工业革命期间,英国的产业结构发生了重大变化。这是英国经济实力增强和社会发展进步的首要标志。三大产业的产值在国民经济总产值中的比例,以及各个产业所吸收的就业人口在劳动总人口中的比重,均发生了变化。

工业革命前的英国是一个以农业经济为主的社会。第一产业——农业的产值在国民经

---

① [法]保尔·芒图:《十八世纪产业革命》,杨人楩等译,北京:商务印书馆,1983年版,第195-196页。

济总产值中占有极大的比重,同时农业还吸引着绝大部分的就业人口。随着工业革命的开展,这种情况发生了变化。农业在持续发展的国民经济中所占比例不断缩小,而第二产业(工业)和第三产业(服务业)的比重则不断扩大。这充分说明,第二、第三产业已经成为英国新的经济增长点,是英国经济持续发展的主要动力。经济的繁荣和社会财富的增加,现在基本上是靠工业和服务业来支撑。尤其是服务业的不断扩大,始终是工业社会发展、进步的标志。

1801年英国农业雇佣人口为170万,而当时工业雇佣人口为140万;其后,虽然前者在绝对值上并未减少(1871年仍然有180万),但是后者则呈现迅速上升的趋势:在工业革命基本结束的1841年,英国工业雇佣人口达到330万(在1871年第二次产业革命开始时达到530万)。1811年时,英国从事农业的职业人口在全国职业总人口中的比重为35%,已经不占优势,工商业职业人口的比重为45%,其他职业人口的比重为20%;而到1841年时,三者所占比重则进一步变化为20%、43%和37%(1871年分别为14%、55%、31%)。[1]

如一些历史学家所指出,虽然没有任何事实能够说明第三产业的扩大推动了英国的经济增长,但是毫无疑问的是,第三产业的扩大至少是经济增长的迹象。工业革命进一步加强和细化了社会劳动分工。工业企业内部组织结构不断发展完善,最终摆脱了同商业资本主义的联系,日益趋向完全独立。随着企业规模的不断扩大,企业机构膨胀,新的岗位在增加,如经办、会计、稽查、统计、代理等等。在金融领域,由于银行信贷业务的发展和金融服务种类的增加,银行职员分工细化,其人数迅速增加。需要国家负责的各种行政事务也日渐繁多,国家行政机构变得庞大和官僚化,雇用人员随之扩大。社会上的自由职业者在增加,如律师、医生等行业的就业人口,呈显著的上升趋势,他们在第三产业中占有重要地位。当时英国的家庭仆役队伍已经十分庞大,虽然人们并不赞成将他们归入当时英国的第三产业,但是从劳动就业、服务和收入的角度来看,他们对英国的经济生活和经济发展的影响无疑也是很大的。

在工业革命之前,英国的经济地理布局极不均衡。英格兰的东南部是英国传统的政治、经济和文化中心,这里不仅资金较为充分,而且商业活跃,英国传统的手工业大多汇集在此。这里还是英国最重要的农业产粮区,人口密集。而英格兰的西北部和苏格兰一带,由于地处高原、气候多雨,多以经营畜牧业为主。与发达的东南部相比,这里属于英国落后的边缘地区。据历史学家的统计,在17世纪时,两地区的人口、财富之比分别为1∶4和5∶14。[2] 这种经济地理布局的不均衡,实际上反映了英国当时地区之间经济发展的不平衡现象。对于整个国民经济的持续、健康发展而言,这无疑是不利因素。

工业革命改变了英国这种经济地理分布极不均衡的现象。由于英格兰西北部是英国煤矿储藏丰富的地区,在工业革命当中,其新的优势逐渐显现。借助充沛的能源——煤炭,英

---

[1] [法]米歇尔·博德:《资本主义史:1500—1980》,吴艾美、杨慧玫、陈来胜译,北京:东方出版社1986年版,第107—108页。
[2] [法]布罗尔:《15至18世纪的物质文明、经济和资本主义》(第三卷),顾良、施康强译,北京:生活·读书·新知三联书店,1993年版,第697页。

国新兴的大机器工业在英格兰西北部迅速发展起来。一大批有活力的新兴工业城市在该地区纷纷涌现。伯明翰、曼彻斯特、利兹、谢菲尔德,都是著名的新兴工业化城市。其中曼彻斯特是当时英国的棉纺织业中心,这里数百家工厂都有六七层楼高的厂房,硕大无朋的烟囱日夜不停地将滚滚浓烟吐向天空。利物浦不久以前还是黑奴贸易的中心,现在主要经营原棉的进口,美国南部的上好棉花从这里流入英国的各个棉纺厂。英格兰西北部一些传统的手工业城市也在工业革命中获得新的生机和活力。伯明翰生产五金,谢菲尔德生产刀具,它们在新一轮的竞争当中,确立了自己在全国同行业的优势地位。英国的毛纺织业在落后棉纺织业将近30年后,也实现了生产的机械化。西北地区毛纺织城市利兹,取代诺里奇成为英国的机械毛纺织业中心。"黑色英格兰"(指英国西北部)一派生机勃勃,工业化、城市化大发展。紧随其后,贫穷、落后的苏格兰也开始了工业化。

由此,英国的工业和经济重心,开始由东南部向西北部偏移。大规模的人口流动也循着这一方向。1750年,伯明翰周边的沃里克和斯塔福德两郡共有居民28.5万,1801年人口达到44.7万,同期兰开夏郡居民从24万猛增到67.2万。曼彻斯特人口在1773—1801年间增加了两倍。由此带来国内地区间交通运输、商业贸易的活跃。在新兴地区和城市,建筑领域以及娱乐、教育、医疗卫生等各种服务行业逐渐繁荣,同工业革命之前的荒凉、闭塞、死气沉沉相比,形成巨大反差。英国经济地理分布局面发生较大的改变,有利于整个国民经济协调、持续、稳定和健康地向前发展。

三、阶级结构

工业革命之前的英国社会结构,可以通过牧师、经济学家格雷戈里·金1688年对英格兰和威尔士人口和财富所作的估计反映出来。格雷戈里·金所描绘的英国社会结构,是一种以财富和职业为区分标准的阶层结构。他以家庭为单位,根据家庭的年收入以及人们的职业,至少区分出25个社会阶层,十分细琐。如果我们对这种分类加以整理,可以大致看到有四个层次:一、社会上层,即年收入在400—2590英镑的家庭,总数为6586个,他们分别是勋爵贵族、从男爵、骑士、大地主乡绅和海上贸易商;二、社会中上层,即年收入在120—280英镑的家庭,总数为4万个,他们是中等地主乡绅、国家官员、陆上贸易商、法官和律师、国家职官;三、社会中下层,即年收入在50—84英镑的家庭,总数为20.7万个,他们是富裕农民、中等农民、高级教职人员、自由职业者以及海、陆军军官;四、社会下层,即年收入在45英镑以下的家庭,总数为110.7万个,他们主要是农民、雇工(年收入15英镑)以及少地和无地的农民(年收入6英镑10先令),也包括低级教职人员、小商人、小手工业者、水手和士兵。此外英国社会还有大致3万名流浪汉,他们平均年收入仅为2英镑,处于社会最底层。[①]

格雷戈里·金所描述的当时英国的社会结构,具有典型的农业社会结构特征。其中的社会各阶层,都是以农业和农村人口为主。工业革命改造了这种旧的社会结构。工业化和

---

① [法]米歇尔·博德:《资本主义史:1500—1980》,吴艾美、杨慧玫、陈来胜译,北京:东方出版社,1986年版,第24页。

城市化造就了新的社会阶层,并塑造了崭新的阶级结构。

企业主(工厂主)阶层脱颖而出。他们是19世纪的工业家、实业家,来自旧有的种种社会阶层,如从前的手工工场主、商人、店主、独立的手工业者、地主乡绅甚至中等自耕农等。如被誉为"工厂制度创始人"的理查德·阿克莱特,由于取得几项纺纱专利,从一个默默无闻的理发师、机械实验的业余爱好者,一跃成为举国闻名的实业家、工厂主。1782年,他雇用工人已经达到5000名,资金不少于20万英镑。随着事业的兴旺发达,其社会地位也极大提高。晚年他被任命为德比郡郡长,还被英王加封为爵士。英国大工业家的第一代,部分来自农村人口。英国棉布印染业大王罗伯特·皮尔(1750—1830)原先是一个自耕农,业余从事家庭手工织布。他发明白布印染工序后放弃农业,举家迁往布鲁克赛德,专门从事印染业。在几个儿子的协助下,皮尔生意兴隆。后来其中一个儿子由于事业获得极大成功,于1801年被加封为从男爵,跻身英国上流社会。皮尔家族后来还有人当上英国首相。

总之,在机器工业大发展时期,许多新企业建立起来。每一次技术发明、创新,每一个工艺突破、进展,对所有野心勃勃、渴望成功的人来说,都呈现出机遇、挑战和难以抵挡的诱惑。1785年阿克莱特的水力纺纱专利证被撤销后,一些小资本拥有者(小店铺老板、运输业者、客栈老板)都来碰运气,纷纷投资建立纱厂。新兴工业吸引着人们,好像新发现的金矿吸引淘金者一样。其中有些人成功了,从此跻身富有的企业主行列;失败者或者重操旧业,或者沦为工人。这种旧中间阶层的分化,对于工业革命期间的社会结构变化,最具典型意义。

新兴的工业家不但在经济特征上,而且在社会特征上完全不同于以往的工业家——手工工场主。在地位上和职能上,他们既区别于工人,又区别于资产阶级中的商人、金融家阶层。一些成功的手工工场主使自己同工人明确地区分开来,这在大工业之前并不多见。以前的小工场主同时拥有两种身份:他们拥有生产资料,组织、监督和管理劳动,是工场的主人和老板;他们参加工场劳动,同其他工人一起工作,数年如一日,在生活方式和习惯上混同于一般工人。但是随着资本的积蓄,企业设备的更新,雇用人员的增多,一句话,随着工厂制度的发展,他们开始在职能上和社会地位上,高踞于工人之上。不仅如此,企业主还摆脱了对金融家和商人的依赖,获得了与其同等的社会地位,成为独立的社会阶层。

这样,在英国的资产阶级中又增加了新成员:企业主。他们和银行家、大商人、国会议员、法官、律师、贵族、绅士密切联系,一起操纵国家事务。19世纪中叶,英国民族资本构成发生了决定性变化:和资本主义发展密切相联系的资本(证券、铁路、工业、商业、金融、建筑)相比于传统的地产,已经占了优势。这种变化显示,统治阶级内部各个阶层、集团力量对比已悄悄改变。土地贵族相对没落,自由资产阶级成长壮大。当然,两者之间也不断融合,前一个集团向工商金融业投资,后者通过购置地产提高自己的政治、社会地位。在对付被统治阶级时,他们完全团结起来。

被统治阶级的面貌也随着工业化进程被彻底改观。圈地运动和农业资本主义化已经将农民各个阶层几乎荡涤一空。工人阶级队伍不断发展壮大,所有的城市、乡村破产者都加入其中。不过当时英国工人阶级成分十分庞杂,地区、行业、企业、职业、技能等众多因素把他们分裂成细小的单位,使其相互竞争。但是从长远和整体利益来看,他们是一致的——需要共同反对资本家对他们的经济剥削以及统治阶级的政治压迫。在思想觉悟成熟和组织结构完善后,他们在一定程度上克服了分裂和分散的局面,提出了一致的经济要求和政治要求。

四、城市化

没有任何一个产业能够像近代大工业那样,将一个地区甚至一个国家的大部分原先处于分散、彼此隔绝或者联系不大的人口,完全动员起来,集中在一些城市当中,使他们之间相互配合地进行"社会化大生产",使他们拥有新的共同经济生活,使他们的社会交往和政治文化关系变得如此密切相关。这就是伴随工业化而来的"城市化"。"19 世纪的人们后来回想自己的时代,感到在所有最有活力的变化中,工业化与巨大的、非个性的大都市的崛起最令他们震撼。"①

英国工业革命期间的城市化进程,可以通过人口流动的数字得到说明。农村人口和农业人口不间断地流向城市和工业。1751—1780 年的 30 年间,英国离开农业的人口总数为 7.5 万人,1781—1790 年 10 年间离开农业的人口总数升到 7.8 万人,1801—1810 年间为 13.8 万人,1811—1820 年间为 21.4 万人,1821—1830 年间为 26.7 万人。截至 19 世纪中叶,英国城乡人口的比例已经彻底改观。据统计,到 1851 年时,英国总人口为 1800 万,其中农村人口占 48%,而城市人口占 52%。② 同期,法国、美国等仍然是农村人口占较大优势,而德国、俄国和意大利农村人口更是占绝大多数,与英国的城市化相比较,这些国家简直是一些"巨大的村庄"。

从城市的规模来看,英国的水平居于世界前列。1851 年,英国居民人口达到 10 万以上的城市有 10 个,法国仅为 5 个;这一年,伦敦人口达到 230 万,而巴黎人口仅逾 100 万。其他规模较大的英国城市有曼彻斯特(居民超过 40 万)、格拉斯哥(居民 30 万)、伯明翰(居民 20 万)。③

城市化发展极为迅速地改变着城市面貌。以棉纺织中心曼彻斯特城为例,工业革命前,这里人口仅在 1 万左右,几条又窄又暗的街道,连通城外高凹不平的旧路,河边的独木桥形影相吊。它没有市政机关,也不选派议员到英国下院,作家笛福称之为"英国最大的村落之一"。1786 年,居民们看到了第一根烟囱,即高耸在屋顶的阿克莱特纱厂的烟囱。仅过了 15 年,曼彻斯特已有约 50 个纱厂,大多数都拥有了蒸汽机,成排的大烟囱日夜不停地将滚滚浓烟吐向天空。纱厂周围是工人的棚屋,绵延数里,几乎将旧城区包围。城市中心区域已经美化,那里开辟了宽阔的街道,旁边设有商店。在城市东南,建造起带有花园的漂亮别墅,那里住着城市新贵,即棉业富豪。与此同时,路政得到改善,街道有了照明,消防救火组织成立。

---

① [英]C. A. 贝利:《现代世界的诞生,1780—1914》,于展、何美兰译,北京:商务印书馆,2013 年,第 187 页。
② [法]米歇尔·博德:《资本主义史:1500—1980》,吴艾美、杨慧玫、陈来胜译,北京:东方出版社,1986 年版,第 111 页。
③ 同上书,第 110 页。

不过,就总的情况来看,由于城市化速度过快,缺乏总体设计规划,城市布局显得零乱、无序。工厂主、企业主的利益和方便决定了城市的发展速度和发展方式,而居民尤其是工人的舒适、健康和幸福从来就不被考虑。城市交通、供水、居住、卫生条件很差,许多城市没有下水道,垃圾、粪便成堆,严重污染了居住环境,损害了居民身体健康。工厂沿河而建,大烟囱冒出的浓烟笼罩市区,工厂废弃物对河流构成严重污染。

城市是富人的乐园,冒险家的天堂,也是穷人谋生糊口的栖所。同一个城市往往是截然不同的两个世界:工业家的豪宅通常坐落在公园中间,空气清新,环境舒适,交通方便;工人的住宅多位于城市偏远角落,简陋的屋棚茅舍杂乱地拥挤在一起,或者单调地排列成行,交通、卫生条件极差。18世纪末英国的"公共卫生专家"称曼彻斯特"比得上伦敦,而就穷人拥挤在令人作呕、黑暗潮湿、狭小不堪的住宅(这是繁殖疾病的非常肥沃的土壤)的稠密情况而言,曼彻斯特不幸也赶得上,甚至超过了伦敦"。由于居住条件恶劣,人口拥挤不堪,没有最基本的卫生设施,甚至缺乏通风采光,工人区疾病肆虐,其中热病最为流行。在19世纪中期的英国《议会文件》里,对各大城市卫生状况的调查报告,惊人相似地大量使用诸如"肮脏"、"恶臭"、"阴暗"、"热病"等字眼描述工人街区和大杂院(贫民窟)。在贝斯纳尔格林有一个巨大的臭水塘——"拉姆的场地",这里垃圾、粪便、动物腐尸汇集,夏天恶臭刺鼻,紧邻的几条街道热病从未中断,"居民一家家统统死光"。格拉斯哥弯街的死胡同和大杂院集污秽、灾难、疾病之大成,令视察者"无法相信"。"利物浦的房子背靠背",工人的妻子用水坑里的臭水烧饭煮菜。伯明翰"大杂院"极多,这里的厕所脏东西"满得溢出来"。布雷德福是"最肮脏的城市","空气中充满着这么多的硫化氢"。谢菲尔德烟灰弥漫,人们不停地"把尘埃吸入体内"。在利兹"下层阶级"的肮脏庭院里,大批的人体弱多病,无精打采,"许多人夭折"。诺丁汉工人区居民拥挤,构成醒醐无比的"有害健康的迷宫"。巴斯1837年底流行天花,300多人死亡,其中"没有一个绅士"。① 除了疾病外,贫民窟还是各种犯罪的孳生地,治安很差,抢劫谋杀、卖淫嫖娼、酗酒斗殴、赌博诈骗经常发生。有时工人不堪剥削压迫和恶劣的生存环境,起而抗争,被市政当局视作"暴民骚乱",遭到军警残酷镇压。

城市的一边是平静有序、衣食富足、趣味高雅,另一边肮脏混乱、贫困饥饿、粗俗鄙陋、疾病四伏。这种城市的分裂,鲜明地反映出近代工业社会两大阶级的对抗和冲突。

第四节 英国世界霸权地位的确立

一、英国的议会改革

工业革命巩固和壮大了英国资产阶级的力量,促使他们同碍手碍脚的封建残余势力展开了新一轮的斗争。英国资产阶级,特别是新兴的工厂主阶层,为了扩大财源,要求降低关

---

① [英]罗伊斯顿·派克:《被遗忘的苦难》,蔡师雄、吴宜豪、庄解忧等译,福州:福建人民出版社,1983年版,第299页。

税、放宽航海条例、实现自由贸易。他们也要求建立更加世俗化的国家，打击教会势力，实行对天主教徒的进一步宽容政策，以获得良好的经济发展环境。由于工业化带来对社会的较大冲击，资产阶级为保持社会稳定，还要求强化国家机器，特别是建立职业警察，取代无能的地方警察。对腐朽的议会下院选举制度进行改革，是英国资产阶级最强烈、最迫切的要求。

1830年法国短促的"七月革命"，在英吉利海峡对岸也引起震动。受到法国工人和下层人民起义的鼓舞，英国激进势力当中产生以暴力对抗政府的思想。而在资产阶级各阶层中，要求以改良和改革取代革命，避免发生大规模社会动乱的呼吁也十分强烈。英国政府在这两股势力的夹击下，不得不进一步对改革问题给予重视，对国家政治生活进行适度的调整。他们既希望继续保持政府作为工商业资产阶级"天然领袖"的地位，也希望和日益壮大的工人阶级达成某些妥协，化解工人同政府间的仇视、敌对心理。19世纪30年代的英国议会改革就这样拉开了序幕。

自"光荣革命"以来的近150年当中，特别是工业革命开始后的50多年时间里，不断有人提出关于英国议会下院改革的法案，但是没有一个获得通过。其间，英国议会下院从没有增加过一个新的选区，也没有对选举权、选举办法进行过任何修改。而工业革命引起的人口流动、阶级结构变动等因素，已经使旧选举制度显得十分荒唐。原先人口密集的东南部一些城镇选区，几经沧桑已经衰败，有些甚至无人居住。其中一个旧选区土地已经完全淹没在北海中，但却仍然拥有下院议员的选举权，届时几个贵族划船来到这里进行"水上投票"，选举他们自己为议员。在工业革命中崛起的西部和北部新兴工业城市，产业兴旺、人口稠密，但是无权向议会派出自己的代表。英国大部分城镇选区，仍然保留着中世纪的地方封建特权，在选举权限制方面可谓花样百出。在有些城镇只有市自治机关才有权提出议员候选人，而有些城镇规定只有那些拥有一定的不动产（地产）的居民，才有提名的权利。英国资产阶级舆论对此十分不满，认为这种城市选举完全被有权有势的"选举贩子"操纵支配，并非真正的选举。至于农村选区的选举，完全控制在乡绅手中，拥有"40先令的不动产的所有人"，为本郡选出2名议会议员。据估计，在1820年左右，英国下院超过半数的议员实际上是由近500名大土地贵族选出的，这些大贵族多数又是英国议会上院的议员。这种"上院选举下院"的情况，反映出英国地产的"政治含金量"仍然很高，土地贵族把持英国最高政治权力的局面没有彻底改观。

1830年夏天欧洲和英国的政治形势，为一度搁浅的议会改革提供了契机。辉格党人首先旧话重提，要求改革下院选举制度。时任英国首相、托利党领袖威灵顿公爵（1769—1852）竭力反对，他认为英国现行的选举制度"完美无缺"。这一顽固立场不仅使他本人在党内、党外威信大跌，也导致托利党内阁垮台。辉格党人组阁后提出的改革法案在下院获得通过，但遭上院否决。此事在伦敦以及全国各地城乡均引发不同程度的骚乱，布里斯托尔市、德比郡、诺丁汉郡骚乱最为严重。对英国来说，一场欧陆式的革命迫在眉睫。辉格党人利用时局迫使英国国王和上院议员让步，最终于1832年4月通过一项关于议会选举改革的法案。

新选举法较以往有了不少进步。如关于选举资格的规定被大大简化了,全国选民总数也有了较大的增加。原来英国拥有选举权的人数为50万,现增加到81.3万。此外,重新确定下院席位,对选区设置、选举名额进行重新调整分配。56个衰败选区被撤销,30个小选区选举名额从2名减至1名。这样,共有143个有效席位空出,让给新兴工业城市。不过,新选举法仍然带有英国式改革的浓烈保守色彩。首先,选区设置并非建立在选民人数基本相同的基础上,尽管每一个议员所代表的选民人数很不相同,而行使的权力则一样。这和欧陆国家宪法倡导的平等选举思想有一定差距。其次,在选举资格限制上,仍有相当复杂的规定,特别是财产资格限定。按照规定,净年收入在10英镑以上的男性公民,才能获得选举权。新选举法还表明,是否拥有不动产在相当大程度上决定是否拥有选举资格,而当时英国的土地所有权仍高度集中在旧土地所有者手中。最后,新选举法明确规定,凡在1年之中曾接受教区赈款及其他救济金者,丧失选民资格。

尽管如此,1832年英国议会改革的意义还是十分重大的。正如一些历史学家所指出的那样:"1830年,英国比欧洲任何国家也许更接近于革命。"因为欧陆各国的革命只是一些起义和随之而来的权力调整而已,它们表面上轰轰烈烈、沸沸扬扬、短促而激烈,实际上对社会的根本触动、改变不大。若就调整大的政治格局及其带来的深远影响而言,则不能和英国的议会改革相提并论。这种改革使英国的议会制度不断朝着民主化方向迈进,为各种企图实现社会变革的力量提供了合法的渠道、手段。

议会民主和政治妥协,既是英国悠久的传统,更因工业革命的胜利得到巩固完善。它使英国工业社会的改革运动得以长期延续。因为保守者的利益不会在短时期内得到巨大的损害,他们总可能作出让步、妥协;而激进者因为能看到未来的改革前景,变得更加耐心,更善于期待。当对抗的双方都放弃了诉诸暴力的想法时,引起社会剧烈动荡的、破坏性和伤害性极大的革命就终止了。

英国议会改革极大地提高了在工业革命中崛起的资产阶级实业界人士的地位,他们现在和贵族阶级几乎平起平坐,统治国家。英国议会中的政治党派经过分化和重新组合,初步形成英国历史上两党轮流执政的局面:辉格党的主流与工业家、部分自由托利党人逐步联合起来,组建了自由党,它基本上是英国自由资产阶级的代表;托利党的主流联合部分老辉格党人、前激进派,组建了保守党,主要代表土地贵族阶级利益。此后80多年的英国政坛,就由他们轮流把持。

1835年,英国根据《城市自治机构条例》,开始了城市地方政府的改革。改革结果是摒弃了城市地方行政中的封建残余,产生了通过一致的地方选举组成的城市行政机构。这种地方政治民主化,适应了工业社会发展需要,极大地促进了城市建设,能及时、有效地解决城市政治、经济和社会生活问题。1836年,英国议会下院允许媒体报导议会和议员的活动,如投票表决等。这是英国政治向公开化、透明化方向前进的一大步。议会下院还临时或者永久性地成立一些专门的调查委员会,对涉及国家政治、经济、宗教、教育以及其他社会方面的事务、事件和问题展开调查、通报,起到有效的决策咨询和有力的行政监督、纠正作用。

1867年英国议会又进行了第二次改革,部分城市工人获得了选举权。1886年第三次改革后,全国60%的成年男性公民获得选举权。工人阶级和广大下层群众利用他们获得的政治权利,迫使资产阶级政府不断地实行社会改革,改善自己的生活。

二、社会立法和社会福利

英国在工业革命当中,逐渐废弃了中世纪封建福利,建立了基本适合工业社会、有利于资本主义发展的社会福利制度。这是资本主义工业文明的一大社会成果,体现出时代发展、社会进步。然而这也是一个漫长曲折的、充满痛苦又孕育希望的改革过程。英国的一些激进资产阶级改革家曾为此奔走呼号,作出一定贡献;而英国的产业工人和广大社会下层群众为此不懈斗争,更是付出了巨大代价。

英国近代社会福利立法的传统,可追溯到16、17世纪之交。由于早期资本主义发展引发的经济和社会变动,普遍的失业、流浪和贫困现象对英国社会秩序造成较大的冲击,危及统治者利益。1601年伊丽莎白一世时期,英国议会将16世纪零星颁布的"济贫法规"汇总起来,这就是著名的《济贫法》。它企图以福利救济(设立贫民收容院)、以工代赈、劳动培训(建立贫民习艺所)等方式,对贫困者的生活给予一定的"保障"。此后将近200多年时间里,为了对付与日俱增的社会贫困现象,英国议会不断立法。1662年的《住所法》,规定贫民只能在原住教区得到救济,以阻止贫困人口的无序流动。1723年,英国议会颁布法令,要求各地方政府广设"贫民院"、"习艺所",加强"院内救济",禁止"院外救济"。18世纪后半叶,工业革命开始,大批破产农民、小手工业者、失业工人加入贫民行列,英国政府为防止由此带来的社会动乱,于1782年颁布《吉尔伯特法》。它一方面严格掌握院内救济的条件,另一方面承认院外救济的合法性。1795年,英国社会形势又趋严峻,工业革命的冲击、农业歉收造成的饥荒、法国大革命的影响以及政府卷入对法战争,使英国社会动荡不安。在这种形势下,英国部分地区开始流行一种新的社会福利方式:斯皮纳姆兰制。在"公平收入"的口号下,它规定对每个在固定收入水平线以下的劳工,按照面包的市价和劳工家庭成员的人数进行补贴、救济,保障其最低生活。①

英国政府的上述济贫措施多为零星、分散的,又受到地方主义的干扰,对解决普遍的贫困问题无能为力。然而在维护社会稳定、保护贫困人口等方面,也起到一定作用。如斯皮纳姆兰制在非常时期带来社会秩序的相对稳定,有助于工业革命的顺利发展。它保护了后备劳动力,刺激了人口发展,为大规模的工业化准备了充足的劳动力资源。但是上述济贫措施在很大程度上仍然具有封建福利的色彩。它们多限制贫困人口的自由迁徙,阻碍了劳动力的自由流动。一些不法企业主趁机压低工资,将工人推给地方福利机构,使济贫开支大增,加重了资产阶级纳税人的"负担"。一些工人也对济贫在一定程度上打乱了劳动力市

---

① [法]保尔·芒图:《十八世纪产业革命》,杨人楩等译,北京:商务印书馆,1983年版,第350页。

场供求关系、影响了工资收入的增加表示不满。这些济贫措施最终为工业化发展的潮流所抛弃。

1834年,英国政府出台了《济贫法修正案》,史称"新济贫法"。新济贫法克服了旧济贫法中的一些流弊,如滥施救济、管理不善等。它废除了"院外救济",尤其是流行一时的斯皮纳姆兰制。贫民只有在进入"济贫院"后,方可获得实物救济。而济贫院实际上是"劳动院",是"另一个工厂"。这里工作十分繁重,待遇低下。男子砸石头,妇女、儿童、老人拆旧船索,忙个不停。食物很差,居住也十分拥挤。人们按照年龄、性别分居,这造成贫困者家庭被拆散,骨肉分离。没有得到监工的书面批准,人们不得外出或者接见来访者。新济贫法起草者之一爱德温·查德威克曾说:"劳动院制度意味着一切救济必须通过劳动院,它的目的在于使劳动院成为一个受拘束、令人生厌的地方……这样,穷人除了万不得已外,就不会来请求救济了。"①

由此可以看出,随着工业革命的深入开展,英国政府在当时极度盛行的资产阶级自由主义经济思潮(斯密、马尔萨斯等)的影响下,济贫思想发生了重大变化。"济贫"被认为是消极的,它无助于贫困的解决,只能使穷人越来越多,最终会毁了整个社会的福利。因而,资产阶级的"济贫"行为带有更加浓重的强迫劳动、惩罚贫困的色彩。新济贫法深深打上了早期资本主义工业化的烙印:在利润和金钱面前,资产阶级政府比封建君主专制政府还要穷凶极恶。封建社会福利的一丝"脉脉温情"已经被冷漠的自然法则、市场规律、商品交换关系所取代。资产阶级蓄意将济贫院变成穷人的"巴士底狱",成千上万破产的农民、小手工业者以及失业工人,只要有一点维持生活的可能,就不愿申请进入济贫院。资产阶级正是借此维护了一个庞大的自由劳动力市场。

工业化就这样摧毁了旧的封建福利和社会保障。它解除了束缚劳动者的最后一条封建义务绳索,也带来英国社会下层群众,特别是城市工人阶级生存环境的急剧恶化。正如恩格斯所言:"奴隶一次就被完全卖掉了,无产者必须一天一天、一小时一小时地出卖自己!每个奴隶是特定的主人的财产,由于他们与主人的利害攸关,他们的生活不管怎样坏,总还是有保障的。而一个无产者可以说是整个资产阶级的财产,他们的劳动只有在有人需要的时候才能卖掉,因而他们的生活是没有保障的。"②新济贫法出台后,英国曾发生许多起贫民捣毁济贫院的事件。英国政府除了实行残酷的镇压外,也开始逐渐意识到,建立新的、适应社会化大生产的社会福利和保障制度,是工业社会发展的客观需要;给予广大劳动者一定的劳动保障和生活保障,对资本主义工业化平稳、迅速发展可能更为有利。

"产业革命通过自己的经济后果来加速旧规章的毁灭,同时又通过自己的社会后果来制定新的必要的规章。"③工业社会福利制度的建立首先是从工厂立法开始的,然后逐渐扩展到其他社会福利领域。资产阶级的着眼点首先是保护工厂、保护生产劳动、保障利润,但为此

---

① [英]莫尔顿、台德:《英国工人运动史:1770—1929》,叶周、何新等译,北京:生活·读书·新知三联书店,1962年版,第73页。
② 《马克思恩格斯选集》第1卷,北京:人民出版社,1972年版,第213页。
③ [法]保尔·芒图:《十八世纪产业革命》,杨人楩等译,北京:商务印书馆,1983年版,第385页。

目的,也需要"保障劳动者"。随着工业化不断深入,对劳动者的保障也从简单基本的生理需要层次和物质方面,提高到精神、心理层次和诸多的社会需要方面。这又是一个历时百余年的漫长过程。

1802年,在英国著名工厂主、下院议员罗伯特·皮尔男爵(1788—1850)的倡导和敦促下,英国议会通过了第一部《工厂法》。它规定了车间的卫生条件(通风和定期的消毒)、童工工作日时限(不得超过12小时)以及工厂应承担对童工的其他义务(生活起居、文化教育等)。根据该法,地方政府选派两名检查员,随时可进入工厂行使监督权力。对违反条例的工厂主,课以罚金。这项立法虽然还很不完善,存在许多漏洞,而且只在大工厂(特别是纱厂)实行,但它首创了近现代的工厂监督制,一定程度上起到限制企业主专权、保护工人福利的作用。此外,由于《工厂法》的颁布实施,排挤成年劳动者和摧残未成年人的童工制遭到毁灭性打击,从此走向衰落。[1]

1824年,英国废除禁止工人结社的法律,工人结社由秘密转向公开,他们开始借助合法组织为自己的政治、经济和社会权益进行斗争。1842年,议会颁布《矿井法》,改善矿工恶劣的劳动条件。1844年议会又通过《工厂法》,进一步改善工厂劳动条件。1847年英国实行了《十小时工作法》,1848年颁布《公共卫生法》。在19世纪70年代到20世纪初,伴随持续不断的社会改革浪潮,英国在社会立法和社会福利方面取得了长足的进步。在20世纪下半叶,英国作为西方世界第一个实行"全民保障、全面保障"的"福利国家"卓然于世。

但正如马克思所言:"社会改革永远也不会以强者的软弱为前提;它们应当是而且也将是弱者的强大所引起的。"[2]工人阶级的发展壮大一直是英国资产阶级社会改革背后的强大推动力量。资产阶级政府总是力求在资产阶级的"法制"范围内解决问题,在不损害统治阶级根本利益的前提下进行改革。从长远的历史发展角度来看,英国资产阶级的这种策略相当"成功",改革和改良取代了革命,英国工人运动被逐渐纳入一定的政治规则中。

三、"世界工厂"和"日不落帝国"

如果说在工业革命之前,英国的资本主义扩张早就冲出了民族国家的范围,已经建立了庞大的殖民帝国的话,那么当时的资本主义扩张是建立在坚船利炮以及商业资本主义扩张基础上的。工业革命后,英国资本主义的扩张则完全建立在它对世界工业的垄断地位的基础上。英国商品——"世界工厂"里源源不断的产品,成为轰击其他民族国家闭关自守大门的重炮。"日不落帝国"在一定意义上是英国的工业家、企业主开创的,而不是殖民军队和海军将领们通过征服缔造的。

英国世界工厂的地位,可以通过工业革命期间世界贸易划分的变化反映出来。与前一个时期正好相反,这时的英国是以其工业强国的地位奠定了它商业强国的地位的。

---

[1] [法]保尔·芒图:《十八世纪产业革命》,杨人楩等译,北京:商务印书馆,1983年版,第383页。
[2] 《马克思恩格斯全集》第4卷,北京:人民出版社,1972年版,第284页。

国际贸易划分(百分比)

年份	英国	法国	德国	欧洲其他地区	美国	世界其他地区
1780	12	12	11	39	2	24
1800	33	9	10	25	6	17
1820	27	9	11	29	6	19
1840	25	11	8	30	7	20
1860	25	11	9	24	9	21

资料来源：罗斯托《世界经济》第70—71页,转引自[法]米歇尔·博德《资本主义史:1500—1980》,吴艾美等译,东方出版社1986年11月第1版,第121页。

(需要说明的是,1820、1840和1860年的统计百分比合计有1%的误差,这是取整数位造成的。)

英国外贸结构同样反映出其工业的强大。1854—1856年间,英国出口贸易中,原材料占7%,食品占8%,工业制造品占85%。同期的进口贸易中,原材料占了61%,食品占33%,工业制造品仅占6%。英国的贸易伙伴,除了欧洲国家外,主要是美洲国家及其殖民地。英国的出口工业商品,从日常消费品到各种生产机械设备,几乎无所不包。技术出口(技术转让)和服务出口(海上运输、保险等)在贸易收支中的地位日益重要。至于进口商品,由于英国商业信息灵通,了解、把握和垄断世界市场,它往往可以以最便宜的价格购买到"美洲和东欧的小麦和玉米、澳大利亚和阿根廷的肉类、丹麦的乳制品、帝国领地和中美洲的热带物产、马来西亚的锡、南美洲的铁、斯堪的纳维亚的木材,等等"。由此可见,海外市场的征服和开拓对英国工业是何等重要。英国国民经济已经完全是一个外向型、严重依赖国际市场的经济。

与此同时,英国的对外殖民政策发生重大变化。以前奉行毁灭性的殖民掠夺政策,现在则更加重视土地占领和对外移民。1834年,英国政府宣布在帝国范围内废除奴隶制,这导致非洲黑奴贸易的崩溃。在南部非洲,英国以开普敦殖民地为基地,不断扩张殖民领土,进行大规模的移民活动;60年代后期,由于发现钻石和金矿,英国移民潮水般涌入。在澳大利亚、新西兰被宣布成为英国的自治殖民地后,英国移民的数量也开始猛增。在19世纪上半叶,英国先后占领新加坡、亚丁、香港。1857年,在镇压了印度土著士兵起义后,英国取消了东印度公司的统治权,把印度变成英国直辖殖民地。在北美洲,英国占领统治了整个加拿大。至于英国殖民占领的野心和胃口,用曾任殖民大臣的罗德斯的话来说就是："把世界的大多数人置于我们的法律下,将意味着结束一切战争。"

参考书目

1. [法]保尔·芒图:《十八世纪产业革命——英国近代大工业初期的概况》,杨人楩、陈希秦、吴绪译,北京:商务印书馆,1983年版。
2. [美]道格拉斯·C.诺斯:《制度、制度变迁与经济绩效》,杭行译,韦森译审,上海:格致出版社、上海三联书店、上海人民出版社,2014年版。
3. [英]阿萨·布里格斯:《英国社会史》,陈叔平、陈小惠、刘幼勤、周俊文译,北京:商务印书馆,2015年版。
4. [英]埃里克·霍布斯鲍姆:《工业与帝国:英国的现代化历程》,北京:中央编译出版社,2016年版。
5. [英]E.罗伊斯顿·派克:《被遗忘的苦难:英国工业革命的人文实录》,蔡师雄、吴宣豪、庄解忧译,福州:福建人民出版社,1983年版。

第四章
工业社会的诞生和工业文明在欧美的扩展

英国第一个进入工业文明时代,紧随其后,西欧、北美和中欧的一些国家也成功实现了工业化。这是工业文明的第一轮扩张。这种扩张不仅仅涉及资本、机器设备、技术和产业、经济,更涉及资本主义的理念、原则、政治制度和资产阶级的思想、信仰……这个时代最大的背景是,物质生活的新旧交错,精神领域的更替代谢,社会力量的此消彼长。在欧陆工业化最成功的法国,资产阶级信奉的议会民主和旧派势力迷恋的封建专制,长期纠缠格斗。在德意志和意大利,资本主义工业化发展存在较大差距,但都带来民族国家统一问题。美国北方地区在工业化取得重大发展后,资产阶级为了扩张自己的利益和维护国家统一,被迫进行残酷内战。19世纪60年代,幅员辽阔但却是欧陆最落后的大国俄罗斯,通过废除农奴制的自我改革,最终走上资本主义工业化道路。

第一节 1848年革命

一、新旧势力的分水岭:革命的背景

1848年欧洲革命,是欧洲大陆新旧势力消长的分水岭。一方面,由于工业革命的普遍开展,欧陆各国的资本主义蓬勃发展,资产阶级和工人阶级的社会和政治力量都壮大了。封建旧势力遭受打击,封建制度和封建特权的基础受到

又一次巨大冲击,摇摇欲坠。但另一方面,反法同盟武装干涉法国大革命以后,欧陆各国的封建统治者都借助反法同盟的势力,竭力恢复欧洲的传统旧秩序,并在维也纳会议中作出具体安排。

维也纳会议1814年10月1日正式开始,次年6月9日结束。欧洲各国都派代表出席,但主要由英、俄、普、奥四国主导。英国把战争时期占领的法国、西班牙、荷兰的殖民地据为己有,并努力要使欧陆保持所谓"均势"。为此,它支持削弱法国的主张。法国领土最后被限制在1790年的边界以内,法国还对反法同盟各国赔款总计7亿法郎。俄国企图独占华沙公国,以扩大在东欧地区的势力;同时,为了保持自己在西欧的势力,力求在德意志地区保留两大强国——普鲁士和奥地利。奥地利以欧陆传统势力核心自居,刻意保持德意志的分裂状态,以利于压制普鲁士。普鲁士则努力实现领土扩张,壮大自己的力量,同时在对外关系方面,力求达到削弱和孤立法国的目的。

维也纳会议将德意志各邦国组合成"德意志联邦",但这个联邦有名无实,德意志并未实现真正统一。同样,四分五裂的意大利也依然保持了封建割据状态,并由奥地利占领其最富庶的地区。在各国内部秩序安排方面,维也纳会议秉承所谓"正统主义"原则,支持因法国大革命和拿破仑征服而被推翻的各国君主实现复辟,恢复封建贵族和教会势力的"正统"地位。法国实现了波旁王朝复辟,西班牙和葡萄牙也是如此。德意志各邦国和意大利各邦国的君主都恢复了王位,罗马教皇的政权也重新建立起来。

在维也纳会议上,欧洲大陆上的弱小国家和民族被大国和列强"买进卖出",利益遭到损害。封建旧贵族和落后的宗教势力卷土重来,为资本主义发展重新设置了障碍。更有甚者,会议之后,为了进一步维护"维也纳秩序",防止新的革命发生,俄国、奥地利、普鲁士三国在巴黎发表共同宣言,缔结了所谓的"神圣同盟"。他们声称,彼此之间会互相援助,以保护君主政体和基督教义。欧洲各国的君主纷纷加入这个同盟,寻求靠山和庇护。1815年11月,英、俄、普、奥又签订条约,规定四国以武力维护维也纳会议的各项决议的落实。这实际上是神圣同盟的补充。后来,复辟王朝统治下的法国也加入这个条约。

二、1848年欧洲革命

这是欧洲近代历史上规模最大、范围最广的一次革命,也是欧陆国家资产阶级试图清除自身发展道路上的封建障碍的运动,是反对维也纳会议建立的"倒退秩序"的资产阶级民主革命。对于那些在维也纳会议上遭到大国侵害的弱小国家和民族,那些仍然处于异族统治的国家和民族,以及尚未完成民族国家建立的民族和地区,这次革命同时兼有实现民族解放、完成民族国家统一和独立的任务。在这个背景下,这次革命也是资产阶级的民族革命。再者,遍及欧洲的1848年革命,由同样遍及欧洲的一场经济危机引发。这场经济危机,并非完全是传统意义上的经济危机,而是和新的资本主义的经济发展有密切的关系。因此,在资本主义经济和工业化发展到一定程度的国家和地区,社会经济改造的任务也在革命当中被提了出来。革命遍及除了俄国以外的所有欧陆地区。广大欧陆地区社会经济发展差异较大,因此不同国家和地区的革命,呈现不同的具体情况和特点。

意大利是革命的发源地。1848年1月,西班牙波旁王朝统治下的西西里岛,爆发资产阶级领导的武装起义。起义取得胜利后,资产阶级自由派成立临时政府,实行君主立宪。随后,意大利北部和中部包括教皇国在内的一些邦国,纷纷实行君主立宪。3月,米兰发生反奥地利武装起义,威尼斯闻风而动。在米兰和威尼斯胜利的鼓舞下,意大利其他邦国纷纷对奥地利宣战,掀起第一次独立战争。8月,由于奥地利军队反扑,各邦君主缺乏团结,独立战争失败。但随即在威尼斯爆发资产阶级民主派领导的起义,建立共和国。次年2月,罗马也宣布建立共和国。后在法国军队攻击下,罗马共和国覆灭。1849年8月,威尼斯共和国也被奥地利军队剿灭,标志着意大利革命的结束。意大利虽然是近代早期资本主义萌芽之地,但18世纪以后资本主义发展不够充分,长期处于封建割据和异族统治下。19世纪中期以前,意大利资本主义工业化的规模和水平大大落后于法国和德意志地区。1848年意大利的革命中,反封建、反割据、反异族统治的民族革命和民主革命相互交织。意大利资产阶级力量过于弱小,封建势力和宗教势力强大,国际反动势力形成联合,这些都是造成革命失败的原因。

法国1848年革命起始于"二月革命"。金融资本家统治的七月王朝,被人民起义所推翻,成立了法兰西第二共和国。工人群众在起义中发挥了重要作用,但是起义后建立的临时政府主要被资产阶级共和派把持。由于前期工人掌握着武器,临时政府被迫实行了一些保护工人利益的政策,如建立国家工场以缓解失业和救助工人,设立劳动委员会以保护工人经济和社会利益等。后来,随着资产阶级逐渐站稳脚跟,工人政治力量不断受到排挤。6月,国家工场关闭后,巴黎工人发动"六月起义",遭到军队残酷镇压。年底,资产阶级制宪议会通过第二共和国宪法,并进行总统大选,拿破仑一世的侄子路易·波拿巴当选。1851年12月,波拿巴发动政变,解散议会。一年后,他通过所谓"全民公决",恢复帝制,称拿破仑三世,建立法兰西第二帝国。法国是欧洲大陆资本主义工业化最发达的地区,但是封建势力的残余依然很多。帝制与共和反反复复地较量,其实是封建残余势力和资产阶级的博弈。由于工业化,工人的政治力量崛起已经是不争的事实。1848年"二月革命"是"第一次工人起义,是巴黎公社的预演"。① 六月起义更是工人阶级和资产阶级的战斗,暴露了现代社会两大阶级的利益冲突,显示当时工人阶级在政治上的不成熟。

德意志地区资本主义工业化已经有了相当程度的发展,但是各邦仍处于分裂状态。完成政治上的统一,建立完整的民族国家,是德意志1848年革命的主要任务。当然,德意志资本主义发展除了受困于政治分裂,也受到封建势力的阻碍。1848年3月,在普鲁士邦首府柏林爆发"三月革命",成立资产阶级自由派立宪政府。随后,德意志其他各邦大都实行君主立宪,建立资产阶级自由派政府。但是,德意志的资本主义经济是在封建力量庇护下发展起来的,资产阶级十分软弱,在革命中十分忌惮背后的工人力量。在非常有利的形势下,他们同封建力量妥协,并热衷于利用全德国民议会实现"宪法统一"。制定一部宪法,推举一位皇

---

① [法]皮埃尔·米盖尔:《法国史》,蔡鸿滨、张冠尧、桂裕芳等译,北京:中国社会科学出版社,2010年版,第261页。

帝,是法兰克福国民议会的唯一目标。6月以后,保守势力和反动势力恢复起来,主张回归旧秩序。11月,普鲁士邦发生政变,资产阶级自由派被排除出政府。后国王调动军队进驻柏林,解散议会,恢复了革命前的君主统治。1849年3月末,法兰克福国民议会终于通过了德意志帝国宪法,推举普鲁士国王为帝国皇帝。但是德意志各邦君主都拒绝接受帝国宪法,普鲁士国王也拒绝了议会送来的皇冠。资产阶级随即领导展开了护法运动,但被政府镇压,法兰克福议会最后也被解散。1848年德意志地区的革命就这样终结了。

革命前,奥地利是一个没落的封建专制帝国,同时也是一个多民族的"大拼盘"国家。在哈布斯堡家族统治下,除了德意志人外,还有捷克人、斯洛伐克人、波兰人、克罗地亚人、意大利人等20多个不同民族。19世纪三四十年代后,资本主义工业化有所发展,但是封建束缚和民族压迫阻碍了资本主义经济的进一步发展。因此,推翻封建专制统治、废除封建制度、被压迫民族建立自己的民族国家,是革命的主要任务。1848年3月,维也纳发生群众起义,帝国首相梅特涅被迫流亡英国。皇帝宣布改组内阁,召开议会,制定宪法。5月,因不满意过于保守的宪法,维也纳再次发生群众起义,政府为了平息事态,宣布重新制定宪法。与此同时,在捷克、匈牙利、加利西亚、克罗地亚等地区,也爆发了群众性的革命运动,和维也纳革命彼此呼应。人民要求实行宪法,言论自由,取消封建义务。在多次人民群众起义的震动下,奥地利资产阶级寻求同封建势力妥协。而君主则开始借助军队的支持,恢复旧秩序。1849年3月,资产阶级自由派占优势的奥地利帝国议会被皇帝解散。夏天,奥地利皇帝联合俄国沙皇,镇压了匈牙利革命。

三、革命的影响

1848年欧洲革命波澜壮阔。尽管国家和地区不同,历史情况不一,但革命进程似乎都遵照一个模式:在第一个阶段勃然而兴,取得胜利。但接下来开始遭遇各种挫折,最后归于失败。这首先说明,欧洲大陆的民主革命力量有一定的积蓄。在19世纪的欧洲大陆,由于经历过法国资产阶级革命、拿破仑征服的冲击,人们政治上接受了先进思想和制度的洗礼;资本主义有一定的发展,特别是工业化的开展,从社会基础上动摇了封建制度。不管表面上怎样强大,封建旧秩序已无可挽回地趋于衰败没落。由封建专制走向君主立宪,乃至更加激进的资产阶级民主政治,是大势所趋。

但同时,民主力量还是缺乏坚实的社会基础。即便在当时工业化比较发达的国家,比如法国,旧制度的残余也并非能一夜之间清扫干净。在中欧和东欧的农村地区和偏远地区,封建势力甚至依然占据主导地位。作为1848年革命的领导力量,各国资产阶级和小资产阶级由于自身缺乏力量,软弱性和动摇性表现突出。社会中下层群众,特别是工人,缺乏思想引导和有效的组织训练。

1848年欧洲革命影响深远。首先,革命扫荡的范围十分广阔,这说明它不是一个为了解决局部矛盾的革命,而是一个具有时代特征的革命。有的国家致力推翻封建统治,有的则主要为了扫除封建残存,还有的要结束封建割据,这都是为了发展资本主义。建立民族国家,或者实现民族的解放事业,本质上也是资本主义发展提出的任务。其次,这是一次群众参与程度很高的革命运动。在这个意义上,1848年革命是法国大革命的延续和扩大。群众的参与对资产阶级民主革命施加了很大的影响,特别是在革命所取得的成果上。最后,在法国和德意志等资本主义工业化比较发达的地方,工人作为新兴力量登上了欧洲的政治舞台,提出了自己的经济和政治要求。虽然由于自身的不成熟,他们遭到残酷镇压,但之后工人政治上的成长和壮大,对资本主义在政治社会上的调整,以及经济的发展,施加了重大的影响。这在19世纪末和20世纪初期将显示出来。

第二节 法国进入工业社会

法国进入工业社会,是一个全方位的社会改造工程。主要推动力来自两个方面:在经济和社会基础方面,法国启动了自己的工业革命。这是受到英国工业革命的影响,并得益于英国工业革命已经取得的成就。在政治制度和政治生活方面,法国的民主化进程跌宕起伏。1830年、1848年乃至1870年的革命,某种意义上都是1789年大革命的延续。

一、法国工业革命的展开

法国工业革命开始的时间比英国要晚一些,其进程也相当缓慢。[①] 法国工业革命大致分为两个阶段:从第一帝国到七月王朝时期(1804—1848),这一阶段为法国工业革命起步和缓慢推进时期。到1848年革命前夕,法国仅有少数地区实现了工业化,总的来看它基本上依然是个农业国。从第二共和国到第二帝国时期(1848—1870),法国工业革命全面展开,工业化取得了较大的成效。尤其是在第二帝国时期,法国最终完成了工业革命,基本上实现了英国式的工业化,面貌一新。

第一帝国时期法国工业革命开始启动。在拿破仑统治下,法国政治体制和社会基本稳定,为经济发展创造了一个较为良好的国内环境。作为一个重商主义的信徒,拿破仑积极地采取一系列措施,鼓励法国民族工业发展。但是在战争条件下,法国工业革命一开始就面临着双重的国际环境影响。一方面,由于当时法国的强敌英国控制着海上霸权,并不断地和欧陆一些反法国家结成同盟,法国被迫执行大陆封锁政策,这直接影响了法国一些沿海港口城市的海外贸易,并一度使得法国本土的经济活动陷于瘫痪。[②] 另一方面,拿破仑的对外战争使得法国资产阶级获得了许多利益。在拿破仑取得奥斯特里茨战役胜利后,第三次反法同盟土崩瓦解。随后的近十年中,法国通过战争取得了欧洲大陆的霸权。在扫除欧洲封建势力的同时,拿破仑战争也具有侵略性和扩张性,法国资产阶级对其他国家进行了经济上的野

---
① 欧洲大陆工业革命开始于1800年前后。
② [美]W. W. 罗斯托:《这一切是怎么开始的——现代经济的起源》,黄其祥、纪坚博译,北京:商务印书馆,1997年版,第166页。

蛮掠夺,以促进本国工商业的发展。

在工业方面,法国最初以纺织工业为主,里尔和夏龙的棉纺工业、茹依的织布工业、色当的呢绒工业,都是法国制造业的台柱子。此外,萨尔的采煤工业、洛林和列日的冶金工业,也都很重要。以上各工业在第一帝国时期都得到了发展。法国新建工业有制糖工业和化学工业等。

法国交通事业的发展,首先得益于王家公路的建设。1807年兴建的欣浦隆通道贯穿法国本土,连接瑞士的瓦莱与意大利的皮艾蒙特,全长69公里;瑟尼山通道连接法国里昂和意大利北方大都市都灵。1850年,法国王家公路总长为35000公里,不仅活跃了国内贸易,而且将法国市场和国际市场接通。

在水路交通建设方面,法国开凿了圣康坦运河。它是法国北部重要的运河,全长92公里,连接瓦滋河、索姆河、艾斯考河。此外还有连通罗纳河与莱茵河的运河,勃艮第运河,连通马恩河与莱茵河的运河。1822到1845年,法国运河总长度从730公里增加到3200公里。水陆交通结成网络,促进了经济发展。

法国的第一条铁路是连接圣太田与安德雷齐奥的铁路,全长20多公里,于1823年贯通。不过当时它以畜力和绞车为动力,用于煤炭运输。1830年,圣太田—里昂铁路线使用了蒸汽火车头。19世纪40年代,法国掀起兴建铁路的热潮,先后成立了多家铁路公司,其中最为著名的是北方公司,为英法联合成立。1842年,法国议会通过《铁路法》,初步拟订在全国兴建6条铁路,纵贯国土,形成网络。但是实际上铁路建设速度并不快,至1848年,法国总共建造铁路1320公里。

二、从复辟王朝到第二帝国

18世纪末的"双元革命"(英国工业革命和法国大革命)的作用和影响无论怎样高估,都不过分。因为它们都既是本土的,也是世界性的,都在各自的领域内(社会经济和社会政治)产生了空前的影响。法国大革命无论对法国还是对欧洲和世界而言,都可谓开启了真正的激进政治革命的闸门。整个欧洲的旧秩序堤坝被冲击得千疮百孔,面目全非。不管旧秩序的维护者们怎样修补(如维也纳会议),都不能使之完好如初。革命的"管涌"到处发生。革命和复辟在法国(同时也在欧洲其他国家)反反复复地较量,社会发展呈现典型的"螺旋上升"。

复辟王朝 第一帝国崩溃后,路易十六之弟路易十八恢复王位,波旁王朝第一次复辟。路易十八颁布了《1814年钦定宪章》,这是一部带有近代资产阶级性质的宪法,确立了君主立宪制度和两院制。宪章保留了以前几部宪法所宣布的公民基本自由和权利,对在大革命年代和第一帝国时期造成的变革基本维持不变。然而这个政权维持不足一年,即在1815年3月被拿破仑"百日王朝"取代。6月18日,拿破仑在滑铁卢战役中被反法同盟击败,22日被迫第二次宣布退位。7月8日,路易十八入主巴黎,波旁王朝再度复辟。

在同盟军占领下,法国保王分子举起复仇的利剑,疯狂反扑。波旁王朝更是利用国家政权实行"合法的白色恐怖"。议会接二连三地通过法律,镇压一切反对者;在法国各级行政机构,也进行了大规模的清洗,约三分之一的官吏被撤换。路易十八还对两院进行调整、整顿,通过免职和增补而实现了贵族院成员较大的变动;众议院实行两级选举制,选民和候选人的年龄均有不同程度的放宽,众议院席位新增了二分之一以上。在第一次两级选举中,402个席位被保王党占据350席。全部议员中,旧贵族占35%,资产阶级占45%。地方显贵(市长、省参议员)占有相当比例(将近百人),资产阶级中法官、律师比例较高(91人),商人和企业主仅有25人。由此可见,路易十八复辟王朝实际上是建立在旧贵族和大资产阶级联合专政的基础上的。

议会和内阁组成后,很快围绕多项问题发生冲突。议会被极端保王党人(又称"极端君主派")控制,他们竭力主张彻底恢复旧制度,严厉惩罚大革命参加者和拿破仑帝国同情者;而内阁虽然也保守右倾、敌视革命,但是他们反对过激的反动政策,尤其是在镇压大革命参加者问题上主张宽容和有所限制。一年后,这届议会被国王解散。在新的议会选举中,极端保王党再度失势。新一届议会多数派称"立宪派",他们虽然没有明确的政治纲领,但是反对极端保王党,支持政府;政府反对派来自左右两翼:右翼是极端保王派,左翼是新兴的反对派——独立派。独立派反对波旁王朝,以资产阶级共和派为主体,也汇集了拿破仑派、奥尔良派。他们主张主权在民,要求有更多的自由权利。由于独立派在议会中的力量不断壮大,受其影响,政府采取了温和的、带有资产阶级自由主义色彩的政策。

但是好景不长。极端保王党、立宪派对独立派发展壮大深感不安,两者的靠拢致使法国政局出现右转。立宪派内阁在极端保王党的压力下,执行了一系列反动政策,如限制出版自由、通过有利于贵族和大资产阶级的选举法——《双重选举法》。新选举法实际上为极端保王党崛起铺平了道路。1820年,极端保王党在议会选举中获得多数;一年以后他们组建内阁,极端保王党人维莱尔出任首相,法国政治日趋反动。1824年路易十八死去,极端保王党头目阿图瓦伯爵成为法国国王,称查理十世(1757—1836)。自此,在法国政坛上,国王、议会、内阁、首相狼狈为奸,极力恢复旧贵族特权和君主专制。

七月王朝 物极必反。政治上的一系列倒行逆施,不但遭到资产阶级自由派的强烈反对,也使法国社会各阶层和阶级对立加深。在此局面下,由于法国资本主义工业发展的不协调和不稳定,又出现金融危机和工业危机,银行、工厂不断倒闭。1826—1830年,农业危机接踵而来,土豆产量暴跌,谷物连年歉收。工人失业加剧,实际工资下降。天灾人祸相逼,农民生计无着。社会矛盾激化导致法国城乡严重动荡。1830年7月,火山终于喷发。巴黎爆发历时三天的人民起义,史称"七月革命"。社会下层以高昂的流血牺牲为代价,推翻了波旁王朝。奥尔良公爵路易·菲利普(1773—1850)上台,建立了"七月王朝"。

七月革命的历史意义在于,它阻止了封建制度的复辟,重新确立了法国资产阶级的统治。在其影响下,欧陆其他国家出现反封建民主革命运动,英国工业资产阶级在政治上也间接获得好处。可见,法国七月革命冲击的是整个欧洲自维也纳会议后恢复的封建旧秩序,对于国际反动势力是一个大的打击。

七月王朝是法国大资产阶级的政权。国王路易·菲利普本人就是一个资产阶级化的旧贵族。他参加过大革命,曾加入雅各宾俱乐部,甚至其穿戴、做派也不同于王家传统。七月王朝作了一些有自由主义性质的让步,并奉行有利于资产阶级工商业界和新贵名流的政策。和波旁复辟王朝不同的是,七月王朝虽然也是君主立宪政体,但国王受到议会多方掣肘,不能为所欲为。贵族院也发生了变化。顽固守旧的贵族分子遭到清洗,贵族院成员世袭制度被废除,贵族院和国王、众议院共享立法创制权,地位有所提高。根据新的选举法,众议院选举制度有了一定变化。选举人纳税额降低三分之一(从原 300 法郎降到 200 法郎),选民范围、人数扩大(从原 9.5 万人增至 16.3 万人),使得城市中等资产阶级获得参与国家政治的机会。为了表示和封建旧制度的决裂,七月王朝以法国大革命时期的三色旗为国旗,在王家纹章和国家印章中取消了百合花图案,国王的头衔由"法国的国王"改称"法国人的国王"①,人民由"臣民"改称"公民",等等。

七月王朝的新政治体制仍具有很大的保守性。由于选民资格的财产限定,广大工人、农民、城乡小手工业者无任何政治权利。选民中绝大多数是土地所有者(占 80%)和工商业资产者(占 15%)。据统计,1840 年议会议员中,40% 是国家行政官吏,土地所有者和工商金融资产阶级(以及自由职业者)各占 30% 的比例。贵族院也向大资产阶级开放,到 1848 年,贵族院中有工商业资产者 10 名左右。在七月王朝统治时期,许多有资产阶级自由主义思想倾向的贵族、军人、大资产阶级思想家、政治家,乃至金融、工商业巨子,成了内阁首相人选。

七月王朝时期的政治斗争十分激烈。当政的大资产阶级政府内部分成两派:"运动派"主张对内继续推进民主,扩大选举权,他们在王朝初期较有影响;"抵抗派"(以基佐等人为代表)竭力维护 1830 年宪章所建立的既定制度,抵抗革命运动,他们在绝大部分时期里掌握政权。政府的反对派有"正统派"(效忠旧王朝的贵族)和"共和派"(代表中小资产阶级利益)。共和派呼吁实现普选,建立公共教育制度,争取、保障人权。共和派曾经几次发动武装起义,都遭到严厉镇压。1840 年基佐控制政府后,七月王朝政治日趋反动。

基佐(1787—1874)是法国著名的资产阶级历史学家、政治活动家。他试图以阶级斗争的观点解释历史发展,但是政治上持十分保守的立场。他鼓吹资产阶级君主立宪制,认为七月王朝实行的是法国最理想的社会制度。基佐认为国家只有在"秩序"中才能取得进步,国王不仅要"统",还要"治",因此深得路易·菲利普信任。他取缔一切资产阶级民主运动,拒绝任何社会、政治改革,竭力将议会变成政府的工具。在经济方面,他执行有利于金融贵族的政策,将法国的大量资本投入金融信贷业,直接损害了工业资产阶级的经济利益。法国中、小资产阶级以及广大工人、农民,对基佐的经济、社会政策也极度不满。

1845—1846 年,法国农业连年歉收,全国发生大饥荒。工商业危机接踵而至,生产大幅度下降。国家财政陷入危机,官场腐败也日趋严重。一时间,法国社会上下民怨沸腾,七月王朝统治摇摇欲坠。1847 年夏秋,法国城市工人罢工浪潮不断,饥饿的农民掀起抢粮风潮,"面包骚动"蔓延全国。一位小资产阶级共和民主派领袖在议会中坦言:"我们的工业、商业、

---

① [美]帕尔默、科尔顿:《近现代世界史》(中),孙福生等译,北京:商务印书馆,1988 年版,第 614 页。

金融信贷处于惊人的危难状态之中,甚至可以说是处于崩溃的边缘。那么,这是谁的过错呢?应该把责任归咎于谁呢?应该归咎于这个沉重地压在我们头上十六年之久的制度!"

"二月革命"和第二共和国 政府反对派迅速集结,他们来自各个社会阶层,提出不同主张。"王朝反对派"由巴黎大资产阶级和一些议员组成,他们不反对君主制,但要求社会改革,要求法国抛弃神圣同盟,奉行独立的外交政策。"《国民报》派"代表工商业资产阶级,他们反对七月王朝君主制度,鼓吹共和,主张社会自由和经济自由,要求政府以关税保护民族工业。"《改革报》派"是小资产阶级的喉舌,他们要求推翻七月王朝,建立共和国,进行社会经济改革,保障劳动权利,改善劳动条件,实行普选制度。此外还有以布朗基为代表的社会主义派,他们发动无产阶级和劳动群众,主张以暴力革命推翻资本主义统治,消灭剥削,建立社会共和国。这样,各派一致反对七月王朝,注定了它的必然覆灭;各派立场、观点和要求不同,又注定了革命的曲折道路和最终命运。

自1847年7月初,在巴黎和外省相继发生了所谓"宴会运动"。对这种具有强烈政治色彩的群众性聚餐活动,基佐政府采取了禁止和镇压行动。1848年2月21日,政府宣布禁止宴会。次日清晨,巴黎工人、大学生、手工业者1000多人冒着大雨冲上街头,要求集会自由。他们在广场集合,高唱《马赛曲》,呼喊"改革万岁"和"打倒基佐"的口号,向波旁宫进发。游行示威者在向众议员递交请愿书后,继续前进。不久巴黎的主要广场、大道和政府机关门前挤满了示威抗议群众。当天晚上,一些示威工人开始商议筑起街垒,有些地段的示威者已经夺取警察的武器,积极准备起义。基佐政府调集政府军和国民自卫队进行镇压。23日上午7时,抗议群众和政府军爆发激烈的巷战,而国民自卫队同情起义群众。路易·菲利普闻讯急忙将基佐免职,缓和局势。在这种形势下,资产阶级以为大功告成,劝说人民放下武器,停止战斗。但是起义不但没有停止,反而急剧发展。起义者攻克哨所,焚烧兵营,决心和七月王朝血战到底。24日中午,在"打倒路易·菲利普!""共和国万岁!"的口号声中,起义者攻占市政厅,路易·菲利普宣告退位,仓皇出逃,流亡英国。七月王朝就此告覆。

资产阶级共和派捷足先登,当晚宣布成立临时政府。资产阶级的代表在临时政府中拥有绝大多数,重要的职位也被他们垄断。同时,也有两名工人代表进入政府。这样,工人阶级和资产阶级的矛盾,资产阶级共和派内部左右两翼的矛盾,被暂时掩盖。第二天,在工人代表团的强烈要求下,临时政府宣布建立共和国,这就是法兰西第二共和国。这虽然是个资产阶级的共和国,但也打上了较为鲜明的无产阶级烙印。如国旗旗杆上系有象征革命的红色丝条;对工人劳动权利实行一定保障,缩短劳动时间;废除财产资格限制,实行普选;出版、集会自由,等等。但是资产阶级在作出一系列让步的同时,也开始有序地"反击"。

资产阶级在统治巩固以后,于4月23日举行制宪会议选举。资产阶级共和派获得压倒多数,君主派、小资产阶级也占有一席之地。工人代表只占有全部议席的2%左右,其中最著名的工人领袖落选。在随后成立的政府中,工人代表遭到彻底排挤。新政府不断出台反动措施,遭到工人反对,但是由于缺乏政治斗争经验,工人阶级在斗争中陷于被动。6月21日,资产阶级政府下令解散"国家工场"。所谓"国家工场"是资产阶级临时政府为缓解失业而推行的一项计划,即政府组织失业者在巴黎郊外修路、筑城,并给予微薄报酬。资产阶级政府的这一措施,将10万工人逼上绝路。次日,上万工人涌上街头,构筑街垒,他们在红旗上书写"不能劳动而生,毋宁战斗而死!"23日,起义工人同政府军展开激战,由于力量对比极为悬殊,三天后,起义被卡芬雅克将军残酷镇压。

11月4日,制宪会议通过法兰西第二共和国宪法。它规定法国为议会制共和国,是民主的、团结的、不可分割的共和国,以自由、平等、博爱为原则,以家庭、劳动、财产、秩序为基础。宪法赋予总统(由四年一次的普选产生)近乎国王的权力,总统不受议会约束,不受任何制约。这暴露出资产阶级利用自己的特权同民主力量抗衡的企图。但宪法又规定,法国议会实行一院制,议会享有无上权力,不受总统监督,不被总统解散。议会有立法、宣战、媾和、缔约等权力,议会通过的决议总统无权废除。这样,法国实际上有两个最高权力机关并存——总统和议会,它们彼此独立,互不相属。这种混乱和矛盾,孕育着严重的政治危险。

在年底举行的第一次总统选举中,拿破仑一世的侄子路易·拿破仑·波拿巴(1808—1873)亲王出人意料地大获全胜,以占总票数75%的绝对优势(540万票)当选。路易·波拿巴出生时,波拿巴家族正处于顶峰时期,他的父亲是荷兰的国王。自1832年拿破仑一世的儿子去世,路易·波拿巴就成为家族的领导,决心恢复波拿巴家族和帝国的荣誉。路易·波拿巴长期流亡欧洲各国,多次进行政治投机。他参加过烧炭党和意大利1830年起义,策划过两次可笑的"暴动"。1848年春,他在英国避难时曾经充当威灵顿公爵的临时特别警察,反对英国宪章派革命。回到法国后,他先是小心谨慎地避开政治的漩涡,然后看准时机,加入总统选举的角逐。他没有明确的政治纲领和主张,却善于采取欺骗、收买、恐吓、暴力手段。他自称是拿破仑衣钵的继承者,"民族统一"的坚决维护者,是"超越党派"的人。其内容庞杂的竞选纲领对法国各阶级、阶层都具有煽动性和诱惑性。他答应为资产阶级"捍卫社会秩序,实现对外和平";给天主教徒"信仰自由";对农民减轻赋税并"保护小土地私有制",消灭贫困;给小资产阶级以"低息贷款";为工人阶级"消灭失业",大赦因起义被捕的工人。为给自己制造舆论,他先后投入竞选资金共计130多万法郎,其中100万法郎来自一个英国金融家。这些钱用于各种宣传活动,并对政界名流和其他党派势力进行收买。

资产阶级共和派候选人卡芬雅克(1802—1857)败北(获得150万票)。实际上,由于资产阶级共和派镇压工人起义,其统治已在根本上动摇。共和派当政时执行的一系列反动政策,对法国广大农民和小资产阶级利益也构成严重损害。大资产阶级当中的拥护君主立宪的保皇派,也出于本能地反对共和派。广大法国农民对拿破仑的怀念和迷信,也为路易·波拿巴的当选推波助澜。农民们对拿破仑皇帝给予他们自由土地所有权念念不忘,并在自己的村舍中到处挂起皇帝的照片。拿破仑的传说到处流传,更让法国人想起法兰西帝国时期的光荣。当千百万人有生头一次突然被召去参加总统普选时,波拿巴是他们唯一熟悉并怀有景仰的名字。一个法国老农说:"我怎么不应该投这位先生一票呢?我是在莫斯科冻僵过鼻子的人。"

路易·波拿巴登上法国政治舞台,标志着资产阶级共和派的失败和资产阶级保守派的得势。但是，波拿巴的野心在于恢复帝制、实现独裁。他首先借重君主集团的势力（秩序党）打击小资产阶级民主派和资产阶级共和派。1849年6月，他支持议会驱逐社会主义者代表，禁止公共集会，限制出版自由；1850年议会废除成年男子普选权，致使三分之一的选民失去选举资格；同年，政府法令又将教育系统的各级学校置于天主教会监督之下。当法兰西第二共和国的民主、自由色彩消失殆尽时，路易·波拿巴开始向控制议会的秩序党进攻。秩序党分裂为奥尔良派（企图恢复七月王朝统治）和正统派（企图恢复波旁王朝统治），他们都是波拿巴王朝复辟的竞争对手。在收买、控制军队之后，1851年12月2日，路易·波拿巴发动政变，解散议会。一年以后，经过全民投票，他正式登基为皇帝，号称"拿破仑三世"。短命的第二共和国被第二帝国取代。

拿破仑三世

第二帝国 路易·波拿巴决非一个简单的王朝复辟者。他实际上是一个精明的资产阶级政客，也是"第一个现代独裁者"。他认为，与经济的和社会的现实相比较，国家、政府的形式是次要的。他标榜自己站在各个阶级之上，为所有的人的利益而一视同仁地管理国家。他宣称，波旁王朝、七月王朝是受特殊集团所支配的，而第二共和国最终落到了不可靠的议会手中，法国只有从帝国那里才能找到永久的、大众化的、现代的政治制度。

帝国宪法规定，皇帝享有国家全部行政权力，一切文武官员都由皇帝任免，并对皇帝宣誓效忠。皇帝掌握立法关键环节（法律创制权和颁布权），国家司法也须以皇帝名义实施。皇帝有权对外宣战、媾和、缔结商约和其他条约。帝国议会实行多院制，即由参议院、国务会议、立法团组成。参议院成员由皇帝委任，终身任职，其主要职责为审查法令、接受请愿、行政监督、法律咨询、修改宪法；国务会议由负责草拟立法的专家和技术顾问组成，成员全部由皇帝任免，其职责是根据皇帝的意志制定法规、法律；立法团由普选产生，但选举在政府精心安排下举行，虽然法律允许，但几乎没有哪个独立候选人敢于同官方候选人唱对台戏。因此，选民只有遵命投票的"权利"。立法团没有任何独立的权力，既不能主动提出法案，也无权监督预算，只能对现成的法案表示赞同或者反对。由此可见，议会各院实际上都是皇帝的工具，议会的生命已经趋向完结。

就待遇而言，皇帝本人年薪高达2500万法郎，各部大臣年薪4万法郎，并可以兼职兼薪。参议员年薪3万法郎，国务会议参事年薪2.5万法郎，立法团议员没有薪水。[①]

第二帝国实际上是拿破仑三世个人专制独裁统治。他以军队、警察、宪兵和密探为专政工具，以政治讲坛为天然栖息地，以诺言和盛典谋求群众的支持，并自称是人民主权的化身。这个个人独裁的政权，倚重于金融、工商业资产阶级上层，倚重于军政要员、教会势力，并代

---

① 沈炼之主编：《法国通史简编》，北京：人民出版社，1990年版，第322页。

表他们的利益。但它披上民众认可的合法外衣,竭力以全民利益掩盖其本质。拿破仑三世为维护其统治,也迎合时代发展,在不同时期采取不同策略。在帝国前期(1852—1858)他实行高压政策,帝国后期(1859—1870)更多采取软硬兼施的"自由化"政策。由于帝国政府得到了教会、工商业资产阶级和军队的支持,几经动荡和反复的法国政治,终于相对地稳定下来。与此同时,法国资本主义经济的大发展时期开始了。

三、法国经济发展和工业革命的完成

第二帝国时期,国际环境非常有利于法国经济发展。1849年在美国加利福尼亚不久又在澳大利亚发现金矿,世界黄金产量大增。由于黄金流入,欧洲货币供应量增加,加上信贷业较为活跃,资本投放增加,引起温和的通货膨胀。帝国通过高额的贸易顺差,赚取了大量硬通货。法国物价止跌回升,刺激了生产发展。由于政局相对稳定,经济发展获得了一个较好的内部环境。拿破仑三世对经济发展也给予高度重视。他"更喜欢自己作为一个伟大的社会工程师而闻名于世"。虽然并不是一位经济学家,但是这位皇帝在年轻时就对现代工业怀有浓厚兴趣。他对圣西门设想的"中央计划"工业制度抱有好感,认为国家应该在经济发展中扮演主要角色。他主张国家通过预算、分配等手段直接干预、指导经济发展。此外,拿破仑三世还打破法国传统的贸易保护,推行自由贸易政策。拿破仑三世统治时期,法国的经济、尤其是工业经济快速发展,工业革命最终完成。蒸汽机得到更加广泛的使用,制造业取得了飞跃性发展,大规模的商业活动日趋繁荣,金融投机业也极度兴盛。

"**铁轨时代**" 交通运输的现代化,是第二帝国时期法国经济发展中最显著的成就。铁路建设使得法国进入了"铁轨时代",帝国政府为此作出了巨大努力。首先,政府使铁路公司在铁路建设和经营管理上享有更多的自主权,并把承建公司对铁路享有的专利期限延长为99年,使其有利可图,从而极大地调动了铁路公司在经营和建设方面的积极性。其次,国家对已有的40多家铁路公司进行了干预融合,使其合并为6家大的铁路公司,改变以往各自为政、重复建设、资源浪费的局面。国家还制订了统一的全国铁路发展规划,然后将铁路修建权转让给有关公司。第三,国家保证铁路建设工程在资金方面的需要。1859年,法国政府曾经责令法兰西银行帮助有关铁路公司发行股票,后来又允许铁路承建公司自行发行股票,必要时国家还给予财政补贴。[①]

1850年,法国铁路长度从原先的3000多公里增加到16000公里。1869年,法国完成了全国铁路网络的建设,铁路线总长度达到16465公里。铁路网络也进行了合理调整,55条小铁路线调整合并为6条大的地区干线。火车站等铁路设施大量兴建,仅首都巴黎就有12个火车站,跻身世界最大交通枢纽城市之列。法国铁路网络不仅冲破了地方经济的樊篱,有助于形成统一的国内市场,还与邻近国家铁路连接,有利于本国和国际市场沟通、联络,促进经济发展。大规模的铁路兴建,也刺激了法国的冶金、机械、采矿等行业的发展。由于铁路交

---

① 沈炼之主编:《法国通史简编》,北京:人民出版社,1990年版,第330页。

通的发达和便利,19世纪五六十年代,法国铁路货运量猛增,而运费则大降,铁路公司利润直线上升。与此同时,法国的公路、内河、运河等水陆交通设施也有了长足的发展。与铁路网络配套,第一次使法国各地区分散的经济形成一个有机的整体。商品流通顺畅,贸易繁荣兴盛,法国经济力量得到极大的增强。

金融业 拿破仑三世统治期间,十分重视法国金融事业的发展。他支持圣西门主义者创办投资银行,并赢得了"社会主义的皇帝"的美名。法国兴业银行就是圣西门主义者创办的新式银行机构,它力图将财政资源集中起来,以指导国家经济的发展。兴业银行通过向公众出卖股份来筹措资本金,然后用其来购买它希望发展的新兴工业企业股票。国家还用同样的方法建立土地银行(农业银行),向土地所有者提供贷款,用来实现农业技术革新,改善农业生产。1852年2月,国家开办实力雄厚的"土地信贷银行"。1853年,法国政府重新建立了"国家贴现银行",1859年建立"工商信贷银行"。为了进一步适应经济发展对资金的需求量,法国政府对开设银行的法律限制有所放松。1863年,在金融界的强烈呼吁下,政府取消了股金不满2000万法郎者开设银行需预先获得政府批准的法规。一大批新银行应运而生,如"里昂信贷银行"、"奥托曼帝国银行"、"马赛工业信贷储金公司"等等。一时间,大银行纷纷开设分行,中小银行不断建立。1867年国家法令进一步规定,任何人开设银行或者股份公司,皆无须政府批准。为了方便资金流通,法国政府还改变了旧式支付手段,规定使用支票。

为了从经济上控制殖民地,法国积极在海外开设银行。1859—1869年间,一家法国股份公司投资建成了苏伊士运河,并享有所有权达一个世纪之久。1863年,法国政府公布了《"有限责任"权利法》,根据此项法规,股东当公司负债破产时,将不会损失超出股票价值以外的东西。这鼓励了那些拥有少量资本、且不懂企业经营的人进行生产性投资。全国的闲散资金和社会财富被有效地调动、集中起来,充分地发挥积极作用。于是,股票发行量越来越大,股票种类越来越多,证券交易所纷纷成立。根据1865年的调查,1852年以后,银行和各个实业公司平均每年发行价值15亿法郎的股票。1850到1869年间,上市股票由118种增加到307种,1869年仅在巴黎一地的交易所洽谈买卖的股票总额就达到33亿法郎。交易所在当时人们心目中的地位,犹如中世纪的教堂。在前所未有的金融投机鼎盛期,法国出现了许多大金融家和富豪,他们是金融寡头的雏形。金融寡头和帝国权贵往往有着千丝万缕的联系。他们除了收买拉拢政界人士,还跻身政坛。金融巨子们还投资报刊,竭力控制媒体,施加他们在各个领域的影响。

农业的发展 第二帝国时期,法国农业获得一定发展。其中最大成就体现在耕地面积的扩大。波拿巴颁布实施了《垦荒法》和《排水法》,组织大量人力开垦荒地、整治沼泽地,使法国耕地面积扩大了150万公顷,全国耕地总面积达到2650万公顷。由于交通业发展,国内商贸活跃,农业与市场联系紧密,并逐渐走上专业化、合理化道路。各地区农民注重种植在当地最适宜发展的农业作物,不仅提高了土地利用率,还增加了产量产值。由于可以取得各种贷款,农业机械化水平也有所提高,据统计,法国1862年拥有收割机9000架、播种机1万架、打谷机10万架。

然而,与当时的英国、荷兰、德意志相比,法国农业仍然较为落后。机械化水平偏低,设备老旧,普及率低。只有5%—7%的农民使用机械生产。1850到1870年间,法国农业实际产量增长不到25%。就整个国民经济来看,工、农业发展不平衡。与迅速发展的工业相比,农业发展速度缓慢,并且缺乏活力,这对于工业的进一步发展,是非常不利的。

对外贸易发展　在对外贸易政策方面,拿破仑三世信奉自由贸易原则。他曾经设想通过和比利时结成关税同盟,获取法国经济发展所需要的煤炭。这一计划在国内引起争论,也遭到英国等国家反对,最终搁浅。拿破仑三世于是转而全面、大幅度地降低商品进口关税,并取消对某些商品的禁运,废除了自第一帝国以来的保护关税政策。由于外国煤炭和纺织品大量涌入法国市场,一度对本国煤炭采掘和纺织工业造成冲击,法国中小资产阶级为此曾指责拿破仑三世的"关税政变"。1860年,拿破仑三世不顾立法机关反对,和英国签订一项自由贸易条约,从而消除了法、英贸易壁垒。此后法国陆续同比利时、德意志、荷兰、瑞士、意大利、挪威、葡萄牙等国家签订类似条约,最终将本国经济完全纳入了广阔的国际市场。从根本上讲,这些条约对法国商业资产阶级以及依赖廉价进口原料的工业资产阶级是有利的。在国际竞争的磨练、刺激下,法国工业的对外竞争能力以及技术革新,也不断进步。实际上拿破仑三世在放开市场的同时,也对本国民族工业进行了大力扶植。为帮助法国工业家同英国工厂主竞争,他曾经专门拨出经费4000万法郎。这笔经费并未完全花掉,人们由此断定,当时的法国工业实际上已经具备了同机械化程度较高的英国工业进行竞争的能力。

帝国期间,法国对外贸易总额大幅度增加。1850到1869年间,法国外贸总额从18.59亿法郎激增至62.28亿法郎。这期间除了1855到1857年、1861年、1867到1869年以外,其余十几个年份外贸均实现了出超,总额累计在27.76亿法郎。从对外贸易的结构来看,进口的主要是廉价原料,棉花、煤炭占到2/3;出口品主要是昂贵的制成品。新的外贸公司不断成立,对外贸易固定的航线已经形成:勒阿弗尔—北美洲航线,波尔多—南美洲航线,马赛—非洲、远东航线。帝国时期法国船舶总吨位从68.8万吨增加到106.5万吨,居世界第二位。主要的对外贸易港口在泊位、仓储和运输方面也实现了数量的增加和设备的更新。

工业革命的完成　重工业的快速发展、机器的广泛使用、科技力量的壮大,是工业革命完成的主要标志。

第一代重工业主要为冶金、煤炭、机械制造工业。1861到1869年,法国冶金总产量增长了2.8倍,以钢铁冶金发展最为迅速。其中生铁的产量从41万吨增加到135万吨,钢产量从1.4万吨增加到11万吨。机械制造业增长了2.4倍,机车数量从1000个增加到48000个。采矿业实现增长2.26倍,煤炭产量从455万吨增加到1350万吨。

在主要的重工业部门,机器使用十分广泛。帝国末年蒸汽总动力比帝国初年增加了3.5倍。在发展相对缓慢的轻工业领域,如纺织工业,机械化程度也有了明显提高。浮士省在1856年机器纺纱纱锭量只占到总量的9%,而到了1868年则达到了80%。1847到1871年间,阿尔萨斯省的纺纱工人总数减少了14%,但是纱锭量却增加了100%。在机械化程度滞后的食品工业、原料加工工业（木材、面粉加工等）和传统手工业（成衣、服装）领域，也开始了技术革新，先进的工艺设备、新式机器开始使用。由于机械化程度提高，法国工业总产值从1850年的60亿法郎增加到1870年的120亿法郎。当时法国工业生产水平仅次于英国，居世界第二位。

法国科技力量的壮大体现在技术发明成果上。据统计，在1851到1855年间，法国总共颁发技术专利证书14964份，1865到1869年，增至22652份。冶金业的技术引进和突破十分显著，1854年德维尔（1818—1881）炼出了铝，1856年引进英国先进的贝氏炼钢新技术，1864年又采用新的马丁炉，焦炭炼铁基本取代了木材炼铁。1860年，勒努阿（1822—1900）制成了第一台批量生产的内燃机。在化工领域，1861年比利时人索尔维（1838—1922）发明新的制碱法。1867年德里埃造出制冷机。1869年贝尔热实现了水力发电。①

法国工业革命取得了重大成果。它直接奠定了法国资本主义物质文明的基础，使资本主义统治得以全面确立，在政治上进一步稳固了资本主义民主成果。工业革命的社会后果是多方面的。工人和下层广大群众生活处境一度恶化。统治者为了缓和社会矛盾，同时也是为了适应工业化、社会化大生产需要，采取了济贫以及其他社会福利措施。工人阶级经过不懈的斗争，也为自己争得了一部分权利。工人结社和有组织的罢工，在一定程度上被宽容对待。

但是，对于第二帝国取得的经济发展和工业化实现的程度，不应估计过高。帝国经济发展呈现明显的不平衡性。金融业处于特殊的优先发展地位，交通运输业发展速度也极快，其他重工业领域获得长足进步，但是轻工业发展缓慢，农业发展滞后。从工业企业的规模水平来看，现代化大工业与中小工业、落后的手工工业并存，且分散的传统中小工业仍然占有优势地位。可见法国大工业在整个国民工业的中心地位尚未确立。此外在法国工业生产中，消费品的生产比重远远超过生产资料生产。这些都极大地妨碍了国民经济持续、快速发展。帝国经济总体上呈现不稳定、间歇发展的特点，尤其是工业增长率呈现了明显的下降趋势。帝国初期工业生产年均增长率为3.87%，帝国末期降到了1.16%。

第三节　德意志统一民族国家的建立

欧洲主要国家中，英国和法国早在中世纪时期，就已经基本形成了统一的民族国家。而当19世纪资本主义迅猛发展之际，在德意志地区，历史上同文同种的人民，却依然生活在许多不同的邦国里。德意志在政治上的分裂，对资本主义工业化产生了非常不利的影响。形成政治统一、版图完整和主权独立的民族国家，是19世纪德意志发展的主题。德意志民族国家的建立，对自身同时也对欧洲未来的政治格局，产生了深远影响。

---

① 沈炼之主编：《法国通史简编》，北京：人民出版社，1990年版，第333页。

一、19世纪上半叶德意志民族统一运动

拿破仑入侵和维也纳会议后的德意志 在法国大革命前,神圣罗马帝国维持着德意志地区的表面统一,但德意志各个邦国实际上割据一方,德意志民族实际处于政治分裂中。尤其是奥地利和普鲁士,作为德意志邦国中的"两强",专心致力于在欧洲谋求自己的霸权地位。法国大革命期间,普、奥积极武装干涉法国内政,招致拿破仑的入侵。法国军队战胜普奥联军后,神圣罗马帝国土崩瓦解。1806年,在拿破仑授意下,德意志的大多数中等邦国结成"莱茵邦联"。

法国的入侵和占领,重创了德意志各邦封建势力,为德意志社会的变革开辟了道路。莱茵邦联各国和普鲁士,纷纷进行了资产阶级社会改革。改革的领导者多为一些开明的贵族,具有进步的资产阶级思想。他们推行废除农奴制、营业自由、城市自治等政策,并宣传法律面前人人平等的新思想。在其影响下,一些邦国的君主还制订了宪法。但是,法国侵略者也带来了新的奴役和压迫,使德意志民族意识空前觉醒。在随后的反拿破仑战争中,德意志境内掀起了一场民族运动,提出建立一个自由、统一的德意志民族国家的要求。

对拿破仑战争胜利以后,维也纳会议建立了所谓欧洲新秩序。然而,德意志人的希望却完全落空。维也纳会议解散了拿破仑建立的莱茵邦联,把德意志问题交给由奥地利、普鲁士、巴伐利亚、汉诺威和符滕贝格组成的"五强委员会"解决。委员会经过将近9个月的努力,于1815年6月建立德意志联邦。它由38个独立的主权单位拼凑而成:4个自由市,1个帝国,5个王国,1个选帝侯国,7个大公国,9个公国,10个侯国,1个伯爵领。① 这个由德意志诸邦结成的松散的联盟,实际上保持了德意志四分五裂的状态。它对外不能行使外交权力,对内没有中央政府;没有国家元首,没有最高法院;没有统一的度量衡与货币,也没有统一的邮政制度。

拿破仑战争后德意志的分裂,既是中世纪封建割据传统的继续,也是俄国和奥地利一手操纵所致。俄国为推行其欧洲霸权政策,要确保德意志的分裂;奥地利是中欧最强大的封建堡垒,也是德意志各邦的封建"家长",它绝不允许在自己身边出现一个统一强大的德意志民族国家。在俄、奥直接干预下,各邦在政治上大踏步实行封建复辟。邦联的主要任务是压制一切争取统一和自由的努力,新闻、出版受到严格的检查,大学等文化思想传播地被严密监视,一切政治活动都被取消。② 然而,德意志民族民主运动的火焰已经点燃,任何反动势力也不能扑灭。

统一运动的兴起 维也纳会议后,德意志的进步力量高擎"统一"和"立宪"两面大旗,同封建反动势力进行了不屈不挠的斗争。1817年10月,在耶拿大学生协会倡议下,15所德意志大学的近500名学生在瓦特堡集会,这是争取德意志统一的第一次公开的群众政治集会。

---

① 郑寅达:《德国史》,北京:人民出版社,2014年版,第188页。
② [德]卡尔·略梅尔:《德国实况:德意志联邦共和国》,居特斯洛:贝尔特尔斯曼辞书馆出版社,1988年版,第54页。

会后各地大学生协会又提出一系列明确的要求和纲领,如"一个国家,一个皇帝",宪法和言论、出版自由,实行自由选举的人民代表制,反对贵族特权和封建农奴制。1830年法国爆发七月革命,德意志人民争取统一和自由的斗争掀起新高潮。1832年5月,来自德意志各地的爱国者在巴伐利亚普法尔茨的汉巴哈宫举行大会,参加者中有议员、大学生、手工业者、工人、农民以及士兵,具有广泛的代表性。在游行中,人们高举象征德意志统一的黑、红、金三色旗,佩带缀有"振兴德国"字样的三色绦带,群情激昂。一位爱国者热情洋溢地致辞,预言统一的日子终将到来:"那时阿尔卑斯山的和北海的、莱茵河的、多瑙河的和易北河的德意志人都如兄弟般拥抱,那时关税壁垒和边境的栅栏,分裂的、压抑的和使人意气消沉的一切权力象征都将消失……自由和统一的德国永存!"

30年代的德意志进步运动,招致奥地利的镇压。在政治迫害的浪潮中,运动归于沉寂。40年代初,由于资本主义经济的发展,德意志工业资产阶级登上政治舞台。他们和自由派贵族一起,领导了新的争取统一和自由的资产阶级运动,并在全德意志范围内掀起高潮。1840年9月,东普鲁士的容克自由派和资产阶级反对派为争取宪法而斗争,揭开运动序幕。随着运动深入发展,德意志各地都形成反对派集团,他们彼此呼应,相互支援。普鲁士莱茵兰当时是德意志工商业资产阶级力量最强大的地区,莱茵资产阶级自由派成为德意志资产阶级的代言人。他们不仅要求德意志的统一,还提出"一个国家中谁最富有,就由谁来统治",从而对君主专制提出公开挑战。1842年1月1日,莱茵资产阶级自由派创办《莱茵报》,作为自己的宣传阵地。该报被查封后,自由派又先后创办《科伦报》、《亚琛报》。40年代后期,德意志资产阶级领导的统一和自由运动已经深入到了人民群众中。

1848年,欧洲爆发了一场规模空前的资产阶级民族民主革命,德意志处于革命的中心。革命的领导阶级是德意志资产阶级,它的首要任务是完成国家统一。农民阶级和城市工人阶级为着自己的利益,也投入革命之中。2月到3月间,德意志各邦均爆发革命运动,封建君主被迫妥协,资产阶级议会取得政权。然而面对各邦封建势力的反扑,资产阶级表现软弱。他们既不敢发动人民将革命深入下去,也没有挺身捍卫和巩固政权的勇气,却幻想通过合法的议会斗争使君主们满足他们的利益。资产阶级于5月18日在法兰克福召开全德国民议会,出席代表共约500人,来自德意志各地和各个社会阶层。在政治主张上,议会四分五裂,一片混乱。它宣布成立帝国政府,投票选举约翰大公为帝国执政。表面上,一个全德统一的中央政府成立了。但是这个政府完全是一个空架子,它既没有自己的军队,也没有自己的官吏。德意志各邦君主只承认它是一个临时政府,在国际上它甚至得不到一个国家的承认。

1849年3月,在各邦革命已经被镇压的情况下,全德国民议会通过了帝国宪法。这部德意志历史上最进步的宪法,却得不到奥、普等大邦的承认,因为它"带有革命的臭味"。在全德国民议会号召下,德意志各邦境内掀起一场维护帝国宪法运动,也遭到残酷镇压。全德国民议会最终被君主强制驱散,它制定通过的一切法令均被宣布废除,而维持分裂和君主专制的德意志联邦得以恢复。1848年革命的失败,反映了德意志资产阶级的软弱无力,它已经被证明不能担负德意志民族统一的大业。

二、德意志资本主义发展和初期的工业化

受英法工业革命的影响,18世纪末至19世纪初,德意志资本主义经济渐渐发展起来,形成了对反动倾向的对抗,主要表现在两个方面:其一,德意志资本主义经济发展,从根本上动摇了容克贵族阶级的统治,使顽固守旧的君主专制政权风雨飘摇;其二,资本主义经济发展为民族国家统一创造了物质经济条件和社会基础,使统一任务显得更加迫切,刻不容缓。

早在18世纪80年代,德意志的莱茵兰就建立了第一批近代机器工厂,但是在此之后的50多年里,德意志工业革命却迟迟未能启动。由于长期的民族分裂,战乱不断,资本流失严重;没有统一的国内市场,加之各邦纷纷构筑关税壁垒,交通条件极为落后,阻碍商品流通和经济发展;封建制度和旧的生产方式使社会长期封闭,思想保守,求变革、求发展的生机和活力几乎丧失殆尽。然而,1806到1815年在莱茵邦联和普鲁士进行的资本主义性质的变革,向陈腐的德意志社会吹进了一股清新的空气。这种社会变革和发展的进步趋势,即使是反动的维也纳会议也不能逆转。

进入19世纪20年代,德意志工业开始活跃。首先,德意志企业家们已经认识到了机器大生产的重要性,他们认为机器化是德国工业未来的"努力方向",并呼吁"迅速、广泛地输入机器"。这一时期,德国开始从国外,特别是英国大量引进机器,缔造自己的近代化民族企业,促进了民族工业的发展。其次,德国开始着手发展本国的机器制造业,为实现大规模的机械化奠定了基础。1819年,哈尔科特(1793—1880)在鲁尔建立了一家机械工厂,并请来英国工程师和技术人员,制造矿山机械。该厂在建立一年以后,就具备了生产汽船的能力,后又发展成为德国第一家蒸汽锅炉制造中心。1820年,机械师豪波尔德(1783—1856)设计了梳毛机,后来他又开始制造纺纱机,被后人誉为德国的"机械制造之父"。来自英国的制造商约翰·科克里尔(1790—1840)与其兄弟詹姆斯·科克里尔先后在亚琛和柏林创办了机械制造学校,为德国的纺织业发展立下了汗马功劳。第三,配合德国工业的发展,金融领域也大踏步前进。1818年,柏林出现了第一批储蓄银行;1823年,10家柏林商号联手成立了"柏林银行联合会";1827年,普鲁士邦共有储蓄银行31家。在20和30年代,德国还出现了许多股份公司,这是工业发展中极为有效、十分重要的集资形式。储蓄银行和股份公司的出现,活跃了资本流通,促进了资本积累,为后来德意志工业蓬勃、高速发展,准备了良好的资本条件。

经过了半个世纪的缓慢、渐进发展,德意志工业终于在19世纪30年代迎来突飞猛进的新时期。其中,铁路建设既是德意志工业革命启动的一个标志,也是促进工业革命不断快速发展的最重要因素。1835年,纽伦堡至富尔特铁路正式建成通车,虽然它全长总共只有6公里,但却是德意志的第一条铁路。随后在整个德意志境内,掀起一股铁路建设的热潮。1839年,莱比锡—德累斯顿铁路竣工,全长133公里;1843年,莱茵铁路全线告通,它连接科伦、亚琛、安特卫普。当时,德意志铁路建设速度之快,投资增长之巨,以及铁路事业的兴旺发达,均名列欧洲大陆之首。早在1839年,德国铁路已经超过了法国,到1845年,全德铁路线总长

达到 2871 公里。50 至 60 年代,德国铁路建设又跃上一个新台阶,已经接近第一个工业化国家——英国。1850 年,德意志境内铁路网络总长 6044 公里。前后 15 年间,德国铁路线路增长了 1000 倍。这种神话般的速度,与铁路公司快速有效的筹措资金方式是分不开的。德国铁路公司通过出售股票进行集资,如李斯特创立的"莱比锡—德累斯顿铁路公司",曾在 1835 年 5 月 14 日的数小时之内,集资达 150 万塔勒尔。1837 年全德铁路投资金额是 2100 万马克,而到 1850 年,铁路投资高达 8.914 亿马克,增长了将近 40 倍。

铁路建设不仅使德意志经济交往便利,市场空前繁荣活跃,更直接地促进了相关工业的发展。德国机器制造业首先受益,从 40 年代起步入繁荣。1841 年,奥古斯特·博尔雪西的机械工厂在柏林生产出第一台火车头。此后,北德的萨克森、莱茵—威斯特法伦以及南德的一些机械工厂,也生产出了火车头。19 世纪 30 年代到 40 年代德意志纺织业,尤其是棉纺工业的迅速发展,也促进了轻型机械工业的发展。30 年代末期,棉纺工业率先废止了手工纺纱,推广了机器的使用,是德国最先实现机器化大生产和近代工厂化作业的工业部门。40 年代后半期,毛纺业的机械化程度也提高到了 40% 左右。[①]

由铁路和纺织业带动的机械制造业发展,成为采矿、冶金、金属加工等工业部门新一轮发展的契机。钢铁需求量大增,引发了这些部门的技术革新。由于矿山开采的机械化水平不断提高,深层钻探的技术已经被掌握。冶金业的进步主要体现在推广焦炭高炉和采用搅炼法。与此同时,轧钢工业开始迅速发展并得到普及。在德意志关税同盟地区,钢铁产量从 1836 年的 14.9 万吨增加到 1847 年的 22.9 万吨。大型钢铁企业和矿山公司开始出现。德国近现代著名的经营钢铁工业的家族——克虏伯家族,即在此时发迹崛起。1811 年弗里德里希·克虏伯在莱茵兰开办炼铁厂时,只有一座小型高炉,雇用 4 名工人。1826 年他去世后,长子阿尔弗雷德·克虏伯(1812—1886)被迫辍学,继承父业,当时还是一个 14 岁的少年。30 年代以后,德国工业革命启动,克虏伯家族的事业也开始兴旺发达。阿尔弗雷德一面经营管理自己的工厂,一面坚持学习科学技术。为了及时准确地了解国际信息,掌握、引进最新生产技术,把握市场,争取主动,他还刻苦学习了多种外语。由于克虏伯工厂的钢铁以及其他有色金属产品质量优良,故而广受青睐。来自铁路公司和军工企业的订货合同源源不断,克虏伯家族企业遂成德国重工业领域的"巨无霸",长期在德国铁钢生产和加工部门独领风骚。

三、普鲁士道路和德意志关税同盟

普鲁士道路 伴随着城市资本主义经济发展,在德意志农村地区和农业领域,资本主义化进程也开始了。农业资本主义化关键在于,使传统农业经济向商品化、市场化转变,使农村地区抛弃旧的生产关系,特别是要使农民摆脱封建义务的枷锁,成为独立自主的农业经营者。这种农业资本主义改造,对工业化进程有着重大影响。在德意志范围内,普鲁士的农业资本主义改造获得极大的成功,为其他各邦树立了示范,此即所谓"普鲁士道路"。

[①] 丁建弘主编:《发达国家的现代化道路——一种历史社会学的研究》,北京:北京大学出版社,1999 年版,第 377 页。

早在对拿破仑战争中，普鲁士封建农奴制的弊端就暴露无遗。1807年，普鲁士首相施泰因(1757—1831)发布《十月敕令》，宣布在农村实行"地产自由"和"农民解放"。该法令正式解除土地买卖和流通中的封建限制，允许市民、农民获得骑士庄园，容克贵族可以扩大自己的地产，也可以到城市从事工商业。这一法令还彻底废除农奴制，宣布"自1810年圣马丁节，只有自由人"。《十月敕令》在法律上确认了封建所有制向资本主义所有制的转化，标志着普鲁士封建生产关系开始过渡到资本主义生产关系。

1810年施泰因去职后，继任的哈登贝格(1750—1822)继续他的事业，于1811年颁布《调整敕令》。该法令具有更明显的资本主义性质，但也以更有利于普鲁士容克的方式贯彻执行。法令规定了各类农民对封建义务的赎买。农民们通过向容克付现金、租税或者承担劳役、交出1/3或1/2土地等方式，赎买自己对领主应尽的封建义务，成为自己土地的业主。普鲁士容克趁机大肆掠夺农民的土地、现金等财富，成为资本雄厚的新式大地主。1808到1821年，普鲁士许多国有土地上的农户被无偿赋予地产，通过赎买的方法，封建义务被全部解除。经过数十年的"调整"，普鲁士的农业资本主义改造首先在生产关系方面基本实现。

德意志关税同盟　如果说德意志资产阶级在争取政治统一的斗争中表现很不出色的话，那么他们在为建立统一民族市场和实现德意志经济统一方面付出的努力，则取得巨大成效。经济学家李斯特(1789—1845)在19世纪20年代为建立关税同盟而进行的奋斗，以及普鲁士最终在1834年创立的德意志关税同盟，都极具代表意义。

长期以来，德意志经济发展的一个巨大困扰，就是各邦经济分裂所形成的关税界线。李斯特一针见血地指出："38条关税界线窒息了内部商业。它们无异于捆绑着人躯体各部的38条绳索，使血液不得流畅。"他呼吁废除内部关税，建立一个全联邦统一的税制，以振兴国家贸易和民族工业。李斯特还把这一任务提到政治高度，他在报纸上写道："不在德意志各邦人民之间实行自由交往便不可能有统一的德国，不建立共同的重商主义制度便不可能有独立的德国。"1819年4月，在李斯特领导下，来自德意志各邦的工商界人士约800人，趁法兰克福复活节交易会之机，成立"德意志工商业协会"。它致力于取消各邦经济分裂造成的限制，在德意志范围内引起很大反响，并很快成为资产阶级争取经济统一的中心组织。协会起草了《致德意志联邦请愿书》，要求废除联邦内部关税，建立全德关税同盟。联邦议会斥之为超越"国界"的非法行为，拒绝请愿书所提要求。协会后来派人四处向各邦君主、大臣游说，均遭冷遇。1820年，由于李斯特多方奔走，南德大小6邦缔结《关税条约》，后又多次就结成"南德商业同盟"进行协商。1828年，南德的巴伐利亚和符滕贝格结成商业同盟。这成为后来德意志关税同盟的基础之一。

在建立关税同盟、实现德意志经济统一问题上，奥地利和普鲁士态度相反。奥地利闭关自守，经济落后，故持冷漠、否定态度，它操纵联邦议会，极力从中作梗。普鲁士经济发展水平居各邦之首，极力寻求统一的德意志内部市场。它不惜与奥地利对抗，越过联邦直接同其他邦进行经济合作。普鲁士的目的是，首先同邻近各邦缔结关税条约，然后设法逐渐将其纳入自己的经济体系，最后建立广泛的关税同盟。一些普鲁士官员甚至预计到了关税同盟将带来的政治统一前景。曾任普鲁士财政大臣的莫茨(1775—1830)说:"关税林立只是各邦政治分立的后果,如果这是国家学说的真理,那么各邦统一为一个关税的或商业的同盟,因而导致各邦政治制度达到统一,就一定也是真理。"自 20 年代初,普鲁士就开始不断努力达到自己的目的。首先,它废除本邦内部关税,对进口商品统一征收低税,出口免税,对于过境商品征收高额的过境税。由于普鲁士地理位置横截德意志众多商路,十多个邻近邦国被迫与之缔结关税条约,加入普鲁士经济体系。其次,普鲁士对加入自己关税体系的邦国给予优惠,即按照居民数分配关税收入,同时让其参与管理。这对各邦具有极大的吸引力,以至加入者络绎不绝。普鲁士则借此牢牢把握关税同盟领导权,保持自身优势。第三,普鲁士把握时机,通过两个重大步骤,最终建立了 1834 年的关税同盟。第一步于 1828 年迈出,它同黑森达姆斯塔特缔结双边条约,这是加入普鲁士关税体系的第一个中等邦,影响重大。第二步是普鲁士通过与南德各邦缔结商约,孤立瓦解了与自己抗衡的"中德商业同盟",最后将其合并。1834 年 1 月 1 日,普鲁士领导的德意志关税同盟正式宣告成立。它最初包括 18 个邦,占德意志领土的 3/4,由于新成员的不断加入,两年后同盟境内人口已经占德意志总人口的 80% 以上。

德意志关税同盟的建立意义巨大。第一,它制造了广阔巨大的德意志内部统一市场,促进经济和生产力发展,为德意志后来的政治统一奠定了经济基础。李斯特评价关税同盟"彼此肢体相连,只有一个思想和一个感官,它们相互支持,追求同一个伟大目标,即把德意志各个部族联合成一个伟大、文明、富足、强大和不可侵犯的民族"。这一评价最恰当不过。第二,普鲁士创立并领导德意志关税同盟,对经济统一贡献殊大。它不仅利用关税同盟壮大了自己的经济实力,还因对抗、战胜奥地利,提高了自己在联邦中的地位和威望。这些都使得它为争取德意志统一领导权打下坚实基础。

四、19 世纪中叶德意志社会的变化

在 19 世纪 50 年代之前,德意志资本主义经济发展已经取得很大成就,但是从整个国民经济结构来看,工业化的比重仍然很低。1850 年,在德意志工业部门就业的人口仅占全部就业人口的 1/4,而在手工业部门工作的工人比率高达 68%。此外德意志各地区工业化发展也很不平衡,普鲁士是工业化最先进的地区,其次是萨克森。南德一些邦国资本主义工业化程度最低。德意志工业产值仍居农业产值之下,仍然处于从农业国家向工业化国家过渡之中。在农业领域和农村地区,普鲁士道路全面展开,并已经取得决定性胜利,但各地农业资本主义化进展也不平衡。普鲁士的农业改革于 1850 年初趋于结束,但南德巴伐利亚进展缓慢,1848 年革命时才开始迈出较大步伐,1872 年以后才趋于结束。

1848 年革命失败后,曾受冲击的封建秩序在一定程度上得以恢复。落后的封建生产关系依然阻碍生产力进步。但是封建君主们也学会了适应时代大趋势,不得不采取一些发展资本主义的措施。在政治舞台上表现很不出色的德意志资产阶级,此后全身心投入他们的大工业事业,以获得安慰。这样,在 50 和 60 年代,德意志经济出现前所未有的快速发展,工业革命以宏大的规模向前推进。这对封建经济基础和生产关系给予致命打击,德意志社会

性质悄然发生了革命性的变化，德意志民族统一的基础已经筑就。

在五六十年代的经济发展中，德意志重工业快速发展，成为整个经济增长的火车头。煤炭和钢铁产量平均每十年增加一倍多，机械制造厂从1848年的131家增加到1861年的300多家。60年代的德意志工业已经和法国的水平不相上下，除了棉纺和铸铁生产领域落后法国以外，德意志的煤炭生产、机械动力、铁路运输都超出法国。从在世界工业生产所占的比例来看，1860年法国为16%，德意志为15%。除了遇到短期的经济萧条外，经济一直呈现繁荣发展的势态。在对外经济交往方面，德意志被完全卷入世界贸易之中。1860年德意志对外贸易已经在国际贸易中占有9%，虽然落后于英(25%)法(11%)，但是与美国持平。

普鲁士经济发展在德意志各邦中始终处于遥遥领先的地位。由于占有鲁尔、萨尔和上西里西亚等工业区，50年代它的重工业产量相当于德意志的一半以上。由于普鲁士领土"瘦长"，横截德意志大多数商路，实际上控制了南北交通。普鲁士利用这种有利的地形，迫使其他各邦屈服。在兴建铁路的狂潮中，普鲁士境内铁路线长度占整个德意志铁路线的一半以上，以普鲁士为中心的铁路网不仅把东西普鲁士农业经济区和工业经济区紧密联成一体，而且延伸到周边各邦境内。普鲁士首先形成自己统一的国内市场，然后通过关税同盟和铁路网络将其他各邦经济纳入自己的市场体系。截至1852年，除了奥地利和其他个别地区外，所有德意志各邦相继加入了关税同盟，以普鲁士为中心的小德意志地区经济实现了一体化。正如英国经济学家凯恩斯后来所言："德意志帝国与其说是建立在铁和血上，不如说是建立在煤和铁上。"

普鲁士农业资本主义改造加快步伐。政府于1850年颁布《赎免法》，农民通过交纳现金和部分土地解除自己承担的封建义务和徭役。至60年代中期，普鲁士"农民解放"在法律上基本完成。获得大量土地和资本的容克，把庄园建立在资本主义经营方式的基础上，以适应竞争，避免破产。他们通过行政信贷、私人银行贷款，购买农业机械和化肥，从事土壤改良和农业生产技术改革，使谷物、肉类和经济作物的产量大幅度提高。部分容克还注重同世界市场的联系，他们将庄园里生产的商品粮食和木材出口到英国。在普鲁士乡村地区到处可见容克兴办经营的辅助工业，如食品加工厂、甜菜糖厂、麦片厂、烧酒厂、磨坊以及锯木厂、采矿厂和砖瓦厂。普鲁士原有的封建和半封建农业以农民的牺牲和痛苦为代价，逐渐变为资本主义大农业。

普鲁士资本主义经济发展逐渐改变了其社会性质，同时也影响了整个德意志社会性质的变化。由于工业经济兴盛和农业资本主义发展，以及封建大地产全面瓦解，有产阶级的结构处于变化当中。资产阶级在经济力量上已经比容克阶级强大，容克阶级不断分化。大多数容克开始资产阶级化，虽然他们仍保持着封建观点和偏见，但是他们赖以生存的经济基础已经变成资本主义的了，他们同资产阶级有了更多的共同语言。普鲁士国家性质也在变化。君主政体为了防止下层人民革命和资产阶级单独取得统治，在政治上不断对资产阶级妥协让步，使其有限地参与政权和决策。普鲁士长期保留1848年宪法，它将批准新赋税和监督国家财政开支的大权赋予通过三级选举而产生的第二院(众议院)，这是普鲁士资产阶级手中主要的权力。1861年普鲁士甚至一度出现了一个带有资产阶级自由主义色彩的内阁,从50年代起,普鲁士资产阶级一直掌管贸易、工商和公共事务部。普鲁士银行家冯·德尔·海德长期担任普鲁士贸易部长,被俾斯麦称为"金叔叔",1866年,他又被任命为普鲁士财政大臣。富有的资产阶级还用金钱收买普鲁士宫廷和政府中的大小官僚,使其成为自己的代理人。普鲁士政府的经济政策也广受资产阶级欢迎。1851年的《财产所有者法》给矿山企业广泛的自治权,1860年政府明令取消矿山企业中存在的封建残余,1865年国家通过《通用矿山法》,统一了有关矿山的法律、法规。

由上可知,在19世纪60年代,普鲁士社会已经广泛地建立了牢固的资本主义经济基础,其社会性质由于不断的改革已经由封建社会变为资本主义社会了。国家政权也发生了显著变化,资产阶级君主国取代了封建君主国。容克这一过时的阶级之所以继续在政治上把持国家大权,正是因为他们的经济利益已经同资产阶级不再有根本的冲突。他们虽然和议会中的资产阶级反对派不断发生分歧争执,但已经完全懂得如何在一定程度上代表资产阶级的利益,满足资产阶级的经济要求,打击资产阶级企图获得单独统治的政治野心。

普鲁士容克阶级还充当德意志各邦资产阶级的政治代表,打着"德意志民族"这面蛊惑人心的大旗,成功地在小德意志范围内实现自己的征服扩张,最终完成了资产阶级梦寐以求的民族统一大业。

五、王朝战争和德意志统一

伴随着19世纪五六十年代的经济发展,德意志统一的呼声再次高涨。形成统一的民族国家,对德意志各邦和各社会阶级阶层,已经是一股强制的力量,势不可挡。如何统一德意志,各党派、阶级都提出了自己的要求和主张。德意志资产阶级要求在整个德意志地区贯彻资本主义生产关系,为反对封建专制和分裂割据、争取贸易自由和商业自由进行过不懈的努力。德意志民族统一大业,首先落在上升的德意志民族资产阶级肩上。但是自从1848年革命失败后,这个阶级已经放弃了通过革命道路建立资产阶级统治的要求,它只满足于同霍亨索伦家族以及普鲁士容克阶级结盟,以合法的议会斗争取得某种优势。1859年,德意志中上层资产阶级建立了第一个跨邦的政治组织——德意志民族协会。它比较倾向于小德意志方案,在德意志资产阶级自由派和广大中产阶级中发起运动,支持普鲁士领导德意志统一。德意志资产阶级放弃革命道路,是因为它害怕觉醒的人民群众和日趋活跃的无产阶级运动危及自己的利益。

德意志工人阶级于19世纪40年代登上政治舞台。他们为自己日常的经济利益进行斗争,如要求在德意志地区的流动、迁徙自由,取消对专业联合会的地区限制,组织跨地区的互助共济团体等。一些先进分子还意识到,工人阶级的苦难同德意志的政治分裂联系在一起,在他们领导的工人运动中,已经培育出要求民族统一的愿望。50年代末,马克思和恩格斯清晰而完整地表述了德意志工人阶级在民族统一问题上的立场和态度。他们认为,德意志工人阶级应该在资产阶级领导和参加的民族统一运动高涨时,努力将民族运动转变成人民革命,推翻各邦王朝统治,尤其是普鲁士、奥地利王朝统治,抗击法国和沙俄可能进行的干涉侵略,建立统一的德意志共和国。但是,由于资产阶级对革命的放弃,大大削弱了民族运动的革命性,在纷繁复杂的历史背景下,德意志缺乏人民革命的条件,加上工人阶级自身存在政治上不够成熟、组织上不够完善等一些问题,革命统一道路未能贯彻。

在当时的德意志联邦中,还存在君主统一的潮流。尤其是普鲁士和奥地利两大邦,将自上而下的君主统一和维护自身霸权、实现扩张野心巧妙结合了起来。奥地利持大德意志方案,即在哈布斯堡王朝领导下"统一"德意志。但是由于其资本主义经济发展大大落后于普鲁士,不能吸引资产阶级的支持。实际上,奥地利在德意志联邦内由于缺乏经济力量的后盾,完全依靠其传统影响和政治分离主义获得一些中小邦诸侯支持,因此,奥地利的所谓"统一",只能是同中小邦的"结盟",不能实现德意志真正的民族统一。奥地利在德意志联邦中实际上继续充当着分裂势力的代表。

1861年,弗里德里希·威廉四世(1795—1861)去世,其弟威廉登上普鲁士王位,是为威廉一世(1797—1888)。他虽然思想保守,但也认清了时代发展的潮流。为了避免普鲁士君主政体被日益进步的德意志抛弃,他主动表示对自由主义的"亲近",并亲自任命了自1848年革命以来第一个具有自由主义色彩的普鲁士内阁。在民族问题上,威廉一世认为普鲁士负有统一德意志的使命。1862年9月,威廉一世任命资产阶级化的普鲁士容克政治家俾斯麦(1815—1898)为普鲁士政府首相。俾斯麦在王国议会上阐明自己在德意志统一问题上的政治纲领:首先,德意志的统一只能在普鲁士的领导下自上而下进行;其次,统一只能借助于战争手段,即"铁和血";第三,必须打起民族主义的旗帜,以吸引德意志资产阶级和其他各阶级、阶层参与、支持。在统一的具体方案上,俾斯麦坚持"小德意志方案",即把奥地利排除在未来统一的德意志国家之外。这样,俾斯麦将民族统一、君主政体、容克专制巧妙地结合起来。

俾斯麦

俾斯麦上台后全力推行自己的统一计划。他为了控制德意志工人运动,拉拢其中的机会主义代表拉萨尔(1825—1864),对持革命统一主张的倍倍尔(1840—1913)、威廉·李卜克内西(1871—1919)实行暴力迫害。在著名的"宪法之争"中,俾斯麦软硬兼施,既进行灵活的妥协,也重拳打击议会资产阶级的统治欲望,迫使其屈服。在德意志联邦内,俾斯麦成功地粉碎奥地利的"大德意志统一"方案,他还支持关税同盟与法国缔结商约,从而挫败奥地利打入关税同盟的企图。这样,普鲁士君主统一德意志成为当时唯一可能取得成功的道路。当一切准备就绪时,俾斯麦敏锐地捕捉国际政治时机,发动王朝战争。

1863年秋,围绕石勒苏益格-荷尔斯泰因归属问题,德意志和丹麦王国民族矛盾激化。石勒苏益格和荷尔斯泰因两公国位于德、丹边界,前一地区杂居着丹麦人和德意志人,后者的居民在种族上基本是德意志人。两公国同丹麦国王个人结盟,荷尔斯泰因公国又是德意志联邦成员。根据条约两公国不可分离,而丹麦民族运动企图将它们纳入自己版图。德意志资产阶级自由派为此"大动感情",他们认为石勒苏益格-荷尔斯泰因对整个德意志的政治有"不可估量的重要性",并声称这事关"民族荣誉"。1864 年,俾斯麦趁机发动第一次王朝战争。他首先以支持沙俄镇压波兰起义为条件,换取俄国中立,然后不惜同德意志的死敌奥地利联合。经过短促的战争,普鲁士最终制服丹麦。对丹麦战争的胜利巩固了俾斯麦的地位,奠定了他彻底击败国内议会资产阶级的基础。

此后俾斯麦积极准备对奥地利作战。为使欧洲列强保持善意中立,他积极拉拢法国,使拿破仑三世(1808—1873)作出"不站在敌对一方"的承诺;俾斯麦又以支持意大利收回被奥占领的威尼西亚为诱饵,同意大利结盟。1866 年 6 月,普奥战争爆发。战争持续七周,普鲁士大获全胜。按照和约,德意志联邦被解散,奥地利被彻底排除在德意志事务之外。普鲁士建立了包括 24 个邦国在内的北德意志联邦,普鲁士国王为联邦主席,俾斯麦兼任联邦总理大臣。联邦范围内取消关税、交通限制,建立统一的货币、度量衡,交通、邮政、电报电信也统一起来,在重要经济问题上采取统一政策措施。由此,普鲁士在统一德意志的道路上迈出了极为重要的一步。

南德各邦由于法国的阻碍,只与北德联邦在军事上结盟。为了最终完成德意志统一,俾斯麦决心击败法国。形势对他十分有利:德意志各邦内,要求民族统一的各种力量汇合成一股巨大的反法民族力量;国际上,法国十分孤立,英、俄、意等国对支持法国不感兴趣,奥地利因受到俄国警告不敢妄动。1868 年,围绕西班牙王位继承问题,法、德产生龃龉。1870 年 7 月间,俾斯麦在柏林收到一封来自艾姆斯温泉的电报,内容为有关普鲁士国王同法国公使的一次交涉经过。俾斯麦亲自动手,压缩修改电文,然后使其见诸报端。这条短电使德意志公众认为普鲁士国王遭到法国公使侮辱,又使法国公众认为他们的大使受到普鲁士国王的蔑视。法国政府在国内一片愤懑声中向普鲁士宣战。8 月间,南德诸邦和北德联邦组成 50 万人的德意志民族军,同法国军队作战。在 9 月 2 日的色当会战中,10 万法军战败投降,法国皇帝拿破仑三世被俘。俾斯麦挥戈直逼巴黎,将民族保卫战变成侵略和掠夺法国人民的战争。俾斯麦后来向法国勒索战争赔款 50 亿法郎,并夺取阿尔萨斯、洛林两省。

1871 年 1 月 18 日,在巴黎近郊的凡尔赛宫镜厅,普鲁士国王威廉一世被前来谈判统一问题的德意志各邦君主推立为帝国皇帝。4 月,帝国宪法通过,统一的德意志帝国宣告成立。

1871 年成立的德意志帝国,是普鲁士容克阶级和德意志资产阶级的联合政权。这是一个君主政体的联邦,由 25 个邦国和 1 个直辖区组成。帝国议会按普遍、平等的选举法,由成年男子选举产生。帝国议会对帝国政权组成不能施加影响,但参与帝国立法并享有审批预算的权力,从而干预政府活动。帝国中央政府拥有外交、军事、海关、银行立法、间接税、度量衡、货币、民法刑法等权限。在理论上,每个邦国的君主政体都享有神授世袭的权利,各邦国保持自己的法律、政府和宪法,在邦内行使有限的权力。普鲁士国王是帝国法定的皇帝,他对帝国的外交、军事政策拥有统治权,普鲁士首相是帝国唯一的大臣,由皇帝任命,协助皇帝行使权力。

新帝国实质上是"大普鲁士帝国"。因为在这里普鲁士政府、普鲁士军队、普鲁士贵族的力量压倒一切,甚至普鲁士的领土也占帝国面积的 2/3。在俾斯麦不可否认的成就面前,资产阶级自由派停止抵抗,完全拜倒在他的脚下。在权力远比帝国议会大得多的联邦议会中,普鲁士的席位足可垄断、操纵一切。

新帝国虽然保留了不少旧势力的残余,但从根本上讲,它完全建立在资本主义工业文明的新基础上。当德意志资本主义发展已经深刻地改变了古老德意志的社会面貌时,当德意志民族不仅仅拥有共同的语言、共同的社会心理,而且已经被共同的经济利益联成一体时,德意志帝国的建立从政治上最终完成了民族统一事业,完全顺应了历史潮流。德意志统一解决了德意志民族的生存问题,德意志民族从此结束了任人宰割的屈辱历史,走上新的发展道路。在帝国政府的保护、促进下,德国资本主义发展的势头更加迅猛,不久成为欧陆最强大的国家。德国在中欧地位的加强,不仅为它自己发展经济创造了安定的环境,同时也在一定时期里稳定了欧洲的局势,为周边国家迅速发展资本主义创造了有利条件。以上种种,说明德意志统一具有很大的历史进步性和历史革命性。

但是由于统一是在普鲁士领导下通过王朝战争实现的,因而也具有其历史保守性的一面。首先,这个由资产阶级民族统一运动所产生的德意志民族国家,实际上是由俾斯麦和普鲁士容克阶级征服的德国。君主专制政体的保留,阻碍和延缓了各邦的资产阶级民主改革,在国家上层建筑中,依然有大量的封建垃圾。"议会民主"只起到容克阶级专制的遮羞布作用。德意志资产阶级在经济领域凯歌高奏,在精神上却完全被征服了。其次,普鲁士军国主义和德意志民族主义伴随着普鲁士"铁军"和俾斯麦的胜利,也被涂染上一层迷人的色彩和神圣的光环,毒害了德意志民族精神。第三,德国对法国的经济勒索、领土掠夺以及民族感情的羞辱,更使两国从此积怨,这既不利于欧洲的长期和平稳定,也给德意志民族今后的发展造成灾难。

第四节　意大利复兴运动

一、复兴运动的开始

拿破仑入侵和维也纳会议后的意大利　南欧半岛国家意大利同中欧德意志在近代历史上有相似之处:分裂的封建政权长期困扰着社会发展进步。和德意志不同的是,意大利各个封建政权,长期处于外国势力控制之下。奥地利控制着半岛北部伦巴第和威尼斯,西班牙波旁家族控制半岛南部广阔的领土——那不勒斯和西西里岛。意大利西北部的皮埃蒙特属萨伏依王朝是意大利唯一一个本土封建王朝。此外,罗马教皇盘踞半岛中部的教皇国,并将这片领土视为教会财产。在半岛上这几个大的封建国家之间,又夹杂着一些较小的封建公国,如托斯卡纳、帕尔马、罗马尼阿、科岑察、摩德纳等,直接或间接地受制于外国势力。国家长期分裂和外来势力统治,使意大利人民蒙受巨大痛苦,资本主义发展受到严重阻碍。自19世纪初,意大利人民为民族独立和国家统一,进行了长期不懈的斗争,史称"复兴运动"。

在法国大革命后期,拿破仑军队横扫意大利半岛,并在北部建立"意大利共和国"。拿破仑亲任共和国总统,并挑选一个米兰人为副总统。拿破仑在法国复辟帝制后,意大利共和国也被改组成意大利王国。拿破仑在米兰大教堂以一顶铁王冠为自己加冕,成为意大利国王。他公然宣称:"上帝赐给我这顶王冠,谁要是碰它一下,谁将倒霉。"①

拿破仑统治,给封建意大利各国带来不同程度的社会变革。但他毕竟代表新的异族统治,也远未实现意大利半岛真正的统一。意大利人民和爱国志士,进行了轰轰烈烈的反法斗争。拿破仑统治崩溃后,根据维也纳会议文件,奥地利基本恢复原先在半岛上的势力范围,并重新成为意大利的主宰势力。一度被拿破仑冲击得七零八落的教皇国也"破镜重圆"。西班牙波旁家族继续领有那不勒斯和西西里岛。

除了继续维持原先的异族统治和封建割据外,意大利还大力恢复封建旧秩序。在皮埃蒙特,国王维克托·伊曼纽尔一世(1759—1824)废除拿破仑法典及其他法国法律,恢复封建立法,包括封建特权、长子权、特别法庭、宗教法庭、军事法庭、封建刑法、刑事诉讼法,同时对天主教以外的宗教信仰进行迫害。教皇国收回了被没收的教会财产,行政机构继续由高级教士控制,在俗教徒完全被排斥在政府之外。教皇致力于"使教会各国与欧洲其他国家平起平坐",不断采取措施加强自己的集权,使人民受到政府、主教、宗教法庭的三重监视,毫无自由权利可言。在西班牙、奥地利控制地区,封建秩序也不同程度复辟。

这样,宗教保守势力、割据政府自身的利益、中世纪的分裂传统,以及文化很少传播交流的隔绝状态,使19世纪初的意大利距离民族统一、独立自由十分遥远。意大利似乎只有辉煌的过去,因而被外国人讥讽为"死人的土地",奥地利首相梅特涅(1773—1859)甚至断言意大利只是一个"地理概念"。

然而意大利并非完全失去生机和活力。古代罗马帝国的骄傲,文艺复兴时期辉煌灿烂的民族文化传统,18世纪以来资本主义启蒙思想(尤其是个人权利、国家独立等)的传播,法国大革命的冲击和熏陶,列强压迫和外国统治的现实,都极大地激发了意大利人民对民族独立、民族复兴的渴望。

烧炭党人的革命活动　在19世纪30年代之前,致力于意大利复兴运动的主要组织是烧炭党。烧炭党是在法国统治时期于意大利南部那不勒斯首先形成的一个秘密会社,后发展到教皇国和意大利北方各地。烧炭党成分极其庞杂,从政治上看,既有主张在罗马教皇领导下实现意大利独立、建立联盟国家的"归尔甫分子"(教皇派),也有主张在某个强有力的君主领导下建立立宪国家的立宪派。此外,烧炭党内还有信奉卢梭思想的共和分子,他们主张推翻封建君主和教皇统治、建立民主自由的意大利共和国,但其影响极小。总的来看,烧炭党实际上没有明确统一的政治纲领,但毫不妥协地坚决反对异族统治是他们一致的目标,渴望

---

① [意]路易吉·萨尔瓦托雷利:《意大利简史——从史前到当代》,沈珩、祝本雄译,北京:商务印书馆,1998年版,第448页。

立宪和实现意大利独立使他们获得了一定的支持。其成员来自意大利各个社会阶层,上至思想开明进步的贵族,下到小手工业者、小商人、农民、渔夫。不少律师、学者、军官、记者也同情或加入该组织。

烧炭党人长期处于被各种反动势力残酷剿杀的环境中,他们多以密谋暗杀、爆炸破坏、政治绑架等手段"以暴抗暴"。在条件成熟时,烧炭党也进行一定规模的暴动、起义。1817年6月,烧炭党在教皇国的马切拉塔第一次起义,很快被镇压。密谋者被法庭宣判死刑,后改判为终身流放。

1820到1821年,受西班牙革命的影响,意大利南、北部先后爆发起义。1820年7月,意大利南部那不勒斯王国的烧炭党利用在驻地军队当中的影响,首先策动军队起事,并推举温和的立宪派分子佩帕(1783—1855)将军为领袖。起义军队一路高呼"国王和宪法",向那不勒斯市进军,前来镇压的其他军队纷纷倒戈。国王斐迪南一世(1751—1825)被迫组建由温和立宪派(缪拉分子)控制的内阁,任命其子弗朗切斯科为摄政。弗朗切斯科在烧炭党人的压力下,宣布在王国执行当时最进步的西班牙1812年宪法,他本人当众手按福音书宣誓效忠宪法。

1820年底,斐迪南一世从奥地利获得支持,进行反扑。由于烧炭党人和缪拉分子的分歧矛盾,也由于新政府镇压西西里起义削弱了自己的力量,奥地利军队于次年3月占领那不勒斯,帮助斐迪南一世恢复统治。这时,北部皮埃蒙特王国又爆发革命。军队军官和烧炭党人串联,要求国王维克托·伊曼纽尔一世颁布宪法,对奥地利宣战,夺回伦巴第。烧炭党首先在亚历山德里亚城行动,建立政府委员会,发表宣言。宣言提出实行西班牙宪法、实现意大利独立、建立联邦、维克托·伊曼纽尔为意大利未来的国王。革命者还树起象征意大利民族统一的三色旗。几天后,王国首府都灵也发生类似行动。国王暂避锋芒宣布退位,任命摄政主事,暗中和奥地利勾搭成奸。在保皇军队到来后,国王马上宣布此前的退位和摄政均无效,参与立宪运动者均为反叛。不久奥地利军队打败立宪分子的军队,占领都灵,使国王重新登位。

烧炭党人在那不勒斯和皮埃蒙特的失败,表明他们之间尚缺乏协调合作,不能相互支持;此外,那不勒斯立宪议会政府对西西里起义的镇压,说明民族统一的思想在意大利还不够强大,革命目标尚不够明确。尤其重要的是,意大利的广大人民对民族复兴运动还没有广泛深入的理解支持,这和烧炭党人不注重应有的政治宣传是分不开的。正如意大利历史学家所指出的:"不仅人民没有真正投身于运动之中,连中等阶级也未发动起来;实质上,造反的只是军官和贵族。"

1820到1821年意大利革命失败后,半岛进入"反动时期"。大批烧炭党人和立宪分子被判处绞刑、监禁、流放。封建反动势力对军队、机关、教会中的"自由分子"进行大清洗。在新闻界、教育界(尤其是大学中)乃至企业界都采取各种反动倒退措施。甚至连一本普通的"教理问答手册",也因将热爱祖国列为教徒诸多义务中的一条,被下令焚毁。在那不勒斯王国,就连提倡种植桑树、推广煤气照明的公司也被禁止成立,因为它们"开导人民,传播自由思想"。罗马教皇甚至颁布谕旨,宣布对烧炭党人和知情不报者处以绝罚(开除教籍)。后烧炭党人又多次密谋起义,均遭到残酷镇压。在法国七月革命影响下,1831年意大利中部发生烧炭党掀起的革命运动,结果被教皇联合奥地利军队扑灭。此后,烧炭党和其他一些秘密会社影响衰落,逐渐退出意大利政治舞台。①

二、马志尼和"青年意大利"

"青年意大利"的创建　在欧洲列强干涉1831年意大利中部革命时,奥地利被再次证明是意大利民族复兴最凶恶的敌人,而法国扮演了遏制奥地利在意大利势力的角色,英国开始倾向于同法国友好。奥地利的支持者只剩下俄罗斯、普鲁士。这种欧洲政治格局微妙的变化,显示出对意大利有利的一面。此时,半岛上几个最大的封建王朝统治者也实现了新老更替:斐迪南二世(1810—1859)登上那不勒斯西西里王位,新教皇格列高利十六世(1765—1846)掌教皇国,查理·阿尔伯特(1798—1849)继为萨伏依王朝新君。他们虽然都继续维护封建利益,但也都比前任显得开明和进步。

烧炭党人的革命虽然以失败告终,但他们也以自己的鲜血筑就了意大利民族不屈不挠的反抗精神,将火种播撒在半岛南北。以马志尼(1805—1872)为领导的"青年意大利",开始活跃于意大利政治舞台,领导民族复兴运动。

朱塞佩·马志尼出生于热那亚一个医生家庭,从小深受爱国、民主思想熏陶,年轻时加入烧炭党。1830年在一次密谋起义时,他被奥地利警察逮捕,后遭流放。在法国马赛流亡期间,马志尼认真反思了烧炭党的失败教训。首先,他提出"思想和行动",②意思是"教育和造反",其主旨是教育意大利人民尤其是青年,担负起振兴民族的历史使命;意大利人要靠自己的力量,而不能指望法国或者其他任何一个外国列强将自己从衰弱不堪中拯救出来。马志尼是第一个赋予意大利民族运动以道德思想教育内容的人,比烧炭党简单地提倡暴力、个人—集团英雄主义进步许多。其次,在革命目标上,除了流行的"自由"和"独立"以外,马志尼加上了"统一",并认为三者是不可分割的整体,缺一不可。意大利必须是一个建都罗马的、在资产阶级共和政府领导下的、自由独立统一相结合的国家。君主政体意味着政治、社会的不平等,必须拒绝;联邦制度只能导致混乱、衰落而不会带来秩序和强大,必须拒绝。第三,意大利革命必须分成两个阶段,它们是连贯的,但是每个阶段的具体任务不同。前一个阶段的重点放在教育、宣传、鼓动上,要使意大利人民的道德和政治觉悟普遍提高,积极广泛地投身民族复兴和解放运动;在此基础上,革命进入第二阶段,革命者领导人民起义,赶走奥地利势力,推翻君主、教皇统治,建立资产阶级民主共和国。

这样,马志尼提出了系统完整、目标明确、步骤清晰的革命政治纲领,将意大利民族复兴运动提高到一个新的层次。1831年,他联络了马赛的意大利流亡者和侨胞,创立"青年意大

---

① [英]赫·赫德、德·普·韦利编:《意大利简史》,罗念生、朱海观译,北京:商务印书馆,1975年版,第247页。
② [意]马志尼:《论人的责任》,吕志士译,北京:商务印书馆,1995年版,第201页。

利",参加者年龄限于40岁以下。该组织创办同名刊物,定期出版,在意大利各地秘密发行。马志尼经常亲自为刊物撰稿,他的文章、信件后来又汇编成小册子,在意大利青年中激起巨大反响。成千上万的意大利青年如饥似渴地读他的书,接受他的政治理想。在全国各地,出现了"青年意大利"的许多支部,前烧炭党人纷纷加入。不过应当承认,马志尼的宣传教育并未普及各个社会阶层,也未被所有的人接受,而是更多地流行于意大利北方的资产阶级中间阶层。

1833年4月,马志尼分子在皮埃蒙特军队中进行革命宣传活动,结果被捕获,12人被执行死刑,其余被判各种徒刑和流放。1834年,马志尼组织了1000多人的远征军,从瑞士出发讨伐皮埃蒙特,结果又遭失败;加里波第(1807—1882)在热那亚策动海军起义,也未成功。此后,马志尼、加里波第等均被缺席判处死刑。截止到1848年,青年意大利党人前仆后继,在意大利各地多次举行起义、暴动,然而没有一次成功。他们付出了高昂的鲜血代价,也以此教育了意大利人民。在1844年科岑察暴动失败后,共有12名英勇的青年意大利党人(其中包括奥地利海军舰队司令的两个儿子)被枪决于罗维托山谷中,临刑时他们高呼:"意大利万岁,自由万岁,祖国万岁!"这一事件给人们留下了深刻印象。此外,马志尼等人在法国、瑞士、英国流亡,也向欧洲舆论宣传了意大利问题,引起了广泛关注和同情。英国政府通过其外交大臣帕麦斯顿表示公开支持意大利民族独立运动。

第一次独立战争 1848年2、3月间,法国、奥地利、德意志各地发生革命。3月7日,维也纳革命的消息传到伦巴第首府米兰,18日市民们自发组成武装,在市长带领下包围副总督官邸,要求解散警察,成立公民卫队。交涉中一队奥地利士兵和市民发生冲突,引发全城起义。起义虽被很快弹压,但市民在晚间又筑起街垒,于次日清早和奥地利军队交火。妇女、儿童从街边向奥地利军队投掷石子瓦砾,阳台、窗户上泼下滚水、沸油,教堂钟声齐鸣,和奥地利隆隆的大炮声对应。22日,奥地利军队被赶出米兰城和伦巴第地区。与此同时,威尼斯也爆发反对奥地利起义,起义者推举著名爱国家、律师丹尼尔·马宁(1804—1857)为领袖,成立共和国。皮埃蒙特君主查理·阿尔贝特(1798—1849)在人民起义的压力下,对奥地利宣战,向伦巴第、威尼斯伸出"兄弟之情、朋友之情的援助之手"。由此爆发了意大利复兴运动的第一次独立战争。托斯卡纳公国,甚至教皇国,也向伦巴第派出少量正规军和大学生志愿军。1848年11月,教皇国罗马爆发人民起义,次年2月宣布成立罗马共和国,推举3人执政,首席执政为流亡归来的马志尼。

然而就在此时,几乎每一个意大利新政权内部都发生争吵。温和的君主立宪分子、激进的资产阶级民主共和派、统一主义者、联邦主义者、地方主义者,围绕政见分歧不断发生冲突。新政权极度脆弱,形势动荡不安,外国干涉势力纷至沓来。在同奥地利军队的战斗中,皮埃蒙特王家军队屡遭败绩,1849年3月23日诺瓦拉战役中,奥地利军一举击溃皮埃蒙特军,查理·阿尔贝特被迫逊位,萨伏依公爵继位,这就是维克托·伊曼纽尔二世(1820—1878)。王国军队停止抵抗,志愿军解散,部分领土被奥地利重新占领。5月25日,奥地利军队占领佛罗伦萨,推翻了托斯卡纳政权。6—7月间,罗马共和国遭到教皇引来的法国军队围攻,形势极度危急。马志尼等人拒不听从加里波第的政治主张,也没有采纳他一些合理的军事建议。7月4日,法国军队占领罗马,共和国覆灭。马志尼重新踏上流亡之路,加里波第率军突围,后被奥地利军队击溃。威尼斯共和国自5月初即处于奥地利军队围攻之下,革命者进行了殊死的抵抗。8月23日,在奥地利大炮、城内饥荒和瘟疫的夹击下,守军签订投降书,携带武器"光荣出城"。除马宁(1804—1857)等40多人被处流放,其余被全面大赦。

至此,意大利第一次独立战争和1848—1849年革命失败。这是意大利民族复兴运动的一次严重挫折。意大利资产阶级在运动中暴露了它的软弱性和动摇性。此时意大利资本主义经济发展十分落后,资产阶级无论在经济势力还是在政治影响上,都非常弱小。同德意志资产阶级的处境相似,意大利资产阶级既想争取自己的统治,实现自己的政治理想,又害怕下层人民群众被全面发动起来,对他们的阶级利益构成新的威胁。意大利封建力量十分强大,顽固坚持封建割据、反对民族统一的地方势力也不容低估,以教皇为首的反动宗教势力还在很大程度上统治着人们的思想、精神世界。奥地利、法国等外国势力的干涉、介入,对意大利的独立、统一运动继续起着破坏作用。

面对巨大的挫折,资产阶级民主共和派当中产生了盲目、急躁和绝望情绪。马志尼领导的"青年意大利"不顾客观形势,多次进行新的起义、暴动,然而除了无谓的流血牺牲外,这些行动没有任何积极后果。相反,人们开始对马志尼的政治主张表示出更大的怀疑。1853年2月,马志尼坐镇瑞士遥控指挥米兰起义,被奥地利军警立即镇压。1857年青年意大利党人策动的热那亚起义失败后,一时间对马志尼的咒骂声浪四起,达到前所未有的激烈程度。早在1848年革命中就已经出现的"青年意大利"内部分歧加剧,加里波第、马宁等纷纷同马志尼分道扬镳。民族复兴运动走上另外一条道路,在皮埃蒙特的萨伏依王朝领导下,通过王朝战争自上而下地进行,建立统一、独立、君主立宪的意大利王国。

三、意大利统一事业的完成

早在拿破仑战争期间,意大利北部因受法国占领的影响,在资本主义工商业发展方面较意大利其他地区更为进步。为了军事需要而兴建的公路以及疏浚的河道,改善了交通状况,日后还促进了商业的繁荣。度量衡和货币的统一也有利于商业的发展和统一国内市场的形成。在伦巴第平原上修建的水渠等经济工程,促进了该地区农业的发展。意大利北部的立法也在一定程度上实现了规范化和统一化,这是拿破仑民法、刑法、商法被普遍引用的结果。拿破仑还曾经征服意大利南部的那不勒斯王国,在那里进行了多方面的改革,如废除封建权利,实行拿破仑法典,建设公共工程,发展资本主义文化事业等。拿破仑在1807到1808年占领教皇国和罗马,并流放了教皇庇护七世,打击了宗教神权反动势力。意大利的封建割据势力在拿破仑战争期间也受到重创,许多小的封建国家被合并。后来意大利虽然同其他欧陆国家一样,经历了一个"复辟时期",但是历史是不会被消灭的。旧的体制不可能完全恢复,新思想、新事物也不可能不留下任何痕迹。所有这一切在客观上都有利于意大利的统一。

萨伏依王朝的第二次独立战争 皮埃蒙特在1802年曾被并入法国,1814年拿破仑退位后,维克托·伊曼纽尔一世重返都灵,恢复了萨伏依王朝的统治。根据维也纳条约,王国领土扩大到利古里亚,但也失去了部分领土。在维也纳会议上维克托·伊曼纽尔一世谋取伦巴第的愿望虽然没有得到满足,但成功地促使奥地利从皮埃蒙特撤军。即使在复辟年代里,皮埃蒙特内部也进行了有益的资产阶级改革,但是遭到封建顽固派的激烈反对。1831年查理·阿尔贝特继位后,继续进行改革。如取消封建司法权,模仿拿破仑法典,颁布民法(1837年)、刑法(1839年),结束了混乱的封建立法,确定了"全体公民一律平等"、"法律面前人人平等"的资本主义原则。他还允许在整个皮埃蒙特建立农业协会,该协会实际上成了意大利资产阶级政治生活的中心,打破了封建专制下沉闷的空气。1844年王国鼓励兴办幼儿园、师范学校,以此减少教会对教育的垄断。所有这一切都使皮埃蒙特在意大利统一运动中众望所归。

查理·阿尔贝特毫不掩饰自己的决心:他要将一个独立、统一的意大利置于萨伏依王朝统治下。他向取得成绩的文学家们颁发奖章,奖章的一面饰以拔着鹰的羽毛的萨伏依狮子,另一面饰以但丁、哥伦布、拉斐尔、伽利略的肖像,并有这样一句话:"我期待我的星星。"1845年,这位雄心勃勃的国王对自己的臣下说:"请告诉那些先生们,让他们安静下来,别乱走乱动,眼下还没有什么可干的,但应确信机会会有的,那时,我的生命,我孩子们的生命,我的武器,我的金钱财富,我的军队,一切的一切,都将贡献给意大利事业。"为此他不惜和奥地利闹翻,并声称:"如果我们失去奥地利,我们会得到意大利。"在1848年革命中,他趁对奥地利作战之机,先后将伦巴第、威尼斯、帕尔马、皮亚琴查、莫得那同皮埃蒙特合并,实际上几乎统一了北部意大利。但是在诺瓦拉战役失败后(1849年3月23日),不但这一切付诸东流,皮埃蒙特还向奥地利支付了大量战争赔款。查理·阿尔贝特被迫退位,流亡葡萄牙,不久死于波尔图。

继任国王维克托·伊曼纽尔二世也是一位强有力的君主。他将意大利的独立自由事业和萨伏依王朝的未来命运紧紧联系在一起,以内部改革来振兴国家。1852年11月,国王任命精明能干的资产阶级贵族加富尔(1810—1861)为首相。加富尔出身于皮埃蒙特一个封建贵族家庭,父亲曾任都灵市警察局长,但他本人却是一个温和的自由派政治家。他的信条是"诚实的中庸之道",既反对顽固保守派,也反对民主派。他性格坚强、作风务实、眼光远大,年轻时由于信奉自由主义被迫辞去军职,周游西欧。加富尔在英国、法国研究了农业技术和农场经营,同时对这些国家的社会状况、政治生活也极感兴趣,进行认真考察,结识了不少政界要人。回国后加富尔接手父亲的庄园,以先进的资本主义方式经营,获得成功。然后他积极投资于意大利的工商、金融事业,也取得成就,成为在意大利经济界很有影响的人物。

加富尔还积极投身意大利政治,创办《复兴报》,形成自己的一套政治主张。他认为,意大利民族复兴运动必须在皮埃蒙特的萨伏依王朝领导下进行,首先建立统一的北部意大利王国,然后实现整个意大利的统一。为此目的,萨伏依首先必须进行内部的政治、经济、军事、教育、宗教等改革,积蓄实力,等待时机;对外方面,除了要提高皮埃蒙特的地位,使其成为意大利的代表,还要尽量争取欧洲大国的支持,因为皮埃蒙特不可能单独战胜奥地利。在加富尔理想中,统一的意大利国家必须是在保留君主政体的前提下,实行资产阶级议会民主的君主立宪国家。入选王国众议院议员后,他曾担任过农业大臣、商业大臣、财政大臣,积极推行内部改革,成效卓著。他还在任内促成皮埃蒙特和英国、法国的商贸条约,从而与英、法建立了紧密的政治关系。出任首相后,加富尔更加积极地全面推行他的统一方案。他活跃于欧洲舞台,周旋于列强之间,见机行事,灵活多变。

1854年3月,英、法与俄国为争夺克里米亚爆发战争。加富尔看到这是一个皮埃蒙特进入欧洲角逐、与西方大国结盟的良机,遂派遣部队协助英、法作战。英、法取得胜利后,加富尔代表皮埃蒙特参加了巴黎大会,并将意大利问题首次提交欧洲大国会议讨论,获得英、法支持。这一切都打击了奥地利的气焰,提高了皮埃蒙特和加富尔内阁的国内国际威望。加富尔后来还设法取得沙皇的谅解,与俄国保持良好的关系,进一步孤立了奥地利。利用他与拿破仑三世良好的个人关系以及法国企图在欧陆称霸的野心,加富尔于1858年夏天同拿破仑三世达成秘密协定。双方约定共同对奥地利进行战争,事成之后法国将得到一定的领土报偿,皮埃蒙特则完成北部意大利统一。根据协定,加富尔于次年蓄意挑起奥地利对皮埃蒙特的战争,法国支持皮埃蒙特,对奥地利宣

加富尔

战,第二次独立战争爆发。拿破仑三世亲领10万法国军队参战,大败奥地利。但在关键时刻,法国迫于普鲁士等国的压力,同奥地利单独媾和。根据法奥和约,奥地利继续占有威尼斯,将伦巴第地区割让给法国,法国又将这一地区转让给皮埃蒙特。由于未能实现既定目标,加富尔引咎辞职。

就在加富尔以王朝战争实现意大利统一计划受挫时,意大利人民要求统一的爱国革命持续高涨,托斯卡纳、摩德纳、帕尔马、罗马尼阿人民纷纷赶走前统治者,要求与皮埃蒙特合并。1860年,加富尔重掌大权,他在拿破仑三世支持下,通过在上述地区进行全民投票的方式,将这些国家并入皮埃蒙特,同时割让给法国一定的领土作为"酬谢"。

"千人团远征"和意大利统一　按照加富尔的预想,完成整个意大利的统一尚需时日。但就在这时,在意大利半岛南部的那不勒斯和西西里岛,出现了对统一运动极为有利的形势。1860年4月,"意大利民族协会"等资产阶级激进组织策动西西里岛起义。消息传到热那亚,人们群情振奋,自愿组成志愿军队,推加里波第为指挥官。5月5日,加里波第率领1000余人乘坐两只汽船,从热那亚出发远征西西里,这就是著名的"千人团远征"。加里波第的冒险行动代表了意大利人民自发的统一热情,这虽然不对加富尔的口味,但他慎重地不加干涉。在国际方面,法国反对,英国支持,形势微妙。5月11日,远征军在西西里岛港口登陆,迅速向内陆推进。加里波第一路招募西西里青年参军,沿途攻打城市。5月27日,加里波第攻占巴勒莫,7月20日,他的军队又大败波旁皇家军队,将敌人赶出墨西拿。至此,加里

波第占领整个西西里岛。8月20日,加里波第渡过墨西拿海峡,向那不勒斯进军,法国在英国的警告下,未敢出兵干涉。那不勒斯的波旁军队被加里波第击溃后,国王弗兰西斯二世逃亡罗马。

对加里波第的冒险行动一直冷眼旁观的加富尔,这时采取紧急行动,企图抢先占领那不勒斯,以保证萨伏依王朝领导下的意大利统一。由维克托·伊曼纽尔二世率领的皮埃蒙特军队马不停蹄,由北向南绕过教皇领地,打到那不勒斯,意在阻挡加里波第北伐罗马。而此时加里波第已经进入那不勒斯,但是由于连续作战,部队损失惨重,已成强弩之末。马志尼等人建议加里波第在意大利南部建立共和国,加里波第则担心引起意大利内部新的南北战争。他意味深长地说,意大利人应该先把房间里的外人赶走,然后再安排房间里的秩序。他在那不勒斯同伊曼纽尔二世进行了会晤,然后将自己征服的领土交出,回乡隐居。不久那不勒斯、西西里两地进行公民投票,同意并入皮埃蒙特。意大利终于统一于萨伏依王朝,加富尔利用加里波第的军事成功和民族至上思想,实现了自己的政治理想。

加里波第

1861年2月18日至3月17日,在皮埃蒙特首府都灵召开新王国议会,宣布统一的意大利王国正式成立,皮埃蒙特"国王维克托·伊曼纽尔二世为自己、为其后裔领取意大利国王之头衔"。实际上此时意大利的统一并不圆满。威尼斯仍然在奥地利手中,教皇盘踞罗马,并有法国撑腰。1866年6月,普鲁士为统一德国对奥地利宣战,意大利根据与普鲁士达成的协议,加入对奥地利战争,收回了威尼斯。1870年7月,普法战争爆发,意大利趁法国兵败之机,收回罗马,教皇避居梵蒂冈城堡。1871年7月1日,意大利王国首都隆重迁往罗马。

意大利的统一,具有伟大的历史进步意义。意大利第一次以一个真正意义上的民族国家的形象,出现在欧洲政治舞台上,这是意大利人民自文艺复兴以来几个世纪梦寐以求的愿望。几代爱国志士经过不懈的斗争,终于赢得了民族独立、国家统一,结束了可耻的分裂和异族统治,为意大利民族生存和社会发展进步,创造了良好条件。意大利的统一,也大大促进了本国资本主义经济的发展,为追赶先进的工业文明潮流,打下坚实的基础。

当然,意大利的统一也并未解决所有的问题。君主立宪战胜了民主共和,必然保留大量封建残余。在国家机构中,专制主义阻碍资本主义民主,广大人民被排斥在政治权利之外。意大利统一时,在全国2000多万人口中,只有大约60万人拥有选举权。在意大利资产阶级议会生活中,长期夹杂着特有的封建主义恶习。贪污徇私、行贿受贿、派系倾轧和小集团密谋、煽动、操纵等,妨碍了真正的政党内阁的形成,由此引起意大利政治腐败混乱,政局动荡不安。意大利统一后,民族主义思想甚嚣尘上,也影响意大利的社会稳定和健康发展。特兰提诺(奥占)、萨伏依和尼斯(法占)等遗留问题往往成为意大利与其他国家发生争端、冲突的导火线。此外,意大利统一后,由于实力增强和国际地位提高,很快加入欧洲列强对殖民地的角逐，走上对外侵略扩张的道路。

意大利统一后，也未注重消除长期存在的南北社会差异和分歧。相对于资本主义和工业化发展较快的北方，南部的那不勒斯、西西里一直是落后的农业地区，封建地主、教士把持一切，农民极端贫困。在令人窒息的封建主义压迫下，资本主义的民主、法制思想，经济发展、社会进步，一切都谈不上。这对整个意大利后来的政治、经济、社会发展，造成长期不利影响。因此在西欧主要资本主义国家后来的工业化进程当中，意大利落在最后。在19世纪末和20世纪初，列宁称意大利是"贫穷的帝国主义"。

第五节 美国内战与工业资本主义的胜利

独立战争之后，美国很快实现了领土的急剧扩张。由于地域辽阔，历史条件不同，遂出现了不同地区的经济和社会发展差异。南北战争前的美国，这种差异已经造成严重的经济、社会和政治矛盾。在东北部地区，资本主义的工业化蓬勃发展起来，城市化也显著推进。在南方地区，则盛行着以黑人奴隶劳动为基础的种植园经济，棉花、烟草等经济作物的种植和出口，是主要的经济活动。因此，南方社会更多地呈现着传统的农业社会景象。美国的西部地区，尚在垦殖和开拓之中，后来成为南北两种不同势力争夺的地方。南北战争以北方的最后胜利告终，这既是工业资本主义的胜利，也是资本主义的民族国家的胜利。

一、工业革命和美国的初步发展壮大

东北部工业革命的条件 当英国的工业革命在18世纪中下叶全面展开时，美国只是一个刚刚在政治上摆脱英国殖民统治的国家。长期的殖民贸易造就了美国商业资本主义的发展，并在国内资本结构中占据统治地位。而在制造业领域，由于前宗主国的限制束缚，美国十分落后。这种局面并未在获得独立后马上改观，直到19世纪初期，美国经济对英国的依赖程度依然相当高，它主要出口自己丰富的农产品，进口英国的工业制成品，基本上还是英国的一个原料供应地和商品销售市场。然而不可否认的是，美国工业资本也在悄悄发展和崛起之中。

杰弗逊(1743—1826)总统(1801—1808在任)的禁运政策和1812年美英战争(又称第二次独立战争)是美国从商业资本主义开始转向工业资本主义的转折点。战争中美国海运业遭到打击，而制造业在刺激中获得动力，尤其是纺织业和金属制造业获得发展。战后，美国政府颁布了《1816年关税法案》，以平均25%的高关税抵制英国工业品，保护美国新兴工业。同年，麦迪逊(1751—1836)总统还签署建立合众国银行的法令，稳定、统一了美国货币。前一个时期商业和贸易发展积累的资金，开始向国内制造业投入。欧洲移民，特别是来自英格兰、爱尔兰和德意志的移民不断涌入，造成了美国人口增长。初期的城市化发展进程，以及美国西部农业资本主义的发展，使得国内市场扩大。这些都为美国东北地区的工业革命创

造了极为有利的条件。

工业革命的展开 在工艺技术方面,美国同样得益于英国,此时已经有了一定的基础。英国在工业革命初期严格实行的禁止新工艺技术外流政策,并非滴水不漏,一些移民美国的英国技术工人巧妙地携带最新的技术发明远渡重洋,为自己同时也向他们的新国家献上一份"厚礼"。1790年,英国移民斯莱特(1768—1835)利用自己掌握的水力纺纱机技术,在罗德岛建立美国第一家纺纱厂。1814年,商人洛厄尔(1775—1817)利用英国技术,在马萨诸塞的沃尔瑟姆新建一家织布工厂,安装了机械驱动的织机。后来随着英国工业革命深入,工业资本主义稳操胜券,英国制造业在世界处于遥遥领先的地位,英国企业主要求更加宽容的自由贸易政策。机械制造业在国内市场基本饱和的情况下,为寻求出路,不惜打破政府的技术保密规定,向外输出机器设备和工艺技术。美国劳动力总的来看处于匮乏时期,资本家对机器的输入怀有格外浓厚的兴趣。

实际上,美国人的机器发明和他们输入、仿制机器几乎同时开始,只不过愈到后来,独立发明设计和独立制造机器愈加成为主流。美国取得专利技术成果的数字可以说明这个问题。据统计,1800年美国只有41件获得专利的技术发明,而到了1860年,获得专利的技术发明共计4357项。尤其值得一提的是,轧棉机发明家惠特尼(1765—1825)在1798年率先使用通用部件(机器零部件规格一律,可相互替换)制造军械(滑膛枪),推动了美国机床工业的诞生。惠特尼一开始就预见到机床生产的重大意义:"机床自己就能完成工作,使每个零部件都合规格——一旦实现,就能迅速、标准和精确地生产出整件产品。"机床的诞生是美国工业革命对世界工业发展的独特贡献。1815年后,惠特尼的设想变为现实,较为精密的动力机床大量生产出预想的机械产品,为美国工业迅速崛起奠定了基础。

因为机床的发明和通用部件的使用,美国工业革命带有自己的特点,即机械制造业较为领先,克服了对英国的依赖,机械化生产普及比较迅速。不过在19世纪的头30年里,工业化发展仍主要体现在纺织领域。1790—1808年美国建立了50家棉纺织厂,1809年,美国又新建纺织厂87家,纱锭从8000个增加到31000个。1811年,纱锭已经达到8万个。这在很大程度上得益于对英国的禁运和战争,其他制造业也获得发展良机。美国工业由此奠定基础,新英格兰地区在19世纪20年代出现了区域性的经济起飞。美国的民族机械制造工业发展较早、较快,充分显示了优势,发挥了威力,新英格兰经济起飞主要是利用美国自己制造的大量纺织机械设备。1831年,美国共有棉纺织厂795家,拥有的纱锭数量达到了120万个。

19世纪的四五十年代,美国的工业化取得了长足的进步,体现在许多方面。煤炭的大量开采解决了工业燃料问题。自30年代后,宾夕法尼亚东部开始采掘无烟煤,量大、质优、价廉的燃料逐渐替代了价格昂贵的木炭、木材,各个制造业领域均不同程度受惠。尤其是炼铁业因获得充足燃料而加速发展,铁的供应又促进机器制造业迅猛发展。与此同时,工厂制度得到推广,从最初的纺织领域扩大到冶金以及其他工业领域。煤的使用推动蒸汽机的使用,蒸汽机的使用推动汽船、火车等水陆交通的全面发展。

美国工业革命的资金来源,除了本国商业资本大量投入以外,还十分注重吸引外资。在

1815年，美国吸纳国外商人和金融家贷款就有1亿美元，至内战前夕，主要来自英国（包括其他对美国投资的欧洲国家，如法国、荷兰、德意志）的贷款达到4亿美元。美国的银行、保险公司等金融机构兴盛，为贷款和各种资本融通提供了极大便利。在19世纪的头60年里，美国银行从28家增加到1500家，股本额从1700万美元猛增到10亿美元以上。一些投资周期较长的企业，如铁路公司等通过出售股票广泛筹集资金，各地州政府适时地修改法律，保证认购股票的投资者在公司负债时对公司债务不负责任（即所谓"有限责任"制度），从而激发了人们购股投资的热情。社会闲散资金由此得以集中利用，在经济发展中起到巨大作用。19世纪50年代，美国华尔街股票市场已经成为美国经济的"晴雨表"。1850年，从各种渠道投入美国制造业的资本额在5亿美元。

美国经济学家W.W.罗斯托认为："美国1815年之后的发展表明，农业的扩大和工业的发展，起先是对应的，从19世纪50年代起，就齐头并进了。"①的确，美国在19世纪前半段的经济仍然以农业为基础，而这一时期的东北部工业化，主要得益于西部和南部的农业商品经济发展。南部的经济作物如棉花、大麻、甘蔗，以及稻米的生产，西部的粮食如小麦、玉米的生产，一开始就面向国内外广大市场，而它们的维持和发展又为东北部制造业提供了巨大市场。三大地区专业化分工生产只有协调一致，形成全国统一市场，才可使工、农、商齐头并进，显示整体的国民经济效益，带来整个国民经济起飞。交通运输的改善，正是起到这样的关键作用。

美国幅员辽阔，有着大量未开拓的土地，发展交通运输极为重要。而交通又属于基本公共设施建设，投资量大、周期长，回报相对较低。在此情况下，美国各级政府尤其是州政府，在改善交通方面起到很大作用。州政府和私人经营公司合作，在19世纪初兴建国家收费公路，连通东北部的马里兰、南部的弗吉尼亚和中西部的俄亥俄州，推动了城市间的交通贸易，也打开了西进运动的通道。自富尔顿首航哈得逊河开创汽船航运业后，美国掀起开凿运河热潮。在这方面美国由于水网密集，条件得天独厚，州政府也大力投入资本，发展极为迅速。1850年美国开凿运河总长度4000英里，连接各大水系，既利于农业灌溉，也利于东西航运。铁路交通建设自30年代后在各级地方政府的土地、资金政策的优惠和支持下，发展势头迅猛。1830年美国铁路长度约100英里，1840年达到3328英里，是整个欧洲铁路线总长度的一倍，1850年，美国铁路总长达到4万余英里。美国的交通运输革命，使其在辽阔的疆域内初步形成了巨大的统一民族市场。此外，美国邮电通信事业的发展，使各地商贸信息得到及时沟通。如果说交通是国民经济的动脉，信息网络则是它的高级神经系统。1837年莫尔斯（1791—1872）发明电报后，美国反应迅速，于1844年开通华盛顿至巴尔的摩的电报线，1861年可发报至太平洋沿岸的加利福尼亚，1866年美国在大西洋海底铺设了电缆。这对美国后来的经济发展和工业革命的深入展开，具有不可估量的作用。

美国的发展壮大　早在19世纪30年代，著名法国历史学家托克维尔（1805—1859）根据

---

① ［美］W.W.罗斯托：《这一切是怎么开始的——现代经济的起源》，黄其祥、纪坚博译，北京：商务印书馆，1997年版，第164页。

当时的发展趋势就曾经预言,在一个世纪之内美国将成为世界上最强大的国家之一。至内战前夕,美国在19世纪头60年的迅速发展壮大,的确给人以深刻印象。在国际贸易的划分中,美国所占比例从6%扩大到9%,增长迅猛。由于移民涌入和高出生率,1860年时美国总人口达到3100万,与法国基本相等,大大超出英国。人口地理分布也极大地改观:阿巴拉契亚山脉以西人口从世纪初不到50万猛增至1500万,60年间增加了近30倍。联邦的州建制从16个增加到33个。城市化迅猛推进,农村人口由占总人口的比例从83%递减到53%。以当时的城市化衡量标准,小城镇(人口0.25万—2.5万)由30个增至357个;中等城市(人口2.5万—25万)由3个增至32个;大城市(人口25万以上)由0个增至3个。[①] 各地城市化水平不一,东北部城市化水平最高,其次是西部,然后是南部。工厂和工业设施出现从小城镇向大城市集中的趋势。城市中贫富分化现象极为严重,占人口比例极小的上层社会人口(1%—4%)占有城市总财富的绝大部分(50%—80%)。城市上层多为大的企业主、商人、银行家。由于美国相对于欧洲而言存在较少的封建传统,社会分层(以财富、社会地位和声望、政治权利划分的社会阶层)变迁也相对活跃。工业化进程和经济变动为垂直的社会流动提供机会。工业资本家中一部分由大商人转化而来,但更主要是由社会中下层分化产生。中等农民、手工工匠、家庭工人、学徒技工出身的企业主约占这个阶层的30%—50%。但是更多的人下降为城市无产者,在经济萧条时期备受失业、贫困和饥饿煎熬。

二、南北分裂的危机

南北差异 美国南北地区的社会、经济差异,可谓由来已久。工业革命的不平衡发展,使南北关系更加疏远、淡漠,民族国家分裂的危险进一步加深。

美国的工业革命主要在东北部地区开展,同殖民地时期相比,这里的社会面貌发生了极大的变化。经营贸易和从事走私活动的富商们投资于制造业,资本主义工厂一批批建立起来。北部的工业资本主义,代表着美国当时最先进的生产方式。由于美国的民族工业尚在发展初期,需要国家政策的扶植和保护,北方资本家支持政府采取高额关税的做法,以抵制英国工业制造品涌入,避免对幼年时期的民族工业造成巨大冲击。在这一点上,北方工厂工人和企业主立场一致,要求禁止英国货。

南方人的处境和立场则完全不同。这里历来是以农业种植园经济为主。种植园生产的主要经济作物分成五种,即稻米、烟草、大麻、甘蔗和棉花,主要向英国出口。少数种植园主就这样发财,成为南方社会上层富豪,较之北方商人和企业主更加富有。南方实际上不生产工业制成品,只希望买到便宜的英国货。因此,南方同英国的商贸关系如同一条经济脐带,将它们紧紧相连。在英国工业革命开始时,美国南方的原棉就是支持英国棉纺工业的支柱。也正是英国的棉纺织工业,将美国南方改造成为"棉花王国"。种植园主赞成自由贸易,特别是同英国的自由贸易,高额关税对他们来说是一个"灾难性措施"。

[①] 杨生茂、陆镜生:《美国史新编:1492—1989》,北京:中国人民大学出版社,1990年版,第148页。

北方工业使用自由劳动力，而南方的种植园经济是建立在极度落后的奴隶制基础之上的，不但遭到黑人奴隶的反抗，而且日益受到国内、国际进步舆论的谴责。在19世纪前半期，英属、法属殖民地以及拉丁美洲各国相继宣布废除奴隶制，而美国南方并不准备这样做。相反，由于棉花种植业的兴盛，南方奴隶制进一步加强和扩大。1860年，美国南方共有黑人400万，其中多数是奴隶。1850年，91%的奴隶在棉花地劳动。对种植园奴隶主来说，这种强迫的无偿劳动，当然比自由雇佣劳动合算。但是，奴隶制度的盛行是以牺牲南方资本主义经济发展、阻碍南方工业化和城市化进程为代价的。1810年时，北方工业产值约是南方的1倍，而到1850年，北方工业产值比南方高5倍。1860年，美国新兴的西部城市居民人口比南方高出5倍，而就在20年前它的城市化水平还在南方之下。

南方不但日益陷入单一型经济——棉花种植业，而且白人人口单一化——比较纯粹的"盎格鲁撒克逊人"。新的欧洲移民由于受到排挤大多定居在北方，因此南方社会结构相比于北方的开放、自由、流动，显得更加封闭、保守和僵化。南方白人家庭中只有约25%的户数蓄养奴隶，其中大多数的奴隶主是小农场主。南方社会财富高度集中，10%的最富有的奴隶主占有80%以上的奴隶。大奴隶主每户拥有土地在数千英亩以上，且土质肥沃、交通便利。南北战争前，美国拥有价值10万美元以上的地产的男子中，2/3是南方人，而南方白人仅占美国白人人口比例的22%。南方的政治生活完全操纵在大地产所有者手中，小农场主土地少、奴隶少，有的甚至没有奴隶，加上资金少、规模小，往往缺乏必要的生产资料（棉花加工设备）和运销渠道，在政治、经济上仰仗大奴隶主。南部教育落后，尤其是中小学教育落后，在19世纪中叶，南卡罗来纳的白人一半以上是文盲。受教育机会，尤其是高等教育机会被奴隶主垄断，富家子弟有机会进大学，甚至去英国大学深造。宗教上，南部教会完全站在奴隶制一边，为其辩护，称奴隶制是上帝的旨意，大肆鼓吹种族主义，说什么保持奴隶制就可保持白人的种族优越。南方还在政治思想上发展了一套地方主义理论，提出"州权宪政论"，即主权在州，如果州政府认定联邦的某条法律违宪，可宣布其无效。这实际上是公然主张南部脱离联邦。

南北冲突的加剧 在南方和北方共同向西部地区推进时，南方奴隶主和北方资本家在经济和政治领域的冲突不断加剧。南方奴隶主希望通过西进开辟新的种植园，进一步扩大奴隶制，而北方也把西进看成是资本主义自由民主制度的扩张，北部新移民希望在自由的土地上建立自己的小农场，北方商人和资本家则一心想通过西进建立新的城镇，开辟新市场。此外，西部地区新建立州实行怎样的制度，还牵涉到南北集团在参议院的席位和总统选举，事关双方在联邦中的权利。为保持南北政治势力基本均衡，根据1820年的《密苏里妥协案》，西部新建立的州只能成双作对地加入联邦，如果一个州是"蓄奴州"，另一个只能是"自由州"。妥协暂时维护了联邦的统一，但是在1846年美国发动对墨西哥战争强占大片领土后，南北矛盾又趋激化。由于加利福尼亚州以自由州加入联邦，自由州数目略胜于蓄奴州。1850年，双方再度妥协，北方同意对潜逃奴隶进行法律制裁，作为对南方的"补偿"，这又激起北方废奴主义者的愤慨。1854年，美国国会通过了《堪萨斯内布拉斯加法案》，法案规定，该州居民以投票选举自行决定究竟是以自由州还是以蓄奴州加入联邦。该法案实际上打破了以前对奴隶制的地理限制(北纬36度30分以南),遭到反对奴隶制的议员的抗议。北方自由移民和南方奴隶主为争夺堪萨斯内布拉斯加的控制权,展开激烈斗争。南方奴隶主不惜以威胁、暴力和欺诈手段,使自己在堪萨斯的选举中"获胜"。自由民纷纷拿起武器捍卫自己的权利,他们宣布奴隶主政权为非法,同时建立自己的州政权。两个政权对峙的局面终于引发1856年下半年的武装冲突,史称"堪萨斯内战"。冲突中,数百人死亡,财产损失巨大,它实际上是南北战争的预演。在美国国会中,分裂的双方也发生暴力人身攻击事件,来自马萨诸塞的参议员、废奴主义者萨姆纳(1811—1874)因激烈谴责奴隶制和《堪萨斯内布拉斯加法案》,被来自南卡罗来纳的众议员布鲁克斯(1819—1857)用木棒击昏,造成重伤。

1860年,美国共和党候选人林肯(1809—1865)在大选中获胜。共和党成立于1854年,它代表北方资产阶级工商业者和西部自由民利益。其主要纲领是:废除《缉奴法》和《堪萨斯内布拉斯加法案》,限制黑人奴隶制的扩张;采取保护性的高额税率,修建横贯美洲大陆的铁路,以利于在全国范围内发展经济和资本主义;西部自由土地向小农开放。虽然共和党没有提出立即解放黑奴,但其中的激进派是激烈的废奴主义者。共和党的成立,实际上在美国国内构筑了反对奴隶制度的统一战线,对废奴运动的发展起到了促进作用。共和党迅速崛起,改变了南北政治力量的对比,结束了民主党长期把持联邦最高权力的局面。

共和党获得大选胜利和林肯当选总统,引起南方奴隶主的极度恐慌。虽然林肯本人并非共和党内的激进派,他也不主张立即废除南方现存的奴隶制度,但是南方奴隶主仍然将其视为一个反对奴隶制度的极其危险的人物,他们将林肯的政策解释为"拥抱我们只不过是为了闷死我们"。1860年12月,南卡罗来纳州召开特别代表大会,通过了脱离联邦的法令,紧随其后,密西西比、佛罗里达、亚拉巴马、乔治亚、路易斯安那、得克萨斯相继宣布脱离联邦。为赶在林肯正式就任总统之前造成南北分裂的既成事实,1861年2月4日,上述七州在亚拉巴马州召开代表大会,宣布组建新的国家——美利坚诸州同盟。同盟还制定了竭力维护奴隶制的宪法,选举戴维斯(1808—1889)为临时总统。后来又有四个州宣布脱离联邦,加入同盟,使分裂势力进一步壮大。

三、南北战争和南部重建

南北战争　面对南方的公然分裂行径,林肯既加以谴责,指出"联邦是不容分裂的",同时也希望以政治方式解决争端。但是南方奴隶主战争决心已定,他们募集军队,并率先向联邦军事要塞萨姆特堡进攻。要塞陷落后,林肯宣布国内存在叛乱状态,发布征兵令,同时宣布对南方叛乱各州实行封锁。至此,美国内战全面爆发。

就双方总体力量对比来看,北方无疑占有较大的优势。无论在人口还是在经济实力方面,北方都远远超出南部;但是由于南方蓄意发动战争,战前已作了充分的准备,特别是军事方面的准备,而北方只强调政治妥协,所以在战争初期南方掌握主动,频频取胜。在国际上,欧洲各国政府虽然没有承认南方同盟,但出于自身利益而偏袒南方,因为北方是欧洲工业的竞争者,而南方则是欧洲工业的补充——为其提供原料和成品销售市场。无论是英国还是法国,都希望从北方政府的失败中捞到好处。法国皇帝拿破仑三世曾假惺惺地表示要充当南北双方的调解人,在遭到林肯拒绝后,他派兵入侵墨西哥,企图在美洲建立法国殖民地。英国不但在军火和物资上给予南方同盟援助,还借机对北方政府发出战争威胁,企图重温殖民地美梦。

由于林肯政府冷静果断的处理,更由于欧洲工人阶级的强烈反对,英国政府的战争干涉图谋没有得逞。1862年5月20日,林肯顺应国内人民的要求,签署《宅地法》,以有利于农民的方式解决了土地问题。其中规定,凡未参加叛乱的年满21岁的合众国公民或一家之主,自1863年1月1日起,只要付10美元的费用,就有权登记160英亩或者160英亩以下尚未分配的国有土地。这一措施极大地调动了广大农民投身战争的热情。同年9月22日,迫于战局的压力,同时也是在轰轰烈烈的废奴运动的促动下,林肯动用宪法赋予总统的特权,在内阁会议上宣读了《解放宣言》,两天后宣言公开发表。它规定,自1863年1月1日起,所有叛乱各州境内的黑人奴隶即被视为自由人,可应召参加联邦军队。这一措施给南方奴隶制和奴隶主阶级以毁灭性打击,也使美国内战的性质发生根本变化,即由一场维护联邦统一的战争变为一场解放黑人奴隶的战争。《宅地法》和《解放宣言》实际上决定了北方在军事上的最后胜利。

1863年是北方军队扭转被动局面、取得战争胜利的关键一年。获得解放的黑人纷纷参军,壮大了北方军事力量。黑人军队于春季组建,5月28日,第一个北方黑人团——番号"马萨诸塞第54联队"——于南卡罗来纳投入战斗,表现出非凡的勇敢精神。到1864年,北方军队中共有将近19万黑人士兵,此外还有25万黑人担任战地后勤工作,他们对自己的解放事业报以极大的热情,付出了巨大的牺牲。南方黑人也以逃跑、破坏等方式支援北方。林肯及时调整军事指挥官,格兰特(1822—1885)、谢尔曼(1820—1891)等年轻有为、才能出众的新人得到重用。北方军队首先在东线战场取得突破:1863年7月4日,北方军队在葛底斯堡战役中取得辉煌胜利,南方同盟军队由此转入战略防御。在西线,北军也取得维克斯堡大捷。次年北方进入全面反攻,东西两线战事捷报频传。年底,北胜南负已成定局。

1865年4月9日,南方同盟军司令李将军(1807—1870)率残部于弗吉尼亚的阿波马托克斯,向北方联邦军司令格兰特投降,长达4年的南北战争宣告结束。双方死亡人数总计60余万,财产损失总计50多亿美元。从全世界角度来看,这是19世纪60年代两场最大的国内战争之一(另一为清政府镇压太平天国),美国为了铲除奴隶制、维护国家统一,付出了沉重的代价。

南部重建 当南北战争还未结束时,林肯总统已经考虑南方战后的重建问题。在1863年底,他正式发表《大赦与重建宣言》,申明除了曾经辞职加入南方同盟的高级军政官员外,所有叛乱者只要宣布效忠联邦,承认废除奴隶制,都可获得赦免;任何一个脱离了联邦的州,只要有1/10在1860年选举中的选民愿意效忠联邦并禁止蓄奴,即可组成新的州政府,加入联邦。后来林肯还提出对南方奴隶主给予4亿美元补偿的方案。由此可见,林肯想以最小的损失和最快的速度实现联邦统一,因此他的重建方案具有浓厚的妥协色彩,遭到党内激进派的批评。林肯遇刺后,约翰逊(1808—1875)继任总统,他一面疾言厉色地表示"对叛逆行为一定要严惩",一面却推行对南方叛乱者宽大无边的重建计划。他认为在南方叛乱各州重新加入联邦的问题上,国会无权专断,每个州自己可以直接进行重建。因此在短短一个月内,有六个州先后发表重建宣言;战争结束仅一年,总统即宣布除得克萨斯以外的叛乱状态业已结束。许多反动的南方奴隶主仍然继续享有政治权利,南方种植园经济制度未根本触动;总统对种族歧视问题不闻不问,黑人的选举权被剥夺;南方广大人民的自由民主问题仍未得以解决。如果说林肯的重建计划温和并带有浓重的妥协色彩的话,约翰逊的重建计划则是无原则的退让和投降。

不久,前南方叛乱各州均出现奴隶主势力回潮。叛乱时期的南方军政要员纷纷入选美国国会,重掌中央、地方大权;针对黑人的种族歧视法令层出不穷;战前对黑人的政治压迫、经济剥削得以恢复;迫害黑人的恐怖活动和暴力犯罪登峰造极,三K党的组织、活动遍布南部各州。对此,黑人群众和美国社会各进步、激进势力展开反击。共和党激进派通过国会和约翰逊总统展开政治斗争,于1866年6月提出宪法第十四条修正案议案。该议案剥夺参加南方叛乱的首要分子担任国家高级公职(参议院和众议院议员、总统、副总统)的权利,并规定对叛乱首要分子的赦免权在国会而不是在总统。修正案还宣布无论白人、黑人,法律面前一律平等,从而确认了黑人的公民地位。修正案以法律的形式巩固了内战取得的革命成果,具有积极意义。

1866年12月,共和党激进派在美国国会选举中获得胜利。由于拥有2/3以上的票数,它可以在国会通过任何法案。约翰逊总统的重建计划被激进共和党人的重建方案取代。次年,美国国会通过了以给黑人选举权为基础的重建方案,并不断对其补充完善。主要内容有:推翻约翰逊的重建方案;宣布南方十州不存在合法州政府,由合众国军事当局实施军管;将十州划分为五个军区,军区司令行使该区全部统治权力,保障黑人参加政治活动;军管期间各州逐步建立有白人和黑人参加的混合民主政权,制定保障黑人选举权的宪法;各州逐步建立议会,批准宪法第十四条修正案,而后申请加入联邦。此后议会还通过多项法律,剥夺了总统的一些军政权力。1868年,约翰逊总统又遭到议会弹劾,最终在参议院投票中虽然以一票之差被宣告无罪,但也声名狼藉。

共和党激进派的重建取得了许多民主成果。在两年时间里,南方十个州先后通过了新宪法,废除了种族歧视的黑人法典,保证黑人和白人一样享有同等的政治权利、社会地位。国会还通过强制法令,打击针对黑人的恐怖活动。各州在重建期间建立了民主的混合政权,实现了黑人参政、议政。一些黑人成为美国参、众院议员,或州最高法院首席法官。经济上也实行了民主措施:通过税收改革,种植园主承担主要赋税,贫民免去税收负担;一些州将土地分成小块,出售给黑人和无地者。重建各州还实行奖励工商业发展、援助铁路建设等措施。激进共和党的重建实际上继续了由内战开启的资产阶级民主革命,进一步巩固了北方资产阶级专政。

后来北方资产阶级和南方种植园主开始相互融合,重建完成了历史使命。一些北方资产阶级成为大土地所有者,奴隶制种植园被资本主义化的种植园取代,资本主义生产关系在南方迅速发展。随着南方工业革命开始兴起,南方社会结构也处于变动之中。美国工农运动和黑人进一步争取民主权利的斗争,使南北资产阶级携起手来,一致维护他们的共同利益。

正如一位法国历史学家所言:"在美国,只是在南北战争之后,资产阶级才找到它兴起的道路。"[①]在19世纪的最后30年里,美国迅速崛起,成为西方最发达的工业化国家。

第六节 俄国的改革与资本主义发展

17世纪初,俄罗斯罗曼诺夫王朝建立。随后,在落后的农奴制基础上,手工工场和商品经济开始发展,全俄统一的市场逐渐形成。这个时期随着与外界接触增加,俄罗斯意识到自己的落后,开始学习西方先进的科学和技术。彼得一世改革是俄罗斯走上西化道路的开始。19世纪初期和中叶,西方资本主义工业化的发展,使俄罗斯再次强烈感受到自己的落后和衰败。1861年,通过农奴制改革,俄罗斯最终走上资本主义工业化道路。

一、俄罗斯统一市场的逐渐形成

俄罗斯统一的中央集权国家虽然在16世纪初已形成,但全俄统一市场却形成于17世纪中叶以后。

经过长期的战乱,到17世纪中叶阿历克谢·米哈依洛维奇就任罗曼诺夫王朝第二任沙皇时(1645—1675),俄国政局渐趋稳定。沙皇阿历克谢倡导引进欧洲文明,在他统治时期,俄国与西方的联系越来越多,出现了同英国、荷兰等西欧国家的直接海上贸易关系,瑞典、丹麦、英国和荷兰等国的技师、工匠、商人纷纷来到俄国,以致在莫斯科形成了一个被称为"日耳曼城"的欧侨居住区。一些外国商人甚至在俄国投资办厂。

政局的相对稳定,带动了俄国农业和手工业的恢复和发展。在统治的中心地带,三圃制已比较普遍,除了种植粮食作物外,还种植大麻、亚麻等经济作物。出于购买手工产品或缴纳货币地租的需要,封建地主和部分农民在市场上出售自己的农产品,他们与市场的联系与日俱增。一些修道院也从事商品生产。但由于农奴制的桎梏,商品生产发展缓慢,在17世纪时自然经济仍占支配地位。

具有资本主义萌芽性质的工场手工业已出现。除了大封建主和官办的手工工场外,在商办和外商办的企业里,普遍使用雇佣劳动,产品也主要是为了满足市场的需要,劳动分工较细。一些专门化的手工业村庄,如生产麻布的勒斯科沃村、生产五金器材的巴夫洛沃村、生产手套和皮袄的穆拉什基诺村等,正向工商业城市过渡,居民都在不同程度上脱离了农业

---

① [法]米歇尔·博德:《资本主义史:1500—1980》,吴艾美等译,北京:东方出版社,1986年版,第120页。

劳动。一些区域性的生产中心也已形成，如皮革生产中心诺夫哥罗德、雅罗斯拉夫尔，武器生产中心图拉，麻布加工中心普斯科夫、诺夫哥罗德等。

农业和手工业的发展刺激了商业的发展，密切了各地区之间的联系，在中央集权国家统治得到巩固的条件下，全俄统一市场逐渐形成。莫斯科是全国最大的工商业中心，人口有20多万，据17世纪80年代外国旅行家的记载，当时莫斯科红场上商贩云集，商品琳琅满目，包括动植物油、火腿、各种药水和草药、珍贵的毛皮和毛皮制品、手套、袜子、地毯，以及各种金属制品等。统一市场的形成为俄国近代资本主义发展创造了必要的前提和基础。

二、彼得一世改革

17世纪末，俄国的经济虽然有了很大的发展，但是，与西欧蓬勃兴起的资本主义经济相比，差距又是十分明显的。当时，荷兰和英国的资本主义生产关系已经确立，而俄国依然是落后的封建农奴制。1689年沙皇彼得一世（1672—1725）亲政，1697到1698年他先后考察和访问了瑞典、普鲁士、荷兰、英国和奥地利等国，亲眼目睹了西欧国家在政治、经济和文化教育等方面所表现出来的先进性。为了尽快改变俄国的落后面貌，增强向外扩张的实力，彼得回国后立即大刀阔斧地进行了各项改革。

军事改革 在彼得一世以前，俄国还没有一支正规的军队。当时的军队主要由贵族民团、"射击军"和哥萨克骑兵组成，不仅装备差，平时缺少严格训练，战斗力很弱，而且不太服从中央的调遣，根本不能适应对外战争的需要。因此，军事改革在彼得一世整个改革事业中占有举足轻重的位置。

1698年，彼得首先解散了他不信任的"射击军"，第二年开始实行征兵制，确定在一定数目的自由民中必须应征的人数，每次征召3至4万人。到1725年，俄国拥有一支约20万人（不包括哥萨克军）的庞大军队，分成步兵、骑兵、工兵、炮兵，创建了海军。各个军种有统一的武器装备、服装式样，并根据统一的条令进行训练。政府聘请外国人在军队中担任顾问，开办了各式军事学校、技术学校和训练班，同时派遣贵族青年到西班牙、意大利、法国、英国、荷兰等国学习军事，刻意按照西欧模式建立俄国新式军队。

行政体制改革 俄国旧的行政体制极为腐败，机构重叠臃肿，弊端甚多，国家实权掌握在名门贵族手里，领主杜马的权力很大。1699年，彼得建立了忠诚于自己的"近臣办公厅"，作为领主杜马的办事机构，负责监督国家的财政和行政，拥有实权。1711年正式废除了领主杜马，另成立参政院，由彼得亲自任命的9名大臣组成，负责从中央到地方的整个行政系统，有权制订各项重大法令。为监督法令的执行和参政院本身的活动，设立了监察厅和总监察官。在1718—1721年间，中央政府先后设立了11个委员会，分别管理陆军、海军、外交、手工工场、税务、商务、矿务、开支、司法、领地和监察方面的事务，以取代过去约50个职责不清的衙门。

在地方行政管理中，1699年彼得下令成立莫斯科市政院（不久改为市政厅），在其他城市成立地方自治署，让新兴的商人和市民代表参与城市管理。此后在全国设立省级行政单位，

彼得一世

各省的总督大都是彼得的亲信,拥有行政和军事大权。1719年又将全国划分为50个州,作为地方上小于省的主要行政单位。省的建制仍保留,但省总督的权力缩小到只掌管军事。各州有一套完整的行政体系,州长可以直接同中央建立联系。这样,在俄国首次建立了统一的行政管理体系,便于中央对全国的有效控制。

经济改革 经济是国家富强的基础。彼得在位期间,在工业、农业和商业等方面都采取了一些促进发展的措施。

为发展工业,彼得鼓励外国人到俄国开设工厂,并从西方招聘技师,帮助兴办官方工场。当时,俄国派往西欧的使团和使节都负有招聘技术人员的使命。政府仅从阿姆斯特丹一地就招聘技师和机械工人1000余名。另外,彼得还通过给予贷款和其他优惠条件,扶植发展私营手工工场,强令大商人投资兴办工场。为解决劳动力不足问题,政府允许工场主购买农奴,甚至把大批的国有农奴直接划归工场。到1725年,俄国已有200多家较大的工场,有的雇佣人数多达上千人,涉及纺织、冶金、军械、造船等工业部门,其中以冶金业发展最突出,已从过去铁的进口国变为出口国。

17、18世纪是欧洲重商主义流行时期。受其影响,彼得采取对进、出口商品执行不同关税的手段,尽量多出口、少进口,以保护民族工商业的发展,同时鼓励俄国商人建立贸易公司,扩大同国外的商务联系。1715年,俄国在阿姆斯特丹、伦敦、里斯本等地分别设立了领事馆,通过签订商务公约的形式,为本国商品出口打开方便渠道。当时,俄国出口的商品主要有:大麻、亚麻、柏油、鱼籽、鱼胶、灰碱、皮革等;进口的商品主要是:啤酒、糖类、丝毛织品等。

为促进国内贸易的发展,政府着手修筑公路、开凿运河,并统一了全国的度量衡。在1721年制定的市政总局章程中,专门列有关于集市贸易和组织交易所的条款,促进了集市贸易的发展,使集市贸易在国家经济生活中发挥了很大的调节作用。

在农业方面,彼得鼓励种植桑树和养蚕,从中国聘请了这方面的专家进行指导,指示地方官员在边远地区开发新的耕地,改进农耕技术。他还下令引进荷兰牛、西班牙绵羊等优良牲畜,发展畜牧业。

此外,彼得还实行了财政改革,通过征收名目繁多的捐税,如蓄胡税、洗澡税、抽烟税、人头税,以及使通货贬值的办法为国家广开财源。

文化教育改革 在进行政治、军事和经济改革的同时,彼得也采取了一些措施改革俄国落后的文化教育事业。

18世纪以前,俄国的教育被教会把持,主要宣传宗教神学思想,忽视了科学技术的教育。彼得执政后,开始引进西方近代教育制度,创立各种专科学校,以培养国家建设所需的各种专门人才。1714年,他下令在全国各省城设立初等算术学校,普及算术和几何知识。学校的学生主要来自贵族、官吏之家。彼得要求他们注重学习作为自然科学基础的数学,同时掌握一些实用的科学技术,如造船、航海和建筑学等。对不识字的贵族青年,政府禁止他们结婚。

为使俄语易学易懂,1710年彼得下令废除繁杂的教会斯拉夫字体,简化字母的笔画,采用简易的新字母。文字改革方便了书籍的印刷。此后,西方科学技术书籍被大量译成俄文,同时也出版了许多俄国人撰写的书籍。1724年彼得发布了关于建立俄国科学院的命令,并于第二年正式成立,它下设数学、物理和社会科学三大部,集研究和教学于一身,对近代俄国科学文化事业的发展起了重要作用。

在彼得当政时期,还建立了俄国第一家博物馆,第一家公共图书馆,第一批公众剧院,第一批公园,1703年发行了第一份报纸《新闻报》,1699年改行了儒略历。此外还进行了许多社会习俗方面的改革,使俄国的社会面貌产生了较大的变化。

彼得一世改革促进了俄国向现代化国家的迈进,在客观上有利于俄国资本主义的发展,加速了俄国的欧化进程,为俄国立足于欧洲强国之林奠定了基础。

但是,改革没有超出封建农奴制的范畴,彼得在引进西方先进的科学技术的同时,并没有引进英国的议会制度和西方国家正日益兴起的雇佣劳动制。相反,他却用野蛮的强制手段,继承和强化了传统的专制制度和农奴制度,改革的许多成果是在牺牲广大农民利益的基础上实现的,农民的地位越来越接近于古代社会的最下层——奴隶。他们忍受着地主劳役租或代役租的剥削,不能随便迁徙,甚至有被随时出售的危险。彼得一世改革中出现的这种悖论——经济的现代化倾向和农民的农奴化倾向,在此后的100多年中成为困扰俄国社会经济发展的一个重要因素。

三、1861年废除农奴制的改革

首先向农奴制的合理性发起挑战的是俄国先进的知识分子。由于彼得一世改革打开了通向西方的门户,18世纪初在西欧普遍流行的启蒙思想也不可避免地东渐到俄罗斯,伏尔泰、狄德罗、孟德斯鸠、卢梭等人的著作都被译成俄文出版。在西方启蒙思想的影响下,俄国诞生了一批自己的启蒙思想家,如波列诺夫(1738—1816)、罗蒙诺索夫(1711—1765)、拉吉舍夫(1749—1802)等,他们都在不同程度上揭露和谴责了农奴制的残酷和不人道,认为农奴和贵族一样是生而平等的,并主张限制专制君主的权力。他们的言行标志着俄国思想界的现代化历程的开始。

进入19世纪以后,西方国家的自由主义精神开始在俄国贵族社会中广为传播,并对国家政策产生了一定的影响。1801年登基的亚历山大一世(1777—1825)自幼受到其祖母叶卡特琳娜二世(1729—1796)"开明专制"和启蒙思想家的熏陶,因此在其执政的前半期,曾进行了一些改革,编纂法典,甚至对部分农奴进行了解放,但在反对拿破仑战争取得胜利后,他又恢复和加强了专制统治,通过建立神圣同盟,使俄国成为欧洲封建势力的主要堡垒。

然而,俄国社会经济的发展呼唤着资本主义精神。拿破仑战争结束后,俄国资本主义经济迅速发展,到1825年,俄国已有手工工场5000多个,从业工人达21万余人。19世纪30年代,俄国也开始了工业革命,棉纺织业首先实现工厂化,手工劳动逐渐被机器生产所代替。之后,麻织、丝织、造纸、制糖等部门也逐渐向现代工厂过渡,使用自由雇佣劳动力的做法日益普遍。1825到1854年间,俄国的工厂数增加了近一倍,达到9994家,自由雇佣工人的人数增加了约4倍,总人数约50万人。

但是,与同期的西欧国家相比,俄国的工业化程度和发展水平还处于较低的阶段,这主要是受农奴制的影响。一方面,农民被束缚在土地上,无法扩大工商业者队伍,以及满足工业对自由劳动力的需求;另一方面,农奴的贫困化严重限制了国内市场的扩大,进而影响到企业的扩大再生产。因此,到19世纪中期,随着俄国资本主义的发展,废除农奴制已成为历史发展的必然趋势。

1853年10月,俄国与土耳其爆发了克里米亚战争,这是沙皇政府长期推行对外扩张政策的结果。在战争中,土耳其得到英、法军队的支持,结果,充当欧洲封建制度宪兵的沙俄军队在装备精良、训练有素的欧洲资产阶级军队面前一败涂地,沙皇尼古拉一世(1796—1855)也于1855年在绝望中服毒自杀。根据1856年3月签订的《巴黎和约》,俄国被迫让出了多瑙河三角洲,并丧失了在黑海保有舰队的权利,同时黑海沿岸的要塞被拆除,使俄国失去了在欧洲大陆的霸权地位。这场战争还充分暴露了俄国封建农奴制的腐朽性,加速了改革农奴制的步伐。正如恩格斯在论述克里木战争影响时所指出的:"现在沙皇政府遭到了惨败……

沙皇政府在全世界面前给俄国丢了丑,同时也在俄国面前给自己丢了丑。前所未有过的觉醒时期开始了。"①

在准备改革的过程中,俄国出现了三大政治势力,分别代表不同的阶级利益:代表地主—农奴主利益的顽固派、代表资产阶级利益的自由派和代表农民利益的革命民主派,彼此展开了激烈的斗争。其中顽固派反对改变现行的任何制度;自由派主张消灭农奴制,解放农民,使农业尽快走上资本主义道路,他们和顽固派一样,害怕发生下层人民革命,指望沙皇政府通过自上而下的改革解决农奴制问题。以赫尔岑(1812—1870)、车尔尼雪夫斯基(1828—1889)为代表的革命民主派继承了"十二月党人"的革命思想,主张唤醒人民大众起来推翻旧政府,不要相信政府的改革骗局。

由于害怕发生类似西欧国家的资产阶级革命,亚历山大二世(1818—1881)上台后不得不加速了改革的步伐。他曾向贵族们表示:"从上面来解决要比从下面来解决更好些。"1857年1月,由亚历山大二世主持,成立了"讨论关于整顿地主农民生活措施"的秘密委员会,表示要重新审查过去通过的关于农奴的各项决议。第二年,该委员会改称农民事务总委员会,作为集中领导改革的工作机关,同时在各省成立贵族委员会,制定各自的改革草案。1860年10月,在各省改革草案的基础上,经过汇编和综合平衡,总委员会终于拟定了全国农奴制改革草案。

1861年3月3日(俄历2月19日),沙皇亚历山大二世签署了《农奴改革法令》草案,同时签署了改革宣言。改革法令包括17个文件,主要内容有:规定从法令公布之日起,农奴获得人身自由和支配自己财产的权利,可以从事工商业和订立契约,地主不能再把农奴作为商品买卖、典押或交换;农奴在获得人身解放的同时,得到一块份地和宅旁园地,但土地所有权仍属地主,农奴必须承担相应的劳役租和代役租;在征得地主同意的情况下,农奴可以赎买份地和宅旁园地,赎金标准按当地代役租年利率6%资本化计算;改革后的农民仍组织在原有的村社里,实行连保制度,以监督农民按时完成各种义务。

在实施改革法令过程中,由于地主拥有土地划分的权利,他们不仅占有了最好的土地,而且将改革前共有的水塘、牧场和森林据为己有;同时,过高的赎金和赎金贷款利息,使得这次改革成为一场新的对农民的掠夺过程,因而遭到许多农民的抵制甚至武力反抗。

尽管改革带有很大局限性,与广大农民和革命民主派的期望值相距甚远,但改革确实使2100多万农奴获得了解放,为经济领域中资本主义生产关系的发展创造了条件。从内容和影响上看,这场改革属于资产阶级性质,是俄国历史发展中的一个重要转折点。此后,俄国在保留了许多农奴制残余的情况下正式走上了资本主义发展道路。

参考书目
1. [法]阿列克西·德·托克维尔:《回忆录:1848年革命》,周炽湛、曾晓阳译,上海:上海人民出版社,2006

---
① 恩格斯:《俄国沙皇政府的对外政策》,《马克思恩格斯全集》第22卷,北京:人民出版社,1972年版,第44页。

年版。
2. [瑞士]雅各布·布克哈特:《历史讲稿》,刘北成、刘研译,北京:生活·读书·新知三联书店,2014年版。(第五章,革命时代)
3. [英]C. A. 贝利:《现代世界的诞生,1780—1914》,于展、何美兰译,北京:商务印书馆,2013年版。
4. 丁建弘主编:《发达国家的现代化道路——一种历史社会学的研究》,北京:北京大学出版社,1999年版。
5. [美]詹姆斯·福特·罗德斯:《美国内战史1861—1865》,焦晓霞译,北京:华文出版社,2019年版。
6. 刘祖熙:《改革和革命:俄国现代化研究》,北京:北京大学出版社,2001年版。

第五章
对工业文明的批判与工人运动的兴起

当工业革命带来了社会结构的急剧变化,社会财富快速增长的同时,也产生了诸多新的社会现象,如不平等的加剧,劳动者依附性的加强,劳资双方的冲突与对立,资本主义投机性的盛行,社会问题的增多等,这些现象均是工业文明行进中的衍生物。由于对此理解的视角不同,产生了辩护人与批判者,兴起了工人运动和社会主义运动,出现了以马克思、恩格斯为代表的对资本主义工业文明批判与超越的社会主义理论。无论是认同还是批判、维护还是反抗,实质上都贯穿着一个共同的主题:如何建立起一个自由与公正的社会体制。

第一节 工业文明行进中社会问题的凸现

以工业革命为中心,工业文明在欧美各国快速推进,逐渐成为占据主导的社会体制。工业文明的不断推进,使社会结构、运作方式、价值观念乃至生活方式都发生着极大的变化。由于工业文明的早期行进还无力完全整合社会急剧变化所带来的社会分裂,同时早期工业文明所固有的特性也因其显势地位而得到充分的张扬,因而导致了诸多社会问题的凸现。

一、资本主义诸原则的确立与张扬

在早期政治革命中,工商业资产阶级为争取自己的财产权而浴血奋战,终于确立起了"私有财产神圣不可侵犯"的原则。而到了工业革命时期,近代工厂体制的建立,宣告了资本时代的来临,财产在更大程度上体现为资本,财产权就是维护资本的自由流动、安全与增殖的权利。"资本"这一概念并非是工业革命时期首创,早在12至13世纪时即已出现,但在这时却具有了重要的意义,不再仅指资金和货币,而是创造与增殖财富的工具,是一种劳动关系的象征,并成为社会体制运作的中心。因此,资本及资本的权利成为资产阶级关注的焦点,强烈要求不容别人侵犯。法国经济学家迪潘(1784—1873)针对工人起义反对资本的权利威胁道:"如果你们不尊重权利、财产和你们极力反对的资本主义工厂主阶级的工厂,你们就将必然在抢劫中丧生。"英国议会议员、历史学家马考莱(1800—1859)说:"我想文明是建立在财产的安全上,如果财产不安全,任何国家最好的土地、道德以及明智的宪法,都没有力量阻止这个国家坠入野蛮的深渊,而在另一方面,只要财产安全,也就不能阻止一个国家向繁荣发展。"在英国,自18世纪初开始,议会就不断通过禁止工人在某些特殊工业部门中结盟的法令。1799年6月17日议会通过《禁止工人同盟法案》,目的是要禁止工人结盟,以"纠正一种害及大多数人的弊病"。

资本不仅要安全,而且要自由流动,因为只有自由流动,才能实现财富的增殖。法国七月王朝时期,国家对资本的自由流动干涉与限制较小,其结果是,股份公司飞速发展,1815至1830年间,有98家,到了1840—1848年则有1600家。后来1863年5月23日法令规定,凡是成立资本在2亿以下的有限责任公司,无需事先得到政府批准。本着"政府绝对不应该插手私人交易"的精神,1867年7月26日法令规定:今后成立有限股份公司不再需要政府批准,同时两合公司也相应转变为有限股份公司,这些法令的颁布促进了公司的成立。在资本流动方面,除股份外,债券、创办股等大量地投向实业,自由地开设各种企业。在英国,资本更是大量地投向实业,开办新企业,如发明家阿克莱特就同时经营着8到10个工厂。

仅有资本的自由流动还不够,资本的本质是要获得利润,而这只有与劳动结合才会得到实现。因此,资产阶级同时也要求按照市场经济的法则实现劳动力的自由流动与选择,实现资本与劳动的自由结合,不要受到任何干涉或侵犯。这是资本社会体制运作的首要条件,也是工业资产阶级的第一要求。在英国,工业资产阶级坚持这一原则,认为在老板和工人之间订立契约如有第三方介入就会不公正,关于价钱如果他们合意,工人就可从事工作,否则,工人就可随意去找另一个老板,正如老板可以随意雇佣另一个工人一样,如果工人认为另一种工作可以赚得更多,那他就可改换职业。1840至1841年,在法国议会辩论时,一位名叫盖-吕萨克(1778—1850)的科学家的发言清晰地道出了当时资本家这一观念。他说:"我坚持认为,在这个问题上,工厂主除了购买劳动力之外没有其他办法,在劳动力买下之后,他该做的便是合法地、像家长一样地支配他们,工厂主应当是主人。人们不得以任何方式对他购买劳动力一事而横加干涉,制定种种规章制度,迫使他作出牺牲,扰乱他的安静和自由。因为,对于一位终日操劳、身负重任而又十分正直的工厂主来说,没有比看到自己无时无刻不受到监察而更加使人恼火了,这种监察可能孕育着巨大的灾难。总之,老板和工人间的任何协议都应当是自由的,不可受到任何干涉。"

在工业资产阶级看来,这一原则是神圣的、不可违背的,一切与之不符的规定都应该得到清除。英国工业家认为对这种自由的最大妨碍则是久已存在的《学徒条例》和《法定工资条例》。早在1563年的《学徒条例》就规定:如果没有按照一个定明师傅与学徒间相互义务的正式合同(一式两份的合同)的规定做满7年学徒,任何人都不得在英国从事某一种职业。并且,学徒的人数是有限制的,或者学徒人数与成年工人人数之间要保持某种比例。在工业家看来,必须废除这个条例,实现雇佣劳动力的自由,因为这些法令由于妨碍招雇更多的工人而使企业主难以增加人数,难以维持工厂本身所赖以存在的那种从属关系。事实上,他们在平日根本就没有执行过这一法令,如某花布印染厂主就说:"我们作坊中的工人不到十分之一的人做过学徒。原因在于,我们这个行业并不需要所有的雇佣工人主动准备好来做这种行业,因为任何一个普通人都可以干这种工作。"经过工厂主的反复申诉,议会最终于19世纪初以"违背真正的商业原理"的名义废除了《学徒条例》和《法定工资条例》。

在自由的原则下,为维护资产阶级的利益,国家也把反对任何干涉、实行自由放任作为首要原则,行使着维护自由的职能。特别是在处理调解劳资冲突时,总是以自由的名义维护着资方的利益。1830年8月25日,法国的拉法耶特发布命令:在确定工资、每天的工作时间和选择工人诸问题上,任何希望我们在老板和工人之间进行干涉的要求,都是不能接受的,因为这种要求是违背认可工业自由原则之法律的。这种自由包括:雇主和雇工关系的任何外部干涉,规定工资标准或劳动时间,任何形式的仲裁或结盟,甚至包括伦理道德上的限制等等都是与自由相违背的。值得一提的是,国家规定所有的工人联合会都被以违反劳动自由和有可能促使旧的行为复活为借口而严厉取缔或禁止成立。

资本与劳动的自由流动与结合带来的将是资本的增殖、利润的增长,在这一过程中,资本家必须进行计算,想方设法使自己发财赚钱,计算精神与发财赚钱成为工业社会中资本家的目的,成为社会的价值观念。克洛德·福郎描述了19世纪法国纺织业资本家的这一形象:他们把全部精力用于工作,用于与工作有关的一切事务,在这一行业中,除了业务之外,也就是说除了赚钱之外,没有任何其他心思,衡量一个企业兴亡与否的唯一标准就是赚钱多少。如果说赚钱是工业资产阶级的主要目的,那么爱惜钱财和节约钱财便是这一目的的补充。英国的第一代工业家都是如此,开办工厂初期,其资本往往通过向银行借贷或其他途径得来,要保证企业赚钱、资本的增殖,就需要精于理财、善长计算,在成本、价格、利息、利润等方面严格核算。

在资本的流动与增殖的过程中,还发展起了资本主义的投机性。金融服务业的快速发展更把这种投机性张扬成为社会的通行法则,使之成为人们投机角逐的场所。据记载,从七月王朝时期始,"股票进入了小资本家的公文包,专门的报纸杂志也随之发展起来,各种年鉴更是多如繁星,慷慨地提出如何利用积蓄来投资生利的建议"。同时,各种商业性报刊与广告开始出现,并在生活中越来越重要,这些都强烈刺激着人们去追求财富。1866年,实行经纪自由后投机活动更为高涨,仅巴黎证券交易所在1861至1869年间,进行交易的有价证券就由118种增至307种,价值总额由110亿法郎增至330亿法郎。靠着投机活动成长起了一批富有实力的大金融家、工业巨子,他们积聚起巨额的财富,也造就了一大批食利者。因而,这个时代也被称之为"资本主义的黄金时代"。

工业文明经过一个世纪的行进,在更大程度上实现了社会结构的重组,资本与劳动的经济关系成为了一种由市场决定的自由关系,变成了占据主导的社会关系。前工业时代的行会的、封建的习俗、惯例、法规等等都被冲刷摧毁。从此整个社会变成了资本的社会,或我们称之为"资本主义"的社会。但不可忘记,在这个资本占据统治地位的社会中,资本与劳动的分离与自由组合所产生的紧张与对立关系成为劳资关系的另一侧面,并贯穿与影响这个时代进程的始终。

二、社会问题的凸现

近代工厂制度建立后,实现了资本与劳动的分离,一举改变了劳动者的社会地位。资本家从市场上招募大批劳动者进入工厂,他们丧失了自由,成为了资本的雇佣劳动者、资本的奴役工具。随着工厂的增加,这支雇佣劳动大军愈发增长。如1787年,英国有水力纺纱厂143家,1795年约300家,1797年水力纺纱厂和使用混成式纺织机的棉纱厂共900家,1833年有1125家,1850年发展到1407家。每个工厂雇用的工人数量均较大,格拉斯哥附近的詹姆士·芬莱公司的3个厂各有2500名工人,欧文的新拉纳克有1600人,普雷斯顿有一工厂主有4个纱厂700人,曼彻斯特两家最大的棉纺纱厂各有1000名以上工人,著名的卡隆铁工厂雇有2000名以上的工人,西德尔斯法厂和福斯特在斯托布里奇的工厂雇用人数则高达5000人以上。

工人阶级的状况

机器的使用、劳动分工的实行使工人陷入深重的依附状态,成为机器的"人手"、分工的附属物。从前,作为独立的手工作坊主,他可以在自己的家里干活,保持着个人的独立、自由和尊严。现在,这已是明日黄花,一去不返。1769年,英国的韦奇伍德(1730—1795)建立了埃特鲁利特亚制陶工厂,实行新型的劳动分工组织方式,废除过去每一个工人独自完成每件产品的惯例,由此把过去独立的制陶师傅变成了只完成某道工序的劳动者,如陶轮工、镟工、烧窑工、平底陶器安模工、凹形陶器安模工、浸釉工、绘图工、磨光工等。在缝纫业,专业的劳动分工也使一个裁缝不再能单独做整件衣服了。1890年,上院特别委员会报告说:裁缝业分成了许多不同的部门,因此出现了领班(即裁剪工),以及粗缝工、机缝工、合缝工、锁扣工、熨烫工和小工等等不同的人。一个证人甚至说有25道分工。工分得细极了,一个会烫外套的人不一定会烫背心,而烫背心的人烫起裤子来也同样不称职。① 这样,机器与劳动分工使工人成为那道工序的附属物,再也不可能像以往那样有希望成为独立的劳动者,或上升为手工作坊主。

在工厂里,工人们在监工的监视和严格的劳动纪律下,严格按照规定的劳动时间工作,为跟上飞快的劳动节奏,必须做着高强度、如机械程序式的工作,他们已变成为一种附着于工厂这个庞大机械的惯性零件。有人这样记载英国19世纪初期工厂工人一天的劳动程序:工人们要在天未亮的四五点钟起床,或者吃饭,或不吃任何东西便匆匆赶到工厂去,8点钟时有半小时或40分钟的时间吃早饭。在多数情况下,是一边吃饭一边还得照看机器。早餐后,又继续干活。12点时,机器关停,有一个小时的午饭时间。从一点开始继续工作直到晚上八九点钟,这中间有20分钟的吃茶点时间。一般来说,工人们每天都要工作14小时。不仅如此,劳动纪律还十分苛刻,工作环境又非常恶劣。当时一家工厂曾仔细规定了对工人罚款的条例,如迟到10分钟罚款3便士,任何在厂里的工人一经发现和别人谈话、吹口哨或唱歌便要罚款6便士。据记载,有一次有95人因迟到而被罚款,而造成这种"文明的抢劫"的秘密在于织工们经常在早上上班时发现时钟比前一天晚上他离厂时快15分钟,原来资本家在工人晚上下班后把时针拨快了。这份报告还详细记录了监工们对工人们的非法虐待。这里不妨摘引如下:工厂的扣款检查员在工作了两个星期后,主人问他,罚款簿为何记得那么少?那人回答说:我认为已经扣了许多了,我罚款的人数太多了,我在街上碰到他们时都不敢正视他们。主人回答说:混蛋,你每星期比你的前任少给我赚五镑钱,我要把你赶走。果然这个人被解雇了,他的位置给了另一个更懂得自己职责的人。② 有些怀孕女工因过度劳累不得不坐下来歇一会儿,要是被监工看到,就要被罚款6便士,除了罚款外,还有严厉的肉体惩罚。一名工人当时口述道:监工用螺丝把约一磅重的老虎钳锁在我的两耳上,现在我耳朵后面还留有伤疤。有时一次把我们三四个人的手绑起来,脱掉衬衫,赤着脚,吊在机器上方的横梁上。我们常常被脱掉衬衫站在箕斗中,他们用皮带或棍子打我们,叫我们站在箕斗中是为了防止我们躲开皮鞭。他们还按照我们个子的大小,把20磅的重物(有时一次一个,有时一次两个)绑着、挂在我们赤裸的背上。这还不算特别严重,被打得遍体鳞伤、口吐鲜血则更是常常发生。至于工作条件,当时的人们揭露道:在棉纺工厂,一年要工作313天,每天工作14小

---

① 钱乘旦:《工业革命与英国工人阶级》,南京:南京出版社,1992年版,第24页。
② [英]E. 罗伊斯顿·派克:《被遗忘的苦难——英国工业革命的人文实录》,蔡师雄、吴宣豪、庄解忧译,福州:福建人民出版社,1983年版,第43页。

时,平均温度为华氏82度。没有凉快的房间可以避暑,没有片刻的擦汗时间。厂房卫生通风条件极差,车轮转动的声音震耳欲聋,低矮、拥挤、点着煤气灯的车间不但毫无新鲜空气,而且大部分时间内充斥着令人厌恶的煤气毒臭,还有尘埃以及棉飞毛等东西,人们吸进去会导致严重的肺结核。这种工厂在当时被习惯地称为"血汗工厂",而工人们则称其为"人间地狱"。

恶劣的条件、高强度的工作使工伤事故频频发生,导致伤残或死亡。1842年,英国下院的一份议会报告中记载道:在伯明翰,工人的工伤事故非常严重。发生事故大多是因为工厂主对维修工作重视不够,以致机器的护栏长期失修,还有不少事故是由于工人衣服松垂的部分被机器挂住,把他们卷进机器中。女工的头巾及长发,男工和童工的围裙或松垂的衣袖常常是造成这种可怕的断肢的原因。据在棉纺厂工作过的罗伯特·布林可所说,就在他的车间,一个工人被机器轧死,至于工伤则更多,如断了手脚等。在斯托克波特一带经常可以看到一只胳膊的人,那就是因工伤所致。很多人侥幸未受工伤,身体也发生了变形,如双膝向里弯、驼背,很多少女和成年妇女走起路来,胸部凸起,背部弯曲,一瘸一拐。

1845年,法国的欧仁·比雷写道:"我们肯定地说,工人大众已经完全被工业无条件地随心所欲地支配,只要到大的工业城市走一走,就会相信这一点。在工厂主和工人之间,不存在任何形式的道德联系。"事实的确如此,为了取得高额利润,精于算计的资本家开始违背道德的约束,排斥成年男工,大量雇佣女工和童工,在他们看来,女工和童工驯服听话,很容易掌握各种机械性工作,更重要的是,女工和童工是廉价的劳动力,可以支付较低的工资,这可以节约成本提高利润。这样,英国开始了雇佣女工和童工的狂潮。这些童工一般年龄在七至十三四岁,充任学徒工,被送到远离家乡一二百英里甚至三百英里的地方,一进入工厂,这些童工便等于走进了"吃人的地狱"。约翰·菲尔登在1836年出版的《工厂制度的祸害》一书中指出:在许多工厂区,这些任凭工厂主支配的无依无靠的无辜儿童,遭到了最悲惨的折磨,他们被过度的劳动折磨至死。有的遭到鞭打,戴上镣铐,受尽各种残酷虐待,他们大多饿得骨瘦如柴,但还得在皮鞭下干活,有时甚至被逼得自杀,以逃避一生都受到这种虐待。当时的"议会文件"记载了很多虐待童工的例子。如为了不让童工打瞌睡便把他们的头浸到水槽里,往脸上喷水,或用特制的皮带抽

英国工厂的童工

等。至于女工也和童工一样受尽痛苦,如煤矿女工在井下背运煤炭,一天要背24趟,重达4080磅。除了沉重的工作外,还要遭受各种非人的折磨。

雇佣劳动者的生活状况日益恶化,过着辛酸苦难的生活。与资本家相比,其不平等急剧扩大。1833年,英国的加斯克尔对一般工人的生活状况作过调查。工人的主食是土豆或小麦做的面包,和着菜或咖啡勉强可以咽下。牛奶喝得很少,粗面粉吃得很多,有时烙成饼,有时加水煮成粥,三餐很少吃到荤菜,吃的东西质量很差。住房条件更差,又污秽又缺少家具。通常是一两把灯芯绒面的椅子,一张松木桌子,几条凳子,破损的陶制器如盘子、茶杯等,一两个茶壶和罐子,几把刀叉,一根作火钳用的破铁条,没有火炉围栏,有的家有一副床架,有的则没有。他们睡觉的地方常常是用麻袋、一堆棉屑或者一捆麦秸铺成的,没有舒适的床架和羽毛褥垫的床。1844年,一位曼彻斯特的工人家庭主妇说:除了土豆,他们从来没有尝到其他任何蔬菜,也从来没有喝啤酒或烈性酒。生病时偶尔花一便士喝一及耳的啤酒,也许她和她丈夫每星期喝两及耳。除此以外,从来就没有喝过。

随着工资的下降和物价的上涨,直接导致生活水平实际下降。在法国,在工资下降的同时,生活必需品的价格却比1826—1847年平均上涨了17%。在当时,为了养活一个5口之家,每年至少要860法郎,假设一个男工的平均工资为450法郎,女人的平均工资为180法郎,两个孩子的平均工资为130法郎,总共才760法郎。1840年的官方统计,一个普通家庭至少每年需要950法郎,然而在27个职业中,就有10种职业达不到这个最低标准。

这是有收入的普通工人的生活状况,如果失业,其状况就更为悲惨。1841年曼彻斯特布道团的传道士报道说:R.卡恩,一家5口,3个孩子,全都失业,丈夫有病,一个孩子也病了,病孩躺在地下室潮湿的角落里,身下只铺了一层刨花,没有一点布料可遮身的。地下室里一无所有。1847年在普鲁士的东部和西部1/3的居民已没有面包可吃,仅靠马铃薯维持。很多人往往沦落成为济贫对象。在法国的诺尔省,19世纪30年代有22.4万名工人,而在济贫所申请救济的就有16.3万人。在厄尔省,1823年共有贫民1.7566万人,其中靠乞讨为生的为8861人,到1839年,已有1.1677万人沦为乞丐。仅在诺让勒罗特鲁小城,1845年,在6852名居民中就有1143人需要救济,即每6个人中就有1人。

这一时期民众的贫困已是不争的事实,日渐成为社会讨论和关注的焦点。19世纪30年代的德意志,至少有14种不同的出版物是以人民的日渐贫困作为讨论主题的。在英国,很多议员、医生、社会工作者前往工厂调查工人的生活状况,记录下了很多工人阶级贫困生活的真实状况。

工人们用血汗增加了资本的利润,换来的却是贫富的严重分化,社会的强烈不平等。这种不平等体现在生活方式、住房、医疗、健康等各个方面。如这时欧洲所有城市开始出现资产阶级居住区与工人居住区的区别,简称为"豪华的西区和贫困的东区"。过去这一区别并不存在,因为那时工人虽然住在高层,住在顶楼,但毕竟是和资产者同住一座楼房,现在资产者全部开始修建独立的带有围墙的豪华的公馆。在工人聚居区,除了酒馆,或小教堂,就无任何公共设施。工人聚居区成为城市流行病的渊薮。再如在法国,礼服、燕尾服和大礼帽是资产者的衣着,而大褂和鸭舌帽则是平民百姓的装束。

工业革命的表现之一便是一批新兴工业城市的崛起,如英国的曼彻斯特、利兹、谢菲尔德、伯明翰等。19世纪末叶,英国已成为世界上第一个城市化国家。城市化带来的结果是这些城市工厂林立,人口大量聚集,市政设施匮乏,疾病肆虐流行,生活环境非常恶劣。当时很多人都这样记载:这些城市里人满为患,房子拥挤不堪,没有自来水,没有排水沟。在曼彻斯特到处是污浊的空气,散发着有害的气味,危害着人们的健康,斑疹、伤寒等疾病流行。当时的一份"议会文件"指出,在利物浦,许多低洼的地方都积满了水,死狗、死猪都被扔在里面,可这里的水却被用于烧饭煮菜。面对于此,很多富有同情心的人强烈呼吁进行公共设施、卫生设施的建设,开辟公共场所等,以把城市改造成为卫生、和谐的家园。

由于资本家只关注利润的增加,对人类的生态环境未加重视,因而,工业的建立带来的是环境的破坏和恶化,河流污染、资源破坏。最早进行工业革命的英国最为典型。1843年英国的议会文件这样记载谢菲尔德:谢菲尔德是我所见到的最脏、最多烟的城市之一,有一些小铁匠铺没有高烟囱,城市又有许多山坡,冒出的烟就升到较高的街道上,而不是飞到街外去。孩子们在睡觉前,一般要洗洗,但并非人人如此,他们不停地把尘埃吸入体内。在曼彻斯特,厄克河被建立在两岸的染坊的废弃物染黑了,来自这一带市区的一些水沟的排泄物——瓦斯厂的污水以及骨粉厂、制革厂和胶料厂等最有害的污物也流入河中。

英国历史学家约翰·劳伦斯·哈蒙德(1872—1949)和露西·巴巴拉·哈蒙德(1873—1961)夫妇曾对工业革命作过这样的总结:工业革命带来了物质力量的极大发展,也带来了物质力量相伴随着的无穷机遇。然而这次变革并没有能建立起一个更幸福、更合理、更富有自尊心的社会,相反,工业革命使千百万群众身价倍落,而迅速发展出一种一切都为利润牺牲的城市生活方式。正是这种利弊共存的双重特性,激发着那个时代以及后来的人们不断进行探索反思。

第二节 工业文明的批判者与辩护人

19世纪上半期,工业文明以及引发出的一系列社会问题,成为时代关注的焦点,工业文明给人类带来的究竟是灾难还是福祉,是以平等为主导的发展,还是以自由为优先的行进,很多思想家在思想领域展开了批判与辩护的激烈交锋。无论是批判还是辩护,所有这些不同的阐释与应答都闪烁着时代的思想光芒,极大地影响着19世纪工业社会的历史进程,成为留给后人进行思考的宝贵思想遗产。

一、激烈的批判

在工业革命中成长起来了一批数量庞大的雇佣劳动者,对于他们而言,工业文明带给他们的只是苦难与痛楚,他们成了这种体制的直接牺牲者。因此,工人阶级以及他们的理论家最早展开了对工业文明的激烈批判。

工人阶级从切身经历中认识到：现实社会中劳动产品全部归属于资本家，导致了财富分配不平等，究其原因是因为劳动权利的丧失。由此，他们从自然法理论出发，要求获得劳动成果的权利，认为这是人的天赋权利。英国一些思想家、政治改革家如科贝特（1762—1835）、葛德文（1756—1836）和斯彭斯（1820—1903）等人坚决抨击现实社会的不平等。科贝特说："我们没有新的要求，我们只要求祖先所享有的东西，即那些被股票经纪人、争权夺利者、皮特之流和棉业大王拿走的东西。"1818年，在英国布莱克本举行的群众大会上，通过了如下决议：任何人不经本人同意，决没有权利去享受他的劳动成果。1825年，霍奇斯金（1827—1869）发表《保卫劳动权，反对资本所有权》这本小册子，一开头他就写道：现在劳动冲突，正在全国各地激烈进行……但迄今为止，绝大部分有影响的报刊书籍都站在资本家一边……因此，提出一些有利于劳动的观点去反对资本，这就是本书出版的主要动机。书中他深刻分析了资本家的利润和工人现实的贫困与苦难均来自于资本对工人劳动的雇佣和剥削。他指出，资本家通过资本取得了支配和雇佣工人的权利，在这样一种雇佣与被雇佣的关系中，工人创造的价值都成为利润，成为资本家的财富。实际上利润不是别的，即是资本家对工人的一种权利。离开了这样一种权利关系，资本也就无法生存。因此，资本家千方百计要维持这种权利关系，维持这种不平等。对此，霍奇斯金指出：正是资本（追求利润）这样一个压倒一切的本性，在社会法律的支持下，在人类惯例的支持下，再加上立法机关的支持，和政治经济学家热情的卫护，才造成并将永远地维持工人的贫困与苦难。

宪章运动的领袖奥布莱恩也从资本出发解析了资本的本质就是剥削，他说：在贵族和资本家谈论财产的"神圣"时，他的意思是说，通过资本的媒介，一个人有把其他人的劳动成果占为己有的神圣权利。正是资本获得了这一权利，才使这个社会表现出无尽的自私、竞争和攘夺，成为一个极端不平等的社会。他曾这样说道：在土地、机器、工具、生产器具和劳动产品全为无所事事的人所独占，在劳动全由财富生产者负担，而劳动成为一种由富裕游民收买和管理的市场商品的时候，无穷的忧虑必然是劳动者不可避免的命运。要改变这种状况，必须改变现存的经济权利关系，要维护劳动的权利。宪章运动的另一领袖斯蒂芬斯也认为：工人生产了一切财富而他们却饱受痛苦。他们所要求的不过是，做够一天工，给够一天钱，工人应该有享受舒适生活的不可动摇的权利，这是享有一切财产权的基础……工人是帝国一切财产的主人翁，如果他没有财产，那么，他便有向富人索取的权利，直到取得为止。①

曾经当过排字工人，后积极投身工人运动的勃雷（1809—1895）从资本与劳动的交换关系入手来剖析现实社会的不平等，1879年写下了《对劳动的迫害及其救治方案》一书，认为，资本家与工人的雇佣关系就是双方在自由市场上资本与劳动相互交换的交换关系。这种交换关系看起来是自由和自愿的，但却非常不公正。工人与资本家之间产生的不平等原因就在于此。他说：这种不公正的交换制度，就是我们一直至今所实行的——工人们一直都是拿

---

① ［德］马克思·比尔：《英国社会主义史》下卷，何新舜译，北京：商务印书馆，1960年版，第35页。

一整年的劳动去向资本家换取仅仅半年的劳动价值——并且现在存在于我们之间的财富和权力的不平等,就是从这一原因而来的,而不是从个人体力和脑力的不平等而来的。资本家总是资本家,工人只不过是工人——一个是统治阶级,一个是奴隶阶级,这一事实就是一切交换不平等——买进是一个价格,卖出是一个价格——的必然条件。为什么这种交换能够进行,换言之,为什么资本家成为资本家,能够雇佣工人?勃雷认为:这是因为资本家拥有货币,他们把这些货币变成了资本。他写道:日常经验教导一切人们,资本家的力量决不是由于他们这个阶级比别的阶级具有任何脑力或体力上的优越性,而完全是由于他们有货币,即工人阶级所生产出来的一切财富的代表,因为这些货币使资本家掌握一切可以用货币来代表的东西。勃雷认为:现在社会制度的生命与灵魂,就是不平等交换这一原则,其他的一切不平等都是与此分不开的。只要这种制度还没有被推翻和不变的真理原则还没有确立,这种制度的功用——一切权力、财富和光荣就会建立在合法的欺骗和掠夺的基础上,任何人也就谈不到和平,看不到公平,享不到幸福!

就理论层面而言,法国工人阶级理论家所进行的理论批判丝毫不逊于英国。七月王朝时期,是法国资本主义迅速发展的时期,无产阶级在深感不平等的同时,也提出了自己的要求,1830年,他们在巴黎的《人民论坛报》提出要求面包、工作和权利。工人运动活动家布朗基(1805—1881)严正指出现实的社会体制每天都在制造不平等,实现着富人剥削穷人的目的。究其原因,这个体制是建立在私有财产权和资本的权利基础之上。资本与劳动的结合产生了社会财富,但由于少数人拥有资本,因而劳动者的劳动果实不属于自己,而属于了资本家。为了掩盖其剥削与不平等的真相,资本家反而打出了自由的旗帜,认为资本与劳动是一种自由的结合。针对此,布朗基大声疾呼:"当人们因贫困而沦为受剥削的工人时,何来自由?对人民来说,自由意味着一种物质福利、桌上的面包,而贫困和饥饿就是奴役。"布朗基呼吁推翻现存的体制,消除私有财产制,把劳动从资本的暴政下解放出来。和布朗基一样,路易·勃朗严厉反驳资产阶级的资本自由和劳动自由。在这一自由下,社会分成了富人和穷人,狡猾的投机者与天真的劳动者,手头宽裕的银行家的主顾与受着高利贷者压迫的奴隶,让两者在自由的名义下进行着竞争,其结果可想而知。在这一社会体制中,处在社会弱势地位的劳动者,没有逃避失业的自由,没有改善条件的自由,没有受到教育的自由。总之,劳动者根本就无法享受到真正的自由,自由不仅是所赋予的权利,而且包含在赋予人们在正义的统辖和法律的保护之下去运用并发展个人才能的权利中。

从现实社会的不平等中,蒲鲁东(1809—1865)探究出所有权是这一切的根源,经过仔细研究,于1840年写下了《什么是所有权》这部皇皇巨著,尖锐抨击资产阶级的私有财产权,认为人类在权利方面生而平等,人人有权享有自己劳动的产品。看起来工人在劳动中领取了工资,已获得了实际权利,实际上,资本家发放给工人的工资完全无法与其生产的劳动产品的价值相提并论。换言之,资本家只是通过发放低廉工资的形式扣留了工人们的劳动产品,这全然侵犯了工人们的权利,实质上就是一种盗窃行为。由此,蒲鲁东愤慨地喊出:"所有权就是盗窃!"

在德国，出身于裁缝帮工的工人运动活动家魏特林(1808—1871)相继写出了《现实的人类和理想的人类》、《和谐与自由的保证》和《一个贫苦罪人的福音》三部著作，探讨社会不平等的原因。他认为现实的社会是一个无节制的贫富分化的社会，一些人只做很少的工作或者根本不工作，他们的财富却享用不尽，而另外的大多数人无节制地工作，但实质还是贫困。造成这种不平等的根源在于劳动分配不平等以及由此产生的产品分配不平等，与机器的发明和使用并无直接关系。而维持这种不平等的手段则是金钱，这里的金钱实际上就是货币资本。在资本的驱动下，劳动成为了对工人们的一种折磨和奴役。在目前的情况下，要想改变这一状况，使劳动不再成为一种负担，而是一种愉快，要想实现平等，只能通过革命的方式。以前的革命只是政治革命，现在应该进行的是全新的社会的革命。他大声疾呼："再来一次革命吧，这次应当前进一步，是一次社会的革命。"

当工人阶级的理论家在奋起进行批判的同时，从资产阶级阵营里走出来的一批思想家也参与了这场批判的大合唱，更为激烈地批判现实的工业文明，更为系统地描绘了人类未来社会的理想图景，这即是在历史上享誉盛名的空想社会主义者法国的傅立叶(1772—1837)和英国的欧文(1771—1858)。

傅立叶出身于富有之家，年轻时便参与经商和生产管理，亲眼目睹资本主义的种种罪恶，促使他在思想理论上进行思考探索，相继写出《关于四种运动和普遍命运的理论》、《工业和协作的新世界》、《论商业》等著作。针对现有的工业文明，傅立叶认为，现实的工业文明或工业制度是新成立的奴隶制，是对人类的危害以及人类的耻辱。他写道：工业主义，这就是我们科学的怪物，这是狂病，在这一工业文明体制中，资本集中在少数人手中，工人被赶进工厂，变成了劳动的奴隶，毫无自由可言。工业化大生产把一切都交给了资本家去任意摆布，他们利用自己的地位肆意剥削工人，而工人们由于在资本家的组织下进行生产，在不断增加的产品中得不到任何好处，致使劳动成为贫困和痛苦的根源。同时，雇佣劳动不仅奴役着工人的身体，而且奴役其精神，对他们来说，劳动是真正的地狱，工业愈发展，工人的境况愈恶化。因此，资本家财富的丰裕是以工人的贫困为代价的，这是私有制对工人的暴政。同样，工人们也反抗资本家和现存制度，双方发生激烈冲突。因而，工业文明也是一个社会分裂的文明体制，是无法真正实现社会进步的文明。

从社会生产的运作状况来说，工业文明是一种无限制经济自由的制度，它没有计划，无限竞争，从竞争中又产生了"工业封建主义"即垄断，由此使整个社会生产呈现出无政府主义和生产危机。服从于这一运作规律，每个人只关心自己的利益，只要符合自己的意愿，即使其行为有害于社会也在所不顾，社会的整体利益可以丝毫不加考虑，社会个人与集体处在经常斗争状态，一些人的幸福与发财建立在别人的不幸甚至是毁灭之上。不仅如此，由于商业逐渐控制着这一运作体制，商业和富人们的投机、冒险、欺诈、破产等不良习气成为了这个文明社会的主宰。对此，傅立叶进行了详尽的分析，他列举了"文明制度"下商业的36种特性（或曰罪恶），主要有：价值的任意确定，完全自由的欺诈，证券投机，囤积居奇，宣告破产，高利贷，寄生，资本的转移，团结精神的缺乏等等。

通过分析,傅立叶得出结论,上述那些并不是人们所常说的"文明",实际上这是人类的疾病,人类的恶行,文明之对于罪恶,好像病因之对于疾病一样。他说:在这个文明中,恶事前进十步,而善事则只前进一步。现存的文明制度是无秩序、贫困和淫乱的极限。这种恶行,并不单单发生在法国,它是整个处在"文明"的这个社会的真实图景和共同特性。

傅立叶断言,在社会发展日趋加深、社会矛盾更为尖锐的状况下,现实的"文明"正面临着灾难。如何构建新的社会?傅立叶认为现实的"文明"无法改良,必须超越,要从现实"文明社会"进入到更高阶级的"和谐社会"。为此,傅立叶精心设计了这种未来和谐社会的蓝图。

从研究人的本性出发,傅立叶预设了一种适合人性的社会制度。他认为上帝在创造宇宙的同时也创造了人的情欲。现在的"文明"制度压制了、毁灭了情欲,使人完全服从于想象出来的规则。只有当人的情欲自由地发展和得到满足,和谐制度才可实现。为此必须建立起一种新型的社会组织来实现这一目的,这一社会组织傅立叶称之为"法郎吉的协会"。在这一组织中,劳动成为自由和愉快的活动,没有贫困,没有对立,没有不平等,个人的利益与社会的利益融为一体。总之,人的一切情欲都得到了满足,社会也获得了繁荣和进步。

欧文出生于一个小资产阶级家庭,不到20岁就当上一家棉纺织厂的经理。1800年,欧文又到新拉纳克管理一家有2500人的大厂。作为工厂主,长期的管理实践使他比别人更多地了解了劳资双方的观念、行动以及现状,促使他"寻求改善贫民和劳动阶级的生活并使雇主获得利益的方法",希望建立一个更为理想和谐的新社会。

由于工业革命的展开,新机器的采用,社会生产和财富有了很大的增长。正如欧文所说,英国可以用自己的生产满足本国的全部合理需求,可以使自己的产品遍布全世界。然而,产品和财富的增加并未得到合理的分配,并未使大多数人普遍享有,相反,它被少数人所攫取,使得社会大多数人陷于贫困和不幸。环视当时的英国,"世界上充满了财富,但到处却是苦难深重"。仔细探究其原因,欧文认为一是采用机器代替排挤了从前的工人劳动,造成了工人劳动的贬值。同时,机器生产又使得整个工人家庭包括童工都依附于工业生产,成为被奴役的工具。而这一过程又不会停止,因为资本家希望花费最少的人力劳动获得最多的有益产品。但在欧文看来,这只是技术因素,更重要的原因为私有制,在这一制度下,技术的发明和使用增加了资本家的私人财富,提高了其收益率,这必然又会刺激他们去作出新的发明,采用新机器。正是在这一体制下,资本家在追逐利益的驱动下用最小的成本实现着财富的不断增殖。因此,私有财产是贫困和不平等的唯一根源,由于贫困而在全世界引起包括敌对、欺骗、舞弊、犯罪和不平等等各种无法计算的罪行和灾难。欧文一再陈述,工人阶级现在遭受的苦难、贫困和悲惨比任何时候都要多,他们失去了工作、健康、食品、教育、社会福利等一切权利,显然,没有比现存的工业文明体制更坏的社会制度了。

工业文明制度带来的不仅只是劳动者的贫困,还影响着人们的性格与行为,导致了整个社会道德的衰败,而这是现行工业文明体系的内在本质使然,也是其带给人类的最坏的弊端。欧文认为现行工业社会的指导原则是金钱利益;追逐财富的增加,其实现途径是残酷竞争、贱买贵卖、欺诈等方式,在这一社会运行法则下,人们的性格、行为、价值观念、道德伦理都被改造和扭曲到适应这一体制方面来,破坏了人类的优良品质和人性本身。正如欧文所说:人们热衷于财富积累,不惜残酷打击竞争者,在这一制度和氛围下,人类的正直、坦率、诚恳、公正等品质荡然无存。

列数工业文明的弊端,欧文大声疾呼:"人类的感情和利益迫切地要求进行社会制度的变革,要创设一种新制度,构建一个新社会。"他满怀信心地为我们描绘了这样一个社会:这是一个建立在科学和真理的基础之上的社会,以保证人人享受物质生活和精神生活的幸福为目的,其原则是共同劳动、共同占有、权利平等和义务平等,个人利益与公共利益协调一致,脑力劳动与体力劳动不再分离,没有私有制,没有剥削、压迫,有组织的计划经济将取代生产的无政府状态,在这一社会中,将培养出在身体、道德和智能方面全新的人。欧文这样对比新旧两种社会:在旧社会中,人一直是恶劣的、轻信的和虚伪的;在新社会中他必然会变成有理性的、聪明的、颖慧的、诚恳的和善良的。在旧社会中,世界是贫困、奢侈、邪恶和苦难的渊薮;而在新社会中,世界则是健康、节制、智慧、美德和幸福的乐园,这是多么理想的未来社会。

为实现这一理想社会,欧文多方呼吁,躬身实践。1817年,他向英国议会提出了自己的改革方案;1818年,又向欧美多国政府呼吁;1832年创办《危机》杂志,宣传改革事业;直到1849年,他还说服维多利亚女王采纳他的改革计划。在向政府请求呼吁的同时,欧文自己积极实践。1824年,他去美国创办"新和谐公社";1832年,创办"全国劳动产品交换市场";1833年组织成立"全国生产部门大联盟";从1839到1845年,从事"劳动公社"的组织试验,但所有这些努力最后均以失败告终。尽管如此,他为正义、公平执著奋斗的理想与行动将永远长存,昭示后人。正如他在"新和谐公社"的开幕典礼上所说:"我到这里来,是要建立一种崭新的社会制度,要将愚昧、自私的制度变成文明和谐的社会制度。它要把各种人们熔于一炉,并且铲除产生人与人之间各种对抗的根源。"

二、工业文明的辩护人

在对工业文明的一片批判声中,一批思想家也走上前台,发出了另一种声音,他们坚决为现有的工业制度和社会体制辩护呐喊,这批思想家主要为英国经济学家亚当·斯密(1723—1790)、李嘉图(1772—1823)、马尔萨斯(1766—1834),法国社会学家圣西门(1760—1825)、孔德(1788—1857)等人。他们一致认同,只有工业文明,只有资本主义的经济自由,才能增进国家的财富,带来社会的进步,实现理想的"文明社会"。

亚当·斯密出生于苏格兰的一个海关职员的家庭,后入格拉斯哥大学和牛津大学学习,一生勤于著述,出版《道德情操论》《国民财富的性质和原因的研究》等著作,这些著作涉及经济学、伦理学、政治学等学科,形成了庞大的学术体系,其重点在于思考如何增进社会的财富,如何建立保证这种财富不断增长的资本主义的自由体制。因而,斯密不仅被看作古典经济学的代表,也是资本主义自由制度的设计师。

早在1763年,亚当·斯密在格拉斯哥大学所作的"关于法律、警察、岁入及军备的演说"

亚当·斯密

就已提出只有在经济自由的条件下,资本主义经济关系才能够迅速地推动财富的积累,后在《国富论》中他详尽地阐释了这一基本思想。以经济人追逐个人利益的预设为出发点,斯密展示了自己的理论逻辑起点。他认为由于每个人的本性首先和主要是关心自己,把改善自身生活条件看作"人生的伟大目标"。无论从个人还是社会层面上来说,追逐个人利益并不是自私,而是利己主义,斯密称之为"自爱"或"自利"。这种"自爱"、"自利"是人类的一种美德,它与"自私"截然不同,毫不相干。因此,个人利益是人们进行经济活动的出发点,对此,斯密有段较为典型的表述:我们每天所需的食物和饮料,不是出自屠户、酿酒家或面包师的恩惠,而是出自于他们自利的打算。我们不说唤起他们利他心的话,而说唤起他们利己心的话。我们不说自己需要,而说对他们有利。这个不断追求自利利益的每个人就是通常所说的"经济人"。在社会经济活动中,这种"经济人"丝毫不会停止对财富的追求。斯密还具体剖析其原因在于:第一,"经济人"天生具有一种创造动力和创新能力,这种能力促使人们辛勤工作,不断发明革新,以促进财富增加,创造更多的物质文明。第二,为追求财富而辛勤努力工作是出于实现和维持其社会地位的需要,而这种需要则也是人的本性之一。

如何实现个人财富的增加以及整个社会财富的增长,这是斯密长期思考和着力解决的重点。斯密认为其途径在于,只有通过市场,通过这只看不见的手的自由竞争和自由调节,才能实现这一目标。市场经济是一种最为自然、最为基本的基础,在这一市场经济体制下,资本家出于"私人利润的打算,是决定资本用途的唯一动机",他们"所考虑的不是社会利益,而是他自身的利益"。正因为此,他们都在为追求自己的私利而辛勤工作,提高产品的数量、质量和品种,若不如此,将会在市场交换中遭致失败。通过市场自由竞争这个中介,每个人的成功不仅意味着达到了个人财富的增加,实际上也是国民财富的增长,这样就神奇般地实现了个人利益与社会公共利益的和谐。斯密写道:像在其他许多场合一样,他受一只看不见的手的指导,去尽力达到一个并非他本意想要达到的目的,也并不因为事非出于本意,就对社会有害。他追求自己的利益,往往使他能比真正出于本意的情况下更有效地促进社会的利益。由此,斯密改变了人们常说的资本家总是不顾一切唯利是图、牟取利润这一形象,回应了把资本家看成是工业社会一切罪恶渊薮的抨击。

在斯密看来,市场的自由竞争实现了社会生产要素和资源的有效配置,引导着人们实现个人利益,也增进着国家的财富,这是现行社会经济运行的内在机制,是个人财富与国民财富增长的动力。就生产形式而言,自由竞争并不会带来生产的无序化,相反,在市场的自由调节下,社会在进行均衡的生产,实现自然的和谐与有序。斯密坚定地认为,每一个人,在他不违反正义的法律时,都应任其完全自由,让他采用自己的方法,追求自己的利益,以其劳动及资本与任何其他人或其他阶级相竞争,只有这样,才能调动每个人的积极性,才能激活"经济人"天生具有的一种创造欲望和创新能力。

针对当时社会还存在着的有碍经济自由的各种政策法令,斯密坚决要求予以取消,并猛烈抨击国家对经济实行干预。他写道:如果政治家企图指导人应如何运用他们的资本,那不仅是自寻烦恼地去注意最不需要注意的问题,而且是僭取一种不能放心地委托给任何个人、也不能放心地委之于任何委员会或参议院的权力。把这种权力交给一个大言不惭地、荒唐地自认为有资格行使的人,是再危险也没有了。斯密的学说,反对国家的任何干预,主张实行经济自由放任,实现自由竞争、自由贸易,以及劳动、资本和其他生产要素的自由流动。总之,要建立起"最明白、最单纯的自然自由制度",在这一制度下,财产私有并得到保护,实现了经济的自由,这种体制的社会应是一个高度自由的社会。

与亚当·斯密仔细考察资本主义生产方式一样,经济学家大卫·李嘉图从经济学理论体系上论证维护工业资产阶级的现实利益,1817年出版了《政治经济学原理和赋税原理》,发展了亚当·斯密的经济学理论,此书标志着他成为英国古典政治经济学的杰出代表和这一学派的完成者。

如前所述,实现财富的增长是亚当·斯密着力思考的重点,这也是李嘉图进行经济理论研究的任务,只是在侧重点上稍稍移动了理论体系的重心。他更多地侧重于确立社会分配的原则,认为确立支配工资、利润、地租的分配法则乃是政治经济学家的主要目标。实际上,他没有一般地讨论国民财富的增长,而是从产品的分配入手来找到促进财富增长的有效途径。在他看来,财富增长有两种方式:第一种方式是利润转化为资本,用以雇佣劳动者,增加投资等;第二种是通过技术和机器的改进提高劳动生产率。在一个社会中,生产本身是没有限制的,它的规模大小完全取决于资本的扩张能力,只要有资本积累和投入,就会实现经济增长,换言之,资本积累是经济增长、财富增加的动力源泉。那么,在现实的工业社会中,如何实现第一种增长方式,即通过资本积累来实现扩大再生产,这是李嘉图试图要解决的主要问题。

从某种意义上讲,积累就是利润转化为资本。这里自然涉及实现利润的最大化问题,怎样保证资本家获得利润,如何消除有碍积累的各种因素,这些问题如若不能得以很好地解决将会严重影响资本的积累。因为资本家的积累动机会随着利润的减少而减少,当利润低落到不足以补偿其用于生产的资本所必然碰到的麻烦和风险时,积累动机就会全然终止。从社会的宏观层面上讲,李嘉图认为必须解决地租、工资和利润在三个阶级中间的分配关系与实现程度。李嘉图首先从地租开始分析,认为"不认识这一理论就不能理解财富增进对利润与工资的影响,也不能令人满意地探索赋税对社会不同阶级的影响"。通过考察,他得出:谷物价值上涨的结果,是名义工资上涨,利润下降。因此,地租与利润是对立的运动。这一结论矛头直指当时英国社会的地主阶级,他们通过《谷物法》维持着谷物高价,保护着自身的私利,地租与利润的对立实质上体现着地主阶级与资本家之间的相互对立,即"工资增加时,总是牺牲利润；工资跌落时，利润总会提高"。由于劳动的价格是由市场供求关系所调节，因而应该建立起自由的劳动市场体制，当劳动供给增加时，其市场价格自然会下降，资本家的利润自然也就会上升，否则一旦工资上升，利润就会下降，自然也就会影响资本家的积累以及国家财富的增长。他认为，工人的工资应保持这样的水平，即仅够维持工人生存和延续他们的种族的需要，既不增加，也不减少，这即铁的工资规律。这一理论回应着现实社会的劳资关系，如果工人的工资提高就会损害资本家的利益，实质上将会影响国家财富的增长。这里李嘉图揭示了无产阶级和资本家之间在经济利益上的对立，以及在促进财富增长这一目标下事实上所存在的资本对劳动的奴役、资本家对工人的剥削，并维护着资产阶级的利益。

李嘉图接受亚当·斯密的经济自由的学说，认为经济自由是实现个人利益和社会利益结合的最有效最可靠的途径，为财富增长、经济发展开辟无限的可能性。具体而言，只有让资本家自由地去追求利润，不去过多地干涉才能增加资本积累，从而发展生产，使社会各个阶层的需要都得到满足。这里工业资本家的利益与社会利益并无冲突，他们是社会经济发展的中心力量，而地主阶级和无产阶级则无法承担起这一时代重负。以工业资产阶级及其利益为中心，李嘉图坚决反对国家实行不利于资本家的限制政策和法令，反对侵占资本家的利益，要求国家"不要征收那种必然要落在资本上面的赋税"。针对保护地主阶级的《谷物法》，李嘉图力主取消，呼吁实行自由贸易，认为实行贸易保护和垄断，就是保护落后行业，使社会总资本不能按照有利于实现利润的原则配置，而"最能保障整体利益的莫过于把总资本作最有利的分配，也就是实行普遍的自由贸易"。

李嘉图坚信，一旦实现了自由贸易等经济自由，扩大工业资产阶级的资本积累，不仅工业资产阶级获得利益，整个社会都将得到发展，现实的工业文明制度以及工业资产阶级将成为促进经济增长的动力源泉从而证明其存在的合法性和优越性。

面对工人阶级的贫困与苦难，工人阶级自身发出了要求改变现状的呼声，代表资产阶级利益的马尔萨斯于1798年出版《人口原理》极力为工人阶级的贫困现状作辩护。其目的正如他自己所说，是使下层阶级"永远不易受到煽动性出版物的影响"，让上层阶级"无须担心那种革命的过火行为"。

书中，马尔萨斯从预设的两个公理出发开始了自己的逻辑起点：第一，食物为人类生存所必需；第二，两性间的情欲是必然的，且几乎会保持现状。在这一公理决定下，他提出了其人口理论的核心内容，即人口增殖力与土地生产人类生活资料力相比，是"无限的较为巨大"。人口在无妨碍时以几何级数率增加，生活资料只以算术级数率增加；即人口是按1、2、4、8、16、32……这样的速度增加，而生活资料只是以1、2、3、4、5、6……那样的速度增长，两者之间处于不平衡的关系。但自然的法则告诉人类必须保持这两者之间的平衡，否则生活资料无法满足其需要，将会招致灾难。

马尔萨斯认为，显而易见，解决两者之间平衡的唯一途径只能是抑制人口增长。他提出两种抑制方式：一为预防性抑制，这种抑制主要指人们预计如果结婚生子将会带来生活水平的下降，社会地位的下降，或者被迫放弃了自己喜爱的快乐生活等，这时他就预先选择不结婚或者不生育和少生育。第二种为积极的抑制,对此,马尔萨斯作了重点考察。他自己把积极的抑制定义为"已经开始增长的人口所受到的抑制",主要是(尽管也许不完全是)最下层社会所受到的抑制。实现这种抑制的因素主要为罪恶与贫困两种。所谓罪恶因素指妇女的不道德习俗、大城市、有碍健康的制造业、流行病和战争等,这种因素并不起主要作用,也不可能经常发生,于是马尔萨斯重点探讨了贫困。

这里的贫困,主要指城乡下层劳动阶层的生活状况,他们食物不足,劳动艰苦,住所不卫生,忍受着极大的困苦。而正是因为这种贫困,导致了儿童或成年人的高死亡率,这已由英国死亡表统计所证实。人口高死亡率的出现自然也就自动起到了抑制人口增长的作用。由此,马尔萨斯断言,维护社会的贫困将会减缓人口的增长。

针对英国当时实行的《济贫法》,马尔萨斯进行了严厉批判,认为实施济贫措施只会形成工人们的懒惰、挥霍与堕落,他们没有了勤劳、节俭等现代社会的自立精神,同时一味地救济,实际上鼓励了贫困人口更多地生育,使人口趋于增长,结果导致更新更多的贫困。在他看来,穷人没有被救济的权利,实行社会救济非但不能摆脱贫困,反而制造了贫困,并且,由于穷人得到了救济不去做工,束缚了劳动力流动的自由,这与实现经济自由格格不入。从整个社会来说,马尔萨斯得出结论:根除贫困为人所不及。"我们徒劳无益地力图做根本不可能做到的事,不仅牺牲了有可能获得的利益,而且牺牲了有把握获得的利益。"

在英国工业制度的现实中,的确存在着很多穷人,但马尔萨斯认为这并不是资本雇佣劳动或资本家的过错,究其实质,"贫民贫困的原因在于自身",事实上,让社会存在着贫困反倒对抑制人口增长起到积极的作用。这样,在马尔萨斯那里,资本主义的劳资关系,工人阶级的贫困现实成为了解决社会问题的最佳手段和合理的社会存在。

如果说上述经济学家主要从经济上为工业文明作出了辩护的话,那么法国思想家圣西门、孔德则从更广泛的社会层面论证即将到来的工业社会,热情欢呼工业文明的降临。他们满怀信心地指出:从历史发展阶段来看,人类在经历了神学和军事时代、形而上学和法学时代之后,必将进入科学和实业的第三个时代,即工业社会。较之以往,这是一种全新的社会制度,它将改造旧有的一切社会关系,抛弃崇尚空谈的社会旧习,以生产作为它唯一的和永恒的目的,实现社会大多数人的幸福。

科学和实业的时代,就是圣西门所追求的实业制度。他认为这种实业制度是一种可以使一切人达到最大限度的全体自由和个体自由,保证社会得到它所能享受到的最大安宁的制度。在这一制度下,实业家或实业阶级占据首要地位,它是最重要的阶级,这些实业家指"从事生产或向各种社会成员提供各种物质财富以满足他们的需要或生活美好的人",包括:农民、工厂主和商人。这些阶级是生产阶级,是创造社会物质财富的阶级,社会的一切都由他们所创造。若没有它,其他阶级也不能生存,整个社会无法运转。因此,这个实业制度实际上即是以实业家占据中心的工业社会,是从事生产创造丰富物质产品的社会。因为这一社会组织的目的,就在于"尽善尽美地运用科学、艺术和手工业所取得的知识来满足人们的需要,推广、发展和尽可能大量积累这些知识;换句话说,就是把科学、艺术和手工业方面的所有一切工作尽可能有效地结合起来",以极大地发展社会生产。在圣西门看来,这一实业制度与封建制度截然对立,目前的法国正在逐步向这一制度过渡,现在人们的任务、社会的目标就在于认清实业制度,全力以赴地推进其早日到来。为此,圣西门不遗余力地奔走呼吁,推进建立实业制度。

为建立实业制度,保证实业阶级的利益,必须以实业家们的利益为中心来重组这个社会。圣西门写道:稍有知识的人现在都承认,社会制度必须彻底改造,改造的需要已经成为燃眉之急。在圣西门看来,这种改造包括:规定财产所有权,任何一个国家规定财产的法律和使财产受到尊重的法令都是根本法,如果没有法律,连习惯都不承认所有权,其社会基础则将荡然无存。这种所有权的规定须以保证财产的安全、流动和获利为法则。同时,社会要以经济自由作为首要原则,政府要尊重生产和生产者,不要干预实业的自然发展,哪怕这种干预其出发点是要鼓励实业。在社会层面上,降低其他阶级如形而上学家和法学家、军事家和贵族的作用,提升实业阶级的阶级地位,使之成为第一阶级,拥有社会的实际权力。圣西门写道:为了建立最有利于科学进步和实业繁荣的社会组织,必须把精神权力交给学者,而把世俗权力交给实业家。总之,整个社会体系按照实业家的需要来重组运作,以鼓励刺激人们从事农业、工业和商业活动,甚至只要实业家的工作有利于国家,就不要过于指责他们的牟利行为。同时,圣西门还认为实业制度要求一种新的知识水平或知识体系作为基础,他将之称为"实证科学"。这是一门关于社会的、关于工业社会的科学,其目的是使实证知识得到足够的发展,使理性获得足够的力量,并激励人们把这种力量更多地用于他们的科学创造和实业活动,从而减少形而上学的虚幻以及宗教的信仰。这种"实证科学"完全不同于以往的"科学",它不再是沙龙里的空谈,而是面向实践的应用;不再是虚无缥缈,而是经验实证。如政治学就是关于生产的科学,也是以建立最有利于各种生产事物的秩序为目的的科学。总之,18世纪的科学是批判的、革命的科学,19世纪的科学将是组织的、创造的科学,随着工业社会的到来,科学必将成为促进工业化的科学,成为能够极大创造社会生产力的知识力量。

生活在18世纪后半期和19世纪初的圣西门,亲眼目睹了社会的动荡和冲突,特别是法国革命所带来的混乱。从建立实业社会出发,他认为,必须放弃暴力革命,实现社会稳定,重建起社会的秩序,这是有利于道德、一切实证科学、艺术、农业、工业和商业的社会秩序。

作为圣西门的学生,孔德继承并发展了圣西门的学说,认为为建立一个"实证社会",需要确立社会的秩序,重建社会精神。为重组社会而重建精神,就是要重铸一种"符合于我们时代的精神、现代文明的需要"的新科学,即实证主义科学。这是用推理和观察相结合的方法研究种种社会现象及其演变和性质的科学,孔德坚信它将成为"社会重组的唯一坚实的基础"。所谓实证,孔德解释为:是与虚幻对立的真实,与无用相对的有用,与犹疑对立的肯定,与模糊相对的精确。通过提倡实证科学,培养起实证精神,这个社会将消除目前存在的社会与道德危机,弥合人们之间的分歧,克服无政府主义,实现社会的稳定与秩序,从而达到社会的进步。他把自己的理论概括为:"以爱为原理,秩序为基础,进步为目的。"在孔德那里,社会的进步将体现为实证社会的建立,现代工业社会的稳固与发展。

第三节　工人运动与社会主义运动的兴起

从工业文明诞生那一刻起,饱受苦难的工人阶级就展开了激烈的反抗运动,最初,他们本能地进行捣毁机器等自发原始的反抗,而后则进行有组织有纲领的大规模的斗争运动。随着斗争的深入,他们起而从事推翻资本主义社会,构建新型社会主义制度的实践,创建了人类历史上第一个无产阶级新型政权——巴黎公社。无数次的反抗斗争,给近代历史进程增添了悲壮的色彩。作为一支要求社会平等和公正的强大力量,工人阶级的斗争历程及其遗产始终昭示着:工业社会不仅是一个自由的社会,同时也应是一个公正的社会。唯有如此,才能弥合社会的分裂,把工人阶级整合到工业文明的体制之中,实现社会的稳定与进步。

一、工人运动的勃兴

工业革命带来了劳动与资本的彻底分离,导致了劳资双方的尖锐对立。由于大机器生产和近代工厂制度,把工人们集中于同一时间和空间,他们承受着共同的苦难,同时也较容易联合起来,一致对抗资本的奴役。

在工业革命最早开始的英国,工人们按行业或工种组织起了协会或同盟。如在纺织业,先后就有梳毛工人协会、织工协会、织袜工人协会。这些组织有的仅为某一地区,而有的则扩大至很大区域。如1796年成立的呢绒工人团体遍布英国的整个北部,1806年,调查委员会报告道:所有呢绒织工都加入了这个团体。一般而言这些团体的目标均为集体抵抗工厂主的剥削,1787年,格拉斯哥细棉布工厂主想趁劳动力过多降低工资时,工人们在其组织的领导下全部拒绝在最低工资状态下工作,结果工人们取得了胜利。1795年,肯特郡造纸工人在罢工基金的支持下,展开多次罢工斗争,迫使工厂主向工人让步。1792年1月,在制鞋工人哈迪(1752—1832)等人的组织下成立了"伦敦通讯会",标志着工人组织突破了地区与行业的局限,第一次在更大区域乃至全国范围内建立起统一联合的工人组织。"伦敦通讯会"在其存在的6年多时间里,组织过多次斗争,充分显示了工人们团结的力量。

英国工业革命初期,工人们特别是被机器所排挤的小手工业者从感性上认为,机器是他们遭受苦难的原因,他们把满腔愤恨集中于机器,他们采取的斗争方式往往就是捣毁机器,这场捣毁机器运动因传说人物卢德而被称为"卢德运动"。随着运动广泛展开,议会于1769年颁布法令,对破坏机器的工人处以死刑,但工人们没有被吓倒,依然继续斗争。1779年,兰开郡爆发大规模捣毁机器运动,捣毁100多部机器。1803—1804年,斯尔塔菲尔德的工人举行暴动,破坏和捣毁工厂机器。1811年,诺丁汉郡爆发大规模捣毁机器运动,至1812年2月,总共捣毁织袜机约1000架。这一运动很快扩展至兰开郡、约克郡等地区,工人们不仅捣毁机器,还放火燃毁工厂,攻击工厂主。面对工人们如火如荼的斗争,政府迅即于1813年又颁布《捣毁机器惩治法》,并紧急调集警察和军队进行镇压,逮捕了一大批工人及其领袖,方才遏制住了愈演愈烈的"卢德运动"。

然而,工人们的反抗斗争并未因此而停息,反法战争之后,资产阶级激进派科贝特等人创办了《政治纪事》、《黑矮人》等报刊,揭露工厂主的剥削和工人们的贫困苦难。通过这些宣传,工人觉悟得到提高,工人运动又掀新的高潮。1819年夏初,一些新兴工业城市如曼彻斯特、伯明翰、利兹、谢菲尔德等地工人举行集会,认为工人的贫困不在工人自身而是由立法者造成的,要求改革政治,实现普选,改善工人阶级的贫困状况。8月16日,曼彻斯特地区的6万至8万名工人前往圣彼得广场参加集会。他们高举旗帜和各种标语口号:"普选与无记名投票","宁要做人死,不当奴隶卖","没有平等代表权毋宁死"等。大会开始后由工人领袖亨特发表演说,演说还未结束,早已埋伏在广场周围的政府军迅即出击,包围了会场,并向集会人群发起攻击。短短10分钟的枪杀,造成11人死亡,4000多人受伤,集会斗争惨遭镇压。这就是英国近代历史上一次血腥的大屠杀——"彼得卢事件"。彼得卢屠杀之后,政府立即通过了"六项法令",禁止言论、出版、集会、结社等自由,随后又将彼得卢集会的工人领袖亨特及组织者逮捕判刑。

进入19世纪三四十年代,工人阶级的反抗斗争规模更大,其组织性与政治性更强。1831年,法国成立了"人民之友社",1832年又有"人权社"等组织。这些组织在工人中广泛宣传其政治主张和斗争目标:面包、工作、权利和共和国。受其影响,各地工人纷纷进行斗争。1831年,里昂工人因无法忍受工资持续下降,要求工厂主增加工资,工厂主在同意并签署合同后又随即通告予以废除,并将工厂关闭。工人们对此无比愤怒,11月21日,举行罢工示威,政府旋即调集军队进行镇压。工人们被迫拿起武器进行回击,他们高举黑旗作先导,并高呼:"工作不能生活,毋宁战斗而死!"经过3天浴血战斗,起义工人占领了市政厅,拘禁了省长。由于工人们缺乏斗争经验,很快将其释放,只成立了一个工人委员会作为临时指挥机构。此后,政府又从巴黎调来6万军队,将起义镇压下去。次年4月,工人为反对政府颁布的禁止工人集会、结社法令和营救被捕的罢工领袖,再次爆发大规模起义。12月,起义工人试图攻占市政府,在同军警奋战6天后,最终惨遭失败,起义者牺牲170人,另有400人被捕。在这次起义中,工人们提出了争取建立民主共和国的要求,把这场斗争看成是"路易·菲利普的王位与共和国之争"。他们在宣言中宣告:"我们的事业是全人类的事业,是我国的幸福,是未来的保证。"

英国工人阶级曾英勇地投入1832年议会改革运动,可结果是任何权益都未获得,他们自身的贫困也丝毫未能得到改善,残酷的现实使工人们认识到:工人阶级的苦难与现实的政治体制密切相关,"我们的政治和社会的积弊大都是导源于腐败而独占的立法权,补救的办法唯有把现今被少数人操纵的权利交给大多数人民行使"。当时工人领袖奥布莱恩这样说道:工人阶级的贫困是没有政治权利的结果,而不是原因。出于这一共识,1837年6月,"伦敦工人协会"拟定了一份呈送议会要求普选权的请愿书,提出了6点要求:(1)普选权——凡年满21岁、精神正常而又未判过刑的男子均有选举权;(2)选区平均分配——把全国划分为人口大致相等的300个选区,每个选区选出1名下议员;(3)秘密投票——以保障选民充分行使其投票权;(4)议员不应有财产资格限制——各选区选举他们所爱戴的人,不论贫富;(5)议员支薪——以使诚实的商人、工人和其他人能离职充当其选区代表;(6)议会每年改选——以防止贿赂、恫吓以及议员违抗、出卖选举人等事件的发生。1838年5月,请愿书以"人民宪章"的名称正式公布。此后为争取这一权利而持续数年的斗争被称为"宪章运动"。

"人民宪章"公布以后,立即得到全国人民的热烈拥护和支持。曼彻斯特、伯明翰、利兹等工业城市举行大规模群众集会。在这一大好形势下,1839年2月,宪章派在伦敦召开了第一次代表大会,通过了请愿书,要求政府进行改革,实现人民宪章。随后各地群众纷纷集会,至5月间,125万多人在请愿书上签名,出现了宪章运动的第一次高潮。面对声势浩大的群众运动,议会一方面断然否决了请愿书,另一方面又进行镇压,禁止一切集会,逮捕宪章派的领导人,第一次运动旋遭失败。

宪章运动第二次高潮

1840年7月,宪章派成立了具有政党形式的全国性组织"全国宪章派协会"。1842年5月,宪章派再次向议会递交了有300多万人签名的请愿书,掀起了宪章运动的第二次高潮。这次请愿书除坚持"人民宪章"的6点要求外,还提出了废除《新济贫法》,限制工作日,提高工资,实行政教分离,谴责政府暴政等要求。议会再次否决了请愿书,宪章派号召举行总罢工以示抗议。9月,由于军队的残酷镇压,逮捕了1500多位宪章运动的积极分子和领导人,第二次高潮也宣告失败,斗争陷入低谷。

1848年,在法国巴黎二月革命胜利等因素的推动下,宪章运动出现了第三次高潮,宪章派第三次向议会递送了约200万人签名的请愿书,议会又一次予以否决,政府下令解散宪章派组织,镇压各地宪章派起义,至此宪章运动终于完全失败。宪章运动从一开始,宪章派内部就为通过何种途径实现人民宪章而分成三派:以洛维特(1800—1877)和阿特乌德(1783—1859)为首的右派,代表伦敦和伯明翰地区富裕工匠和小业主的利益,主张用说服教育的方法,用道德力量去感化统治阶级,实现宪章,称为"道德派"。以奥布赖恩、哈尼(1817—1897)和琼斯(1819—1868)为代表的左派,主张用总罢工和起义来实现宪章,哈尼说道:"只有一个方法才能获得宪章,这个方法就是起义。"这派被称为"暴力派"。中间派以奥康诺(1794—1855)为代表,他是口头上的暴力派,行动上的道德派。组织上的不团结成为宪章运动失败的重要原因。

由于工业革命进行较晚,德国工人运动也比英、法两国稍为逊色。1836 年,在原"流亡者同盟"的基础上成立了"正义者同盟",这是德国工人的第一个政治组织。1839 年 5 月,正义者同盟参加了巴黎布朗基四季社的起义,后遭失败,同盟也受到极大损失。1844 年,马格德堡的糖厂工人、伦兹堡的建筑木工、萨克森的铁路工人、英哥司塔的土工都举行了罢工,要求提高工资。同年 6 月,西里西亚织工举行了大规模的起义,西里西亚为德国纺织中心,织工们深受工厂主的剥削,生存状况极为恶劣。织工们自编了"血腥的屠杀"这首歌,控诉工厂主"榨尽穷人血汗","剥掉穷人最后一件衬衣"的罪行。6 月 4 日,5000 名工人唱着这首歌为争取生存权而奋起抗争,要求增加工资。遭到工厂主拒绝后,示威变成了起义,起义织工捣毁厂房机器以及工厂主的住宅,焚毁票据账册。6 月 6 日,政府调动军队将起义镇压下去,11 人殉难,24 人重伤,150 人被捕,并受判刑和鞭笞。这次起义显示了德意志工人阶级的觉醒和革命精神,有力地推动了德意志各地的工人运动。

在长期的斗争中,工人阶级逐渐形成为一个"阶级",它体现为:在工厂制度下,工人阶级不仅成为地位相同的雇佣劳动者,同时,他们在共同的经历以及与工厂主的对立中形成了自身的阶级意识,形成了对本阶级共同利益的认同,具有共同的组织、行动和纲领的"阶级"。无数次的斗争,特别是"宪章运动"成为工人阶级形成的重要标志。在宪章运动中,工人阶级提出了自身的政治纲领和目标,工人阶级十分清楚地认识到,他们自身的利益与工厂主和资产者利益截然对立,"人民宪章"的宣言中写道:社会中的独占和特权阶级始终在追求自己的独占利益,全然不顾人民的利益,工人们的正当报酬和利益遭到了剥夺。1838 年 8 月 4 日《北极星报》上有篇文章把税务和谷物法、济贫法、工厂制等看作是把人民压在地上的根本原因。由此,他们把争取政治权利和劳动权利作了最完美的结合。考文垂的织工曾对议会调查委员会说:假如工人有选举权,就会有一个比现在的议会更愿促进工人利益的立法机构……就会采取一些措施来保证更平等地分配他们所创造的财富。1838 年,阿希顿的工人也说:工人不挨饿的时刻已经来临——这个目标只有到人人都在制定法律的过程中有发言权时才可能实现。宪章派在给议会请愿书中写道:要把人民的政治权利还给人民,我们履行自由民的义务,我们必须享有自由民的权利。与此同时,法国工人阶级也发出了同样的呼声,工人领袖拉斯帕伊(1794—1878)说:"法国一直分成两个巨大的社会等级,其中一个独占幸福,另一个(指工人阶级)则只得到痛苦。"人民之友社在《告人民书》中写道:"土地、机器或劳动工具的占有者,这是些特权分子,不生产任何东西,却无偿地把全部生产最大、最纯的一份收益攫为己有。"布朗基义正辞严地为工人阶级的斗争而辩护:这是一场穷人和富人之间的战争。他们提出了与宪章派同样的要求:实现自由、平等和博爱,建立起人民享有权利的共和国。通过工人阶级的这些要求和运动,充分显示出工人阶级作为一个"阶级"的阶级意识和已经成为一个阶级,他们在共同的组织中为整个阶级而进行斗争,全力要求获得政治权利和劳动权利,实现自身的阶级利益。

二、从一国斗争到国际组织

1859年,伦敦建筑工人举行大罢工,打破了自宪章运动后工人运动的长期沉寂,这次罢工在其他行业工人的支持下终于取得了胜利。它充分表明和已经显示各个行业统一行动和联合斗争的必要性,在此基础上,1860年在伦敦出现了各行业工人的联合组织——工会联合会。1863年德国也成立了全德工人联合会,法国的工人阶级通过斗争迫使第二帝国于1864年取消禁止工人结社的《霞不列法》。在斗争实践中,各国工人阶级日益感到仅在一国建立全国性组织还不够,资本主义的发展已经突破了一国的空间,成为整个欧美各国共同的社会体制,因而这些国家已被紧密联结成为统一的资本主义区域,在这一区域中,资本主义体制与运行的整体性日渐显露。面对这一新的发展状况,无产阶级面对着的资本主义的奴役同样将不仅仅局限于一国范围之内,为打破资本的奴役,获得无产阶级的解放,时代要求各国无产阶级必须尽快联合起来,共同斗争。

1862年后,伦敦举办世界博览会,德、法等国工人在参加这次博览会中与英国工会联合会建立起了联系。次年7月22日,英、法工人在伦敦联合举行抗议沙俄镇压波兰起义的野蛮行径,支持波兰的独立,会后大家讨论了成立国际工人组织问题。4个月后,英国工会领袖奥杰尔(1813—1877)发表了《告法国工人书》,强调了成立国际工人组织的重要性,其中写道:法国、意大利、德国、波兰、英国及一切愿意为了人类的幸福而合作的国家的代表集合在一起吧!我们开会吧!讨论各国和平所系的重大问题吧!1864年5月,法国工人代表托伦起草了《法国工人致共同兄弟》的答辞,同意成立国际工人组织。答辞中写道:我们必须联合起来,给后果严重的制度设置不可克服的障碍,因为这种制度正威胁着要把人类分为两大阶级——愚昧无知的百姓和脑满肠肥的显贵,我们只有团结起来才能得救!

接着,各国工人代表聚会伦敦成立了工人国际组织的筹备委员会,并于1864年9月28日在伦敦举行成立大会,英、法、德、意和波兰等国的工人代表参加。会上,英、法两国工人代表分别宣读了热情洋溢的呼吁书和答辞,大会决定成立工人国际组织,并选出临时中央委员会。10月5日,委员会举行首次会议,把这一组织正式定名为"国际工人协会"(简称"第一国际"),英国工人领袖奥杰尔当选为主席。会上,还选举出了负责起草组织纲领文件的委员会,马克思以德国工人代表身份当选为委员,并具体负责起草成立宣言和拟定一个"共同章程"。

马克思接受委托,很快写出了《国际工人协会成立宣言》。在这个文件里,马克思以英国为例说明当资产阶级掌握政治经济统治权力时,生产力愈发展,有产阶级与劳动者之间的鸿沟也愈深,为了实现工人阶级的解放,工人阶级必须要团结起来,完成夺取政权的伟大使命。《临时章程》分为序言和正文,序言中着重阐述无产阶级必须通过自己的斗争而获得解放,"工人阶级的解放斗争不是要争取阶级特权和垄断权,而是要争取平等的权利和义务,并消灭任何阶级统治"。正文部分规定了国际工人协会的组织原则,每年召开一次国际代表大会，选举中央委员会，在代表大会休会期间，由总委员会负责具体日常工作，总委员会会址设在伦敦。

第一国际成立后，立即在各国开展工作，着手与各国工人组织建立联系，建立起自己的组织机构——国际支部。1864年末和1865年初，在法国成立了巴黎支部，在英国，"全国改革同盟"等一些工人组织相继加入国际支部，通过工作，第一国际在意大利、比利时、西班牙等国先后建立了国际支部。除筹建组织机构外，第一国际充分发挥自身是国际性组织的优势，支持和参加英国、法国、瑞士等多国工人运动，并努力在国际范围内形成工人阶级团结斗争的新局面。如一国工人罢工，总委员会便发动其他国家或募捐、或声援支持其斗争运动，直至取得胜利。

自第一国际成立之始，其内部始终未曾停止过分歧与交锋，按照马克思等人的设想，成立第一国际的宗旨即是要联合各国工人力量，采取各种方式特别是运用革命的方式夺取政权，推翻现存的资本主义制度，实现无产阶级的解放。对此，第一国际内部存在着不同的理解。以身兼英国工会领袖与第一国际总委员会主席双重要职的奥杰尔为代表的一派认为只要发挥工会的作用，即可达到提高工人工资、改善目前贫困状况的目的，没有必要一定从事政治斗争，推翻资本主义。马克思对这一观点作了尖锐的批评，在1866年的总委员会会议上，马克思作了《工资、价格和利润》的报告，在承认工人阶级从事经济斗争有着一定意义的同时，指出不应过分夸大其作用，无产阶级必须运用政治斗争手段，把经济斗争与政治斗争相结合，否则无法铲除资本主义的雇佣劳动制度，迎来无产阶级的彻底解放。马克思明确指出，英国工会应当在旗帜上写着"消灭雇佣劳动"的革命口号，以代替"做一天公道的工作换得一天公平的工资"。

与此同时，法国工人领袖蒲鲁东利用自己巴黎支部负责人的身份，一方面不执行第一国际的领导，同时还想把自己的主张变成第一国际的理论和纲领。而在实际的工人运动中，蒲鲁东的理论已在法国、意大利、西班牙等国广泛流传，产生了较大的影响，这即通常所称的"蒲鲁东主义"。蒲鲁东认为，资本主义和社会主义均有好坏两面性，资本主义违反平等，而社会主义违反独立。现在要把这两者的优点结合起来，形成一个自由的社会。这个自由的社会表现在社会经济方面是以一个人领有为基础的"互助制"合作社社会，这种互助制是以小生产为基础所组成的，"互相效劳，互换产品，彼此贷款，互提信用，互相保证，彼此担保，等等——这就是互助制的法则"。通过这种形式使每个社会成员都能得到其劳动产品的全部价值，由此也就摆脱了资本主义的剥削。

在政治上，他既仇视资产阶级的国家官僚机器，也反对无产阶级建立自己的国家组织，实行无产阶级专政。为实现"自由"的社会，他提出，打倒政党，打倒政权，要求人和公民的充分自由。在废除政府之后如何进行社会管理，蒲鲁东提出由各个地方的居民组成"自治集团"，各个集团结成"自由联邦"。如何实现这种社会呢？他认为无须使用无产阶级的暴力革命，"用不着提出革命的行动作为社会改革的手段"，不需要进行政治斗争，也不需要罢工和工会组织，如果劳资双方都放弃对立，以人性之爱来行事，"爱你的同胞像爱你自己一样，那么,君主和牧人、富者和穷人、学者和无知识者之间的一切区别都将归于消灭,人类之间的利害冲突都将化为乌有",平等幸福的社会就会到来。

1866年9月3日—8日,蒲鲁东主义者与马克思主义者在日内瓦第一次代表大会上就合作社工会及罢工等问题展开激烈交锋,会后通过的决议重申必须把国家政权从资产阶级转移到无产阶级手中,这是消灭资产阶级制度的先决条件。1868年9月,在国际布鲁塞尔代表大会上双方再度交锋,在土地所有制问题上争论尤为激烈,蒲鲁东主义者坚持土地私有制,认为个人所有制"是幸福和进步的主要前提",而大会决议最后认为:土地应成为"公共财产",矿山、铁路等"必须属于整个社会"。在斗争中,马克思主义者取得了胜利。布鲁塞尔大会之后,蒲鲁东主义者内部也发生分裂,逐渐走向衰落。

在与蒲鲁东主义斗争之后,第一国际又与以巴枯宁(1814—1876)为代表的巴枯宁主义者展开了交锋。巴枯宁认为,现实社会罪恶的根源不是资本主义制度,而是一般的国家权力。必须要摧毁一切国家机器,它意指既不要资产阶级的国家机器,也不要无产阶级国家机器和无产阶级专政。在消灭国家之后,人们自由地组成小型公社,各公社自由结成联邦,以实现个人的自由与解放。在经济上,巴枯宁认为国家规定的财产继承权成为私有制和社会不平等的基础,因此,废除继承权是社会革命的起点,由此私有制与社会不平等就会消除。如何实现上述目标,巴枯宁一再坚持只有"全民暴动",暴动的基本力量是社会下层群众。他说:革命者只知道一门科学——破坏的科学,只应该有一个思想、一个目的——无情地破坏。毒药、刀子、绞索等等,革命把这些一律看作是神圣的手段。为了扩大自己的影响,巴枯宁建立与控制着一些工人组织,与第一国际分庭抗礼。

针对巴枯宁的理论与组织的分裂活动,在1869年9月巴塞尔国际代表大会上,埃卡留斯(1818—1889)代表总委员会宣读了马克思起草的《关于继承的报告》,批驳了巴枯宁的观点。报告认为,继承权并不产生攫取他人劳动成果的权利,而只涉及具有这种权利的人的更换问题。因此,继承权并不是产生私有制的原因,而是它的结果,工人阶级只有在消灭资本主义制度,把生产资料转变为公有财产后,继承权自然会消灭。如果把废除继承权作为社会改造的起点,那必然会把工人运动引上邪路。由于双方对此问题论争激烈,势均力敌,未能通过有关决议。

由于第一国际内部存在的分歧不能弥合,在巴黎公社失败之后这种分歧更为加剧,并反映在组织的分裂上。鉴于此,1872年国际海牙代表大会决定把总委员会迁往美国,后于1876年在费城大会上宣布解散。

就第一国际内部的斗争而言,实质上集中于工人阶级的目标定位以及通过何种方式来实现这些目标。由于工人阶级本身具有多重层次,有着各自不同的要求,自然也就体现为多种思想理论,采纳多种斗争方式。这些斗争并不表明工人阶级的分裂,或工人运动的停止,相反,它表明工人阶级正在努力探索一条实现社会公正、改变自身地位的道路,这种探索及其思想遗产将成为后人继续探寻前进的宝贵资源。

三、巴黎公社——社会主义的第一次实践

1870年普法战争爆发,战争之中,巴黎工人阶级进行了多次起义,号召人民推翻政府的寡头政治,推翻作为统治者的资产阶级,成立工人阶级自主的政权——公社,但这些起义均未成功。随着法国的战败和屈辱投降,巴黎人民群情激愤,1871年3月15日,巴黎工人阶级选举产生自己的最高领导机构——国民军中央委员会,负责巴黎的军事、政治事务。对此,梯也尔(1797—1877)政府十分紧张,决定解除国民军的武装,逮捕中央委员会委员。

巴黎公社成立

3月17日夜,一支政府军前往蒙马特尔高地夺取安放在那里的大炮,黎明时分,运送大炮的政府军被妇女发现了,她们在女英雄路易丝·米歇尔(1830—1905)的领导下,立即敲起警钟,包围了政府军,面对政府军的枪口,妇女们毫不畏惧,指责他们的消极行为。指挥官命令士兵开枪,但士兵在群众行动的感动下拒绝射击,反而和群众一起开枪打死指挥官。由此开始了无产阶级革命运动。18日下午2时半,中央委员会举行临时会议,决定领导业已开始的革命,并下令占领陆军部、市政厅和其他政府大厦,当日晚上,巴黎工人武装便占领了政府机关,梯也尔政府及其军队逃往凡尔赛。这样,革命胜利了,工人阶级夺取了政权,国民军中央接管了政府机关,成为临时政府。

3月26日,巴黎举行公社委员会选举。当选的中央委员有86人,不久资产阶级的代表退出了公社。这样,公社委员会基本上"自然都是工人,或者是公认的工人阶级的代表"。28日,巴黎人民在市政厅举行了隆重的公社成立典礼,公社委员朗维耶宣布:"我以人民的名义,宣告公社成立了。"这样,历史上第一个无产阶级的政权胜利诞生了。

公社成立后,立即采取了一系列措施以废除旧的国家机器,建立起无产阶级专政的新体制。公社首先颁布法令,废除原先的常备军,成立人民的武装——国民自卫军;取消旧的警察机构,解散旧法院,中止资产阶级的议会制。在行政机构上,公社委员会为国家最高权力机关,下设相当于政府各部的9个委员会——军事、政治、粮食、司法、财政、对外关系、社会服务、教育以及劳动与交换委员会,另设一执行委员会,以监督各委员会颁布的法令的实施,各委员会由5至8人组成,公社委员兼任各委员会委员。这一政权机构的最大特征即为立法、司法、行政合一的公社委员会制。作为国家最高权力机关,所有法令都由公社发布,然后再由公社以及各委员会执行,同时司法也未独立。由于在体制上没有实现权力的分立,在某种程度上也造成了工作效率低下和个人专断独裁。

按照公社的设想,所有公职人员均为人民的公仆,"要挑选真心实意的人,出身平民、坚

定、积极、有正义感,公认为正派的人",为此,实行公职人员的民主选举制度,取消高薪制,任何公职人员的年薪都不得超过 6000 法郎,即一个熟练工人的工资收入。为防止人民公仆蜕变为人民的主人,公社实行选民对权力机关及公职人员的监督权和罢免权。为便于群众监督,公社通过各种形式增加透明度,让人民了解公社的工作,公社将其决议,有时包括公社会议上讨论的重要问题,及时刊登在"公报"上。公社还要求公社委员及各级领导人向人民报告工作,通过选民大会听取群众意见,答复群众的质询,在讨论重大问题时,如有必要邀请有关人员列席会议。公社领导人还经常接见群众代表团,听取批评和建议,同时公社还征求人民对公职人员的意见,一旦发现失职或不称职者立即给予撤职。通过选举、监督和随时撤换诸项措施,确保公职人员成为人民的公仆,而非骑在人民头上的老爷。

作为新生的革命政权的领导者,公社的领导人有着严格的道德自律精神,表现出崇高的人民公仆的内在精神气质。他们坦言:我们无意于谋取刚被群众风暴推翻的那些人的位置。"几天之前,我们是无名之辈,我们仍将以无名之辈的身份回到你们的行列中去。"如公社领导人瓦尔兰(1839—1871),原为装订工人,现担任公社的财政委员,直接掌管无数资产,但他一尘不染,依然身着简装,也和战士们一同吃饭,过着俭朴的生活。当他发现一位公社领导人订制了一套 6000 法郎的将军服时,立即在账单上批示:公社没有钱买这样贵重的衣服。符卢勃列夫斯基(1836—1908)作为前线指挥官,虽执掌军事大权,但从不享受任何特殊照顾,一次他的秘书为他找了一所豪华的别墅,他严厉拒绝说:"将军的卧室只能在战士中间。"东布罗夫斯基(1836—1871)在担任巴黎防区司令时,梯也尔派反动商人韦塞用 150 万法郎来收买他,这笔钱相当于他 250 年的工资收入,但遭到他一口回绝。担任公社检察长的里果(1846—1871)在审查警察局档案时,发现从前救过自己的老同学拉托维是一个秘密间谍,他便立即签署逮捕令,将他关进监狱。但是,同样不可忽视的事实是,由于体制上的缺陷,解决公职人员的蜕变"腐败"问题仅靠道德的自我约束终归不能长久,也不可能是全部,事实上就有一批领导人在蜕变腐败。

在公社领导人看来,公社的建立旨在"使无产阶级受奴役、给祖国带来不幸和灾难的军阀统治、官僚体制、剥削、投机、垄断和特权的寿终正寝"。这也是人民所希望的"消灭人剥削人的制度"。为此,公社成立后,立即进行社会经济改造,构建起一个保护劳动人民利益的新体制,正如负责劳动与交换委员会的弗兰克尔(1844—1896)3 月 30 日在写给马克思的信中所说,"如果我们能对社会关系进行根本的改造,3 月 18 日革命就会成为历史上前所未有的最有成效的变革"。

具有体制性的改革是 4 月 10 日颁布的关于把从巴黎逃亡的工厂主所抛弃的工厂企业转交工人生产合作社的法令。对此,工人们兴高采烈,奔走相告:"任何时候,任何一个政府也没有授予工人阶级以更好的机会。放弃利用这个机会,意味着对于劳动解放的背叛。"5 月 13 日法令规定订货合同直接交由工人合作社承办,对工人合作社予以优先照顾。为体现工人当家作主的新型劳动关系,公社选择了罗浮尔军械厂进行管理体制的改革,确立工人参加工厂管理的原则。该厂管理章程规定:工厂代表、工长等各级领导均由工人大会直接选出,成立有工人代表参加的工厂管理委员会,负责监督厂内各项工作,同时还规定了工作责任制和严格的劳动纪律,实行八小时工作制,确立了工厂的工资标准。

与此同时,公社还从很多方面废除了资本主义社会的诸项原则和生活方式,试图在社会各方面奠定起新型社会的基础。公社取消了市场经济自由交换的原则,实行政府定价管理和加强行政管理,如公社颁布法令规定粮食、牛肉、面包等的价格,对经纪人的批发业务实行统一管理。鉴于肉商要求开放自由集市,公社迫于压力只好暂时开放一处自由集市,但应于午前收市。在劳资关系上,公社颁布了4道关于禁止面包房夜工制的法令,凡违反本规定者,当夜烤制的面包一律没收。4月27日的法令规定,禁止私人和社会的企业当局对工人、职员罚款和克扣工资,并申明,破坏者将严加追究。确保工人阶级利益至上,这是公社的任务,为此,公社通过一系列法令,对资产者的财产权实行无偿让渡或放弃。3月29日,公社颁布了免交房租的命令,4月25日下令没收逃亡富人的住宅,供无家可归的工人居住。5月6日发布典当物归还原主的法令,要求在4月25日以前典押,且价格不超过20法郎的资产从5月12日起无偿退还给原主。公社期间还采取了一系列保障工人利益的措施,如向工人免费提供工作,无须交纳职业介绍费,保证劳动者有工作,给军烈属实施抚恤金,对贫困的劳动者实行社会救济,免费为人民治病,孤儿由公社负责抚养。为全面确立社会的平等,公社还实行了免费教育,让每个人都有权利享受普通教育,用公社委员瓦扬的话来说:这样使公社的革命能用教育改革来确定它的真实的社会主义性质,保证每个人得到社会平等的真正基础。新的社会要求有新的生活方式,公社特地发布命令要求制止崇尚肩章袖饰、胸链等一切饰物的浮夸习气,保持劳动者的俭朴生活。命令指出,我们是代表道德反对邪恶,代表克己奉公反对滥用职权,代表廉洁清正反对腐化堕落,今后一经发现有在正式制服上加胸链或其他追求虚荣的饰物的,应受法律处分。为严饬社会风化,对妓女及所有品行可疑、在马路上做生意的女子和群众可随时逮捕拘禁。在宗教信仰上,用世俗教育代替宗教教育,教士被从教师队伍中清除出去。

所有这些措施贯穿着一个根本精神,即彻底改变资本主义社会的社会基础和运行方式,实现劳动者的平等和解放。弗兰克尔这样说:"我们不应当忘记:3月18日革命完全是由工人阶级完成的,而且,我们是选择社会平等为自己的原则的。假如我们不为这个阶级谋利益的话,那么我们就看不到公社的存在有何意义。"巴黎的人民也表达出同样的呼声,一份妇女协会的宣言中这样写道:彻底改造社会,废除现存的一切法律关系和社会关系,取消一切特权和剥削,以劳动世界来取代资本统治,一句话,就是用劳动者自己的力量来解放自己!

公社的无产阶级性质自然不能为已经逃脱的资产阶级政权所容忍,他们在喘息已定后,便集中力量围剿公社。4月2日,凡尔赛当局下令向巴黎发动攻击,5月21日,敌军攻入巴黎城内。面对近10万敌军,巴黎公社毫不畏惧,与敌人展开了浴血奋战,这场战斗史称"五月流血周"。后终因敌我力量悬殊,5月28日,公社的最后一个街垒失守。由此,巴黎公社惨遭失败,她只短短存在了72天。

重又回到巴黎的凡尔赛当局得意洋洋,迅即又开始了一场白色恐怖,枪杀、逮捕、审讯一切革命者,甚至连妇女儿童也不放过。但革命者以大无畏的英雄主义气概坦然迎接这一厄运,坚信革命的理想定会实现。女战士路易丝·米歇尔在法庭上慷慨陈词:"有人指责我是公社人员。是的,当然是对的。须知公社首先是要实行社会革命,而公社革命对我是最可宝贵的目的。我以此自豪,我是社会革命的拥护者之一。"公安委员会主席费烈(1845—1871)在敌人的法庭上义正词严地指出:"我是巴黎公社的委员,现在处在战胜者的魔掌中,他们要我的头颅,让他们拿去吧,我永远也不想用卑鄙的行为来保全自己的生命。我曾经自由地生存,也将自由地死去……我的遗言是:未来会纪念我并会为我复仇。"

第四节 马克思主义对资本主义工业文明的批判与超越

当工人运动和社会主义运动蓬勃发展之际,马克思和恩格斯一方面积极投身于其中,另一方面更多的是在理论上对现存的社会状况进行思考与探索,对资本主义工业文明进行批判,努力构建起超越资本主义工业文明,实现无产阶级以及全人类解放的理论体系。

一、马克思、恩格斯早期的理论探索

卡尔·马克思(1818—1883)出生于普鲁士莱茵省特利尔城一个犹太知识分子家庭,1835年进入波恩大学,一年后转入柏林大学。在柏林大学5年期间,他努力研究法律、哲学、历史。柏林大学是黑格尔生前讲学的地方,1831年黑格尔死后,其哲学在当时德国哲学界中仍占统治地位,马克思不但深入钻研黑格尔的哲学著作,而且参加激进的青年黑格尔小组。青年黑格尔派是一个具有反对普鲁士封建专制政府倾向的学术团体,想从黑格尔哲学中作出无神论和革命的结论,以对抗保守的老年黑格尔派。

马克思在1841年大学毕业前写成了《德谟克利特的自然哲学与伊壁鸠鲁的自然哲学》这篇博士学位论文,毕业后不久即获得耶拿大学哲学博士学位。大学毕业后,马克思原想到波恩大学任教,但由于普鲁士反动政府通告青年黑格尔派的进步学者,他便转入新闻界工作。

1842年,在莱茵省首府科伦,由自由资产阶级分子创办出版《莱茵政治、商业和工业日报》(通常称《莱茵报》),编辑工作由青年黑格尔派分子担任,马克思先是该报的撰稿人,从1842年10月起担任主编。在《莱茵报》工作期间,马克思接触大量政治问题和社会问题,发表了一系列文章直接抨击普鲁士国家政权和王公贵族,全力维护没有政治和社会地位的劳苦大众的利益。在《关于林木盗窃法的辩论》一文中,他以令人信服的事实,论证了劳动人民无罪,指出劳动人民只是由于普鲁士反动政府的苛政,迫于生活走投无路才砍伐树木,强烈谴责政府规定的残酷惩治法,并深刻揭示出普鲁士国家的法律是暴力的化身,是为封建主掠夺贫民服务的。马克思写道,普鲁士国家机关"为林木占有者的利益探听、窥视、估价、守护、

逮捕和奔波"①。在《摩塞尔记者的辩护》一文中，马克思指出，不能设想摩塞尔河沿岸地区的贫困状况和政府无关，贫困的原因应该从国家制度本身去找，由此揭露了普鲁士封建专制国家的反动本质，从而批判了黑格尔关于国家是理性和自由的体现这一美化普鲁士国家的观点。

1843年，普鲁士政府当局对《莱茵报》进行迫害，3月17日，马克思被迫离职，不久报纸即被封闭。在主持《莱茵报》期间，马克思对社会经济问题进行了广泛的探讨与研究，开始从唯心主义转向唯物主义。同年11月，马克思到达当时革命和社会主义运动的中心——巴黎，继续研究英国的经济学和各国的历史，特别是法国革命史和法国社会主义思潮，并于1844年2月和黑格尔左派分子卢格合办了一个激进派杂志《德法年鉴》，马克思在《德法年鉴》上发表《论犹太人问题》和《〈黑格尔法哲学批判〉导言》两篇文章。

针对青年黑格尔派哲学家鲍威尔(1809—1882)把犹太人的解放问题仅仅视为宗教问题，完全混淆了宗教解放、政治解放与人类解放之间的关系，马克思在《论犹太人问题》一文中予以批判，第一次详细阐述了他对"政治解放"与"人类解放"的看法。马克思认为，宗教问题不是神学问题，而要转化为世俗问题，而世俗的问题必然牵涉到现存的政治与社会状况。事实上，只有消灭了世俗桎梏，才能克服宗教的狭隘性。由此，马克思谈到了"政治解放"，认为现实的"政治解放"所带来的只是摧毁了等级社会的封建特权，实现了形式上的平等，实际上的不平等依然存在。资产阶级的国家不仅没有消除这些实际上的不平等，反而是以它作为自己的存在条件。因而，这种"政治解放"不能解决犹太人问题。实现犹太人的解放以及整个人类的平等只有依赖于"人类的解放"，意指"推翻那些使人成为受屈辱、被奴役、被遗弃和被蔑视的东西的一切关系"。当人们从私有制和金钱统治下解放出来，每个人都实现了解放，那么犹太人的解放就会随之实现。随后，在《〈黑格尔法哲学批判〉导言》中，马克思明确地指出了只有无产阶级才能担当实现"人类解放"的伟大重任。

就在马克思得出这一结论的同时，另一位无产阶级革命家恩格斯也在从事相同的理论探索。弗里德里希·恩格斯(1820—1895)出生于莱茵省巴门城一个富有的纺织厂主家庭，1837年恩格斯在读完中学后就被送到巴门的商业营业所当办事员。一年后，又被送到不来梅，在他父亲朋友的一家大贸易公司里任职，恩格斯对家庭和商业界的伪善习气十分厌恶，他利用业余时间发奋自学，博览群书，研究文学、哲学和历史，思考现实的社会状况，密切注视着工人运动的发展。

恩格斯早年生活在德国工业最发达的地区，他所看到的工人生活的凄惨景象使他终生难忘。年轻的恩格斯在故乡和不来梅一直注意考察劳苦大众的生活状况，他对劳动人民的命运怀着深刻的同情，对于上层社会深恶痛绝。这种反抗精神在他19岁时写给《德意志电讯报》名为《乌培河谷来信》的政治论文中，就已表现得极为明显。在这篇文章里，恩格斯描述了工人和手工业者的悲惨境况，揭露了剥削阶级的伪善，抨击了现存制度。

---

① 《马克思恩格斯全集》第1卷，北京：人民出版社，1972年版，第160页。

1841年9月,恩格斯到柏林炮兵队服兵役,次年11月退役后,他前往英国,到他父亲在曼彻斯特的营业所工作,在英国的经历是恩格斯生活中的一个重要转折点。在这里,他不但进一步看清资本主义社会的各种矛盾,认识新兴的工业无产阶级,而且亲历经济危机,看到工人悲惨的生活境况以及无产阶级与资产阶级间的尖锐斗争。

1844年,恩格斯在《德法年鉴》上发表了《政治经济学批判大纲》,他从社会主义的观点考察了资本主义经济制度的主要现象,指出竞争、生产无政府状态是资本主义私有制统治的必然结果,揭露了私有制是资产阶级社会一切政治经济矛盾的根源,进而指明只有"用消灭私有制,消灭竞争和利益对立的办法来结束这种人类堕落的现象",而消灭这一切的力量完全寄托在处于社会下层的无产阶级。

二、对资本主义工业文明的剖析

马克思、恩格斯在其早期的理论探索中,已从不同层面涉及到现存的资本主义工业文明,但这一时期,他们(特别是马克思)理论的出发点还过多地是从哲学出发,由此也使其理论更多地带有纯哲学的思辨色彩。当马克思恩格斯提出"人类解放"并进行深入思考之后,愈益发现,必须解剖现存的资本主义工业文明,只有对它理解得愈深刻,才能找寻到实现"人类解放"的正确途径。为此,在理论上他们(特别是马克思)开始了从哲学向经济学的巨大转变。

在理论研究中,马克思从社会发展演进的视角,高度赞扬了资本主义工业文明的诞生及其合理性与优越性。他在1848年起草的《共产党宣言》中以强烈的情感赞颂着工业文明的降临,指出现代工业大生产、现代资产阶级的产生是一个长期发展过程的产物,是生产方式和交换方式的一系列变革的产物,因而它一诞生就带有这样一些特征,私有财产神圣不可侵犯,生产自由、贸易自由,工业资产阶级成为社会主导,资本和雇佣劳动等等,总之,它在生产方式和交换方式上都与过去的封建社会截然不同。

《共产党宣言》不仅标志了马克思主义的诞生,更科学地分析了当时资本主义的生产关系。作为一种新的生产方式和交换方式,现代工业文明即资本主义一经诞生就显示出巨大的历史功绩,并起过非常革命的作用。具体表现为,随着现代大工业成为占据主导地位的生产方式,带来了社会生产力的巨大发展,马克思在《共产党宣言》中还这样赞叹道:"资产阶级在它的不到一百年的阶级统治中所创造的生产力,比过去一切世代创造的全部生产力还要多,还要大。自然力的征服,机器的采用,化学在工业和农业中的应用,轮船的行驶,铁路的通行,电报的使用,整个整个大陆的开垦,河川的通航,仿佛用法术从地下呼唤出来的大量人口,——过去哪一个世纪能够料想到有这样的生产力潜伏在社会劳动里呢?"[①]

生产力的高度发展,必然也带来生产关系的巨大变革,要使全部社会关系不断得到改造,以适应资产阶级生产方式的需要。同时资本主义的发展也要求必须不断拓展自己的范

[①] 《马克思恩格斯选集》第1卷,北京:人民出版社,1972年版,第256页。

围,他们奔走于全球各地,开拓出世界市场,把世界逐渐联结成整体。而这种联结使一切民族甚至最野蛮的民族都被卷到文明中来,进入现代工业文明的体系之中。这样,现代工业文明不仅在本国国内确立起自身的主导地位,它也在世界范围内扩展其生产方式和生产关系,建立起了自己的优势地位,按资本主义的面貌来构建一个新世界,正像它使乡村从属于城市一样,它也使未开化和半开化的国家从属于文明的国家,使农民的民族从属于资产阶级的民族,使东方从属于西方。

资本主义的历史作用不仅在于物质的生产方面,在国内,它形成了一个拥有统一的政府、统一的法律、统一的民族利益和统一的关税的国家;而且在世界范围这一层面上,打破了各民族的闭关自守状态,各民族开始互相交往和互相依存,世界逐渐由分散走向整体,开始了全球一体化的新进程。甚至各民族的精神产品都成了公共财产,各民族的和区域的文学进一步汇合,形成了一种世界文学。

然而,历史的进步只能证明其存在的某种合理性,而不是合理地永远存在。马克思从历史演进的宏大视野中看到了资本主义工业文明终将退出历史舞台。这不仅是历史的必然,也是资本主义工业文明内在的缺陷和弊端所带来的自然结果。目睹工业文明社会中的自由竞争、资本家与工人间的不平等、无产者的贫困状态等种种现象,马克思恩格斯开始从经济学的分析研究入手,努力探索造成这些现象的原因,揭示出资本主义运动发展的内在逻辑进程,以及找寻到一个更为理想的社会。

1844年,马克思在阅读大量经济学理论著作和深入思考之后,写下了《1844年经济学哲学手稿》,这本书既是马克思钻研经济学的结晶,更是其对资本主义工业文明批判性的解剖。

从现存的私有制这一社会经济事实出发,马克思在论述了工资、利润、地租之后集中阐述了"异化劳动"这一理论。他认为,在现存的资本主义工业文明体制中,工人是在为资本进行生产,这一体制决定了雇佣劳动者在生产自己产品的同时,却被自己的劳动产品所压迫和奴役,这一劳动产品已经成为一种异己的存在物同劳动者相对立。马克思简洁地指出:"工人在他的对象中的异化者表现在:工人生产得越多,他能够消费的越少;他创造的价值越多,他自己越没有价值、越低贱;工人的产品越完美,工人自己越畸形;工人创造的对象越文明,工人自己越野蛮;劳动越有力量,工人越无力;劳动越机巧,工人越愚钝,越成为自然界的奴隶。"[1]与此同时,马克思还认为,在资本主义社会中,资产阶级和无产阶级同样都已被"异化"。有产阶级"在这种异化中获得人的生存的外观,而无产阶级则完全丧失了一切合乎人性的东西,甚至完全丧失了人性的外观"。在现存的社会中,异化劳动只是现象,它折射和反映了现存的资本主义生产关系,说到底,私有制与现存的资本主义所有制关系造就了"异化"现象,成为统治者压迫劳动者的异己力量,由此也使这个社会"达到了违反人性的顶点"。

随着研究的深入,马克思发现了在当时占据统治地位的古典经济学理论的很多缺陷,这些理论充当着资本主义工业文明体制的辩护士,无法系统地解释清楚现存资本主义的种种

---

[1] 《马克思恩格斯全集》第42卷,北京:人民出版社,1979年版,第92—93页。

"异化"现象以及其内在的运行机制。经过多年的研究,马克思在继承、批判古典经济学的基础上,完成了经济学上的革命性变革,创立了解剖资本主义社会运行及其灭亡的完整的理论体系。它集中体现于一系列手稿,以及1867年出版的《资本论》这部皇皇巨著之中。

作为思想家,马克思通过纷繁复杂的社会现象,抓住了资本主义社会内在运行的核心,提出了剩余价值学说,作为现存的资本主义社会能够存在的基础使工人们创造大量剩余价值,而对剩余价值如何产生,马克思则从理论上给予了详尽的分析。他指出,资本主义生产的过程是劳动过程与价值增殖过程的统一,在这一过程中,劳动具有了两重性,即一方面保存或转移价值,另一方面又创造价值,任何劳动产品的价值都包括着工人们创造的价值。由此,马克思区分了劳动和劳动力这两个概念,认为正是资本家通过购买工人这种劳动力,使其在劳动中创造了新的价值。从劳动的两重性出发,马克思又把"资本"区分为不变资本和可变资本两个部分,不变资本在生产中不改变自己的量,不创造价值,只是将自身的价值转移到新的产品中去,而能够创造剩余价值的正是诸如工人劳动这样的可变资本在起着关键作用。两种资本的划分,深刻地揭示了剩余价值的来源全然归因于资本家所购买的劳动力这个可变资本,而非生产资料这种不变资本。透过剩余价值,马克思揭示的不仅只是价值的创造或增殖,而实际折射与体现着资本主义的生产关系和资本主义工业文明的特性。剩余价值是工人们在剩余劳动时间内创造的,但剩余劳动并不是在任何历史阶段都采取剩余价值的形式,只有在劳动力成为商品,只有在资本主义的雇佣劳动的条件下,工人提供的剩余劳动才表现为剩余价值。所以"剩余价值"这一范畴本身就隐含着资本与劳动的雇佣结合关系,或者说一种资本主义社会的内在本质关系。对此,马克思形象地指出:"罗马的奴隶是由锁链,雇佣工人则由看不见的线系在自己的所有者手里。"[①]

工人们在生产过程中所创造出的剩余价值完全由资本家占为己有,并转化为资本,成为资本积累的源泉,由于资本家的贪欲及其社会化生产与竞争的要求,迫使资本家不断扩大资本积累,不断扩大再生产。在马克思看来,处在这样持续不停的资本积累运动中,其后果和历史趋势自然就是一方面为资本与财富的积累,另一方面为工人相对过剩,无产阶级失业和日益贫困化。而随着这一趋势的加强,无产阶级自然要起来进行无产阶级革命。与此同时,马克思进一步揭示了建立在自由竞争这一工业文明体制之上,资本家为避免竞争的失败必然要不断扩展其生产规模,随之出现了根本性的社会矛盾:资本主义私有制和生产社会化的矛盾。具体体现在:生产的无限扩大趋势和有支付能力的需求之间的矛盾;同时单个资本家生产的有组织性和竞争状态下整个社会生产的无政府性之间的矛盾。这些矛盾的总爆发便是周期性的经济危机,给社会生产力带来极大的破坏。

通过经济学的研究,马克思全面系统地解剖了资本主义工业文明运行的秘密,发现了无产阶级正在遭受"外在力量"奴役与压迫的真正原因在于生产资料的私有制,资本家通过掌握劳动所有权来剥削压迫无产阶级。而这样的资本的劳动奴役之所以能得到维护,成为一

---

① 《马克思恩格斯全集》第23卷,北京:人民出版社,1972年版,第629页。

种社会性的体制,其原因在于,在这样的经济基础上,耸立着资产阶级的国家机器。这个国家机器保护着资产阶级的全部利益,对无产阶级实行着政治奴役。因此,资本主义的经济关系与政治关系共同构成对无产阶级的强大奴役力量。对此,马克思也给予了深刻的分析与揭露。

在近代初期的资产阶级革命中,资产阶级高举起自由、平等、博爱的旗帜埋葬了封建主义,建立了资产阶级的共和国。这个国家政权与封建君主制相比,的确是较高级的政治组织形式,对此,马克思曾多次作过高度赞扬,认为资本主义取代封建主义是历史的一大进步。但就本质而言,这个国家政权只是从一个阶级转入到另一个阶级之手,它仍然还是作为一种压迫人民的"异己力量",是资产阶级对无产阶级进行政治奴役的政权。如从表面上看,无产阶级获得了普选权似乎就是完全获得了自己的政治权利,而事实上却是,整个选举均由资产阶级的代理人所操纵控制。因此,马克思说:"普选权在此以前(指巴黎公社——笔者)一直被滥用,或者被当作以议会方式批准神圣国家政权的工具,或者被当做统治阶级手中的玩物,只是让人民每隔几年行使一次,来批准议会制的阶级统治(选择这种阶级统治的工具)。"在这个国家政权中,有着常备军,无所不管的官僚制度,愚民的僧侣,奴性的司法体系的政府权力,以确保资产阶级的统治,扼杀无产阶级实现自身解放的一切要求。掌握政权的资产阶级正是利用这个政权来追逐个人的特殊利益,"从社会的公仆变成了社会的主宰","这些人表面上是替国民服务,实际上却是统治和掠夺国民的"。随着时间的推移,资产阶级的国家政权日趋完备,同时它作为资本压迫、奴役劳动的性质也愈发明显。马克思说道:"现代工业的进步促使资本和劳动之间的阶级对立更为发展、扩大和深化,国家政权也就随着愈益具有资本压迫劳动的全国政权的性质,具有为进行社会奴役而组织起来的社会力量的性质,具有阶级统治机器的性质。在每次标志着阶级斗争的一定进步的革命以后,国家政权的纯粹压迫性质就愈益公开地显露出来。"①马克思以法国的第二帝国为例,揭露了这个国家政权是保护资产阶级、压迫无产阶级的资本压迫劳动的国家政权。"在它的统治下,资产阶级社会免除了各种政治牵挂,得到了甚至它自己也梦想不到的高度发展。工商业扩展到极大的规模;金融诈骗庆祝了自己纵横世界的欢乐;民众的贫困,在卑鄙无耻的骄奢淫逸的景象对照下,显得格外刺目。看来高高凌驾于社会之上的国家政权,实际上正是这个社会的莫大耻辱,是一切龌龊事物的温床……帝国制度是由那些新兴资产阶级社会作为摆脱封建制度的工具建立起来,尔后又由已经充分发展的资产阶级变成了资本奴役劳动的工具的国家政权的最淫贱和最后的形式。"②

三、超越工业文明

在马克思看来,现存的资本主义社会体制、现存的工业文明赋予资本家的是统治的权

---

① 《马克思恩格斯全集》第17卷,北京:人民出版社,1963年版,第356页。
② 同上书,第357-358页。

力,而工人阶级则沦落为受奴役的对象;工业文明在创造巨大物质财富的同时,却也制造了社会的巨大不平等,带来了深刻的分裂。因此,这不是一个自由、平等的社会,也不是一个能保证每个人都能得到充分自由与发展的社会。为了实现人类的彻底解放,必须超越工业文明,克服工业文明所招致的各种灾难与局限,并以一场社会革命来实现这一宏大的目的。

从这一基本思路出发,马克思高度期盼与热情赞颂无产阶级革命,并曾多次实际参与到工人运动中去,特别是当巴黎公社成立后,马克思给予了很多的关注,密切注视着革命的发展,当公社失败后,马克思透过还未散尽的滚滚硝烟,看到了它所具有的伟大意义。"英勇的3月18日运动是把人类从阶级社会中永远解放出来的伟大的社会革命的曙光。"以巴黎公社为样板,马克思赶写了《论法兰西内战》,进一步详述了如何超越工业文明,实现无产阶级的解放和人类解放的思想。

1852年,马克思在致约·魏德迈的信中,就阶级斗争问题作了答复。马克思认为,阶级斗争并不是他的发明,他的新贡献就是证明了下列几点:(1)阶级的存在仅仅同生产发展的一定历史阶段相联系;(2)阶级斗争必然导致无产阶级专政;(3)这个专政不过是达到消灭一切阶级和进入无阶级社会的过渡。但是,这个无产阶级专政究竟采取什么形式,是何种形态,由于没有革命的实践,马克思没有作过多的深刻的论述,而巴黎公社的具体实践恰恰为马克思对此问题的研究提供了丰富的具体材料。通过对巴黎公社实践的总结,马克思认为,以往的历次革命只是使国家政权从一个阶级转入另一个阶级,在这种转移中,其奴役压迫人民的本质并未得到改变。而作为新型的无产阶级,他们有着与以往任何阶级根本不同的利益和目标,因此,实现无产阶级的历史使命不能依靠曾经是奴役他们的国家机器,"奴役他们的政治工具不能当成解放他们的政治工具来使用","工人阶级不能简单地掌握现成的国家机器并运用它达到自己的目的"。也就是说,必须砸烂旧的国家政权,重新建立无产阶级专政的新型政权,这是无产阶级实现自我解放的根本前提条件。当无产阶级专政建立后,是否就应该为掌握绝对权力的、实行集权式的无产阶级专政,对此,马克思以巴黎公社为例作出了否定的回答。马克思认为,巴黎公社所建立的无产阶级政权是"新的真正民主的国家",巴黎公社的实践也证明了这一点。显然,无产阶级专政与无产阶级民主两者在本质上是统一的,不是分离的,更不是对立的。

马克思对巴黎公社的理论分析与总结并未到此为止,而是沿着无产阶级解放的思路继续延伸下去。马克思认为,无产阶级专政与无产阶级民主的建立本身并不是目的,它的目的是要消灭一切阶级,实现无产阶级的解放。因此,无产阶级专政与无产阶级的民主仅仅是无产阶级实现自我解放的外在表现形式。这里,马克思的核心思想很明确,如果说资产阶级国家政权是奴役无产阶级的"异己力量",那么,无产阶级革命并不是以砸烂压迫自己的国家政权为目的,而是要利用建立起来的无产阶级政权满足无产阶级的利益和要求。在政治上,消除过去的政治奴役,实现无产阶级的解放;利用这个国家政权重建新的劳动生产方式,使劳动者从资本的奴役下解放出来,获得经济解放,这样最终将实现无产阶级的彻底解放。马克思说道:"公社的真正秘密在于:它实质上是工人阶级的政府,是生产者阶级同占有者阶级斗争的结果,是终于发现的、可以使劳动在经济上获得解放的政治形式。"①在初稿中,马克思对此讲得更为清楚,"这就是公社——社会解放的政治形式,把劳动从垄断劳动者自己所创造的或是自然所赐予的劳动资料的那批人篡夺的权力(奴役)下解放出来的政治形式"②。这就是巴黎公社的本质所在。

恩格斯曾把巴黎公社称之为"真正民主的国家政权",实际上,民主只是其表现形式,它的本质在于:这个国家政权不再是压迫、奴役人民的力量,而是实现了人的平等与解放。马克思热情地赞扬道:公社——这是人民群众把国家政权重新收回,他们组成自己的力量去代替压迫他们的有组织的力量;这是人民群众获得社会解放的政治形式,这种政治形式代替了被人民群众的敌人用来压迫他们的社会人为力量(即被人民群众的压迫者所篡夺的力量)(原为人民群众自己的力量,但被组织起来反对和打击他们)。正由于此,马克思对巴黎公社"真正的民主共和国"才给予了极高的评价,认为"公社就是帝国的直接对立物"。这种对立鲜明地体现在,第二帝国是资产阶级奴役压迫无产阶级的政治工具,而巴黎公社则是无产阶级获得解放的政治形式。

无产阶级建立起自己的国家政权,实现了无产阶级的政治解放,这还远远不够,这只是实现无产阶级社会解放的第一步。无产阶级理应利用这个国家政权,改造旧的生产方式,建立新的生产方式,以实现无产阶级的经济解放。马克思认为公社应当成为根除阶级存在、以及阶级统治的存在所赖以维持的那些经济基础的工具。劳动一被解放,大家都会变成工人,于是生产劳动就不再是某一属性了。对巴黎公社所采取的经济措施,马克思从中看到了它所包含的社会主义性质,认为它具有着实现劳动者解放的重要意义,想消灭那种将多数人的劳动变为少数人的财富的所有权,想剥夺剥夺者,想把当时主要用作奴役和剥削劳动的工具:生产资料、土地和资本,变成自由集体劳动的工具,以实现个人所有权,指明了通过人民自己实现人民管理制的发展方向。

显然,在马克思看来,无产阶级革命和无产阶级专政的根本任务并不是建立一个国家政权。恰恰相反,它是要消灭这个国家政权,迎来无产阶级的彻底解放。"这次革命不是一次反对哪一种国家政权形式——正统的、立宪的、共和的或帝制的国家政权形式的革命。它是反对国家本身、这个社会的超自然的怪胎的革命,是人民为着自己的利益重新掌握自己的社会生活。它不是为了把国家政权从统治阶级这一集团转给另一集团而进行的革命,它是为了粉碎这个阶级统治的凶恶机器本身而进行的革命。"③所以,马克思把巴黎公社称为"19世纪社会革命的开端",这个社会革命的目的就是实现无产阶级的社会解放。

从青年时代起,马克思就关注于实现人的解放,后来,在对资本主义工业文明的解析之中,使他愈益明确要超越工业文明,实现人类彻底解放的斗争目标。在未来的社会中,人们将摆脱各种"异己力量"的控制与束缚,实现高度的自由。"代替那存在着阶级和阶级对立的

---

① 《马克思恩格斯全集》第17卷,北京:人民出版社,1963年版,第361页。
② 同上书,第593页。
③ 同上书,第586-587页。

资产阶级旧社会的,将是这样一个联合体,在那里,每个人的自由发展是一切人的自由发展的条件。"①这是马克思对资本主义工业文明进行批判、解析之后所确立的远大理想和更高的超越。当然,马克思也深知,从资本主义工业文明的确立到实现新的超越将是漫长的历史过程,"必须经过长期的斗争,经过一系列把环境和人都完全改变的历史进程"。但是,无产阶级自身并不会因为这种长期性而丧失信心,放弃斗争。对此,马克思曾满怀激情地展望道:"工人阶级同时也知道,通过公社的政治组织形式,可以立即向前大步迈进,他们知道,为了他们自己和为了人类开始这一运动的时刻已经到来了。"②透视马克思对资本主义工业文明的批判与超越,分明可以看到一位伟大思想家历史与逻辑相结合的社会批判的理性智慧,一种既执着又积极乐观的信念,以及他对人类、人类命运走向的深切关怀。

参考书目

1. [德]马克思、恩格斯:《共产党宣言》,中共中央马克思、恩格斯、列宁、斯大林著作编译局译,北京:人民出版社,2015年版。
2. [德]恩格斯:《英国工人阶级状况》,中共中央马克思、恩格斯、列宁、斯大林著作编译局译,北京:人民出版社,1982年版。
3. [德]马克思:《法兰西内战》,中共中央马克思、恩格斯、列宁、斯大林著作编译局译,北京:人民出版社,2016年版。
4. [英]E. P. 汤普森:《英国工人阶级的形成》,钱乘旦等译,南京:译林出版社,2013年版。
5. [苏]伊·阿·巴赫:《第一国际和巴黎公社文件资料》,杭州大学外语系俄语翻译组译,北京:生活·读书·新知三联书店,1978年版。
6. [美]亚当·斯密:《国富论》,唐日松等译,北京:华夏出版社,2005年版。

---

① 《马克思恩格斯选集》第1卷,北京:人民出版社,1972年版,第273页。
② 《马克思恩格斯选集》第2卷,北京:人民出版社,1972年版,第417页。

第六章
工业文明的发展和列强的盛衰

19世纪末的新工业革命狂飙,以迅雷不及掩耳之势席卷了整个资本主义世界,并随之蔓延全球。在其强大冲击波的作用下,世界各地无不直接间接、或多或少、或先或后地感受到它的巨大震撼。

在工业化、城市化和资本主义发展的新阶段,资本主义工业文明的演进进入一个新时期。面临新工业化浪潮带来的机遇和挑战,列强作出了不同反应:后起的美、德充分把握时机,迅速崛起,后来居上;老牌的英、法却因较多地因循守旧,裹足不前,以致相对落伍。资本主义世界的旧秩序由于新的历史条件下的不平衡发展而被打破。工业化、城市化的飞速进展和资本主义的新发展,同时也使得处于转型期的资本主义社会矛盾丛生,危机迭起。为消弭矛盾,各主要资本主义国家不约而同地加强国家干预,进行广泛深远的政治、经济改革,或致力于海外扩张,以转移视线和转嫁危机。

第一节 第二次工业革命的兴起

世界历史发展至今,大致说来经历了三次工业革命:18世纪中叶在英国率先展开的第一次工业革命,19世纪六七十年代在欧美同时兴起的第二次工业革命,以及20世纪40年代兴起、迄今仍在广泛进行的第三次工业革命。[①] 概而言之,每次工业革命都是人类历史发展到一定阶段的产物,都不仅带来了生产力的巨大飞跃,而且引起了生产关系的深刻变革。

一、第二次工业革命兴起的历史条件

19世纪60—70年代,以电力、电动机和内燃机的发明应用为主要标志的第二次工业革命在全球广泛兴起。如同一个世纪以前的第一次工业革命一样,19世纪下半叶的新工业革命也是人类社会科学、技术、经济、政治发展到一定阶段的产物,它的兴起有着深刻的历史根源。

19世纪五六十年代欧美主要国家民族民主运动的完成,为第二次工业革命的顺利开展提供了政治前提。美国内战,德意志和意大利的统一,英国民主化的推进,法国为争取共和制而取得的斗争成果等等,全面摧毁了封建主义,结束了新旧两种制度间长期反复的较量,使得资本主义生产方式最终在欧美主要国家确立下来。统治地位得以稳固的资产阶级,反过来又充分利用国家政权的力量,推行有利于资本主义发展的各项政策,使得其自身统治的经济基础进一步得到加强。19世纪最后30年间,欧美主要资本主义国家的无产阶级尚未成熟到进行社会主义革命的程度,东方各国尚未达到资产阶级革命的水准,资本主义处在上升发展时期,这些因素促使欧美各国出现了相对稳定的政治局面,为资本主义经济的迅猛发展提供了良好的政治环境。

科学的突破,技术的创新,新发明的涌现,对于工业革命的形成至关重要,第二次工业革命实际上是在第二次科技革命的直接推动下兴起的。电磁学理论直接导致了电力工业的产生。继丹麦的奥斯特(1777—1851)和英国的法拉第(1791—1867)揭示电、磁之间互相依存和转化的奥秘之后,电磁感应现象、电解定律、电磁场方程、电磁辐射等的发现和物质的电子学说的创立,使得电磁学理论日臻完善。19世纪60年代以后发电机、电动机、汽轮机等等的相继发明和应用,无不建筑在此理论基础之上。

层出不穷的技术发明同样为工业革命提供了前提。化学工业方面,苯胺染料的合成,开创了一种新的产业部门;制造纯碱和硫酸的新技术和制造烈性炸药的工艺,促使化学工业发生了革命性的变化。金属冶炼方面,炼铜和炼钢的技术有很大突破,电解提炼法确保了高纯度铜的出现。钢铁冶炼方面,贝塞麦炼钢法19世纪60年代开始流行,不久西门子-马丁炼钢法取而代之,后来又发明了有利于脱磷的"托马斯炼钢法"。石油提炼方面,利用金属氧化法从原油中沉淀硫等精炼工艺的采用,推动了炼油业的发展。此外,运输、印刷、纺织等传统产业也都有技术上的突破。较之第一次工业革命,第二次工业革命过程中科学技术所起的作用更加突出。科学与技术的密切结合,使得第二次工业革命过程中科学技术上的新成就迅

[①] 关于"工业革命"或"产业革命",学术界仍然存在认识分歧,这里采纳的仅是一家之说。参阅:[美]托马斯·K.麦格劳:《现代资本主义——三次工业革命中的成功者》,赵文书、肖锁章译,南京:江苏人民出版社,1999年版。

速地转化为生产力。

工业革命的兴起离不开现有的物质条件,社会经济发展所达到的规模、水平和程度制约着产业的更新升级,这一点可视为新工业革命开展的经济前提。第二次工业革命是在第一次工业革命的丰硕经济成果基础上直接发展起来的。第一次工业革命使得欧美主要资本主义国家实现了初步的工业化,促进了世界市场的初步形成和国际货币的出现,为资本国际化准备了条件;大量积累的资本为工业集中和资本集中奠定了雄厚基础,也为新工业部门的创建和崛起提供了资本。

总之,19世纪下半叶,欧美主要资本主义国家都在不同程度上具备了开展新工业革命的基本条件,其中尤以美国和德国最为充分。

二、第二次工业革命的兴起和"电气时代"的到来

美国和德国是第二次工业革命中的两个发源地和"中心"。1866年,德国科学家兼工程师维尔纳·冯·西门子(1816—1892)发明世界上第一台大功率自激式发电机,标志着第二次工业革命的开始。1870年,比利时的格拉姆(1826—1901)对大功率自激式发电机加以改进,制成环状电枢自激式发电机,成为现代电机的雏形。1884年,英国的帕森斯(1854—1931)模仿水轮机原理设计出多级式汽轮机,使之成为带动发电机的理想动力设备,电机更臻完善。与此同时,电动机、内燃机被发明出来,变压、远距离输电等技术方法得到突破。到19世纪结束时,电作为新能源已被逐步推广应用于工业、照明及城市公用事业等部门。

电的发明和应用,打开了解放生产力的闸门,开辟了一个新的时代——"电力时代"。早在1883年,恩格斯就高度评价"电力技术革命",指出电的利用事实上是"一次巨大的革命",并科学地预见其深远意义,认为它将打破发展工业的地区限制,不仅使生产力得到极大的发展,而且最终成为消除城乡对立的最强有力的杠杆。[1] 电力的应用是继蒸汽机之后近代史上的第二次技术革命。新能源——电能具有无比的优越性:通过发电厂和电力网集中生产,分散使用,便于传输和分配,使得工厂可在远离煤矿和水力的地方建立。电动机作为很有适应能力的机器,能够满足工业对小型动力装置的要求。电能的应用灵活,易于转化为热、光、机械、化学等形态的能量,以便满足生产和生活多方面的需要;其他形态的能也易于转变为电能。较之只能把热能转化为机械能的蒸汽机及其他能源,电能能够实现快速、精确的控制,作为动力能有效地促进生产过程的机械化、自动化,从而对变革生产结构具有重大意义。

1875年,世界上第一座发电厂——专供弧光灯照明用电的巴黎北火车站电厂建成。80年代,美、英等国出现第一批商业性发电站。1882年9月,纽约市爱迪生珍珠街电厂投入运行,这是世界上第一座比较正规的发电厂。同年,发明家爱迪生(1847—1931)在威斯康星州创建的亚伯尔水电厂是世界上最早的水力发电厂之一。同年,德国米斯巴赫小型水电站也投入运行。1890年,伦敦迪普德福特电厂建成,安装有2台柴油机拖动的交流发电机和4台

---

[1]《马克思恩格斯选集》第4卷,北京:人民出版社,1972年版,第436页。

蒸汽机拖动的交流发电机,给伦敦地区供电。1893年,俄国诺沃罗西斯基建造了世界上第一座供工厂和港口用的三相交流发电厂。在商业电站不断出现的同时,电力技术和电力生产不断取得历史性的重大成就:发电机组容量和电厂规模从小到大,技术参数和自动化水平不断提高;发电能源由单一变为多样化(水力、火力发电等);输电电压等级不断提高,输电距离不断延长;发供电从孤立发展到联合为电网,电网规模日益扩大。19世纪末欧美主要国家迅速地实现电气化,电力、电气技术在各工业部门得到越来越广的应用。19世纪70年代以前,蒸汽机是工业中唯一的动力机械,19世纪末电动机开始排挤蒸汽机。进入20世纪,电力作为新的能源逐步取代蒸汽动力而占据统治地位。1902年,美国已有发电厂3621座,装机容量为121.2万千瓦。1907年,德国23.3万多家机器动力企业中,使用电动机的企业有7.1万家,总马力达到190万以上,居各种动力之首,占总数的30.6%。

电力能源的开发,电机工程的发展,使得独立的电力工业部门日渐成为近代工业体系中的重要部门之一。发电、输电、变电、配电和用电有机地构成一个整体,形成日渐庞大的系统。同时,以电机制造、家用电器为主体的电器行业迅速崛起,成为新兴的产业部门。1879年,德国造出世界上第一台电机机车,1880年第一台电力起重机问世,1881年生产出第一辆有轨电车。电在日常及家庭生活中的用途更是十分广泛。1870年美国几无电气设备工业,9年以后电气设备工厂生产了价值190万美元的产品,1890年电器产品价值高达2180万美元。

伴随"电气时代"而来的是"钢铁时代"。19世纪上半叶,由于房屋结构和铁路的需要,熟铁和铸铁的产量提高极快,但钢的产量停滞不前。英国是当时世界上钢产量最多的国家,1850年年产量不过6万吨,同年它的铁产量却达到250万吨。由于冶炼工艺的限制,钢产量不高,价格昂贵,其用途局限于工具和仪表。19世纪下半叶,由于英国的贝塞麦(1813—1898)、德国的威廉·西门子(1823—1883)、法国的马丁(1824—1915)、英国的托马斯(1850—1885)等冶金学家在钢铁冶炼技术方面的贡献,钢得以大量生产且质量大幅度提高,因而逐渐代替熟铁,作为机械制造、铁路建设、房屋桥梁建筑等方面的新材料而风行全球。1880—1900年间,英国的钢产量从370万吨增加至600万吨,德国从150万吨增加至740万吨。美国从1875年的40万吨激增至1900年的1000万吨,一战前夕更高达2350万吨,令人瞠目。钢铁工业的发展如日中天,导致重工业在工业中的比重直线上升,史称"**钢铁时代**"。

得益于钢铁工业的发展和内燃机的发明,汽车工业迅速崛起。19世纪上半叶自行车的发展成为汽车出现的先导,管型钢板、滚珠及滚柱轴承、差速器、电石灯、充气轮胎等都为汽车的发展创造了直接可用的技术。1866年前后,奥地利的马库斯使用汽油机制成世界上第一辆严格意义上的汽车。1880年德国一家公司制造出最早的用皮带传动的汽油内燃机车。1885年,德国的本茨(1844—1929)和戴姆勒(1843—1900)成功地将内燃机用于驱动车辆并生产出了第一批作为商品出售的汽车。本茨最初研制的汽车是三轮车,1893年起又开始生产四轮车,现代汽车工业从此兴起。英国和法国汽车的发展是从使用戴姆勒的发动机起步的。美国也不例外,1894年福特(1863—1947)制造出美国第一辆汽车,1903年成立福特汽

欧洲的钢铁厂

车公司。

世纪交替时,汽车技术的发展还欠完备,相对而言,有较长历史的蒸汽车要完善得多,不仅体积较小、重量较轻(约350公斤)、时速较快(可达40公里),且性能比汽车平稳。因此,20世纪初欧美各国销售量最大的还是蒸汽车。但电车却比汽车发展得充分。1900年美国各大城市总共有300多辆电池驱动的电车在行驶,其中有小轿车也有卡车。英国一些城市则长期靠这种电池车递送邮件、报纸、牛奶、面包。有轨电车1882年首先出现在德国,1901年第一条公共有轨电车线路在德国的萨克森建立,此后欧洲各国相继建立公共电车系统。无轨电车则要到20世纪20年代才问世。

近代化工技术和化学工业是在工业革命、工农业生产和人们的生活需求推动下,随着近代化学科学的成长而发展起来的。19世纪,各种无机和有机化学工业,如制酸、制碱、染料、涂料、药品、炸药、肥料、炼油、电镀、电解等,都已建立起来,化学工业一跃成为一个占有重要地位的生产部门。50年代以后是以煤焦油为原料的有机合成工业迅速发展的时期。染料、药品、香料、农药、炸药等各类产品的合成不断取得突破,新品种层出不穷。在这方面,德国走在前列,涌现出一大批卓越的化学家,如奥古斯特·威廉·冯·霍夫曼(1818—1892)、格雷贝(1841—1927)、里伯曼(1842—1914)、拜耳(1835—1917)、费利克斯·霍夫曼(1868—1946)等。此外,英国化学家柏琴(1838—1907)、瑞典化学家诺贝尔(1833—1896)也因其贡献而著称于世。19世纪末又发明了用焦炭制造电石来生产乙炔,用以合成多种基本有机原料和生产化工产品;用煤生产合成氨也实现了工业化。

化学工业与科学技术的关系最为密切,德国在这方面处于领先地位。焦油染料、苯胺紫等是英国人首先发明的,但德国人率先将其从实验室转入工厂生产,1860年建立第一家苯胺厂和第一家品红厂,1862年建立赫希斯特染料厂,1865年建立巴登苯胺和苏打厂,1873年在柏林成立了生产苯胺的股份公司。化学工艺的提高,推动了石油化学工业的产生。19世纪80年代起人们就开始从煤炭中提炼氨、苯、人造染料等化学产品,不久,人造染料排挤了植物染料。德国的化学工业在欧洲遥遥领先,其硫酸产量1878年占世界产量的10%以上。化学工业的诞生使得化学制品充斥市场;化肥进入农田,推动了农业的发展。1876年诺贝尔发明炸药,80年代又改良了制造无烟火药的技术,从而大大促进了军事工业的发展。此外,塑料、绝缘物质、人造纤维也开始投入生产和实际使用。

石油工业与化学工业密切相关。1859年,美国最先在宾夕法尼亚州打出世界上第一口油井,但最初石油的用途非常有限,仅用于照明。内燃机的使用增加了对轻液体燃料的需求,推动了石油的勘探开发。与此同时,石油提炼技术不断改进,分解石油以及合成汽油的工程技术获得成功,这一切使得石油的用途越来越广。1870年,全世界的石油总产量已达到80万吨,1900年增加到2000万吨。

新兴产业的兴起,也带动了旧产业部门的技术改造。传统纺织工业中新的动力机逐步取代老式蒸汽机,新的染料使得旧的纺织品增色不少,并出现化纤产品;采煤工业中采用机器和新的照明设施;铁路运输部门,钢轨取代铁轨,使用新的电气通讯设备;机器制造业中,钢制品逐渐替代铁制品。冶金工业中,托氏炼钢法、电弧炼钢炉、电解炼铝法、电解炼钢法相继被采用,世界铣铁的生产由1870年的1400万吨上升至1900年的4100万吨;钢产量从52万吨增加到2830万吨。

第二次工业革命也推动了农业的变革。机器制造、化工、电力技术的进步,不断为农业提供先进的机械设备、化学肥料、农药和电力,为传统农业向现代农业转变准备了物质技术条件。蒸汽机、内燃机和电力的应用引起了农业机械的革命性变革,农业机械化程度大大提高。化学肥料的生产技术、特别是合成氨的突破和化肥工业的兴起,为农业提供了大量养分高、肥效快、便于运输和机械化施用的优质肥料。这一切大大改变了农业生产的面貌。

三、第二次工业革命的特点

人类历史上曾发生过很多次技术革新或者技术革命,其中每一次都或多或少地对社会生产的发展起到一定的促进作用,但既能够带来生产力的巨大飞跃,又能够引起生产关系(社会关系)的巨大变革,因而堪称工业革命的为数并不多。18世纪末发端于英国的工业革命可称第一次;19世纪末的工业革命则是另一次。

较之第一次工业革命,19世纪末的第二次工业革命在很多方面显示出其独特之处,主要表现为:

首先,两次工业革命与科学技术结合的程度不同。工业革命离不开技术革命的先导。第一次工业革命是在以蒸汽机的发明、应用为特征的第一次技术革命带动下进行的,但第一次技术革命主要是在实践经验的基础上发展起来的,所反映的是当时工艺上的最出色成就,工业革命进程中大显身手的大多是直接活跃在生产现场的能工巧匠。在大多数情况下,近代自然科学与工业实践之间并未建立起直接的、密切的联系。第二次工业革命是由以电的应用为主要特征的第二次技术革命作为先导的。与第一次技术革命迥然不同,第二次技术革命完全是在近代科学理论的直接指导下兴起和发展起来的。由于19世纪工业领域面临的技术课题已经相当广泛复杂,单凭娴熟的工艺已无能为力,为了实现技术上的突破,便只能求助于近代科学理论,只能让各种掌握了专门知识的科学家、工程师来充当主要角色。正因为这样,科学能够通过先进的技术直接地转化为强大的生产力,从而为工业开辟空前广阔的领域和提供空前的发展速度。第二次工业革命期间,如果没有科学炼钢法的发明、有机化学的发展、电学理论和电气技术的进展、内燃机的创制,也就不可能有钢铁、化学、电力、汽车等新兴产业部门的飞速发展。可见,科学技术对于第二次工业革命所起的巨大推动作用是以往所无法比拟的。

其次,两次工业革命与工业化的不同阶段相适应。第一次工业革命揭开了资本主义工业化的序幕,第二次工业革命则将工业化推进到一个新阶段。第一次工业革命中,工业化的重点是发展轻工业,主要任务是在以纺织工业为代表的轻工业部门中,用机器生产代替手工生产,实现由手工工场制度向工厂制的过渡。第二次工业革命中,工业化已经发展到以重工业为重点的新阶段,其主要任务是改造、扩大和创新重工业的各个部门,并利用重工业的雄厚力量确立大工业在国民经济中的统治地位。

第三,两次工业革命的广度、深度及影响有所不同。第一次工业革命最初只是英国一国现象,以后才缓慢地波及法、美、德等国,英国工业革命开展一个世纪后的19世纪60年代,也仅有英、法两国真正称得上完成了第一次工业革命。相对而言,第二次工业革命的效应和影响深远得多。它在欧美同时展开,短短三四十年间即取得巨大成效。就范围而言,工业化浪潮从以前西欧个别国家扩大至北美、东欧和日本;就产业结构而言,不仅原有的工业和交通运输部门取得重大技术改造和发展,而且涌现出一批新兴工业部门。由于第二次工业革命的深入开展,机械化生产日益推广,工业发展的场面蔚为壮观,工业化程度大大提高。

第四,虽然两次工业革命都带来了社会生产关系的深刻变化,但其内涵不同。第一次工业革命确立了现代工厂制,随之而来的工业化的进展奠定了资产阶级政治统治的经济基础,确保了资本主义对封建主义的最终胜利。第二次工业革命确立了公司制、垄断制,将自由资本主义推进到一个新阶段——垄断资本主义阶段。第一次工业革命使得社会阶级关系简单化,形成两大对立的社会阶级——资产阶级和无产阶级;在第二次工业革命影响下,社会阶级关系呈现复杂化的局面,资产阶级进一步分化,中产阶级形成。

总之,第二次工业革命在很多方面与第一次工业革命形成鲜明对比:前者以蒸汽机的发明应用为标志,后者以电力、电动机和内燃机为标志;前者局限于轻工业领域,后者以重工业部门为主体;前者代表性的产业是纺织业和采煤业,脱胎于传统的手工业行业,后者代表性的产业是以科学技术为本的新兴产业部门,如电气、电机制造、钢铁、汽车、化工等;前者局限于少数国家、持续时间长、进展缓慢,后者几乎同时在欧美诸国展开,见效快;前者开辟的是"纺织时代"和"蒸汽时代",后者迎来的则是"电气时代"和"钢铁时代"。

第二节　资本主义生产关系的新变化

一、垄断资本的形成

马克思主义告诉我们,"社会生产关系,是随着物质生产资料、生产力的变化和发展而变化和改变的"①。第二次工业革命不仅带来人类社会生产力的迅速发展,而且导致生产关系的深刻变革,促成资本主义在国内和国际两个层面上加强联合与协作,开展更紧密的合作与分工。列宁在论述19世纪后期资本主义的发展趋势特别是其政治特性时,曾将其称之为"帝国主义"或者"垄断资本主义"。垄断,其实是资本主义生产关系的一种新形式,推动它的产生、发展的力量,从根本上说也只能是"物质生产资料、生产力的变化和发展"。

第二次工业革命,带来了前所未有的巨大生产力。机器、科学和创造发明,使得生产率成百倍的提高。据估计,1830年生产1蒲式耳小麦,需用3个多小时人力;到19世纪末,使用播种机、蒸汽收割机和脱粒机,费时不到10分钟。纺织业在原始的条件下,生产500码棉布要用人工5605小时;到了1900年,棉织厂主仅用52小时人工,就能制造出同等数量的布料。②1870—1900年间,美、英、德、法、日等国的经济获得飞速发展,世界工业总产量增长了2.2倍。1870—1913年,世界贸易总额增长3倍以上,铁路线长度增加4倍;1870—1910年,世界船舶总吨位增长1倍多。在第二次工业革命浪潮冲击下,世界各国积极提倡技术革新,鼓励发明创造,吸收外国的最新生产工艺,重视新兴科学领域的开发。工业相对落后的美、德等国更是充分利用推广现代工艺所带来的好处,由第一次工业革命中的"迟到者"成为第二次工业革命中的"先行官"。生产力的大发展不仅表现在产量的猛增上,而且表现为生产社会化的程度获得极大提高,从而推动国际分工向广度和深度发展,国际间的联系更加密切。

第二次工业革命带来了深刻的社会后果,大企业的兴起、垄断组织的出现就是它冲击生产关系领域所产生的社会效应。综观新工业革命的全过程,可以发现,生产力的迅猛发展逐渐作用于生产关系领域,引起劳动结构、生产组织、管理体制、所有制关系、市场机制等的连锁反应,最终导致垄断资本主义的形成。

---

① 《马克思恩格斯选集》第1卷,北京:人民出版社,1972年版,第363页。
② 胡志宽译、刘绪贻校:《美国工业技术发展概况》,载《世界历史译丛》1980年第5期。

第二次工业革命促进生产力的巨大飞跃,是垄断资本主义生产关系形成的原动力。垄断的出现是与大生产紧密相联的。第一次工业革命确立了工厂制,但当时的工厂机器装备比较简单,规模不大。18世纪末,一般的纺纱厂只需50英镑即可创办,比较大的纺纱厂固定资产也不过300英镑左右。制铁厂的投资一般要高得多,往往高达几千英镑。工厂的规模也很有限,有资料显示,1851年英国87000名雇主中,雇佣10人以下者达76000人,占总数的87%;雇佣50人以上者仅2000人,占总数的2.3%。[①] 同样,美国在1850年也只有41家工厂的资本达到250万美元。可见,第一次工业革命时期的所谓大生产,还只是相对于手工工场时代而言的。由于工业单位一般都不大,依靠个人和几个人即可创办经营,因而资本和生产的集中便也相应地处于低水平上,难以形成普遍的垄断。

第二次工业革命的勃兴,刷新了旧的工厂体制,并引起一连串的变化。由于重工业、交通运输业的迅速发展以及先进技术装备的广泛采用,工业单位随之扩大,第一代以生产单一商品为目的的独资或合伙经营的工厂,升级为大规模生产的现代化新工厂。新动力、新能源、新的生产工艺以及新的产业要求,逐步使得工厂内部的生产组织结构发生变化,最终形成以准确性、系统性、连续性、高速运转和经济性为原则的生产流水线。伴随工厂制度的革新,工厂规模越来越大,工厂内部的生产结构发生巨大变化。流水线的建立,使得大生产有机地、合理地组织起来,并形成现代工厂的一些显著特性:机器的作用日趋突出,分工与合作日益加强,劳动效率大大提高。

伴随工业的大发展,公司日渐成为工业组织的支配形式,这一点在美国表现得最为突出。公司法虽有着漫长的历史,但1865年以前法人体制在美国只广泛应用于运输、保险、银行等行业,并在较小规模上应用于纺织业。随着工业单位的扩大、大规模生产技术的传播,尤其1865年后托拉斯的发展,公司迅速取代业主所有制和合作经营,成为将资本和劳动结合起来的主要机构,到1899年,美国公司生产出全部制造产品的66%,10年后又增加到79%。现代意义上的公司,在美国最早诞生于石油加工业,其典型是美孚石油公司,它出现于1867年,1871年组成石油卡特尔,名为"全国石油加工业主协会",1881年改组为托拉斯。美国大部分行业的企业联合也都经历了由普尔(卡特尔)到托拉斯再到控股公司的过程。

与此同时,公司制被赋予新的内涵。起初,经营公司并作出决策的人,通常占有他们控制的财产,渐渐地,占有公司的人统治公司的状况改变了。由于出现了巨大的超级公司,其所有权如此扩散,以致所有权和管理之间不可能有真正的对应关系。于是,随着大公司的出现,确立了职业经理阶层的权力,职业经理只在理论上对公司的股东们负责。1889年美国新泽西州通过《一般公司注册法》,允许一个公司拥有另一公司的股票,从而使得控股公司合法化。股份公司制度促进了企业的巨型化和生产的集中。到1900年,美国股份公司已经获得迅猛发展,采矿业中产量的86%、制造业中的2/3都是由股份公司生产的。

如果说高度发展的生产力是垄断资本主义形成的根本原因的话,那么第二次工业革命

[①] A. D. Edwards. *Britain, Europe and the World, 1848 - 1918*. London: Heinemann Educational Publishers, 1979, p. 14.

中崛起的新产业则为垄断的产生提供了物质条件。第二次工业革命中崛起的新型产业——电力、钢铁、化学、石油工业等具有先进的生产能力,没有旧产业部门的包袱,一开始就采用最新科学技术发展生产,因而具有较强的竞争力。同时这些新工业部门都具有大生产的特点,自身具备一体化要求,如石油企业要求统一经营开采、提炼、运输、销售,钢铁企业要求进行钢铁和焦炭的联合生产,制铝企业要求同时控制电力公司等。美国最早创立生产流水线的是新兴的汽车工业,最早的托拉斯产生于石油工业,托拉斯运动发展最快的是电力、钢铁、化学和汽车工业部门。德国最早出现的辛迪加是1857年成立的德意志钢铁厂,19世纪70年代后钢铁、煤、化学、精密仪器等部门中,也迅速地实现了垄断化。俄国的垄断组织也以新兴的工业部门作为它的策源地。英国的情况也不例外,其垄断组织大多以大股份公司的形式出现,而"正是在钢、铁和重机械工程业中,股份有限公司……被最自由地用来建立或扩大自原料至成品的所谓纵的联合"①。几乎毫无例外,重工业,尤其是新兴工业和交通运输部门,一般都是垄断形成最早、垄断化程度最高以及垄断势力最为雄厚的行业,这并非偶然的巧合。

垄断的形成和发展是同生产力的发展水平、经济集中的规模和程度相对应的。工业生产集中的程度愈高,垄断的形成和发展就愈快。第二次工业革命过程中,不少企业采用当时最新技术装备建立起来,一开始便是规模巨大的企业。1870年、1873年先后成立的美孚石油公司和卡内基钢铁公司,创办资本分别为100万美元和70万美元;20世纪初英国沃尔金顿钢铁公司的创办资本高达230万英镑;1908年美国通用汽车公司的创办资本为1250万美元。在第二次工业革命推动下,工业特别是重工业、交通运输业发展异常迅速,而且分布比较集中,企业间的竞争激烈。19世纪末周期性的经济危机使得大批中小企业被吞并,加速了集中的过程。例如,美国在1893年危机后出现了长达10年的大规模企业兼并浪潮,仅1899年就有1208家公司被吞并。证券市场也起了推波助澜的作用。1863年纽约股票交易所建立,此后,波士顿、费城、巴尔的摩相继建立股票交易所。股票交易市场的形成,使得工业股票得以上市交易,为企业兼并创造了条件。

19世纪末,欧美主要国家的生产集中已达到相当规模,并在钢铁、机车制造、电气、汽车制造等行业中崛起一批引人注目的"巨型企业"。

大企业的产生为垄断组织的形成铺平了道路,为垄断的产生提供了基础。垄断组织便是巨型企业发展的逻辑的、必然的结果。从此意义上而言,垄断资本主义"是由巨型公司组成的一种制度"。

二、世界经济整体化趋势的加强

第二次工业革命在促成各国内部经济、组织形态发生新变化的同时,也影响到全球经济的面貌,其中之一便是极大地促进了世界经济的整体化趋势。

---

① [英]约翰·哈罗德·克拉潘:《现代英国经济史》下卷,姚曾廙译,北京:商务印书馆,1977年版,第320页。

世界经济的整体化趋势始于15、16世纪,产生和推动这种趋势的原动力来自日益发展的工业生产力。第一次工业革命"首次开创了世界历史"[①],它所带来的机器大工业为把国际间的交流推向全球化提供了必要的条件,为全球各地区、各国和各民族的沟通和未来全球一体化奠定了初步的基础。工业革命为推动国际交流提供了技术和经济条件。第一次工业革命期间蒸汽机的发明、汽船的航运、铁路的畅通,是国家间、民族间交流所不可或缺的基本技术条件。更为重要的是,它为国际交流提供了经济前提。随着机器大生产取代手工劳动,资本主义商品经济获得迅猛发展,廉价的、新奇的、优质的商品成为打开别国门户、换回工业原料的利炮,由此初步形成了世界市场,并为最终形成世界经济打下了基础。

第二次工业革命为资产阶级"征服世界"提供了更加空前强大的经济实力和物质手段,成为将局部性的国际交流推进到全球性的沟通,将分散的、局部性的世界变成互动的、联成一气的整体性世界的根本动力。如前所述,19世纪最后30年间,各主要工业国的经济都有了飞速发展,世界工业总产量增长了两倍以上。1870—1913年世界贸易增长了3倍多,铁路线长度增长了4倍。世界船舶总吨位在1870—1910年间增长了1倍以上。在生产力大发展的基础上,生产的社会化程度获得极大提高,国际分工向广度和深度发展,国际间的联系更趋密切。随着资本主义由自由竞争阶段发展到垄断阶段,垄断资本确立了对世界的统治,资本输出成为金融资本向全球扩张的主要经济手段。相应地,资本主义列强加快了瓜分和重新瓜分世界的步伐,直至最后将世界瓜分完毕。此时,国际分工达到"世界城市"和"世界农村"分离与对立的完成阶段,形成日渐明朗的分工格局:粮食和原料的生产越来越集中于发展相对滞后的亚非拉第三世界国家,工业生产则集中于工业化程度高、科技先进的欧美和日本诸国。于是,由少数金融寡头垄断的统一的世界资本主义经济最终形成,并且形成"中心—边缘"的世界经济格局。

在第二次工业革命的推动下,工业化的浪潮逐渐从欧美中心地带向远离中心的边缘国家和地区扩散。面对不可阻挡的世界工业化潮流的冲击,几乎所有欠发达的落后国家都作出了不同程度的回应。有的审时度势,成功地实现了经济转型,并由此步入先进的工业化国家行列,加拿大、澳大利亚、新西兰和南非等国家即是;有的囿于特定的历史条件,走上了依附型的工业化道路,拉丁美洲一些国家属此类型。长期以来遭受殖民主义入侵之害,已沦为半封建半殖民地并有沦为殖民地之虞的亚非落后国家,为了富国强兵、救亡图存,则走上了一条被扭曲了的、非自主型的工业化道路,中国、朝鲜、泰国、土耳其、埃及、摩洛哥、埃塞俄比亚等国属此之列。

第二次工业革命带来的技术进步及其提供的物质手段,对于促进全球整体化意义同样巨大。新的钢铁材料、新的内燃机和汽轮机动力、新的通信手段的使用,带来了铁路、轮船等交通运输工具的革命性变革,使得远程运输更为广泛、安全、便捷;电报、电话、无线电通信等电讯手段的出现及其大发展,加速了商业信息的传播与交流,使得人们之间的跨时空联系日

[①]《马克思恩格斯选集》第1卷,北京:人民出版社,1972年版,第67页。

趋频繁和便利;海底电缆、跨洋电缆、洲际电缆线的铺设,使得信息以前所未有的速度传送到世界各地。仅德国西门子兄弟公司到 1883 年就已经制造和铺设了近 13000 英里的电缆线,长度超过地球的半周。北美洲与欧洲虽相距 8000 余英里之遥,但电信号只需要几秒钟即可到达。连接欧亚的苏伊士运河和连接太平洋、大西洋的巴拿马运河的开通,极大地缩短了航行的距离。苏伊士运河的开通,把西欧和中国间的航行距离缩短了 3000 英里。

19 世纪末新技术的突破在电讯业中表现得最为突出。19 世纪上半叶,电报业在西欧、北美已获得较快发展,基本上实现了一国内部大城市间的电报沟通。美国到 1848 年除佛罗里达州以外,密西西比河以东的各州均已联入电报网。英国建成的电报线到 1852 年估计已长达 4000 英里。19 世纪下半叶,电报业得到进一步发展。80 年代,全世界电报线的长度达到 150 万公里。19 世纪末年增加至 430 万公里。

如果说有线电报是信息通讯史上的第一次革命的话,那么有线电话则是信息通讯史上的第二次革命。1876 年年轻的美国人贝尔(1847—1922)制成最早的实用电话机,并在英、美取得专利,标志着人类运用电话通信的开端。此后,世界电话事业发展迅猛,1880 年美国的公用和私用电话剧增至 5 万台。1881 年贝尔在美国建立起第一家电话公司;1884 年波士顿和纽约之间架设起了第一条长途电话线路;1892 年纽约和芝加哥之间、1915 年纽约和旧金山之间实现了电话通话。与此同时,西欧国家也相继建立电话公司。电话的问世,缩短了空间及心理距离,使得人们虽远在天涯海角,彼此交谈却犹如近在咫尺,人类的语言信息通讯进入一个新时代。

19 世纪 90 年代,无线电报通信也走向实际应用,以满足车船等运动目标之间的通信要求。1896 年意大利人马可尼(1874—1937)向英国政府提出电报专利申请,次年组建"无线电报和信号公司",着手给英国沿海的灯塔和灯塔船装备无线电通信设备。1899 年,马可尼的公司在美国设立子公司(1900 年更名为"马可尼无线电报公司")。同年 3 月成功地实现了英国海岸和法国海岸间 45 公里的无线电通信,从此英吉利海峡两岸联成一体。1901 年 12 月,他又在相距 2000 英里之遥的英国康沃尔郡与纽芬兰之间实现了电报的收发,从而首次完成了横渡大西洋的无线电通信。人类从此进入一个新的通信时代。1901 年以后,各国广设海岸电台,并以法律规定:航海船舶必须装配无线电发报机,以备遇险时呼救之用。无线电通信技术的突破,意义巨大,其逐渐广泛地应用于航海领域,提高了海上航行的安全系数,推动了远洋贸易的发展。

19 世纪中叶以后,世界上掀起了铺设海底电缆的热潮。1851 年,世界上第一条海底通信电缆——横跨英吉利海峡、长达 45 公里的电缆线路敷设成功。此后又铺设了地中海、黑海、北海等海域的电缆。海底电缆的建成,给英国与欧陆之间的贸易带来了很多便利,直接促进了工商业活动。北美建设的首条海底电缆是从加拿大的爱德华岛到新布伦兹维克。

与此同时,跨洋电缆的建设也被提上议事日程。1856 年 7 月,美国实业家,被誉为"当代哥伦布"的菲尔德(1819—1892)在英国建立大西洋电报公司,着手建设大西洋海底电缆。1858 年 8 月跨洋电缆在纽芬兰的特灵里德海湾贯通,但仅运行一个月就由于质量问题而被迫中断。1866年7月，新建的横贯大西洋电缆线在纽芬兰合龙，欧美之间的电信联络再次贯通。同年9月另一条横跨欧美两大洲的海底电信线完成。大西洋海底电缆的建成，推动了洲际远程电缆的敷设。1869年，又一项巨大的电缆工程建成，这条电缆线从英国伦敦出发，经过欧洲大陆，然后部分通过陆地、部分通过水下，到达印度的卡里卡特城，全长达1万海里。19世纪末年，还敷设了从印度到澳大利亚的海底电缆。1902年横跨太平洋的海底电缆贯通，加拿大和澳大利亚联成一体。1906年敷设了旧金山至上海之间的太平洋电缆。

从生产力发展的角度看，世界经济的整体化客观上符合以新技术、大工业为基础的世界经济发展的趋势，便利了资本和商品的国际流动，有利于国际分工和协作的加强，因而是世界历史上出现的一种进步现象。但是，与此同时，第二次工业革命也扩大了资本主义工业国家之间以及资本主义世界与亚非拉世界间的经济发展不平衡。由于前一不平衡，资本主义列强间的矛盾和冲突加剧，强权政治的推行不可避免地导致军备竞赛、军事结盟乃至军事对抗。由于后一不平衡，殖民地与宗主国间的矛盾激化，并最终导致亚非拉人民反帝反封建的民族民主运动的高涨。19世纪末日趋复杂的国际关系实际上是世界经济整体化趋势在国际政治领域内的体现。

世界经济的整体化趋势同样还体现在国际工人运动领域。19世纪下半叶，世界各国工人在同联合起来的垄断资本作斗争的过程中逐渐意识到相互支持、相互帮助、协同作战的必要性，后来在马克思主义指导下建立了跨国、跨洲的第一国际和第二国际。在国际斗争中形成了一些全球性的诸如"国际劳动节"这样的节日，"全世界无产者联合起来"成为各国工人阶级的共同口号。亚洲、非洲和拉丁美洲人民的相同命运也使他们在为自身利益进行斗争过程中相互支持，共同借鉴斗争经验，在争取民族解放和人民民主的斗争实践中认识到联合的重要性。

第三节 受到挑战的英国

在强劲的第二次工业化浪潮冲击之下，曾经不可一世的老牌殖民帝国——英国受到最强劲的挑战。经济的缓慢发展，最终使它丧失了自18世纪晚期以来即拥有的"世界工厂"的称号，然而直至20世纪上半叶它仍然是世界最大的殖民帝国，仍然保留着世界金融和国际贸易中心的地位，仍然在资本主义世界工业文明体系之中拥有举足轻重的地位。

一、"世界工厂"地位的丧失

英国"世界工厂"地位的丧失 19世纪中叶，大英帝国是世界上最发达的国家，号称"世界工厂"。但自70年代起，英殖民帝国开始受到全方位的挑战，其早先拥有的首屈一指的国际地位急剧衰落。

挑战首先来自英国自身经济的缓慢发展。19世纪70年代以后，英国工业进入低迷状态,呈缓慢发展态势。虽然以重工业为主体的新兴工业部门的出现推动了英国经济的发展,但总体而言发展速度较之前一时期缓慢得多。在1850—1870年的工业高涨时期,英国工业年均增长高达3.12%,而1870年以后的40余年间,年均增长仅1.9%。工业部门中,纺织、食品和煤炭等传统工业依然占据主导地位,且设备陈旧、技术停滞、发展迟缓,影响了整个英国工业的发展速度。

农牧业的停滞与衰退加剧了英国经济的困难。19世纪70年代,英国连遭天灾,谷物歉收,产量锐减,自给率日益降低。海运及铁路业的发展使得运费日益低廉,美国、俄国和印度的谷物大量涌入英国。外国廉价农产品的冲击导致英国粮价大幅度下跌,大批中小农场破产。1870到1910年间,英国小麦的播种及产量减少近半,小麦进口增长近3.5倍,粮食自给率从79%降至35%,农业产值在国民生产总值中的比重由1860年的20%下降到90年代的8.9%。畜牧业也受到沉重打击,70年代以后牲畜瘟疫连年,罕见的旱灾严重影响了牧草的生长,新西兰、澳大利亚、美国、阿根廷的冻肉通过冷冻船运至英国,丹麦、俄国、美国、阿根廷还运来活牲畜,所有这些使得英国市场畜产品价格大幅度下跌,畜牧业发展处于停滞状态。

英国也卷入第二次工业革命的浪潮,电力、汽车和化学等新兴工业开始建立并获得初步发展。80年代,英国出现了利用硬煤生产煤气的瓦斯工业和电力工业,1895年制造出第一辆汽车,1900年开始试制人造纤维。1870年,英国的钢产量仅22万吨,到一战前夕达到778万吨。然而,较之同时期的美、德诸国,英国新兴工业的发展显得速度慢、规模小,1907年其产值只占整个工业总产值的6.5%。结果,英国工业在世界工业总产值中的比重急剧下降,由1870年的32%降到1900年的18%,进入20世纪以后继续下降。

就这样,英国依靠纺织工业和机械制造业而拥有的"世界工厂"地位到19世纪末几乎丧失殆尽。

盛极而衰的根源 19世纪末英国经济的缓慢发展以及世界工业垄断地位的丧失,总体而言是资本主义不平衡发展的结果。但对于英国本身来说,则有着深刻的历史根源,留下了沉痛的教训。

首先,第一次工业革命及工业化的初步实现,给英国留下了过度沉重的历史包袱。作为工业革命的母国,英国工厂的历史已有百年之久。第一次产业革命中的大量资本投入,造就了纺织、煤炭、食品、造船、机械制造等传统工业部门的迅速发展,确保了19世纪上半叶英国在世界经济中的优势地位。70年代以后,新工业革命的浪潮兴起,电力开辟了新能源和新动力,后起的资本主义国家、特别是美国和德国,纷纷采用最新的科学和技术,发展新兴工业,因而经济呈现跳跃式发展。面对日益强大的美、德新兴工业的竞争,英国资本家不愿耗费巨资更新设备、采用新技术,也不愿冒风险建立没有把握获取高额利润的新工业,而宁可把资金继续投放于传统工业,依靠庞大的殖民地市场推销传统工业品。英国政府认为,只要能把某些新技术应用于军事工业和新武器的研制以维护英国的海上强国地位就可以了,至于民用工业落后一些于大局无妨。这种保守的政策取向,必然影响到工业结构的更新,影响到新兴工业的投资和发展,其结局只能是工业设备陈旧,新兴工业的发展迟缓。

其次，新一代技术力量的形成缓慢。英国之所以能执第一次世界工业革命之牛耳，很大程度上在于此前善于学习欧洲诸国技术之长，其中包括法国在丝绸、服装、建筑、五金工艺方面的造诣，尼德兰在麻织、毛织、玻璃、钟表工艺上的成就，意大利在造船和武器制造方面的特长等等。英国早在17世纪就开始实行专利法，为个人发明创造的商品化提供了法律保障，但是，18世纪工业革命时期的技术力量主要靠手工业方式培养。工厂广泛建立后，工厂主仍然把学徒当做廉价劳动力，依靠传统的手工学艺方式来造就技术力量。1823年伦敦和格拉斯哥才开办正式的技工学校，1851年政府才准许建立工人夜校。19世纪70年代以来，英国上层统治集团普遍认为教育与科学是个人之事而非国家事业，国家的任何干预都是有害的。政府在教育方面的投入很少，1870年英国颁布"普及初等教育"的法案时，经费仅占国家预算的5%。高等和中等教育发展也很缓慢。据1907年对13个欧美国家统计，英国大学生在人口中的比例只高于俄国，为倒数第二。中等教育方面，据英格兰、威尔士的统计，13—17岁青少年未上中学的占同龄人总数的22%—86%不等。正因为此，英国教育大臣承认中等教育是英国最大的缺陷。有人说，"英国的窘境在于它是第一个工业国，又是最后一个实现全民教育的工业国"，此语发人深思。

第三，科技方面，英国工业界满足于第一次工业革命的成就，坐享其成的思想日趋严重。在19世纪后期举办的历届国际博览会上，英国获奖项目呈下降趋势，反映出在新技术成果应用方面英国日趋落后。政府在科技投入方面也存在诸多问题，经费少，实验设备不足，管理混乱，科技人员地位低和待遇差成为普遍现象。这种情况进入20世纪后有所改变，1900年国立物理研究所宣告成立。与此同时，政府加强对科教的支持力度，1889年英国财政部开始向大学拨款，到1910年，每年向高等教育拨款20万英镑，其中约一半是科研经费。

第四，企业经营管理方式落后于美国和德国。与大生产相适应的经理制在英国推广较晚，大多数企业仍按照传统方式由资本家直接经营管理。英国社会重视文官、轻视企业经营的风气严重影响了经济界的素质，一般经理所受教育和训练水平较低，受过良好教育的人不愿进入企业界。知名大学经济专业的毕业生进入政界的多，去企业的少。

第五，深刻持久的经济危机和萧条。1878—1900年间，英国相继发生了4次经济危机。危机间隔周期缩短，萧条持续时间延长，对生产和贸易的打击越来越沉重，成为该时期经济危机的新特点。1874—1886年间在英国史上被称为大萧条时期，直至1888年，病入膏肓的英国工业才开始转入高涨。进入90年代又爆发新的危机，钢铁生产下降1/3以上。1891年危机之后的1892—1895年被称为英国历史上四个暗淡的年份，直到1896年才摆脱阴影的笼罩，但好景不长，1900年又开始了新的危机，伴随而来的萧条持续了5个年头。

第六，英国继续奉行的自由贸易政策影响了经济发展速度和对外贸易。19世纪70年代以后，德国、俄国、法国、美国等主要资本主义国家相继放弃低关税或自由贸易政策，实行全面的保护关税。英国的农牧业最先受到冲击，然后是工业。英国棉纺织品的竞争力在美国、德国和中欧国家的高关税面前几乎丧失殆尽，即使在印度和中国市场，亦只能保持原来局面。英国国内市场上，充斥着免税进入的大批德国、美国的廉价新兴工业产品。英国外贸在世界上虽仍占首位,但受到的威胁与日俱增,19世纪80年代至20世纪初,德国出口额增长了41%,美国增长了100%以上,而英国仅仅增长8%。1870—1900年间,英国出口只增加42%,而进口增加了72%,造成外贸入超。

二、资本的扩张与"殖民帝国"

垄断资本的发展 19世纪中叶,生产和资本集中的趋势在英国逐渐加强,主要以股份公司的形式出现。1862—1873年间,政府备案的公司数由165个增加到1234个,资本额由5700万英镑剧增至1.52亿英镑。70年代以后,经济危机频繁发生,中小企业纷纷破产,部分企业为增强竞争能力,控制生产和市场的销售,继续以股份公司形式联合起来,仅1889—1890年间,新建的股份公司数就达近8000家。英国的工业垄断资本正是在以股份公司形式进行联合和合并的过程中逐渐形成的。

早在19世纪50—60年代,英国企业界已出现借助"价格协定"来消除股份公司间相互竞争的做法。经济危机和大萧条年代里,大企业主为防止商品价格下跌,彼此加强了联合,1888年柴郡成立"盐业同盟",把下跌至3—5先令一吨的盐价抬高到了7先令至10先令6便士。以控制生产为目的的联合组织在一些行业中也逐渐形成,1883年出现的制碱工业中的联合组织到1891年发展为"联合制碱公司",有48家公司参加,控制了英国全部漂白粉生产。地方性的垄断组织也随之出现,1898年在布拉德福成立的"布拉德福染整业公会"有22家公司参加,拥有资本220万英镑,控制了当地的绒线染色行业。同年在曼彻斯特成立的"印染业公会"控制了当地的棉织品印染。

与英国在殖民地建立的垄断组织相比,本土工业的集中过程和垄断组织的形成要缓慢得多,而且垄断组织在工业部门中的发展不平衡。20世纪初,冶金、化学、造船、水泥等主要工业部门都已经有了垄断组织,其中化学、冶金等新兴工业部门垄断组织发展得最快。

19世纪70年代以来,英国在股份公司基础上出现的垄断性工业组织数量不多,且十分不稳定,因而不能经常起到垄断生产和销售的作用。进入20世纪英国的工业垄断统治才逐渐形成。化学工业中的最大垄断组织是帝国化学托拉斯。1901年利华兄弟公司与其他5家大制皂公司联合组成卡特尔,控制了英国将近2/3的肥皂生产,以后又先后兼并了一些重要的公司。1900年,由27家企业合并组成的普特南水泥制造者联合有限公司控制了80%的水泥生产,帝国烟草公司控制了英国的烟草生产。英国自19世纪70年代以来工业发展缓慢,生产和资本集中的速度和程度大大落后于美国和德国,特别是英国的棉纺织业设备陈旧、技术落后、企业规模较小,垄断组织主要出现在生产和资本比较集中的棉线业和染整业。棉线业方面,1890年成立了科茨公司,1892年该公司联合15家同类公司组成"英国缝线公司"。1900年,99家染纱业通过联合组织和企业合并,组成"漂白业联合组织"。英国的煤炭和冶铁工业中,垄断程度也远低于美、德,中小煤矿占优势。

与工业资本的情形相反,英国银行资本的集中和垄断程度超过美、德。由于长期处于世界金融中心地位,英国的银行业一直相当发达。除英格兰银行是股份银行外,一般都是合伙银行,资本数量有限,很少设立分行和办事处。19世纪中叶起出现很多股份银行,70年代后中小银行不断被股份银行吞并。1865—1885年间平均每年有5家银行被合并。80年代中期,英格兰和威尔士的银行体系中包含有股份银行120家和各种不同的私营银行约250家,1900年只剩下98家,其中资本额在100万英镑以下的银行74家。20世纪初,除具有中央银行性质的英格兰银行外,英国形成银行"五巨头",它们是:米德兰银行、威斯敏斯特银行、劳埃德银行、巴克莱银行和国民地方银行。1900年,5家银行拥有全国存款的27％。它们在国内各地设立许多分支机构,吸收了大量资本和分散的存款,垄断了金融事业。

英国银行业发达,规模大,与美、德及欧陆各国银行不同,英国的银行大部分是商业银行(或称存款银行),主要不是办理与国内工业生产有关的业务,而是办理与外贸、对外投资有关的业务。商业银行的发展与英国对外贸易的发展、资本输出的增长和殖民地的扩张联系在一起。长期以来,银行一般不参与对国内工业的长期投资,有时提供一些短期信贷,工业资本的资金主要靠发行股票解决。世纪之交时,英国银行资本和工业资本的联系和结合开始加强,形成财政资本,出现一些财政寡头,操纵国民经济各部门,控制国家政治权力。

资本输出与"殖民帝国主义"的形成 19世纪末,资本输出取代商品输出并逐渐占据主导地位,成为资本主义向垄断阶段过渡时期产生的新经济现象。英国是最早进行资本输出的国家。19世纪上半叶工业革命接近完成时,国内积累了相当的资本。机器出口和新技术禁令的解除,推动了资本输出。于是,英国企业主积极地在欧洲各国承接铁路建筑合同,或将资金投入美洲铁路建设。与此同时,英国人口继续流向美国和澳洲,其中一部分人随身携带资金,直接投资于工矿企业。1850年英国在海外投资已达3亿英镑左右,70年代以后猛增,1885年时约为13亿英镑,1913年时更高达40亿英镑。

英国资本输出的主要对象是在海外殖民地和半殖民地以及美国。在亚洲,主要投向其殖民地印度,进行大规模的铁路投资。1850年几家私人铁路公司开始在印度兴建铁路。70年代起印度殖民政府发行铁路债券筹集资金,英资购买了其中的大部分,每年可获取巨额利息和年金,仅1901—1902年就达642万英镑。此外,英国金融资本在印度创立了许多控制印度工矿和种植园投资形式的垄断组织——"经理行"。借助这种代理英资在印度进行投资活动的组织,兴办采矿业和原料加工业,逐渐控制煤炭、锰矿和黄麻生产;继将资本触角伸向印度茶叶、橡胶种植园等领域,藉此掌握印度的经济命脉,榨取人民的血汗。20世纪初年英国先后组建了英荷壳牌石油公司(1907)和英伊(朗)石油公司(1909),垄断亚洲市场。在非洲,英国资本主要投向黄金、钻石、铜、锡矿业的开采以及铁路的建设。早在90年代,英国就在南非建立开采金矿和金刚石的垄断公司,其中最大的德·比埃尔金刚石开采公司,一度生产了占世界产量90％的金刚石。在美洲,外国人在美国的投资1869年时达近3亿英镑,其中绝大部分为英国资本。英资在拉美独立战争后即取得优势地位,1880—1913年间又增加了4.6倍,达10亿英镑,占外国资本总额的53％。其中主要投向铁路、公用事业和采矿业等部门。

资本的输出带动了银行业的发展。19世纪末英国在海外营业的银行共有25家,并在各地设立了很多分行。各殖民地设立的银行机构更多,1904年共有50个殖民地银行和2279

个分行；到 1910 年殖民地银行增至 72 个，分行达 5449 个。麦加利、汇丰等都是拥有相当实力的殖民地银行，控制了当地的金融、外汇市场和进出口贸易。

资本输出给英国资产阶级和国家带来了好处，大量利润流回英国，弥补了对外贸易方面的入超。1870 年英国的贸易逆差即达 5290 万英镑，1913 年更高达 13370 万英镑。海外投资的收益抵消了英国有形贸易的逆差。1913 年英国资本从拉美获得的纯利润达 4700 万英镑。资本的大量输出也给英国带来了很大的消极后果，影响了国内投资，国内新兴工业往往得不到足够资金。传统工业部门由于廉价原料的供应，其产品在国际市场仍保持很大竞争力，由此影响了这些工业部门的技术革新进程和整个工业的发展速度。在海外发展起来的工业，往往成为英国国内工业在国家市场上的竞争者，成为英国工业发展停滞的重要原因之一。高厚的资本投资利率的吸引，在英国国内产生了为数高达百万的食利者阶层，他们专靠剪息票过着奢侈的寄生生活，成了国内的一股腐朽力量，也是英国垄断资本寄生性的表现。

19 世纪 70 年代以后，西方列强掀起了瓜分世界领土的新狂潮。英国是这股狂潮的最先发动者和最大受益者。19 世纪末，英国是世界上最大的殖民帝国，海外殖民地的面积超过任何列强。1876 年，英国殖民地领土面积为 2250 万平方公里，殖民地人口 2.52 亿；到 1914 年殖民地人口达 4 亿。1876 年，英国本土的面积仅 24.4 万平方公里，是殖民地面积的 1/92；同年本土人口 2970 万，为殖民地人口的 1/8。由于拥有的殖民地遍布全世界，英国获得了"日不落"帝国的称号；由于殖民地日益成为丧失世界工业垄断地位之后英国的生命线，对于英国经济的发展越来越具有决定性的意义，因而可以恰如其分地称英国为"殖民帝国主义"。

三、改革浪潮的再起

社会矛盾的激化和两党政治的刷新 19 世纪末年，英国在国际上拥有着"殖民帝国"的庞大形象，但其内部则是矛盾重重。由于经济的缓慢发展，世界工业垄断地位的丧失，英国资产阶级在世界市场上受到新兴资本主义国家的有力排挤，蒙受了巨大的利益损失。为追求利润，英国资本家转而加强国内的剥削，下层人民的处境日益恶化。与之相伴，工人运动出现了新气象，社会主义运动复活，马克思主义理论得到进一步传播，对现实社会的不满、批判乃至否定的呼声高涨。另一方面，英国政治民主化的长远任务未完成，中小资产阶级参政议政的愿望在新的历史条件下越来越迫切。随着经济的集中和垄断趋势的加强，广大的中小资产阶级与资产阶级中的上层——大垄断资产阶级的矛盾和冲突也日益显现。总之，工业化、城市化、垄断化带来的复杂社会难题，推动了英国社会的变革。

英国是最早实行两党制度的国家，早在 17 世纪革命期间，便出现了所谓"托利党"和"辉格党"，但这并非两党制度的最终确立。随着第一次工业革命的完成，英国工业资产阶级的经济实力日益壮大，参政议政的呼声高涨，1832 年的议会改革，部分地满足了他们的愿望，1867 年的改革确保了新兴的工业资产阶级排斥土地贵族的势力而成为议会中的主体。与此同时，原两党构成发生变化，托利党逐渐演变为代表经营资本主义地产的贵族集团利益的保守党，辉格党则成为代表主张自由贸易的新兴工业资本家集团利益的自由党。

19 世纪最后 30 年间,自由党和保守党两党轮流执政。1868 年以后,自由党 5 次组阁,其中党魁格莱斯顿(1809—1898)4 次出任内阁首相;其余时间里,保守党党魁迪斯雷利(1804—1881)等执政。保守党以资产阶级化的大地主为主要支柱,部分地代表金融资产阶级利益。自由党主要代表工业资产阶级和金融寡头的利益,也在一定程度上反映部分资产阶级化地主的要求。两党无阶级差别,在对待工人的态度上一致,主张用微小的改革缓和工人斗争。由于分别代表资产阶级内部不同集团的利益,因而纲领有些差异:经济政策上,保守党强调国家干预经济,反对自由贸易,自由党则极力主张自由贸易。对外政策上,保守党人主张赤裸裸的掠夺性殖民扩张,自由党人相对小心谨慎,力图掩饰英国殖民扩张的掠夺性。但两党所奉行的殖民扩张政策的实质完全一致。

格莱斯顿

大规模的社会改革 为化解 19 世纪末年英国社会日益尖锐的矛盾,两党领导的政府在政治、经济、军事、社会文化诸领域进行了一系列的调整和改革。其主要措施包括:

进一步剥夺贵族在地方的特权,加强对地方政权的控制。历史上英国形成了地方自治的传统,郡治安法官垄断了行政、警察与司法大权,郡下各区之政务也都由国教教会僧侣及贵族借助区评议会垄断,因此地方自治实为贵族垄断政治。1872 年英国创设内政部,监督地方自治机关的活动。1888 年推行郡地方自治机关的改革,将郡的行政警察权力从治安法官手中转移到由富人选出的郡务会议,治安法官只保留处理诉讼的职权。1894 年实行郡下区的改革,由地方纳税人选出的区务会议取代区评议会,从而剥夺了地方贵族及国教僧侣的权力。

推进文官制度改革,扩大文官考试选拔人才的范围,以便彻底革除官员录用中的腐败现象。1870 年 6 月,格莱斯顿政府颁布法令,宣称政府官员分为两大类:具有特别智力的高级文官和例行公事的低级文官,两类文官都须通过考试根据才能任命或晋升。前者通常从大学毕业生中选拔,其中大多数应该毕业于牛津大学和剑桥大学,是政府中的高级行政官员;后者是执行具体工作事务的公务员,但要具有中等教育水平方可通过考试被录用。由于 1867 年议会改革后工业资产阶级已确立了在议会中的统治地位,因而本次改革未遇多大阻力。信奉"功利主义"学说的英国工业资产阶级期望建立一个高效、廉洁的政府,认为原有的文官制度违背"自由竞争"和"机会均等"原则。文官制度改革的推行,是英国工业资产阶级在上层建筑领域内反对封建势力和保守势力的巨大胜利,适应了资本主义发展新阶段资产阶级的新要求,保证了国家政局的稳定和政策的连贯性,一定程度上扩大了民主,对英国自身以及欧陆国家、美国、日本等产生了深远影响。

推行教育改革,加强教育普及。英国政府长期忽视公共教育,学校为教会所控制,国民教育很不普及,落后于他国。19 世纪 70 年代 430 万英国儿童中有 200 万不能享受到学校教育。50年代起,英国开始酝酿教育制度改革,70年代教育改革获得新的动力:一是教育部门内部的混乱和弊端日益显现,必须迅速加以调整;二是文官制度改革确立了"竞争考试"、"择优录取"的原则,教育必须进行相应改革以满足文官改革的需要;三是随着议会制的完善,选举权的普及,必须相应提高选民的文化素质;四是第二次科技革命和工业革命的兴起与蓬勃发展,使得人们越来越认识到科技、文化、教育的重要性。凡此种种,推动了教育改革的开展。

1870年,英国政府颁布第一个《教育法》,确立了几项原则:所有5—13岁儿童必须入学接受教育;全国分成若干学区,各区设立教育局,地方主管教育的机构由选举产生;强制征收地方税以充教育经费。法案同时规定,在私立学校不够普及的学区,举办政府资助的世俗初等学校,经费由国家、地方税及学生父母三方承担。贫困地区特设免费学校,任何地区生活困难的学生可由教育局代缴学费。该《教育法》标志着教会与私人对教育控制的削弱,奠定了英国初等教育的基础。1876年,迪斯雷利政府颁布一项新法案,将强制义务教育推进一步,规定父母有义务送子女入学,接受读、写、算方面的初等教育,若未履行该义务必须受到处罚。1899年,保守党索尔兹伯里政府颁布第三个教育法令,授权郡或市议会出资建立技术学校。初等教育的改革取得了相当大的成效,到1900年接受初等教育的儿童已达到80%。

与此同时,教育改革在高等教育层次也取得成果。牛津大学和剑桥大学取消了宗教宣誓,开始接纳天主教徒、犹太教徒和其他非国教徒入学。这一措施,使得英国摆脱了国教的控制,促进了高等教育事业的发展,确保了政府能够从牛津、剑桥等大学中录用最优秀的高级文官。1870年以后,为适应工业发展对技术、机械、工艺等的需要,英国还新建了很多大学或学院。1880年伯明翰学院创立;次年,曼彻斯特、利兹和利物浦的各学院合并组建联合制的维多利亚大学;1893年又由三个学院联合为威尔士大学。

推进议会制度改革。1872年,格莱斯顿内阁时期,议会通过投票法案,确立了秘密投票制,一定程度上保证了选举的自由。1880年格莱斯顿再次组阁后,致力于第三次议会改革。1883年公布的《取缔选举舞弊法》,规定选举费用实行限额以及选举中的舞弊行为必须遭受的刑罚。1884年颁布《人民代表法》,将1867年选举法中所规定的城镇居民的选举资格应用到郡;第二年,议会通过《议席重新分配法》,规定根据城市居民多寡重新分配议席,使得议会选举接近于均等代表制原则。同时还规定实行单人选区原则。[①] 1884年的第三次议会选举权改革,旨在破坏保守党人在农村中的影响。法案规定:除地主及租地人之外,在农村区域,凡年出10镑以上房租的人也获得选举权,从而将选民人数从250万扩增至450万。选举权扩大到小农及部分农业工人,但仆人、依靠父母生活的男子、妇女无选举权。

推行军事改革,加强镇压职能。1870—1872年间,在陆军大臣卡德韦尔的主持下,推行了一系列改革措施,包括:调整军事组织,确立陆军部和陆军大臣的最高指挥权;延长兵役年限,新兵各服现役和预备役6年;废除购买军职制度,剥夺土地贵族的军事特权,量才提拔军官;将全国划为几个军区,增加国内驻军数量。

---

① 王觉非主编:《近代英国史》,南京:南京大学出版社,1997年版,第636-637页。

司法制度的改革。中世纪以来,英国即确立了法治的传统,但是司法机构不统一,诉讼程序复杂。尤其是涉及民事案件时,起诉人必须就同一个问题在普通法庭和衡平法庭同时起诉,这种双轨制越来越不适应工业时代的需要。1873年,英国政府颁布《司法条例》,废除普通法庭和衡平法庭,代之以单一的最高法庭,统一并大大简化了诉讼程序,从而把古老的双轨法制改造成顺应时势要求的现代司法制度。

社会经济方面的改革措施包括:放松对工会及其活动的限制。英国工会自1825年即取得合法地位,但其各种活动受到诸多限制。1871年自由党人格莱斯顿为争取工人的支持取消了一些限制,但在企业主要求下保留一条规定:凡与工贼斗争的人皆处以徒刑,且禁止在罢工的工厂企业周围设置罢工纠察队。1875年,在工会支持下上台的保守党迪斯雷利政府取消了关于"禁止设置纠察队"的条文,允许进行和平纠察,但禁止采用恫吓手段,违者处以罚款。还颁布《企业主和工人法》,取代古老的、不平等的《主仆法》,《主仆法》规定:工人随便离开工作要被判坐牢,而企业主在雇佣合同期满之前解雇工人只需交纳一些罚款,而且只有雇主才能在法庭上当证人。

加强社会立法,注重解决突出的社会问题。1890年保守党政府促使议会通过《工匠住宅法案》,授权地方当局改造贫民窟,改善工人居住条件。1892年在商业部下设劳动局,负责搜集有关劳工生活状况的资料以供改革参考。1897年颁布《工人赔偿法案》,工厂主有责任对负伤工人进行赔偿。1899年议会通过《防止虐待儿童法案》,禁止使用10岁以下儿童当工人,违者以犯罪论处。缩短女工劳动时间至12小时,其中1.5小时用于就餐。

1872年保守党人在竞选中提出加强公共卫生的口号,1875年议会通过《公共卫生法案》,规定建立地方健康管理制度,由市政当局负责,由此建立起了世界上第一个公共卫生体系。

殖民侵略与海外扩张　随着世界工业霸权地位的丧失,英国经济越来越依赖于国外市场。相应地,英国资产阶级越来越意识到开拓海外市场、夺取海外殖民地的重要性。与此同时,国内尖锐的社会矛盾,也迫使统治阶级力图通过扩张殖民地掠夺巨额利润,收买和分化工人阶级,以稳定国内秩序。如前所述,19世纪末年,英国两党在对外政策上几无实质性差别,不管自由党还是保守党,都奉行着加强殖民扩张的方针。

1874年,第二次出任首相的保守党人迪斯雷利雄心勃勃地宣称:"英国不仅是一个欧洲国家,而且首先是世界帝国的枢纽;英国不应当'陷于'欧洲事务,同时应当积极干预欧洲和全世界的事务。"这一外交方针政策,得到了英国资产阶级的普遍欢迎。

1875年,埃及发生财政危机,迪斯雷利乘机动用银行贷款,购买了苏伊士运河45％的股票,使得英国取得对苏伊士运河的控制权。占有这条东西海上交通命脉,不仅保护了英国在印度和亚洲的利益,也为进一步侵占埃及铺平了道路。1876年,英国议会通过《皇家权利法》,授予英国维多利亚女王"印度女皇"的称号。1878年元旦,在印度首都德里举行加冕典礼,迫使印度各王公承认英女王为印度最高君主。印度是英国最大的商品销售市场和投资场所,也是英国侵占和统治亚洲的据点,在英殖民帝国中的地位举足轻重。毫无疑问,此举意在加强英国对印度的殖民统治，维护大英帝国的统治秩序。为维护其在土耳其的利益，遏制俄国在巴尔干的扩张，英国还于1876年派军舰进入达达尼尔海峡。当土耳其战败、俄国攫取大量利益之后，英国连忙拉拢奥匈帝国、德国出面干涉，并最终通过1878年柏林国际会议，迫使俄国作出较大让步。借此，英国与土耳其签约，兼并了地中海东部的战略要地塞浦路斯。保守党还积极向伊朗和阿富汗等国扩张，在南非与土著居民祖鲁人交战。

大规模的海外军事侵略活动，给英国带来了巨额的预算赤字，保守党人于是想要通过提高所得税以取得预算平衡，结果招致了资产阶级的不满。在1880年的大选中，自由党获得胜利。

在对外扩张政策方面，自由党人继承了保守党政府的衣钵。1881年对阿富汗进行新的武装干涉。1882年炮击亚历山大港，占领埃及，把埃及并入英帝国版图，并积极镇压苏丹马赫迪运动。其后上台的保守党政府完成了对苏丹的征服，发动英布战争，吞并了南非布尔人的两个国家——德兰士瓦共和国和奥伦治共和国。

第四节　持续进步的法国

一、经济的渐进发展与工业化

经济的渐进发展及其根源　19世纪下半叶，法国经济的发展呈现出快速增长——停滞——复苏的变动轨迹。第二帝国时期是法国经济的快速增长时期；第二帝国末期至1895年，经济发展减速，表露出停滞的迹象；但1896年以后，又由停滞转向复苏，开始恢复生机，步入经济发展的所谓"美好时代"。总体上，法国经济的发展较之美、德显得相对缓慢，呈现出渐进的特征。19世纪中叶，法国工业总产量占世界第二位，仅次于英国；但到了80年代，退居第四位，落后于美国、德国和英国。法国在世界工业生产中所占比重的变化情况如下：1860年占16%；1870年占10%；80年代上半期占9%；90年代后期仅占7%。法国经济的渐进发展是诸多因素交互作用的结果。

1860年的《英法通商条约》及随后法国与欧洲他国达成的条约，规定实行自由贸易，彼此给予对方最惠国待遇，对进出口商品减税或免税，给法国经济带来极大冲击，产生了极其严重的后果。突出表现为外贸连年逆差，工业品出口增长趋缓，进口产品激增，农产品受到的打击尤其沉重。

普法战争失败后的割地赔款给经济带来了消极后果。条约规定法国赔偿德国50亿金法郎，并负担驻扎在法国领土上的德军费用，两者累计达110亿法郎。尽管法国于1873年3月提前一年偿清了战争赔款，但巨额赔款无疑影响了国内投资。法国割让的阿尔萨斯和洛林两省工业化程度最高，阿尔萨斯是棉纺织业中心，集中了全法1/3的棉纺织生产能力，还是机械制造（纺织机械、蒸汽机、铁路器械等）的主要中心之一。

农业的衰退制约了整个国民经济的发展。法国是个农业国，农业举足轻重，但19世纪后期由于受到外国农产品倾销的影响,农业呈现倒退、萧条趋势,价格下跌,产量下降。

政治传统的制约及经济结构上的缺陷。法国一向倾向于金融贵族和土地贵族,对中小企业采取保护措施。结果工业中存在着比重过大的小型企业,阻碍了新技术和新装备的采用。据1906年的统计,法国10人以下的小企业占企业总数的93％以上;而100人以上的大型企业不到总数的8％。小农经济在法国也占优势。1882年,1公顷以上的土地经营单位为350万个,其中75％为1—10公顷土地的经营者,占全国农业土地面积的25％;经营10—40公顷土地的经营者占20％,占耕地面积的30％;40公顷以上土地的经营者人数仅为4％,但面积却达45％。[①] 1893年,拥有耕地不足5公顷的400万农户,占总农户的71％。19世纪末法国农业人口占总数的61％,小农抵押债务增到250亿法郎。小农的大量存在和贫困,阻碍了农业机器和新农艺的推广应用,从国内市场、工业原料、资金积累诸方面限制了工业的发展。

金融资本、高利贷资本的片面发展,削弱了工业资本。为攫取高额利润,法国资本家宁愿把大量资本向外输出,也不愿投资于本国工业,更换陈旧的设备机器。19世纪90年代,法国资本输出达到200亿法郎,3倍于投在本国的资本。在世界范围内,法国的资本输出居第二位,仅次于英国。大量的资本输出,延缓了国内工业的发展速度。

人口的缓慢乃至负增长,给经济的发展带来了负面效应。整个19世纪法国人口增长呈减速趋势,出生率下降,死亡率却维持较高水平,结果人口的自然增殖缓慢。1861—1865年间,人口每年净增14万多;1881—1885年间,每年净增9万多;1891—1895年间,人口出现负增长,死亡人数超过出生人数,平均每年减少300人。这一特点,加上法国人口的老化,影响到民族活力和劳动力市场的供需平衡。为解决劳动力缺乏,政府采取吸引移民的政策,19世纪下半叶从法国的周边国家移居者占法国人口的2％以上,数量到80年代逾百万。

19世纪法国动荡不安的政局,也无疑影响到经济的发展。这一点后文将述及。

工业化的推进及其特点 19世纪末的法国经济虽然总体上缓慢地发展着,但生产总量不断增长,工业生产集中逐渐形成,经济生活中的其他一些新现象也开始出现。特别是1896年以后法国经济由长期的徘徊不前一变而为奇迹般地奋起,这一良好势头大大加速了法国的工业化进程。

19世纪晚期法国工业出现了一些结构性的变化。由于经济困难和竞争的加剧,企业开始注重技术改造和生产结构优化,转产投资于新兴产业。在新技术革命推动下,新兴工业获得较快发展。汽车工业90年代起步后进展神速,标致(Peugeot)工厂早期生产各种金属制品,后改造为自行车厂,再转而生产汽车;雷诺汽车厂1898年拥有6名工人;1900年汽车制造商累计达30家。一战前夕法国成为世界第二大汽车生产国和第一大汽车出口国。电力工业也应运而生,1893年美国一家公司在法国设立子公司——汤姆逊-胡斯顿公司,1898年法国电气总公司建立。阿尔卑斯地区最早发展了水电,出现一批使用水电的冶金、化学和造纸

[①] 楼均信主编:《法兰西第三共和国兴衰史》,北京:人民出版社,1996年版,第70页。

工业。电力工业带动了电化学和电冶金行业的发展,如制铝工业。新兴工业的发展推动了其他工业部门,刺激了19世纪末法国经济的振兴。汽车工业带动了钢、铝、玻璃、橡胶行业,水电发展促进了机电行业、建筑业、公共工程建设。因此,尽管有1896年以前的经济萧条,法国工业产量仍大有增长。

伴随着工业的发展,企业间的竞争加剧。80年代起,法国中小企业数量减少,生产集中程度加强。冶金业中首先出现了垄断,1877年成立的龙维辛迪加联合了全国13个最大的铸铁企业,1887年出现的西克列达辛迪加垄断了全世界铜销售量的30%。到20世纪初,重工业和新兴工业部门的垄断程度进一步加强,冶金行业中施耐德不仅生产钢铁,还生产铁路和公用事业设施、军火和工业机械。温代尔以洛林为大本营,控制了法国、比利时和卢森堡的铁以及荷兰的煤,成为名副其实的"钢铁大王"。化学工业中佩施内等三巨头控制了整个行业,雷诺和标致几乎垄断了汽车工业。总体而言,19世纪后期法国大企业的发展程度有限,未能改变中小企业占优势的格局,通常情况是垄断化的大企业与中小企业共处,新兴工业与传统工业并存。传统工业部门多以中小企业为主,如食品行业、织物加工、木材加工、建筑、公共建设、毛皮加工、采石、印刷等等。冶金、采矿业中大企业占绝对优势,80%以上的工人在500人以上的特大型企业工作。

为推进经济的发展,法国政府有意识地加强对交通运输业的干预。1877年起,公共工程部全力发展交通运输业,包括建筑乡村铁路、疏浚河道、开凿运河、港口建设、完善水陆航运体系。城市交通方面,致力于公共交通工具的电气化和机械化,并着手修建地铁。公共马车以及牲畜牵引的有轨车,在第三共和国初期仍然占主导地位。1890年以后,有轨车逐渐电气化,与公共马车平分天下。一战前夕公共马车也逐渐为公共汽车所替代。地铁建设颇经周折,1900年巴黎建成第一条地铁线。

法国在工业化过程中主要凭借本国市场的开拓,同时也试图打进国际市场,但后者不够成功。19世纪70年代起,快速增长的出口骤然下降,1875—1895年出口增长速度仅为0.86%,此后有所回升,但速度仍然低于19世纪前半期,也低于其他工业化国家的增长速度。结果在世界出口中所占份额下降,1860年左右法国出口几乎占欧洲出口份额的60%,占世界出口的12.8%,到1913年分别下降为12.6%和7.2%。与此相反,法国进口增长迅速,1876年起贸易逆差司空见惯,只是由于资本输出的收益和对外服务性收益才能维持收支平衡。

法国工业化水平总体上不高,原因是多方面的,其中之一是农业的萎缩对工业化产生了一定的制约作用。1882—1892年间,法国的葡萄种植面积减少了近40万公顷,产量几乎减少过半。从1880年起,从外国进口酒。粮食受到国际市场的冲击,生产过剩,价格下跌,1860—1895年间小麦价格下跌了45%,小麦播种面积由1885年的695.7万公顷减少到1900年的686.4万公顷。由于政府采取种种保护措施(包括关税、价格、信贷、技术等),1895年以后出现回升。农业中的小土地占有也是一个不利的因素。

尽管如此,工业化还是给法国的乡村社会带来了相当大的变化。农业中机械化程度有所提高,播种机、收割机、脱粒机增加,化肥消费由1890年的80万吨上升至1900年的160万吨。农业的专业化、市场化也明显加强,地中海沿岸以种植蔬菜和鲜花为主,西北部侧重畜牧业和甜菜业,北部以小麦为中心,南部主要种植葡萄。工业化过程中虽然没有出现大规模的持续高涨的农村流向城市的移民潮,但农村人口移入城市的过程不间断地进行着,并呈现出阶段性和周期性特点。1876—1885年间,流入城市的乡村人口高达127万;1896年以后工商业高涨,城市吸引力大增,农村劳动力过剩,形成第二次移民高潮,迁往城市的农村人口达67万。1866年,乡村人口占全国人口的62.5%,到1901年下降至59%。

1865—1874年,农业在物质资料生产中的比重为46.9%,工业和手工业占53.1%;1895—1904年,分别为39.2%和60.8%。虽然农业的生产比重略低于工业和手工业,但由于法国手工业中有相当一部分属于乡村手工业,因而乡村的生产仍然占有重要地位。乡村人口也仍然占法国人口的大多数,法国仍然是个农业社会。

二、高利贷资本与"食利国"

银行资本的发展和集中超过工业资本,是法国经济的显著特征之一。

法国的金融现代化始于第二帝国时期。旧式银行多以家族资本为基础,第三共和国时期股份制银行继续出现,1872年成立的巴黎荷兰银行很快成为法国最强大的金融集团,并在国外开设分行。1875年成立的东方汇理银行,势力扩展到亚洲许多国家,成为殖民侵略的工具。1901年开办了法国工商银行和西非银行。这些银行连同第二帝国时期成立的里昂信贷银行、巴黎贴现银行(1889年更名为巴黎国民贴现银行)、兴业银行、工商信贷银行等,构成新的银行网络。1874年,巴黎以家族资本为主的私人银行联合组成巴黎银行(1904年更名为巴黎联合银行),标志着银行业集中和垄断进程的开始。兴业、里昂等大银行也不失时机地将势力从巴黎扩展至全国各地,建立分行。到20世纪,这些银行垄断了法国的金融业。

为了稳妥地攫取高额垄断利润,也为了外交斗争的需要,法国银行家每每总是将集聚起来的巨额资本输往国外,少部分投向国内的工农业生产。输往国外的资本也不直接投资工商业,而往往以借贷资本的方式出现,1890年共输出资本200亿法郎,1902年增加至270亿至370亿法郎。法国的资本输出仅次于英国,居世界第二,主要投向欧洲,尤其是俄国,资本输出带有明显的政治目的。

借贷资本的发放为法国带来了巨额的利息收入,单此一项每年至少可获得17亿法郎,最高时利息年收入达30亿法郎。放高利贷有利可图,大资本家乐此不疲,广大的中小资产阶级也常常将款项存入银行或者购买股票债券以攫取高利收入。由此全国形成一个庞大的靠剪息票为生的食利阶层,一战前夕该阶层为数达200万之众,连同家属约500万人,占全国人口的1/8。作为典型的食利国,法国明显地表现出"帝国主义的寄生性和腐朽性",所以列宁称之为"高利贷帝国主义"。

金融资本的不成熟构成了法国的又一特点。银行资本与工业资本的融合在法国表现得不充分,20世纪初还处于这一过程的起始阶段。法国的银行资本相对而言保持着很大的独立性,自第二帝国时期起一些新兴银行雄心勃勃地试图投资于工业,但其努力屡屡受挫,尤其1882年涉足工商业较深的银行"通用联合会"倒闭,促使许多银行相继退出工商业经营活动。此后法国银行越来越多地成为较少染指工商业的存款银行,工业投资较少,不参与企业事务,甚至不提供中长期贷款,里昂信贷银行、巴黎国民贴现银行、兴业银行、工商信贷银行等都是如此。20世纪初,一些工业巨头插手银行事务,如施耐德家族在1904年建立的巴黎联合银行中占有重要地位。巴黎的一些工商银行以及里尔、里昂、马赛、南锡等地方银行则积极参与工业投资,金融资本有所发展。法国金融资本的不成熟性,反映了法国经济发展的相对滞后。

三、共和制的确立及内外政策

共和制与帝制的较量 1789年以来,法国人民争取共和制的斗争历经反复。巴黎公社失败后,法国政局动荡,各派政治力量围绕共和制与帝制的政权形式问题反复较量。保皇党人跃跃欲试,准备恢复帝制,在其周围集中了拥护波旁王朝的正统派、拥护奥尔良王朝的奥尔良派以及波拿巴派,他们占有国民议会的多数,分别推出自己的王位代表人物,但内部互相倾轧,意见分歧。工农群众坚决反对帝制,拥护共和政体。结果迫使国民议会推出奥尔良派分子、镇压巴黎公社的刽子手梯也尔担任总统。梯也尔也想恢复帝制,但害怕巴黎公社革命重演,不敢骤然废除共和制,不得不容忍建立一个"没有共和派的共和国"。梯也尔执政时期,疯狂破坏"国际工人协会"组织,野蛮屠杀巴黎公社战士,查封工会组织,取消出版、结社自由,全国笼罩在白色恐怖之中。

1872—1873年补选议员,共和派在人民群众支持下赢得巨大胜利,新补选的150名议员中共和党人占128人。保皇党人惶恐不安,1873年5月迫使梯也尔辞职,顽固的保皇党人麦克马洪(1808—1893)继任总统,直接着手恢复帝制,定制了迎接国王的轿式马车,缝制了国王的礼服,准备发动政变,迎接正统派亨利五世登基。然而,广大的工农群众及士兵强烈反对帝制,资产阶级共和派也赞成共和制,结果他们不得不放弃政变阴谋。1875年1月,国民议会以一票多数通过了法兰西第三共和国宪法,从此共和政体在法律上得以确立。

1875年宪法规定:总统任期7年,由两院联席会议选举,可连选连任;拥有统帅军队、签约、任免高级文武官员、实行大赦等权力;经众议院同意有权任命内阁,经参议院同意,有权解散众议院。议会采取两院制,众议院普选产生,4年改选一次,内阁对参议院负责;参议院间接选举产生,有权复议和批准众议院通过的法律。总统权力和参议院权力很大,是保皇派和资产阶级共和派妥协的产物。

共和制度的巩固与发展 共和政体并未因1875年宪法的颁布而自然巩固。保皇党人麦克马洪盘踞在总统职位上,保皇党集团在参议院占多数,共和派控制众议院。1877年麦克马洪宣布解散众议院,企图独裁,未能如愿,1879年1月被迫辞职。

1879—1899年的20年间,掌权的是资产阶级共和派当中的温和派,激进派成为执政党内部的反对派。激进派主张按照彻底的资产阶级民主精神修改宪法,取消参议院和总统之职,实行政教分离,征收累进制所得税,实行铁路、矿山国有以及其他社会立法。共和党政权不稳定,议会中资产阶级党派很多,相互间利害、冲突变幻莫测,时而勾结联合,时而分道扬镳。结果内阁变换频繁,政府危机接连不断,1873—1890年的17年间更换了34次内阁。"多党政治"严重削弱了共和政体的威信。

为巩固共和政体,共和派人士进行了顽强斗争。1879年6月,议会对1875年宪法进行重新审议,决定将政府和立法机构从凡尔赛迁回巴黎,定《马赛曲》为国歌,7月14日为国庆日。1884年议会再次审议宪法并作部分修改,规定"政府的共和形式"永远不得动摇,"凡曾统治过法国的家族成员不得当选为共和国总统",从法律上堵塞了君主派复辟的道路。同年部分参议员的终身制也被废除,确定全体参议员选举产生。还对军队、外交部、司法界和行政系统中顽固敌视共和制的分子进行了清洗,撤换省长甚至镇长。与此同时全面推行文官考试制度,到1885年左右,各行政机构在人员录用上普遍实行会考制度。

为巩固共和,系统、集中地进行了教育改革,核心是推行世俗教育,普及初等教育。法国素有"天主教会的长女"之称,尤其在文化教育领域,教会势力异常强大。剥夺教会拥有的教育大权,使社会摆脱中世纪沉重的遗产,既是"最大的社会改革",也是"最严肃、最艰巨的政治改革"。通过普及教育,法兰西民族的文化素质得到提高,文盲比率迅速下降。1870年,文盲在已婚男子中占26.8%,在已婚女子中占39.4%;1890年分别下降到8.7%和12.8%;1901年进一步降至4.4%和6.3%。

世俗化是教育改革的另一目标。为此采取了一系列措施:清除国民教育最高委员会和科学理事会中的天主教会成员,禁止私立机构拥有大学称号,将耶稣会会士逐出学校,解散未经许可的宗教团体,禁止未获授权的宗教团体办教育。1881年6月法案规定国立初等教育义务、免费、世俗化。还把享受中等教育的范围扩大到女青年。1882年3月的教育法进一步具体化,推行6—13岁少儿强制义务初等教育,废除教会对学校的监督权和教士担任教师的特权,取消神学课程,增设道德与公民教育课,把信仰领域和知识领域严格分开,宗教教育允许在教堂进行。① 还颁令取消了开会时的公众祈祷,1884年7月恢复《离婚法》,从此教会确认的婚姻关系并非神圣不可解除。

共和派还着力于资产阶级民主的健全。执政伊始,共和派就着手赦免巴黎公社战士,1879年9月1日,部分获赦的海外流放者乘船回到法国。1880年8月决定全面大赦公社战士。所颁布的集会、出版、组织团体自由的法令奠定了共和制的基础,弥补了1875年宪法只字不提公民基本人权之不足。

在政权的民主化方面,1882年3月法令规定除巴黎外,所有市长、镇长均不再由中央政府任命,改由市议会选举产生。1884年4月《市政法》规定市议会开会公开进行,增加透明度,虽然重要决定需经省长同意,但市议会有权对市政问题拿主意。1884年3月颁布的《工会合法化法》规定无需政府审批即可自由建立工会,从而最终废除了法国大革命时期制定的禁止工人结社的《霞不列法》。司法制度方面,中止了法官终身任职的权力,并进行清洗,建

---

① 详见[法]让-皮埃尔·阿泽马等:《法兰西第三共和国》,沈炼之等译,北京:商务印书馆,1994年版,第109-115页。

立起"世俗法官"体系。1885年,议会选举采用名单投票制。共和派还试图修改宪法,废除参议员的终身制,未有结果。

关于国民基本权利的立法方面,1881年6月的《集会自由法》规定可不执行《拿破仑法典》"禁止未经许可20人以上集会"的条文,只需事先作一声明即可。同年7月的《出版自由法》取消书报检查制度和预缴保证金制度,缩小了新闻犯罪的范围。

共和国面临新危机 1885年,执政的温和派遇到强烈挑战。挑战首先来自右翼的教权派和波拿巴派结成的"保守派同盟"。念念不忘复辟君主制的保皇党人宣称,自1789年以来没有一个政体的寿命超过18年,言下之意是第三共和国不久也将寿终正寝。天主教教权派对共和派制造"没有上帝的学校"恨之入骨。此外,共和派中的激进派对温和派的保守政策多有不满;期待报仇雪恨的民族沙文主义者对温和派的对德妥协退让深感失望;温和派内部也矛盾重重。1882年开始的工业经济危机以及世界性农业危机加剧了广大下层民众的生活困难,激化了社会矛盾。结果在这一年度的议会选举中,保守派得票率上升,温和派丧失绝对优势,激进派席位剧增。在此情形下,温和派先求助于激进派、后转而与保守势力妥协,寻求右翼中间派的支持,政局动荡,内阁更迭频繁,随后4年中更换了7届内阁,法国进入"危机迭起的年代"。

面对危机,温和派共和党人采取了一系列对策。针对财政困难和经济危机,主张节省开支,发行公债,并试图开征所得税和遗产税,结果引起资产阶级极度恐慌。对于大规模的工人罢工,软硬兼施。对于气焰嚣张的君主派,予以严厉打击。代表激进派出任陆军部长的布朗热(1837—1891)大力推进军队的共和化改革,并在国庆节举行盛大的阅兵式;清洗了一批高级军官以打击保皇势力;缩短兵役期,实行普遍义务兵役制,并取消教士等的豁免权及富家子弟交钱免服兵役的做法,同时加强军队的技术改造。

一波未平,一波又起。随后发生的一系列丑闻加剧了法国政局的动荡,使得共和国面临新的挑战与考验。

首先发生的是勋章丑闻。1887年9月,警方根据告发破获一起高级军官出卖官职和荣誉勋位团的十字勋章以获取金钱的勋章投机案,涉案者包括副参谋长卡法雷将军以及在职总统格雷维(1807—1891)的女婿众议员威尔逊(1840—1919)。10月份丑闻遭揭露,舆论哗然。虽然后来格雷维总统因受连累而辞职,但1888年2月法庭宣判威尔逊无罪,卡法雷将军也仅被处以3000法郎的罚款。此案充分暴露出温和派的腐朽。

勋章丑闻出现后,敌视议会制共和国的人不失时机地大做文章,掀起所谓"打倒贪污的共和国"的浪潮。共和党温和派政策也引起人民群众的一些不满,两股势力迅速汇合,形成规模空前的群众性的布朗热运动。前温和派内阁陆军部长布朗热借机抛出蛊惑人心的纲领,要求修改宪法,对德复仇,收复阿尔萨斯和洛林,得到资产阶级共和党激进派的支持。保皇党人则怂恿其发动军事政变,推翻共和制,复辟君主制。从1888年4月起,布朗热参加多个地方选区的议员补缺选举,一俟当选随即辞职以便参加其他选区的选举,借此分选区"跟公民直接对话","以多次普选的反复判决"来"证明国家腐败状态引起的反感"。8月19日,他在三处补缺选举中同时当选,举国为之震惊。翌年初,又在巴黎补缺选举中获得 24 万余张选票,大获全胜。在此基础上,他进而期望通过秋季的众议院选举合法夺取政权。一时共和国处于危急之中。为保证维护法定的秩序和共和国的尊严,资产阶级激进派与温和派联手采取措施予以反击。结果,布朗热派在秋季选举中惨败,仅获得 8.9% 的选票和 42 个席位。共和派占据 366 席。布朗热于选举前即已畏罪逃往比利时,并被缺席判处终身监禁,1891 年 9 月在布鲁塞尔自杀身亡。由此,保皇党人利用布朗热企图复辟的野心再次失败。如果说 1879 年标志着第三共和国的最终确立,那么 1889 年则标志着共和制在法国的不可逆转。议会制共和国走向成熟。

布朗热事件迫使激进派趋向温和,迫使其抛弃大部分激进纲领和主张,包括放弃修改宪法的一贯主张,使得共和派内部政见分歧缩小,议会立法、社会改革步伐加快。1889 年以前,没有一届议会通过 5 项以上的立法;而 1889—1893 年间,议会通过立法 15 项,1893—1898 年通过立法 17 项。1890 年,取消了作为第二帝国警察制度残余的"工人身份证"制度,颁布了有关矿场卫生和安全的规定,并设置工人代表监督执行,1893 年此规定扩大到所有工厂企业。1891 年开始缩短女工和童工的劳动时间,并着手草拟养老金方案。

布朗热事件刚刚平息,又揭发出巴拿马运河贪污丑闻,再次引起政治风潮。1879 年法国殖民主义者、开凿苏伊士运河的建筑师斐迪南·莱塞普(一译雷赛布,1805—1894)组织股份公司,开凿巴拿马运河。19 世纪 80 年代末公司发行 30 亿—40 亿法郎股票,渴望发财的小资产阶级争相抢购。1888 年公司被投机分子吞没和浪费大量钱财之后宣告破产,运河工程半途而废。在破产清理财产过程中,1892 年底和 1893 年初揭露出公司曾对许多政府要员、部长、议员行贿的秘密,但受贿者均被法院宣告无罪。巴拿马运河贪污案件这宗 19 世纪最大的舞弊事件震动了法国,充分暴露了资产阶级政府的腐败,使得法国民众开始对议会制失去信心。同时它也改变了法国资金投向,使得实业家信誉扫地,许多中小储户和银行家对政府和实业家抱怀疑态度,从此把资金转向储蓄或者购买各种普通证券、固定证券以代替实业投资,或者把资金投向国外,通过放债拿取优厚利息。

布朗热事件同时也使得很大一部分右翼势力改变了顽固敌视共和国的不妥协政策,其集中表现就是 19 世纪 90 年代初法国天主教会表示接受共和制的宪法,归顺共和国。到 1893 年众议院选举时,尽管有巴拿马丑闻的冲击,仍有 83% 的选票拥护现行体制,这样共和制度在思想观念上取得了前所未有的胜利。

再次是德雷福斯案件。德雷福斯(1859—1935)是犹太人,法国陆军参谋部上尉军官。1894 年法国陆军部发现有一个军官把军事秘密文件卖给德国驻巴黎武官。陆军参谋部的保皇党分子将这一罪名加在德雷福斯身上。共和党政府逮捕并判决其终身监禁,流放到法属圭亚那附近的魔鬼岛。保皇党借机煽动反犹太人运动,攻击共和国。1896 年真相大白,倒卖文件的不是德雷福斯,而是前任参谋部一保皇党人。但政府坚持错误,拒绝重审案件,引起群众不满。围绕此案件,形成两派:以保皇党为首的反动势力组成反德雷福斯派,坚持反犹太人运动,妄图实行政变,推翻共和,恢复帝制;以先进的工人和知识分子为代表的支持德雷福斯派,要求公布案件真相,立即释放无辜者。经过一番激烈斗争,民主力量终于战胜反动势力。1899年政府重新审理此案,宣判德雷福斯无罪释放。德雷福斯案件涉及的不只是一个军官有否犯罪的斗争,而是全国进步势力同军队和教权派的反动势力之间的决战,是那些相信《人权宣言》原则的民主人士同那些否认《人权宣言》原则的反民主人士之间的决战,是那些拥护共和政体的人同反对共和政体的人之间的决战。

以上事件集中反映出共和党温和派执政时期上层的贪污腐化及政局的动荡,可喜的是共和国经受住了考验。然而,围绕共和制的斗争并未终结,1902年起资产阶级激进派取代温和派执政。

对外政策与殖民扩张 普法战争使得欧陆霸主法国蒙受了奇耻大辱并在外交上陷于孤立,此后,法国舆论始终交织着渴望复仇和惧怕德国的双重心理。19世纪70年代法国从战争的废墟上复兴,1872年实行普遍义务兵役制,1873年提前偿清50亿法郎赔款,同年9月德国履约撤离法国,结束了对法6个省区的占领状态。法国的迅速复兴令德国担忧,君主派的麦克马洪就任法国总统也令德警觉。其时,法国教权主义猖獗,支持德国的天主教徒,颇令正在进行"文化斗争"的俾斯麦恼火。1873年8月,南锡主教公然号召为收复法国失土而祈祷,一个月后巴黎大主教也作出类似姿态。随后又有5名法国主教发表讲话支持阿尔萨斯-洛林天主教徒的要求。1875年达到顶点,这年德国借口法国议会通过改组军队议案一事制造了所谓"战争在望"危机,但在列强调处下平息。其后法、德都在一定程度上调整外交政策,双方紧张关系趋向松动。法国采取审慎外交,重点拉拢俄、英,力图摆脱被孤立之处境。

在殖民扩张政策问题上,被称为"殖民地党"的温和派认为法国无力对德复仇,争霸欧洲,应该力争向殖民地扩张,以弥补在欧洲大陆上的损失。因此,19世纪末法国政府积极支持、赞助包括探险在内的各种海外活动。80年代起法国开始发动殖民侵略战争。在非洲,1881年强占北非的突尼斯,因此与意大利反目为仇,并把西非的塞内加尔、上几内亚、刚果、象牙海岸变成自己的殖民地。东北非地区,除干预埃及外,还伙同英国瓜分索马里,在1896年建立起"法属索马里"。法国对于非洲最大的岛屿、战略要地马达加斯加觊觎已久,从80年代初开始武力征服,1890年分别与英、德达成瓜分东非协定,获得对该岛的独占权,1895年通过殖民战争取得对该岛的保护权。1896年法国议会通过法案宣布兼并马达加斯加及附属各岛屿为殖民地,此后实行高压军事统治。进入20世纪又先后占领摩洛哥、西非和赤道非洲。

在亚洲,法国完成了对柬埔寨、越南和老挝的占领,并以湄南河为界同英国划分了在泰国的势力范围。通过中法战争,法国打开中国西南门户,将侵略势力伸入云南和两广,1897年迫使清政府声明不割让海南岛给他国,1899年强租广州湾,从而实际上取得了对我国云南、广东、广西等省的控制权。1900年又参加八国联军血腥屠杀中国人民。

1871—1900年间,法国为其殖民帝国增加了350万平方英里土地和2600万人口,成为规模仅次于英国的世界第二大海外殖民帝国。1900年法国殖民地的面积超过本土20倍。法国因拥有庞大的殖民帝国而成为世界强国。1900年法国海军军舰达49.9万吨位,在世界上仅次于英国(106.5万吨位)。

第五节　崛起中的德国

一、中欧工业强国的崛起

经济迅猛发展的有利条件　在谈到德意志民族的崛起时,列宁曾一针见血地指出:"1871年产生了一个新的资本主义强国。"实现民族统一之后,德意志便以迅猛的势头步入资本主义强国的行列,19世纪七八十年代打下经济发展的坚实基础,90年代实现经济起飞,到世纪之交时一跃成为欧洲头号工业强国。

德意志的崛起离不开其独特的历史条件。民族的统一和帝国的产生,扫除了政治上的障碍。1871年威廉一世在凡尔赛宫镜厅加冕,标志着容克资产阶级联合专政的最终形成。从此,德意志民族长期分裂割据的局面一去不复返,德国作为统一的民族国家在中欧的地位大大加强,经济发展获得了安定的环境。中央集权制度的建立,强有力的国家政权推行有效的国内外政策,为德意志资本主义的发展提供了坚强后盾。随着全国性经济法规的颁行,经济上的分裂状态最终被彻底消除,国内市场趋向统一。所有这些,提供了资本主义自由、广泛、迅速发展的良好条件。

农业资本主义发展的"普鲁士式"道路起到了一定的积极作用。帝国的建立标志着普鲁士道路的最终完成。农业资本主义改造的完成,为经济起飞打下了雄厚基础。普鲁士道路促进了土地的高度集中,农业耕作技术提高,农业管理趋向合理,农业机械广泛采用,农产品加工业得到发展,加速了农业经营中工业化的进程。农业生产大规模发展起来,农业产量迅速增加,甜菜制糖业和马铃薯酿酒业成为农业经济两大支柱。农业的发展为工业提供了丰富的生活资料、生产资料、资金和充足的劳动力。

重工业尤其与军火生产有关的部门发展迅速,带动了其他产业的发展。德意志帝国的军事专制制度造成军费支出年年扩大,1879年后的20年间由4.3亿马克上升到9.3亿马克。巨额的支出直接导致了克虏伯、施图姆等军火企业的扩展,1870—1913年间,克虏伯工厂职工由7000人剧增至8万人。军事需要同样推动了铁路、海运业的迅速发展,铁路里程由1871年的2.1万公里增加到1914年的6.2万公里,轮船吨位同期由8.2万吨增至500多万吨。交通运输和军火工业的膨胀带动了钢铁、机械、冶炼等一系列重工业部门的发展。

出于军事上的需要,德国国家政权对经济的干预特别突出。政府制定了一系列的经济政策,设立铁路基金,对铁路进行严密监督,保护关税,建立中央银行为首的银行体系。国家干预是德意志资本主义发展的显著特点,也是它的重要原因。

重视教育科技的发展。政府重视并着力加强对教育的控制,颁布了一系列教育法令。19世纪70年代完成近代教育革命,实现了普遍义务教育制,从此接受教育如同服兵役一样被视为公民的基本义务,德意志民族的文化素质由此大为提高,全德文盲率由1865年的

5.52%下降到1895年的0.33%。此外调整中等教育体制,大力开展职业技术教育,改革高等教育,使之成为19世纪下半叶世界教育界瞩目的中心。与此同时国家还组建了许多科研机构,如国立物理研究所(1873)、国立化学研究所(1877)和国立机械研究所(1879)。

注重采用、推广科学技术上的最新成就。作为后发国家,德国的工业一开始便建立在电气基础之上,免却了投资更新的诸多拖累,使得其可以集中精力投资于电气、化工、炼钢、光学等最新科技部门,并占据遥遥领先的位置。值得关注的是,德国善于学习、引进国外先进科技,将其转化为生产力。19世纪的很多重大科技发明都是首先在英国开花,却率先在德国结果的。在学习、引进的过程中,德国形成了基础理论研究、应用科学研究与生产过程有机结合的机制,大大缩短了科技转化为生产力的周期。

普法战争的胜利给德意志经济的发展注入了直接的动力。战争为德国工业的发展获得了新的矿产资源、资金来源和工业基地。从法国掠得的阿尔萨斯和洛林不仅有150万居民,而且含有丰富的钾盐矿藏和铁矿。洛林铁矿与鲁尔煤田结合起来,构成德国发展工业的重要基地。1873年法国提前还清50亿法郎的战争赔款,德国借此雄厚资金巩固金本位制,偿还国债,顺利解决了工业化过程中的资金短缺问题。

德意志帝国奉行的稳健的均势外交政策,也为经济的发展营造了良好的国际环境。

新技术的开拓与工业革命的完成 德国是第二次工业革命的中心之一,不仅注意对旧工业部门的技术改造,而且特别注重开拓新生产技术和新兴工业。最具典型意义的是电力、化学、钢铁、光学等部门。

电力工业发轫于19世纪30—40年代电报的出现,扩展于60—70年代发电机和电动机的发明,完成于90年代远距离输电以及电力网的形成。这一过程虽是各国科学和生产力发展的结果,但德国占有领先地位。对德国电业的发展作出首屈一指贡献的,当推西门子。西门子还在任普鲁士炮兵军官时,就醉心于研究电力,并于1847年成功地在柏林至波茨坦之间架设了电报线路。1849年退伍后在柏林与人合作创办"电报机制所",不久成为欧洲颇有影响的电业企业。1866年在英国著名物理学家法拉第发现的电磁感应原理基础上,研究制作成大功率直流电机,从而首次完成了把机械能转化为电能的发明,开始了19世纪晚期的"强电"技术时代。

德国在化学工业方面也一直遥遥领先。化工作为纺织工业的辅助行业(如漂白、洗涤、染色等)早在18世纪已经出现,但化学工业作为新兴的工业部门出现于19世纪中期之后。1871年俄国科学家门捷列夫(1834—1907)首创元素周期律,奠定了化学研究的理论基础。19世纪最后30年德国发展为巨大的化工生产国。

化肥的主要贡献者是德国化学家李比希(1803—1873)。他认识到土壤性质与植物生产之间的关系,早在1840年便提出:植物从地下吸取养分,会逐渐造成地力枯竭,除施以厩肥外,必须补充适量的矿物肥料。所著《有机化学在农业和生理学中的应用》被视为该领域的经典,他本人也因此被誉为"有机化学之父"。农业化学研究为肥料工业开辟了途径,以之为理论指导,出现了氨肥、磷肥等产业。从此,化学工业开始摆脱附属地位,发展为新的生产部门。

染料是又一化工产品。随着炼钢业的发展,焦炭生产大增,剧臭的煤焦油成为负担。1856年,英国年轻化学家柏琴利用炼焦油首次合成苯胺染料,但英国由于可从殖民地获得天然植物染料,因而对发展人造染料漠不关心。德国则不失时机地利用了这一成果。在伦敦化学学院当教授的德国学者、李比希的学生霍夫曼1864年返回德国,先后在柏林、波恩从事化学染料的研究,为德国染料工业奠定了基础。第一家染料厂弗里德里希-拜耳公司染料厂,19世纪90年代已成为举世闻名的企业。1876年,卡洛使"真正的红色染料"茜素实现了工业化生产,两年后,哈鲍姆发明了酸性猩红染料。焦油染料工业的兴旺,推动了酸、碱以及其他无机副产品的生产。19世纪末年,德国的焦油染料完全取代了天然染料。1877年,德国占了世界合成染料产量的一半。染料的使用范围也逐渐扩大,除纺织外,皮革、油漆、皮毛、造纸、印刷等行业大量需要染料。

合成纤维的大发展是20世纪的事,但德国在19世纪晚期也已经开始研究和生产。1889年发明了人造丝,1892年发明了粘胶纤维。1899年,埃伯菲尔德的联合光丝股份有限公司开始从煤和石油中提炼生产人造丝。

德国在19世纪化学理论的研究和实验方面作出了杰出贡献,在世界化工工业中也一直独占鳌头。化工行业中的从业人员1875年为4.1万,1882年增加到5.7万,1895年跃升为9.7万。[①]

在"最能体现最新技术成就"的炼钢工业部门中,德国同样占尽先机。19世纪后半期炼钢工业刚开始兴起,但德国人充分认识到其对未来工业发展的巨大意义,捷足先登。克虏伯公司的兴起就是一例证。

1811年弗里德里希·克虏伯创建一个小熔铁炉,1826年老克虏伯去世,长子阿尔弗雷特·克虏伯继承父业,逐步把小企业发展成为一个铸钢厂。1851年在伦敦世界博览会上展出一件重达2100多公斤的铸钢块。1859年普鲁士政府一次订购300门野战炮。以后,克虏伯的钢材赢得世界盛誉。1862—1863年,建立了欧陆第一家酸性转炉钢厂。随着欧美诸国大规模地铺设铁路、制作蒸汽机、建造轮船、架设电信电缆、生产近代武器,对钢铁需要量激增,能够在8—10分钟内把铸铁炼成钢的贝塞麦转炉应运而生。19世纪70年代后期,德国引进这一技术,80年代又采用托马斯-吉尔克莱斯碱性转炉炼钢法。冶炼日产量由1860年的20—30吨提高到1910年的600吨。轧钢技术也不断改进,出现合金钢、不锈钢、型钢等产品,形成炼、轧一体化的冶金工业体系。在第二次产业革命带来的"钢铁时代",冶金业一向落后的德国脱颖而出,把英国、法国远远抛在后面。凯恩斯在评述德国迅速发展钢铁工业的意义时指出:"德意志帝国与其说是建立在血与铁之上,不如说是建立在煤与铁之上更真实些。"此语令人深思。

光学工业也是在德国首先获得发展的。19世纪80年代阿贝(1840—1905)、肖特

[①] 丁建弘、陆世澄主编:《德国通史简编》,北京:人民出版社,1991年版,第403页。

克虏伯工厂

(1851—1935)和蔡司(1816—1888)等德国学者共同致力于这一事业,使得德国的望远镜、显微镜、照相机等在当时的世界盛名远扬。

在开拓新兴产业的同时,德国政府大力推进基础设施的建设。

交通运输对于一国经济的发展至关重要,兼及德意志地处中欧内陆,无沿海运输之便;河流多为南北走向,难以形成河网运输;且政治上长期四分五裂,因而,交通运输的发展更显迫切。唯其如此,统一后的德国率先在这方面进行技术革命。19世纪70年代再次出现修建铁路高潮,80年代铁路网络形成,铁路里程在中西欧首屈一指,1870年1.9万公里,1880年3.3万公里,1890年达到4.2万公里。铁路网的形成,将沿海与内陆、原料产地与工业中心、城市与偏僻乡村联为一体,形成一个巨大的国内统一市场,刺激了钢铁工业、机械制造业、冶金业的高速发展,从而全面推进了19世纪晚期德国新生产技术和工业的发展。

水运方面,内河汽轮逐渐取代马牵引的小船。1879年杜伊斯堡成为当时世界上最大的内河港口,为鲁尔地区输入矿砂和粮食,输出煤和钢铁制品。海运方面,1883—1884年间发明了取代活塞运动的汽轮机旋转运动技术,蒸汽机开始让位于汽轮机,石油燃料取代了煤炭。19世纪80年代起,汉堡、不来梅港口扩建,不断开拓海外新航线,至19世纪末年,前者有12条外贸航线,后者有4条。入港轮船总吨位大幅上升,汉堡由1880年的9.9万吨增加至1900年的74.6万吨,同期不来梅由5.9万吨增至37.5万吨。19世纪90年代德国大规模发展造船业,商船总吨位由1870年百万吨以下剧增至1900年的近200万吨。德国轮船行驶在所有海洋之上,成为自蒸汽时代以来第一个能与大英帝国一争高低的船队。航运业尤其远洋运输的发展,开辟了国外市场,为德国经济的起飞提供了广阔的世界舞台。

铁路、冶金、造船以及新兴工业部门的崛起,刺激了机器制造业的全面发展,蒸汽机、电动机、机车、工具机床、农业机械等构成重要工业部门。1882年机器制造厂已经有6000家,1895年增至7000多家。

19世纪80年代末90年代初,德国完成工业革命,在最新技术基础上建立起了完整的现代工业体系。90年代,经济发展更加迅猛。1850—1900年间,国民生产净产值从105亿马克增加至365亿马克,工业生产的绝对值增加了6倍。德国成为欧洲头号工业强国。

作为后起的资本主义国家,德国的工业革命较之老牌的英、法具有速度快、周期短、内容新、程度彻底、范围广泛等显著特征。生产领域内的深刻变革,必然带来社会结构的重大变化,最为显著的是经济结构的变化。随着大工业体系的确立,资本主义经济关系扩展到德意志各个角落。容克大规模地投资工商业,改造庄园,从事资本主义经营,容克阶级彻底资产阶级化了。19世纪中叶,德国依然是个农业国,全国70%以上的人口从事农业,工业化地区屈指可数,大城市鲜见。1871年,总人口4100多万,其中城市人口36.1%,农村人口63.9%;1875年,总人口4200多万,城市人口上升至40%。20世纪初,6500万人口中城市人口占60%,德国最终完成了工业化进程。

二、资本的集中与容克、资产阶级的合流

在实现经济腾飞和工业化不断加速的过程中,德国经济部门也出现了集中和垄断化的趋势。

德国的重工业和新兴工业部门如煤矿、冶金、电力、化学等,一开始便具有兴办大企业的势头。大企业的资本有机构成高,导致生产和资本的高度集中。20世纪初年,占企业总数0.9%的3万多个大企业占有3/4以上的蒸汽动力和电力,其中586个最大企业几乎占有蒸汽动力和电力总数的1/3。争夺海外市场的需要推动了垄断的兴起。后起的德国登上世界舞台、参与竞争时,世界市场已经瓜分完毕。19世纪80年代世界性的工业萧条,加剧了德国工业立足国际市场的困难。容克资产阶级迫切要求集中力量,举办大企业,垄断组织于是成为夺取国内外市场的有力手段。国家干预经济的历史传统也是促进和保护垄断组织形成、发展不可忽略的重要因素。长期以来,德国形成了国家干预经济的历史传统。德国的垄断机构通常是在政府的扶植下组织起来的。从70年代末起,帝国政府实行保护关税政策,以排除外来商品的竞争,帮助本国工业资本控制国内市场。国家还采取特别措施,扶植、加强垄断组织,例如给予高利润的军事订货,实行出口津贴,制定专门法律加强垄断组织的势力。

上述因素,加上世界经济危机的推动,使得德国的垄断组织较早地发展起来。19世纪50年代末出现第一个卡特尔,1870年达到6个,但作用不显著且很不稳定。1873年经济危机后,卡特尔迅速增加,1879年有14个,1890年增加至210个,经过世纪之交的危机到1905年猛增至385个。

德国垄断组织的主要形式是卡特尔。大企业往往借助于国家保护,协定产品价格,划分销售市场,共同控制国内流通领域,增强对外竞争能力。卡特尔不仅在矿冶、化工等生产高度集中的部门得到广泛发展,且逐渐蔓延到生产集中程度较低的部门,1900年时已经遍及制

针、缝纫机、铜器、肥皂、皮革、纺织、印染等几乎所有行业。不仅如此,一些较大的卡特尔进一步将价格协定与生产协定联系起来,发展为辛迪加。1893年组建的"莱因-威斯特伐仑煤炭辛迪加"控制了该区煤产量的86.7%,10年后控制了全德煤炭生产的50%。钢铁业也迅速走向集中,1896年创立的生铁辛迪加后来演变为铁业联盟(1910),与钢业联盟(1904)一起垄断了全国钢铁产量的98%。电气工业由"西门子-哈尔斯克公司"和"电气总公司"所控制,这两大公司后来联合为康采恩,与美国通用电气公司一起瓜分了整个世界电气行业市场。化学工业部门最初受制于6大垄断组织,后来进一步演变为两大托拉斯。汉堡-美洲邮船公司、北德-罗伊特汽船公司控制了大部分航运业。克虏伯公司在军火工业中独占鳌头。

银行资本的集中及其与工业资本的融合也在进行之中。德意志银行、贴现公司、达姆施塔特银行、德累斯顿银行、柏林商业公司、德国国家银行等柏林9家大银行,1909年共有资本约113亿马克,集中了全德银行资本总额的83%。[①] 德意志银行一家就拥有资本30亿马克,控制了200家企业。1903年,柏林6大银行的经理兼任344家工业企业的董事,他们的董事会还是另外407家企业的监事,而这751家企业中的515个大工业家同时是这6大银行的董事或监事。

20世纪初年,垄断组织构成德国经济生活的基础,而具有现代化大资本主义技术和高度组织性的容克资产阶级在德意志帝国社会政治经济生活中占有重要地位。

由于德国是经过自上而下的改良方式实现向资本主义的过渡的,国家政治经济生活中比较多地保留了封建残余。容克地主享有很多特权,直至19世纪末,东部各省的1.5万个独立庄园还不在乡村自治之列,而由容克主宰其中一切。往往几个庄园区和村社一起组成行政实体,但领导权多为容克控制。县议会一半席位为容克垄断。在军队、政府、司法、外交上,容克占有决定性的权力地位,占有省长的83%,将校军官以及总参谋部军官的50%,驻外使节的40%以上,几乎控制了司法权。社会经济方面,尤其农业经营中,容克的优势更为显著。易北河以东的普鲁士各省中,容克集中了全部耕地的一半左右,对广大雇农实行资本主义和封建的双重剥削。容克庄园还广泛使用家仆,家仆担负繁重的劳役,未经许可不得擅自离开,遭受殴打无权申诉。各邦的家仆规约法律一直保留到1918年。

由于德意志是经由普鲁士武力实现统一的,普鲁士的军事制度和军国主义传统扩展到整个德国。军队成为国家政治生活的中心,军国主义机构对帝国的政治方针起着决定性的影响。黩武主义、军国主义在社会生活中刻下了深刻的烙印。

由于容克地主经济与垄断资本主义经济融为一体,德国的容克阶级与资产阶级密切结合,构成德国的显著特征。容克地主大量加入垄断工业企业和银行业。垄断资本家也购置地产、谋取职位,挤入贵族行列,以此炫耀自己的社会地位。资产阶级同容克的利益越来越接近,形成容克资产阶级,普鲁士的军国主义传统和垄断资产阶级掠夺和扩张的欲望相结合,决定了德国垄断资本主义统治必然具有强烈的军事色彩。

[①] 郑寅达:《德国史》,北京:人民出版社,2014年版,第332页。

三、德意志帝国的内政

1871年帝国宪法 1870年9月1日的色当战役打垮了法国,也彻底击败了懦弱的德意志资产阶级,为建立统一的德意志帝国奠定了牢固基础。迫于俾斯麦军事强权路线的巨大威力,南德诸邦先后加入联邦,至1870年11月底,德意志终于实现了美因河南北的统一。同年12月,在俾斯麦的收买和巧妙安排下,普鲁士国王"接受"了巴伐利亚国王以德意志诸侯名义提交的"劝进书",加冕为皇帝,组建德意志帝国。次年,新选出的议会通过了《帝国宪法》。

根据1871年的《帝国宪法》,德意志"缔结为一个永久性的联邦"。新组建的德意志帝国由25个邦国和地区以及一个直辖区组成,其中包括:4个王国、6个大公国、5个公国、7个侯爵领地、3个自由市以及阿尔萨斯-洛林直辖区。各邦则保留一些自治权。宪法确立了君主政体。其规定:"联邦主席由普鲁士国王担任,称号为德意志皇帝",拥有任命官吏、创制法律、统帅军事、决定帝国对外政策以及主宰议会等大权。宰相是帝国的唯一大臣,由皇帝任命而不是议会选举产生,主持帝国政府,只对皇帝负责而不对议会负责,在内阁中拥有绝对权力。政府各部不是独立机构,各部"大臣"不是该部负责的首脑,仅是宰相的助手,称"国务秘书"。只要皇帝赏识,宰相便是帝国全部权力的化身。从1871年起到1890年,俾斯麦一直是帝国的监护人。

议会由两部分组成:帝国议会和联邦议会。帝国议会按照普遍、直接、秘密的选举制度选出,但25岁以下男子、25岁以上领取贫民救济金的男子、妇女、军人无选举权。首届帝国议会选举时,只有9%有选举权的人参与选举。普鲁士等邦仍然采用三级选举制而不是直接普选制。唯一能对政府起压力作用的是批准预算。联邦议会是帝国的最高机构,由加入帝国的各邦代表组成,共58名议员。各邦代表数目不一,代表由各邦君主任命。未经联邦议会同意,任何法律无效。联邦议会主席由帝国宰相兼任,帝国皇帝可根据需要召开或解散联邦议会。

根据宪法,德意志帝国实际上完全地普鲁士化了。因为普鲁士国王同时就是德意志帝国皇帝;普鲁士首相同时就是帝国宰相;普鲁士外交大臣同时就是帝国的外交国务秘书。普鲁士在联邦议会实际上拥有否决权,58个席位中普鲁士占有17席,而每项议案只要有14票反对,就被否决。

德意志的统一,向资本主义的转化,是封建地主、资产阶级、大小邦国妥协的结果,因此帝国建立后出现的政党众多,与单纯的两党制不同。这些政党互相制约、互相摩擦,易被帝国政府控制。马克思说过,德意志是"一个以议会形式粉饰门面、混杂着封建残余、已经受到资产阶级影响、按官僚制度组织起来、并以警察来保卫的、军事专制制度的国家"。德意志帝国是地主资产阶级联合专政的资产阶级性的君主立宪国,但君主是实,立宪是虚;容克地主为主,资产阶级次之。

保护资本主义发展的经济政策 德意志帝国的资产阶级性质,体现在其执行的经济政策上。俾斯麦深知,要巩固容克资产阶级联盟,就必须重视资产阶级利益,为此采取了一系

普鲁士国王加冕画

列保护资本主义发展的经济措施：

统一币制。1871年，全德境内流通着126种货币、108种银行券和43种国家纸币。1873年7月公布《货币法》，实行帝国金本位制。1874年开始收回银币，1875年1月1日帝国马克成为唯一的支付手段。同时将普鲁士银行改建为德国国家银行，统管帝国纸币的发行，保管主要的现金储备，为整个帝国的金融业务提供方便。19世纪最后30年间，在帝国各地开设了近100家分行、4000家支行。

统一经济法规。19世纪70年代上半期，帝国政府颁布了一系列法令，包括商业法、度量衡法、民权和迁徙自由法、关税法以及涉及邮政、交通和银行等事务的管理法，从法律上保证资本主义经济的发展。

统一铁路管理。铁路运输对于一国经济的发展意义重大，但统一初期的德意志铁路类型繁多，管理混乱，有帝国铁路线、各邦铁路线、私营铁路线、私人所有但由各邦经营的铁路线、各邦所有但由私人经营的铁路线等等。19世纪70年代后期，统一管理铁路迫在眉睫。国家在这方面采取了两项措施：创立"帝国铁路局"，协调各所属系统铁路的建设、装备和营运；国家购买，扩大国有铁路的比重，1879年购买5000多公里，1909年又购买3.7万公里。

保护关税。德意志帝国成立初期基本上奉行北德意志联邦的自由贸易体制，1865年取消了谷物税，1873年废除了铁、造船材料以及其他若干原料的关税，1877年又进而取消了铁制品关税。19世纪70年代末德国经济出现困难，俾斯麦政府因此于1878年底提出议案，要求实行关税改革。促成这一转变的因素主要有：1873年爆发的经济危机波及德国，外国借机倾销工业品，冲击了基础薄弱的德国工业，引起企业主对自由贸易政策的不满；政府急欲摆脱议会的财政监督，缓和财政危机，关税是一大财源；此时期欧美诸国纷纷调整贸易政策，放弃自由贸易体制，而此时德国的关税税率远低于欧美各大国。1879年初，帝国议会通过《保护关税法》，对粮食和工业品征收高额进口税，规定进口原料（如棉花）免税，初级制成品（如棉纱）低税，高级制成品（如棉布）高税。此后，德意志帝国的进口关税税率不断提高。

通过上述立法和措施，俾斯麦维护了容克地主和工业主的利益，赢得了大地主、大工业家的全力支持。而与此同时展开的"文化斗争"，又进一步打击了以天主教为代表的反对派势力，使得帝国政权的统治基础更加巩固。

"文化斗争" 德意志是在普鲁士的领导之下实现统一的。普鲁士是新教国家，罗马教廷非常担心普鲁士领导下的德意志帝国议会削弱教会的政治影响。北德意志联邦成立时，各教会报纸就对普鲁士统一德意志的方针大唱反调。19世纪70年代起，各邦分离势力麇集在天主教旗帜之下，天主教中央党成为其政治代表。1871年初帝国议会刚刚开幕，中央党就提出：帝国政府应该支持梵蒂冈教皇庇护九世，实际上是要德国的新教邦屈从于罗马天主教。后来又发生了天主教士布道时公开攻击俾斯麦政策，以及天主教青年运动成员行刺俾斯麦未遂事件。

天主教中央党的反对派活动，使俾斯麦大为恼怒，决定发动一场反天主教的斗争。1871年7月初，取消普鲁士文化部的"天主教处"，声称不可能把国家分割成"每个教派都分得一定份额的各个教区"。同年11月，公布法令：一切学校包括私立教会学校在内，置于国家监督之下，学监应特别注意天主教学校的宗教课程。12月颁布帝国法令，规定教士不得在教堂谈论国事，违者将受到逮捕或监禁的惩处。1872年初，撤除了不赞成俾斯麦教会政策的温和保守的普鲁士文化大臣的职务，代之以仇视天主教的激进人士。6月份取缔耶稣会。采取强硬措施，逮捕科伦和波森大主教及其两个辖区的主教，撤销了1300个教区的教士。1873年5月，颁布4项反教权法令，规定教士必须在国立大学学习，以作为从事这项职业的准备，国家对教士的授职保有否决权。1874年12月，俾斯麦在帝国议会作了6次长篇演说，以挑衅的口吻迫使中央党应战。1875年5月，普鲁士颁布法令，规定一切教团和类似教团的团体（医疗救护团体除外）均在取缔之列。

19世纪70年代后半期，国内外形势发生很大变化。国内经济出现衰退迹象，工人运动趋向高涨。1875年俾斯麦错误估计形势，挑起德法危机引起英、俄强烈不满。东方危机的爆发促使俾斯麦腾出手来，为德国谋求中欧权益。压制天主教反而使得其影响扩大，1874年帝国议会选举时中央党由1871年的63席增加至91席。在此情形之下，俾斯麦与中央党实现了妥协。1876年1月，俾斯麦提出立法议案，声称法院可将一切号召阶级斗争和违反私人财产神圣不可侵犯的权利的人逮捕入狱，意味着天主教和新教在反社会主义的共同要求下开始和解。此后，俾斯麦未再制定反天主教法律，以前颁布的反教会法令也一一废弃。

俾斯麦政府打着"为世俗文化而斗争"的幌子而发动的这场与中央党的斗争，史称"文化斗争"。实际上,它是普鲁士容克统治帝国和反普鲁士容克统治的斗争,是普鲁士大邦和西南中小邦争霸德意志的权力之争。同时,由于德意志的统一反映着历史发展的趋势,因而这场斗争一定程度上带有统一与分裂、进步与倒退之争的性质。

反社会民主党人法及其他社会立法 德意志的统一带来了工业经济的迅猛发展,导致了产业工人队伍的壮大和工人运动的大规模开展。1852 年德国产业工人不过 190 余万,1894 年剧增至 613 万。德国工人的经济状况较之英法等国差得很多,工资低下,劳动强度大。在马克思、恩格斯的不断指导下,19 世纪下半叶德意志工人的政治积极性空前高涨,罢工斗争遍及全国,德意志成为国际工人运动的中心。

日益兴起的社会主义运动使得容克资产阶级深感恐惧。1872 年莱比锡刑事法庭以"叛国罪"判处社会民主党领袖威廉·李卜克内西(1826—1900)和倍倍尔(1840—1913)两年监禁。不少社会民主工党党员因莫须有的罪名遭到逮捕、监禁、罚款。警察不断制造借口,力图要将工人组织置于非法境地。1873 年 4 月,俾斯麦在联邦议会声称,有必要用严厉的法令对付德国工人党。1874 年 8 月,纽伦堡、柏林、汉诺威等处的德国工人党组织被取缔。从1873 到 1876 年,俾斯麦政府不断拟出《出版法草案》、《破坏契约法草案》、《刑法修改草案》等新法令,将矛头对准工人运动。《出版法草案》中规定:凡在印刷品中用破坏道德、法律意志或爱国热情的方式攻击家庭、所有权、普遍义务兵役或其他国家制度的原则者,处以 2 年以下监禁。1878 年又借口德皇遇刺事件,大肆宣扬所谓"赤色危险"。10 月 19 日议会通过了《镇压社会民主党企图危害治安的法令》,简称"非常法"。

"非常法"最初规定有效期为两年半,后来延长到 1890 年春。根据该法令,任何团体、报刊及其他印刷品和集会,如系"社会民主党的、社会主义的或共产主义的,旨在推翻现存国家和社会制度,而又以危害治安,特别是破坏居民群众和睦的方式表现出来的活动",一概加以禁止。同时,对于这种团体的任何支持,都要受到严厉的惩罚。于是,工人阶级的一切自由权利都被剥夺,大批党员遭逮捕或放逐。在"非常法"实施的 12 年中,有 1300 多种出版物遭到查封,330 多个工人组织被解散,900 多人被放逐,1500 多人被关进监狱。一个时期内德国社会民主党组织趋于瓦解。

1890 年初,俾斯麦再次提出延长"非常法"的有效期限,遭到议会多数派的拒绝。

在采取强力手段压制的同时,俾斯麦政府也不得不顺应时势,促成议会通过一连串的社会立法,来缓解由于统一后经济的迅速发展和工业化的推进而带来的深刻社会矛盾和严重的社会问题。首先是加强劳动立法。70—80 年代政府多次颁布法令,最终确立了每周 6 天工作制,规定按时给工人支付货币工资。1878 年的法令禁止工矿企业使用童工,规定青少年必须读完小学、年满 12—13 岁才能雇佣,14 岁以下者日劳动时间不得超过 6 小时,14—16 岁者不得超过 10 小时。1891 年法令禁止妇女从事矿区地下作业,规定妇女日劳动时间不得超过 11 小时,且可享受 4 周的产后休假。1878 年,各邦普遍实行工厂视察员制度,以监督各项劳动立法的执行。其次是推行社会保险。1884 年的《工伤事故保险法》规定:保险费全部由雇主交纳;死者家属可领取相当于死者薪金 20％的津贴。1883 年的《疾病保险法》规定,雇主交纳30％的保险费,工人交纳70％;患病期间,工人可从保险费中支付半薪、医疗费和死亡丧葬费。1889年的《残废和老年保险法》规定,保险费由国家、雇主和工人交纳,服兵役的年份全部由国家支付,领取老年保险金的年龄为70岁(后来改为75岁)。1887年,德国的社会保险费总额达到近1亿马克;1900年增加至近5亿马克,这一年约有500万人领取社会保险。

俾斯麦的社会立法开资本主义国家风气之先,意义深远。实际上它是"非常法"的补充,俾斯麦曾赤裸裸地说,必须在恢复帝国健康的菜料中"加几滴社会主义的油"。

威廉二世时期的内政 1888年威廉一世逝世,继之执掌政权的是威廉二世。威廉二世年轻气盛,不甘于别人摆布,在内政外交上与"保守的"俾斯麦的矛盾日益显露。1888年夏秋,威廉二世亲自出访瑞典、丹麦、奥地利、意大利、希腊、土耳其等国,过问外交事务,认定不该对俄国采取友好政策。内政方面,尤其是对待工人运动问题上,认为俾斯麦的高压手段非但未能制服社会主义运动,反而使得工人阶级力量不断壮大,决意摒弃大棒政策,采取怀柔手段。1890年2月,帝国议会改选,俾斯麦依靠的"政党联盟"惨败,威廉二世趁机逼迫俾斯麦辞去宰相之职。

1890年以后,德内外政策发生转变。"非常法"废除后,德国工人运动更加活跃,罢工浪潮此起彼伏,威廉二世作出一些让步。1890年5月,帝国议会通过了《关于工商业管理条例修正案》的立法草案,规定周日为休息日,禁止雇佣13岁以下的童工,缩短女工劳动时间,同时对签发劳动证件、制定工厂安全章程、解雇雇员、劳动条例和监察工商企业等作了规定。第二年议会又通过《工商管理补充条例》:实行节日休假制,取消实物工资,实行货币工资,尽工厂所能保证工人生命安全,13岁以下童工每天工作不得超过6小时,16岁以下的青少年工人不得超过10小时,妇女不得超过11小时,禁止女工、童工、未成年男工的夜班制。这些改革被称为"新路线"。它未能满足工人的普遍要求,比如制定对企业主实行有效的监督和惩处条例。因此工人斗争未曾停息下来,工人运动、社会民主党的运动越来越广泛地得到开展。1894年以后,帝国政府代之以高压和暴虐统治,制定了《刑法典、军事刑法典和出版法修改补充法令草案》(即所谓"防止颠覆法案"),规定只要有"颠覆企图"没有颠覆事实也要判处监禁;凡公开对宗教、君主、婚姻、家庭或财产进行诽谤者应判处2年以下徒刑。普鲁士政府制定了《结社补充条例》,被称之为"小反社会党人法"。这些法案由于人民反对最终遭到议会否决,但帝国政府加强镇压的方针未变。19世纪末年德国出现新的反动时期,工会遭到查封,工会领导成员被逮捕监禁,社会民主党人的住宅遭到搜查,罢工遭到血腥镇压。

四、从"大陆政策"到"世界政策"

德意志帝国建立后的头20年,坚持现实主义的外交取向,奉行所谓"大陆政策"。其核心是:避免过早地卷入海外殖民争端,避免同时与俄、法为敌招致两面夹击,集中力量巩固和发展德国在中欧的强权地位。为此,在外交关系的实践中,联合奥地利,拉拢俄国,千方百计挑起英、俄矛盾,集中全力孤立打击法国。1873年10月,俾斯麦与俄、奥订立了"三皇同盟"。1875年,出于对法国经济复苏和民族主义情绪高涨的担忧,借机挑起所谓"战争在望"危机①，企图在法国羽翼未丰之前逼法国就范，结果遭到俄、英的干涉。

俾斯麦对外政策的重点是欧洲大陆。为达到击溃法国、称霸欧洲的目的，奉"均势外交"为圭臬。其出发点是：协调俄奥矛盾，挑起英俄交恶，加深英法对立，离间俄法关系。

1875年夏，巴尔干半岛的黑塞哥维那和波斯尼亚爆发反土耳其统治的民族起义，俄国在德国的公开支持下伙同奥地利进行干涉，英国则出于自身利益支持奥斯曼政府持强硬立场，反对干涉土耳其。列强对土耳其欧洲遗产的角逐，就是所谓1875—1878年的东方危机。1877年4月危机演变为俄土战争，俄国迅速击败土耳其，并取得对保加利亚的控制权，引起英国、奥地利的强烈不满。在此情势下，俾斯麦改变了早先策略，劝告俄国和谈。1878年6月13日，由俾斯麦主持的解决巴尔干危机的柏林会议开幕，经过整整一个月的讨价还价，达成了《柏林协定》。根据协定，俄国势力受到较大限制，英奥达到了预期目的，俾斯麦实现了外交政策的总目标，即保持均势，保持摩擦，使东方问题一直处于沸点状态，以便德国巩固扩展在中欧的利益。

柏林会议后，德、俄关系趋向紧张。俄国将在巴尔干利益的得而复失归咎于德国的"出卖"。19世纪70年代的世界农业危机加剧了德俄经济上的矛盾，俾斯麦为了保护容克利益，禁止俄国牲畜进口并对俄国农产品征收进口税。俄国针锋相对，对工业产品实行保护关税，以排挤德国工业品。两国报刊也唇枪舌剑，各不相让。旧的三皇体系趋于破裂。1879年10月，德国与奥地利在维也纳订立针对俄国及其盟友的秘密同盟条约，1882年意大利加入，德奥意三国同盟最终形成。

19世纪80年代起，德国也开始对外进行殖民扩张。1884年夺取西南非洲（纳米比亚），并把多哥和喀麦隆置于自己的"保护"之下。1885年占领东非的坦噶尼喀地区，建立所谓德属东非殖民地。1884—1885年在南太平洋取得马绍尔群岛和新几内亚东北部地区。俾斯麦政府介入海外尤其是西南非洲的殖民活动，意在展示中欧强国德国的力量，逼英国同俄国保持距离，维持巴尔干半岛的均势，总体上同"大陆政策"相一致。

从19世纪90年代开始，俾斯麦的"大陆政策"让位于威廉二世的"世界政策"。这一变化，首先是德国自身实力膨胀的结果。19世纪末，德国已崛起为中欧工业强国，迎头赶超老牌资本主义的英、法等国家。1870—1903年间，德国工业生产增长4.6倍，同期英国仅1.3倍，法国1.6倍。德国工业的起飞，加剧了帝国主义国家间经济发展的不平衡，使得瓜分市场和殖民地的矛盾越来越尖锐。19世纪末，世界领土基本上被瓜分完毕，老牌的英法占据了其中绝大部分，德国所占殖民地不及英国1/10，且人口稀少，资源缺乏，经济价值和战略价值不大。这种状况与德国日益膨胀起来的经济势力和政治势力极不相称。统治集团纷纷叫嚷"缺乏空间"、"领土太小"，为重新瓜分殖民地制造舆论。1897年，时任德国外交国务秘书的标洛（1849—1929）在帝国议会公开声称："各民族在争夺统治大有发展前途的地区的竞争中，从一开始就不应当把德国排斥在外。德国过去曾有那样的时期，把陆地让给一个邻国，

---

① 孙炳辉、郑寅达：《德国史纲》，上海：华东师范大学出版社，1995年版，第174－176页。

把海洋让给另一个邻国,而自己只剩下纯粹在理论上主宰着天空,可是这种时期已经一去不复返了……我们也要为自己要求在日光下的地盘。"①

与之相呼应,民间涌现出形形色色的要求向外扩张的殖民组织。1891年成立的泛德意志协会是其中最大的一个,拥有27个分会,遍布欧、美、亚、澳各大洲。这些军国主义、沙文主义组织疯狂鼓吹"日耳曼种族优越论",吹捧日耳曼文化是世界上最高的文化,日耳曼民族有统治世界的能力,狂妄提出"普鲁士以国王为首,德意志以普鲁士为首,全世界以德意志为首"的反动口号,叫嚣要建立囊括世界的"大日耳曼帝国"。与此同时尼采提出的"超人"哲学和"强力意志"理论,也为德国帝国主义者所利用,被广泛传播,成为对外扩张的理论基础。

从大陆扩向全球、建立幅员辽阔的殖民帝国,从19世纪末起成为德国对外政策的重心。威廉二世得意地说,"世界政策"就是向海外扩展殖民地,掌握制海权,争霸世界。标洛在1899年12月的一次议会演说时说:"我们要求建造大德意志帝国。"以此为指针,德国的目标首先是独霸欧洲,主宰欧洲;其次是"向东推进",控制奥斯曼,挑战英法势力范围。建造"三B"(柏林、巴格达、波斯湾)铁路便是其手段之一。在非洲,德国力图建立一个自大西洋直抵印度洋的中非殖民地,以之为基地向南北延伸。在远东及太平洋地区也积极追求利益,出兵侵占我国的胶州湾,伙同列强镇压义和团起义,1899年正式取得太平洋萨摩亚群岛中的两岛屿。德国的侵略扩张政策,最终促成了20世纪世界两大对立军事集团的形成。

第六节　快速发展的美国

一、"大转变的时代"

第二次工业革命在美国的勃兴　南北战争及重建之后,美国进入历史上前所未有的"大转变"时期。工业化飞速发展,城市化大大加速,自由资本主义开始并迅速向垄断资本主义转化。到世纪之交时,美国基本上实现了从乡村社会到城市社会、从农业国到工业国、从自由资本主义到垄断资本主义的巨大转变。大转变的实现得益于多方面的因素,但最根本的动力来自于新一轮的工业革命——第二次工业革命在美国的勃兴。

新工业革命在美国的"勃兴"是由美国独特的有利条件造成的。南北战争的胜利,消除了美国实现工业化在政治上的障碍,经过南方重建,南方资本主义经济得到发展,北方资产阶级和南方种植园主相互妥协,政治上出现了相对稳定的局面,为新工业革命的开展提供了有利的政治条件。内战前第一次工业革命在北部的完成及其丰硕成果,为第二次工业革命的开展提供了坚实的经济基础,大量的资本积累成为发展新工业必不可少的资金来源。内战前,美国的工业制成品在世界总产量中的比例已经超过德国和俄国,接近法国。1859年,美国工业产值达到188.5亿美元,跨进世界最先进的工业国行列。

---

① Martin kitchen. *A History of Modern Germany 1800-2000*. Blackwell Publishing, 2006, p.187.

外来移民的进入为美国经济的发展作出了巨大贡献。1860—1900 年间，进入美国的移民大约 1400 万，且以青壮年男性居多。1880 年，外国出生的工人构成美国总劳动力的 1/3。1900 年，纽约普通工人中 25% 是意大利移民。据 1907 年美国议会有关部门的统计，美国钢铁、煤矿、建筑、铜矿、炼油等基础工业部门中，外国出生的工人平均占劳动力的 60%。移民不仅承担了美国工业发展过程中最艰苦、最繁重、最危险的工作，成为工业革命的主力军，而且还带来了欧洲先进的生产技术。

广阔的国内市场是促进美国工业化和工业革命的重要因素。美国虽然不像英、法两国那样拥有广阔的海外殖民地，但具有它们无法比拟的广阔的国内市场。内战及重建的完成，造就了一个统一的国内市场。西部开发的推进，使得统一市场的容量不断扩大。大量移民的进入，刺激了消费。人口的自然增殖，直接扩大了内需。1860—1900 年间，美国人口由 3149 万上升至 7590 万。此外，铁路的大发展，交通网络的延伸，也都推动了国内市场的形成和壮大。

农业资本主义的充分发展为工业化提供了坚实、雄厚的基础。随着"美国式道路"的推进，美国逐渐形成了高度发达、配置合理、机械化的、专业化的、市场化的大农业，既造就了充足的粮食原料来源，又提供了广阔的市场需求，确保了工业化的持续进展。

科学技术的开拓是新工业革命的又一前提，美国在这方面也较他国优越。大量的外来移民不断把欧洲的新技术传入美国，使得美国在科技方面一直处于长盛不衰的领先地位。美利坚民族的求实精神导致美国人重视科学实验和技术改造。美国虽然到 19 世纪中叶已具备一定的工业基础，但没有像英国那样成为采用新技术的障碍和沉重的包袱。内战也在某种程度上促进了科技的进步。

优越的自然地理条件所具有的意义不容忽视。美国有丰富的煤、铁、有色金属矿藏、森林资源和石油资源，为钢铁、石油、化学、汽车、冶金等新产业的崛起提供了前提条件。辽阔肥沃的土地资源是前工业时代国民经济的根本，也是向工业社会过渡的有力保证。地缘政治方面美国也占尽天机，有良好的周边国际环境，本身又是一个两洋国家，有利于远洋贸易的开拓。

作为后起的资本主义国家，美国充分把握了新工业革命的有利时机，加上其得天独厚的优越条件，因而迅速成为第二次工业革命的"中心"之一。

新工业革命在美国的蓬勃发展集中体现在以下几方面：

首先，它充分利用已有的理论突破和发明，不断改进创新，推出一批又一批的新型实用成果。据美国专利局统计，1860 年以前美国总共发布 3.6 万项专利，而 1860 年后的 30 年间，发布的专利不下 44 万项，仅 1897 年度就授予 2.2 万项。19 世纪末 20 世纪初的美国堪称"发明时代"，科学创新和技术发明突飞猛进，科技成果迅速转化为新产业，变成强大的生产力。此时期的发明遍及社会生产与生活各领域，涌现出诸如爱迪生（1847—1931）、贝尔这样的许多世界级发明家兼实业家，使得美国在电能的开发和利用方面遥遥领先于他国。

其次，作为第二次工业革命中新型产业的电力工业、石化工业、通讯工业和汽车制造业

贝尔发明电话

在美国获得最充分发展。电力能源的开发,电机工程的发展,使得独立的电力工业部门日渐成为近代工业体系中的重要部门之一。1870年美国几无电器设备工业,9年后电器设备工厂生产了价值190万美元的产品,1890年电器产品价值达2180万美元。石油虽在内战前已有发现和生产,但最初仅用于照明。内燃机的采用增加了对轻液体燃料的需求,使得美国石油开采量由1860年的50万桶上升到1900年的6362万桶。与此同时,石油提炼技术不断改进,分解石油、合成汽油的工程技术取得突破,化学工业由此改变了原来的附属地位,成为独立的工业部门。钢铁工业的发展如日中天,1860年生铁产量不足100万吨,1899年美国生产的生铁占了世界总产量的1/3,钢产量在1899年占了世界的43%。最具代表性的汽车工业世纪之交时也在孕育之中,虽然到1900年美国汽车的年产量尚不过4200辆,但随着部件标准化原理的推广应用,批量生产的价格低廉的汽车源源不断地驶出流水线,汽车迅速得到普及,日益成为美国国民经济和社会生活的支柱。

其三,新工业革命的深入开展带动了美国经济的全面变革。新型产业的崛起推动了旧产业的更新、改造和发展,新能源、新工艺、新技术促使原有产业旧貌换新颜,生产力空前提高。内战及重建后的美国经历了一场前所未有的"经济革命",首先表现为动力革命。1860

年,畜力几乎占美国非人力动力构成中的 2/3,到 1890 年改进了的蒸汽动力占总动力的 60％。世纪之交时,新动力——电力和内燃机日益成为现代工业的基础。与之相应,机械化、自动化程度大大提高,科学研究之风盛行。继爱迪生在门罗公园建立工业实验室之后,美国的电气、石油、电话、化学等行业涌现出大批工业研究实验室,其规模和作用巨大,成为科技转化为生产力、迅速实现产业化的有效途径。新工业体制和管理体系也在企业的分化重组中逐渐形成并走向完善。大企业的出现是工业体制上的重大变革,流水线的出现是工厂管理上的革命,第二次工业革命过程中,大生产和流水线生产日益取代一般的小规模机器生产。

工业化与世界经济强国地位的确立 19 世纪末,美国资本主义经济获得前所未有的大发展,其间除几次短暂的经济衰退(1873 年、1882—1883 年和 1893 年)外,一直处于稳步增长之中。

工业的发展在内战后进入一个崭新时期。19 世纪最后 50 年,工业总产值增长 12 倍,工业品价格在 1865—1900 年间增长了 500％。在工业革命的推动下,电力、钢铁、石化等新兴工业部门崛起,并日益成为工业经济的主要部门。纺织、木材加工和食品加工等传统产业在更新改造的基础上也有显著增长。尤其突出的是,在工业发展、集中和兼并的过程中,形成了经济力量颇为集中的大工业经济,出现了巨大的经济集合体——托拉斯和控股公司。南北战争之前盛行的规模有限的独资或合伙经营的"小企业"时代,开始让位于以大机器生产、流水线作业及批量生产等为特征的大企业时代。

19 世纪下半叶,工业化浪潮席卷全美,取得巨大成就。由于新技术革命的推动,美国工业的发展获得强大动力,迅速从旧工业中心——新英格兰地区向南部和中西部推进。南方盛产棉花地带因地制宜发展起棉纺织工业、木材加工业和烟草加工业。中西部地区利用靠近原料产地的地理优势,着力发展粮食、肉类加工、钢铁冶炼和机械加工等新兴工业,并迅速成长为新的工业中心和全国的重工业基地。随着中西部开发进程的加速,美国经济中心逐渐西移。与此同时,工业化全面推进,波及工业、交通运输业、商业、农业等各行业,独立的完整的新工业体系逐步成型,国民经济各部门中的机械化程度和水平大大提高。

1890 年,美国工业制品的总值超过农产品总值,工业在国民经济中开始占据主导地位;1900 年,工业制品价值超过农产品价值两倍多,农业社会正在悄悄让位于工业社会。随着工业化的推进,美国逐步确立了世界工业强国的地位。19 世纪末年,美国工业生产总值已达近 95 亿美元,超过英国、法国、德国,取代了 19 世纪号称"世界工厂"的英国工业霸主地位。在世界工业中,美国占有的份额越来越大。1860 年,美国工业生产居世界工业生产的第 4 位,1894 年跃居第一位,生产量相当于欧洲诸国总量的一半。凭借强大的经济实力,美国积极扩大外贸,将产品输往世界各地。1897 年以后,美国的出口大大超过进口,每年约有 5 亿美元的顺差。外贸产品构成中,原料所占比重大幅度下降,由 1866 年的 70％下降到 1914 年的 40％;制成品和半制成品的出口比重同期由 16％上升到 48％。钢铁、木材制品、精炼油、铜制品、农业机械等的出口越来越多,农产品出口越来越少。20 世纪初,全球各地几乎都可看到美国货。

城市社会的崛起 城市随着工业化而发展起来,工业化的迅猛发展使得美国的城市化进入鼎盛时期,19世纪末,一个以大中小各类城市构成的城市网初步形成。1790年美国第一次人口普查时,全国只有3.35%的人口居住在8000人以上的城镇里;1870年时,大约20%的人口属于这样的城镇居民;到19世纪末,已有33.5%的人口住在这样的城镇里。① 美国人口在1800—1890年间增长了11倍,城市人口则增加了86倍。1860年,8000人以上的城市有141个,1890年增至449个,1900年达到547个。1860年,城市人口仅500万,1900年增至2500万,约占当时全国人口的1/3。

城市的发展往往和经济的发展水平相一致,工业化促进城市化,城市化反过来推动工业化,二者同步前进。19世纪下半叶经济的高速发展,使城市化的速度和规模都呈现出与早期不同的特征。中西部中小型城市迅速崛起,它们更加接近广阔的原料、销售和劳动力市场。与此同时,原有城市逐渐由商业性城市向以大机器工业为基础的工业城市过渡,并形成多种类型。一些是综合性的功能齐全的全国性中心城市,如费城、纽约和芝加哥等;另一些是地方性的中心城市,以某种产业为主,兼及其他辅助产业,如以农产品加工和酿酒为主的密尔沃基、以肉食罐头加工为主的圣路易、以巨型钢铁企业闻名的匹兹堡、以钢铁机械产品著称的底特律。其他诸如啤酒城、纺织城、金镇、银镇、煤镇等等专业性的小城镇比比皆是。随着工业化的进展,城市吸引了越来越多的劳动力,大量外国移民和本土农业人口流向城市。加上电灯照明、供水和下水道系统、钢架高层建筑结构等技术的改进,新型城市越来越具规模,城市的特性和内部结构发生极大变化。世纪之交时,星罗棋布的大小城市、发达畅通的交通系统,已将美国东西南北联成一体,城市越来越成为美国经济、政治、社会和文化生活的中心。

然而,19世纪末美国城市的发展在地域分布上呈现极大的不均衡性,各地区间的城市化差异很大。东北部地区起步早,程度高。1890年,全国平均每3人中有1人居住在城市,东北部则达到每2人中1人。中西部地区、尤其大湖区是内战后全国工业化的中心地带,城市化的起点高,速度快。单19世纪80年代,城市人口占总人口的比率就上升了10.4%,其速度令东部地区相形见绌。该地区拥有不少大城市,1900年全国共有10个人口超过20万的大城市,中西部就占了4个,包括芝加哥、圣路易、克利夫兰和底特律。密西西比河以西的西部地区工业化稍逊一筹,内战前后兴起大量中小城镇,80年代以后工业化的加速带动了地区性城市的发展,奥马哈、堪萨斯城、丹佛等地区中心城市迅速崛起。远西部的太平洋沿岸地区,城市化进程颇具特色,该区域的中心城市旧金山自淘金热兴起后发展迅速,19世纪下半叶一直保持着在西部地区的金融和商业上的大城市地位。南部地区经济基础薄弱,工业化迟迟难以展开,因而城市化起步晚、速度慢、水平低。

垄断组织与垄断资本 19世纪六七十年代,美国资本主义的自由竞争发展到顶点,垄断组织开始萌芽。1873年议会一调查委员会宣称,美国将迅速布满掌握并控制无数财富、拥有

---

① John A. Garraty. *The New Commonwealth*, 1877-1890. New York: Harper & Row Publishers, 1968, p.179.

巨大影响和权力的庞大公司。1873年经济危机后生产和资本的集中大大加快,垄断组织得到广泛发展。到了80年代,托拉斯开始发生重大作用,以后日益成为经济生活中的统治因素。

垄断是巨型企业发展的必然的、合乎逻辑的结果。美国垄断组织的发展大致经历了四阶段:19世纪60—70年代的萌发期、1879—1890年的托拉斯运动时期、1897—1903年的联合与合并时期,以及20世纪头20年间的托拉斯稳步发展阶段。

19世纪五六十年代,美国出现了垄断的最初形式——普尔,这是一种短期销售协定的联合制,往往只规定产品产量和价格,划分销售市场,以便保证参加者的垄断利益。70年代,美国出现以卡特尔为形式的早期垄断组织,但同样不稳定、不持久。80年代开始出现较高级的垄断组织——托拉斯。1882年,约翰·洛克菲勒拥有的美孚石油公司改制,组建美国第一个托拉斯经济组织。改组后的美孚石油托拉斯吸收14个石油公司加入,此外还控制了其他26个石油公司的多数股票,掌握了美国产油区的各大铁路,建筑了四通八达的输油管,拥有自己的仓库码头、上百艘海轮,控制了全国90%的石油。名义资本7000万美元,其中4600万掌握在洛克菲勒为首的9个委托人手中,公司业务也为此9人所左右。继之,榨油、炼铝、酿酒、制糖、制烟和屠宰业中也都出现了托拉斯。90年代以后,建立托拉斯的活动愈甚,遍及自然资源的开发和运输各领域。一些工厂企业经由纵向和横向两条途径实现联合或兼并,与此同时,另一些公司通过扩展或收买其他企业成为巨型企业。例如,1870年后的30年间,美国钢铁企业的资本和生产增长了500%,但企业数仅增长5%。世纪之交时,美国各重要工业部门一般都已被一两个或少数几个大托拉斯所垄断,形成各部门的"大王"。1904年,产值在100万美元以上的大垄断企业约有1900个,占企业总数的0.9%;大托拉斯增加到318个,控制了美国制造业资本的40%以上。美国钢铁公司、美孚石油公司、杜邦化学公司、福特汽车公司等均已成为世界知名的大托拉斯。

在工业资本迅速集中、垄断不断加强的情况下,银行业也迅速走向集中和垄断,出现了金融界的巨型企业。1898年,纽约最大的17家商业银行拥有全市63家商业银行存款总额的70%。1900年,3家最大的人寿保险公司——公平保险公司、互惠保险公司和纽约人寿保险公司拥有全美国人寿保险公司资产总额和保险单总额各半数以上。纽约的两家合伙经营的银行和两家商业银行也各自形成了有力的金融垄断组织。

与此同时,工业资本和金融资本的联合与渗透加强。1898—1900年,银行巨头摩根共计合并了20多家钢铁公司,随后又以4.8亿美元的高价收买了卡内基的钢铁公司,于1901年组建了摩根钢铁公司。这是美国历史上第一个10亿美元的大公司。通过将银行资本渗透入工业资本,摩根财团成为美国头号大财团,其触角伸向钢铁、铁路运输、电话电报、保险等部门,摩根拥有的权力"比大多数总统的权力都大"。

借助雄厚的工业资本渗透入银行金融领域,是财团形成的另一类型,这方面洛克菲勒财团最为典型。19世纪70年代,洛克菲勒(1839—1937)创办美孚石油公司,掌握了美国石油业后又控制了煤气、电气、制锌、制铝、炼铜、炼钢等企业。90年代起开始将工业资本投向银行业,金融家与斯蒂尔曼(1850—1918)共同掌握花旗银行,并利用所得利润再投资,或组建新的工业垄断公司,或收买其他企业的股票攫取控制权,最终实力仅次于摩根(1837—1913)所创立的摩根财团。除上述两大财团外,19世纪末年另外一些财团也处在孕育之中。德裔犹太人库恩(1819—1892)和洛布(1828—1903)借助于1867年组建的库恩-洛布公司投资于铁路,逐步建立起"铁路王国",后来又投资于银行、钢铁、石油、电气等部门。梅隆(1813—1908)于1869年创办了以其名字命名的梅隆银行,1890年控制了匹兹堡冶炼公司(后更名为美国铝公司),1902年更名为梅隆国民银行。

总之,世纪之交时,垄断已成为美国全部经济生活的基础,垄断组织遍布工厂、矿山、油田、铁路、商业、金融以及公用事业各部门,并将其庞大触角伸向政治领域,国民生活的方方面面无不受到其影响和制约。

二、转型期的社会难题与改革运动的兴起

转型期复杂的社会难题 19世纪末美国社会的巨大转变,从长远看是一种历史发展的趋势,然而近期而言,它所带来的问题比解决了的问题要多。最为突出的是:经济力量的集中及垄断组织托拉斯的"肆虐";与进步相伴而生的贫困等各种社会问题日趋严重;政治生活中的腐败现象积重难返,"责任制政府"受到威胁。工业合并与垄断紧密相联,而垄断又和巧取豪夺相关。大公司通过确定价格剥削消费者,通过削减工人工资使工人境况恶化,通过消灭小商业毁掉机会均等,通过腐败的政治活动威胁民主,所有这些不仅违背自然,而且是不道德的。对于一般阶级和阶层的人来说,托拉斯的所作所为和经济力量的集中是一种极大的威胁。为此,一些有识之士很早便对其展开了批评,19世纪下半叶美国民众的不满与抗议活动很大程度上也都归因于垄断。另一普遍为人关注的问题是,19世纪下半叶美国经济持续增长,工业繁荣,国民财富不断积累,但伴随这一"进步"而来的却是贫困、财富分配不均以及令人触目惊心的剥削童工、女工等不公正的社会现象。

伴随着工业化、城市化和垄断资本主义的形成,美国社会的阶级结构发生重大变化,阶级关系呈现错综复杂的局面。首先,新兴的垄断资产阶级和其他阶级间存在着矛盾,且垄断资产阶级内部的各阶层间也有利害冲突。其次,工业金融资产阶级和农业利益集团间的矛盾加剧,表现为农业的西部和南部对工业的东部"控制"的不满。再次,工业资本主义下的劳资关系恶化,劳资冲突遍及全国,特别是工业集中的东部、东北部和中西部。最后,广大中产阶级既是剥削者又是被剥削者,与垄断资产阶级以及广大下层劳动人民都有矛盾。不同阶级、阶层和集团间的矛盾、冲突和斗争,推动着社会的变革。

巨变中的困惑:美国社会各阶层的反应 面对转型期复杂的社会问题,美国社会不同阶级、阶层和集团作出了不同反应,提出了各自的要求和主张。

农场主集团率先展开有组织的斗争。早在19世纪六七十年代,出于对垄断组织、铁路公司、银行、债役制和投机行为的不满,他们就开展了以反对铁路垄断为主的农民协进会(即所谓"格兰其")运动,并在州一级取得成果,迫使不少州议会颁布了管制铁路的《格兰其立法》。

与此同时,另一部分农业利益集团将矛头指向联邦政府的金融政策,掀起"绿背纸币运动",要求承认纸币为唯一流通货币,反对通货紧缩,反对以硬币偿债。这一斗争后来演变为"本位之争",贯穿19世纪下半叶美国政治的始终。19世纪80—90年代,农业面临的困境使得农民运动进入新阶段——农民联盟运动时期。1891年5月,平民党宣告成立,农民运动进入顶峰。平民党提出以加强国家干预、控制垄断资本和重建金融体制为核心的改革方案,以第三党的身份要求实行自由铸造银币、累进所得税、铁路电报电话国有、8小时工作制以及参议员民选,并呼吁力争"使共和国的管理权重新转移到'普通人民'手中"。① 平民党的主张得到城乡广大下层群众的积极支持和拥护,刷新了美国政治,虽然1896年大选时该党与民主党共同推举总统候选人,结束了作为第三党的历史,但它树起的改革旗帜,代表着群众性反抗垄断财阀斗争的一个侧面,成为日后大规模改革的序幕。

19世纪末变化了的经济关系和阶级关系也使得劳工作为一股独立的政治力量壮大起来。1860—1900年,美国产业工人由130万增长到530万,19世纪最后20年,美国发生罢工22793起,波及约11.7万家工商企业。70年代后期起,"劳动骑士团"转入公开活动,积极宣传工人团结一致,同有组织的资本作斗争。其纲领宣称:"如果不采取办法来反对资本家和股份公司,那么,他们的惊人发展及其进攻政策,将不可避免地使劳动群众陷入贫困和绝望的屈辱中。因此,如果我们要享受生活的全部幸福,我们必须防止财富集中于一个人手中,阻止集中的财富作恶。"② 为此主张以合作制取代雇佣劳动制,设立劳工统计局,将土地拨给真正的移民而不是投机家和铁路公司,收购电话电报和铁路,实行所得税等。"劳动骑士团"在80年代前期成为工人向往的组织,领导和参加了一系列工人罢工和其他活动。

在美国工人全国性地组织起来并开展活动的同时,马克思主义者和社会主义者坚持深入到工人中间进行活动。1876年美国劳工党的成立标志着美国社会主义运动出现新的局面。德·列昂担(1852—1914)任劳工党领袖后,工作取得进展,但他的宗派主义思想、错误的工会政策以及否定农民运动的立场,使党因脱离群众而陷于孤立,最终于1899年分裂。1897年,德布斯(1855—1926)创建社会民主党,随即展开一系列有益的宣传活动。1901年,社会民主党与分裂后的劳工党左派合并,组建美国社会党,社会主义运动进入新阶段。

19世纪末叶,劳工对于飞速发展的工业化、城市化和垄断资本主义化所带来的种种弊端的反应是各种各样的。在劳工策略上就存在几种分歧。多数主张"纯粹工会主义",认为劳工运动的目的在于获得较好的工资报酬和适当的工时限制,其手段是与雇主集体谈判,利用罢工作为最后武器。另一些人认为,唯有一个更人道的社会秩序才能不断改善人的处境,因而主张广泛的社会改革,包括土地改革,采取新的银行和货币体制,甚至对经济的主要部门实行国有。少数要求展开反对资本主义的暴力战争,通过战争消灭所有形式的权力,包括政府本身。70年代的"劳动骑士团"和八九十年代的劳联基本上遵循第一种路线,世纪之交兴

---

① 参见 Arthur Schlesinger, Jr. ed. *History of U. S. Political Parties*, Vol. II. Chelsea House Publishers, 1980, p. 1760 - 1779.
② 祖波克:《美国史略》,北京:生活·读书·新知三联书店,1959年版,第86页。

起壮大的社会主义则主要赞成后两种主张。

在农场主集团"反叛"和工人阶级"起义"的同时,美国中产阶级知识分子也提出了各种各样的济世良方,其中包括基督教社会主义、国家主义和单一税方案。19世纪80年代起,基督教会开始将纯教义问题置于一边,关心起工业主义以及随之而来的贫民窟、酗酒、卖淫、血汗工厂、童工女工待遇、股票掺水等"社会问题"。以公理会牧师华盛顿·格莱顿、浸礼会牧师沃尔特·劳申布施等为代表的新教教士严厉批评工业资本主义,认为它是"基督教决不能满意的拜金主义体制",提出用合作、集体主义和民主来代替竞争的法则,实现基督教社会主义——即一种介于"竞争制度下的冷酷的个人主义与危险的社会主义之间的"仁慈的、温情的社会主义。为此,基督教会发起了声势浩大的"社会福音运动",着手对各种社会问题的改造,受到了广大中产阶级和下层劳动人民的欢迎。

中产阶级知识分子提出的另一种主张是贝拉米(1850—1898)的国家主义。贝拉米生长于新英格兰西部工业地区,对工业状况下社会的弊端多有了解。1887年写成乌托邦小说《回顾,公元2000—1887年》,对现存社会秩序和资本主义的弊端进行了批评,对未来的社会制度作了展望。他认为,把生产事业交给不负责任的个人经营,造成了极大浪费,造成贫富悬殊的现象,而财富和贫困达到极点就会产生灾难。避免灾难的补救方法是通过和平的道路进行社会改革,实现充分的国有化,以"兄弟般的合作原则"代替邪恶的竞争和破坏性的垄断。于是,他设想了一种新的"国家主义"体制。在此体制下,政府拥有并掌握生产和分配的手段,工业实行国有,整个社会组成劳动大军,个人主义的竞争原则被抛弃,合作是新秩序的秘密,分发生活必需品的大百货商店取代了林立的竞争性商铺,信用卡代替了货币。这种主张对中产阶级很有吸引力,激发了许多国家主义俱乐部的形成。

土地单一税方案是中产阶级提出的又一主张。1879年,乔治(1839—1897)发表《进步与贫困》一书,对传统的贫困观(即马尔萨斯的理论)提出有力挑战,认为贫困是一种社会罪恶,土地垄断是万恶之源,"地租吞噬了全部的利益,因此,贫困伴随着进步"。乔治将现代政治、经济和社会的弊端统统归咎于土地垄断,主张废除一切租税,单独征收地价税,显然这是庸俗的经济学主张,但在19世纪末年却备受青睐。《进步与贫困》问世不久就有了多种译本,据估计到1905年发行量已高达200万册。有人认为,除马克思以外,没有一个经济学家的著述能像乔治那样轰动全球。在不少地方,乔治成了"人们多年来一直追寻的预言家和政治经济学及社会科学领域内的哥伦布"。在美国,乔治也拥有大批信徒,1886年他竞选纽约市长时一举夺得6.8万张选票。

基督教社会主义、国家主义和单一税方案的提出,是中产阶级知识分子面对社会巨变而产生困惑的一种表现。尽管这些"蓝图"并未像他们所期望的那样成为医治社会创伤的灵丹妙药,但它们对于日后的社会政治变革确曾直接间接、或多或少地产生了影响。

保守思潮的衰落与进步思潮的兴起 社会大变动在带来物质的、有形的变化的同时,最终也将不可避免地触及深层次的思想领域。19世纪下半叶,美国以个人主义为核心的自由放任主义保守思潮趋向衰落,强调政府管理和干预的进步思潮日渐兴起,便是其在意识形态领域所产生的效应之一。

19世纪中叶以前,美国通行的哲学是以个人主义为核心的自由放任主义。南北战争后社会达尔文主义的兴起,加剧了美国思想中的个人主义和自由放任思潮。

社会达尔文主义是某些西方思想家如英国的斯宾塞(1820—1903)、美国萨姆纳(1840—1910)等把达尔文的生物进化论演绎到人类社会而产生的一种庸俗哲学,社会达尔文主义对于社会、现状、个人主义价值观和国家职能等有一套系统的理论。在它看来,人类社会自然地进化着,对现存制度的任何干预只会阻碍进步。在一个根据适者生存原则运行的自由社会里,权力会自然地流向最有才能者手中,财产的拥有和获得是神圣权利,"文明依赖于这种体制"。其次它认为,进步源于自然进化,取决于自由竞争。"文明的进步依赖于选择的进程,选择的进程又有赖于不受限制的竞争的进行。竞争是一种自然的法则,这种法则就像地心引力一样无法摆脱或废除。"① 再次,国家应该只限于从事保护财产和维持秩序的治安活动;若国家干预经济事务,势必会破坏自然选择的有益影响。贫民窟和贫困是竞争带来的不幸,然而是不可避免的消极后果,由国家出面干涉来消灭贫民窟和贫困是方向性的错误。贸易有某些天然法则,运用这些法则将会给个人和社会带来最大的福利。自由竞争是经济生活的伟大调适器,它保证适者生存,劣者淘汰。干预竞争法则就是家长式统治或社会主义,它使得人类进步的冲动受到压制。因此,理想的政府就是这样一个政府,它只实行最低限度的政治控制,对个人则给予最大的机会。

社会学领域内,以沃德(1841—1913)和罗斯(1866—1951)为首的社会学家对斯宾塞-萨姆纳式的解释进行了全面否定。首先,反对将进化论运用于社会和经济关系中。沃德论述道:"事实上,除了极有限的意义外,人类与社会并不受那控制其他动物世界的动力法则的影响……如果我们说生物的进程是自然的,那么我们必须将社会的进程视作人为的。生物学的基本原理是自然选择,而社会学的基本原理则是人为的选择。"继之,沃德对社会理论中的自然法则加以攻击。在《动力社会学》一书中,他指出:人类对自然的控制,而不是自然法则,是文明向前迈进的原因所在;统一而协调的活动(有计划的和政府的干预)才是达到和睦幸福的最进步手段。在此基础上,沃德对放任主义进行了严厉批评:"如果自然借着弱者的灭亡而进步,人类就应该是借着保护弱者而得到发展。"在他看来,政府干预不是一个理论问题而是一个实际问题;"个人自由只能通过社会调节来实现";立法也不过是一项发明,与无数发明中的任何别的发明一样,都是用以战胜自然的手段,立法乃是"社会集体智慧科学地控制各种社会力量以造福于社会的一种机制"。②

经济学领域内,理查德·伊利和约翰·康芒斯联合发难,对古典经济学的正统主义、教条主义以及对自由放任主义的盲目信仰进行了严厉抨击。1885年他们组成美国经济学会,并发表宣言谴责自由放任原则"政治上的危险性"和"伦理上的不健全",声称"国家作为一个

---

① Richard Hofstadter. *Social Darwinism in American Thought* (revised edition). Beacon Press, 1955, p. 57.
② H. S. 康马杰:《美国精神》,杨静予等译,北京:光明日报出版社,1988年版,第312-313页。

代理机构，它的有效帮助是人类进步不可或缺的条件之一"。经济学家亨利·亚当斯1887年发表的论文《自由放任的限度》认为，垄断企业的产生不可避免，而且对社会生产有利，但必须将其置于国家的控制监督之下。文章指出，"人们并不抱怨垄断的存在，因为他们认识到垄断的存在是不可避免的，但是，人们对滥用垄断带来的特权及不寻常的权力去谋求个人私利而不是服务于它的崇高目的感到不满"，因此，"应当保证社会能够抑制那些用于个人私利的独断特权，而同时也应当保护集中的组织所带来的好处"。反传统的经济学家索尔斯坦·维布伦则集中于"显形消费"，对工业巨头是"最适者"的传统观念进行了攻击，指出商人阶级的居心和习惯基本上具有掠夺性。他的著作《有闲阶级论》（1899）的方法和结论对于摧毁保守的斯宾塞哲学根基产生了巨大影响。

政治科学领域也出现极大变化，强调研究政治过程而不是政治学中的抽象法则。伍德罗·威尔逊在《政府的作用》（1889）中指出，政府除了保障人民的"天赋权利"这项职能外，还应有广泛的"管理职能"，诸如监督管理工商业、处理劳工事务、发展公用事业和教育、赈灾济贫、保护森林等。艾伦·史密斯和查尔斯·比尔德等对美国宪法的保守性进行了探讨，指出宪法乃少数人从阶级利益出发而构思出来的，他们的"经济解释"从根本上否定了宪法的神源论。

其他领域也形成了体现时代精神的新思想。哲学上取代庸俗进化哲学的是实用主义；法学上社会学的法理学取代了教条主义的法理学；史学方面，相对主义兴起，斗争、冲突、经济因素和环境因素成了历史研究中强调的重点。

新社会思想的形成，瓦解了保守主义的思想体系，消除了社会变革道路上的某些无形障碍，为广泛深远的改革运动的兴起作好了理论准备。

改革运动的兴起 19世纪末，美国社会从市镇到各州、从乡村到城市都出现了要求变革的呼声，最终形成了多层次、多侧面的改革运动。其中包括社会正义运动、女权运动、市政改革、州级改革以及联邦政府的改革。

垄断资本主义的兴起加剧了美国社会的两极分化，一些富有正义感的人士认为，两极分化是由于分配体制的不公所致，因此热衷于以改良手段祈求社会公正，掀起一场所谓"社会正义运动"。在贫民窟中开展工作的神父和牧师是这场运动的先锋，到1900年时"社会正义运动"已形成一股不小的社会力量。争取妇女政治权利的女权运动也是一个重要方面。19世纪90年代，各种妇女组织先后出现，美国大学妇女协会（1881）、全国妇女领袖协会（1891）、青年女子协会（1901）、美国妇女商业联合会（1903）、基督教妇女禁酒协会（1903）相继成立。各种妇女俱乐部也随之而生。美国西部是女权运动的中心，东部地区也迅速受到影响。

在诸多改革中，市政改革进行得轰轰烈烈。美国在从乡村社会走向城市社会的过程中，市政管理和建设出现了许多新问题。城市经济利益集团和政党核心集团操纵市政府，经济集团和政党机器相互勾结，腐败成风，贿赂成灾。特权企业通过不正当手段取得特许状、承包合同和豁免权，严重危害大众利益。随着人口的剧增尤其移民的大量涌入，城市规模急剧膨胀，城市管理日趋复杂，但现行市政管理低效无能，结果贫困、犯罪、疾病等"城市病"不断蔓延,日趋突出。总之,城市化的急速进展使得城市成为广大民众不满以及要求变革的"风暴的中心"。19世纪90年代起,一些城市陆续展开了旨在消灭贪污腐化现象、恢复城市代议制政府、实行公平税收、加强对公用事业管理以及扩大公益服务事业的市政改革运动。1894年,城市改革者组成全国市镇联盟,此后市政改革逐渐遍及全国,成为一场全国性的运动。其间涌现出一批著名的城市改革家,如克利夫兰市的汤姆·约翰逊、托列多市长塞缪尔·琼斯、底特律市长汉森·平格里以及芝加哥市长卡特·哈里森等等。

市政改革和州级改革紧密相连,特别是实现城市自治更离不开州的改革进程。为消除政党机器的不良影响,摆脱铁路公司和其他公司对州政治的控制,促进州的社会福利,在改革潮流推动下,一些州相继出现了声势浩大的改革运动。中西部诸州是改革的大本营,这里有被称为"民主实验室"的威斯康星(拉福莱特1900年出任州长将改革推到顶峰),还有不甘示弱的爱荷华和印第安纳。东部的纽约州改革波澜壮阔,新泽西州的"新思想运动"浩浩荡荡。太平洋沿岸的加利福尼亚和俄勒冈在H.约翰逊和威廉·尤伦执政时期的政治面貌也焕然一新。

州的改革取得了某些重大成效。1898年南达科他首先采用创制权和复决权,继之西部的犹他、内华达、蒙大拿和俄克拉何马等州纷纷效法。在建立直接预选体制以取代党魁控制的代表大会提名的旧制度方面,密西西比州1902年率先通过了强制性的《全州预选法》。关于直接选举联邦参议员,联邦众议院于1894年、1898年和1900年三次提出参议员直接选举的有关宪法修正案,但每次都被参议院拒绝。1900年,民主党接过90年代平民党人的主张,将直接选举联邦参议员条款写入党纲。童工、女工立法方面,1901年南、北卡罗来纳州、佐治亚州和阿拉巴马州立法机关制定出《童工法》。1893年伊利诺伊州通过强制法令,规定妇女工作时间每天不能超过8小时,但两年后被州最高法院宣布违宪。

市州一级的改革主要针对政治和社会问题,联邦政府的改革则着眼于经济领域。这集中体现在加强铁路管理和托拉斯立法两大方面。

早在19世纪70—80年代,在农民运动力量强大的中西部和南部地区,一些州议会就通过法案,试图对铁路加以管理,有的也取得初步成效。但由于运输是一项跨州性的事业,根据美国宪法,只有联邦政府才有职权管理州际事务。对于铁路经营中的种种不合理行为,各州无能为力,无计可施。1886年联邦最高法院在一次判决中禁止各州管理铁路州际运价。1887年议会通过第一个管理铁路的法案——《州际贸易法》。该法禁止铁路联营、歧视、运费折扣及短程收费高于远程等不正当行为,规定运价必须公平合理,铁路公司应公布运价表,并设立州际贸易委员会负责执行。铁路公司对州际贸易委员会试图取消运费折扣加以抵制,最高法院也在1896年和1897年两次判决中裁定州际贸易委员会无权确定运价,因而铁路经营中的种种不公正现象依然如故。19世纪最后几年,铁路经营更趋混乱。激烈的竞争不仅加重了承运者的负担,而且也给铁路利益集团带来损失,运费折扣逐渐成为铁路公司的包袱。于是,铁路巨头、运货商连同政府官员,共同寻求有效的联邦控制措施。20世纪初年,联邦政府相继通过一系列立法,基本确立了对铁路的比较全面、有效的管理和控制。

其二是托拉斯立法。19世纪末年,托拉斯的成长和壮大日益成为社会生活中的突出现象。对于托拉斯的活动,不同阶级、阶层和集团的人们作出了不同反应,各级政府也相应地采取了不同的措施。到80年代末,各州除颁布《铁路运价法令》外,还通过了一些局部性的不完整的《反垄断法令》。1890年时,至少有14个州和地区(均在西部和南部)的宪法条文中有反托拉斯的条款,另外13个州通过了《反托拉斯法》。然各州法令条文差异颇大,州的立法既不能摧毁垄断企业,也不能恢复竞争。1890年,美国总统哈里森和议会在公众的强大压力下,通过了《谢尔曼反托拉斯法》。法案规定:凡以限制州际贸易或国外贸易为目的而签订合同、组织的托拉斯等联合企业或二人以上的共同策划均属非法;凡垄断或企图垄断、组织或企图组织联合企业,或同他人共谋垄断州际贸易或国外贸易者均属不法行为。垄断资本家反对该法,认为这是对合法商业的打击,对经济发展不利,因而在司法部执行过程中处掣肘,加上存在一系列理论和实践方面的难题,实际上司法部门未能认真执行该法。在一个相当长的时期内,谢尔曼法徒有虚名。

19世纪末的改革,揭开了20世纪初美国更大规模的、更加广泛深入的改革运动的序幕,成为"进步主义改革"的前奏。

三、走向海外扩张

美国在确立世界经济强国地位的同时,也积极推行对外侵略扩张的帝国主义外交政策。这一点集中体现在发动美西战争和炮制对华"门户开放"政策上。

早在19世纪40年代,美国的扩张主义者就竭力鼓吹"天定命运"论,把美国领土从大西洋沿岸扩张到太平洋沿岸说成是上帝所命。随着西部领土扩张的完毕以及"边疆"的消逝,扩张主义者的目光转向了北美大陆以外的领陆和领海。社会达尔文主义传入以后,"适者生存"成为种族优劣论的理论依据。19世纪末叶,美国成为资本主义世界中野心勃勃的"后起之秀",强烈要求按照资本和实力重新划分世界。自由竞争时代的扩张主义传统和垄断时期的帝国主义欲望相结合,形成一种更强烈的侵略扩张主义。此时期美国海军军官马汉(1840—1914)提出的"海权论"便是其理论表现之一。

作为军事史家,马汉认为"海权"对一国历史的发展至关重要,其著作《海权对1660—1783年历史的影响》(1890)和《海权对1793—1812年法国革命和帝国的影响》(1892)贯穿着这一思想。在《美国现在和未来对海上力量的关心》(1897)一书中,他强烈主张:美国应建立强大海军,并在加勒比海地区建立优势;美国应充分利用菲律宾为基地,夺取太平洋和远东地区的霸权。甚至露骨地宣称:"不管美国人愿不愿意,现在他们必须开始目光向外看。""海权论"迎合了扩张主义的思潮,适应了帝国主义政策的需要,成为美国总统制定对外政策的重要指导原则。

1895年,古巴人民掀起反抗西班牙殖民统治的起义,翌年遭镇压,引起美国民众尤其在古投资的美国资本家的同情和关注。麦金莱政府利用人民的同情,向西班牙提出抗议并于1898年以"保护美侨"为名派遣"缅因"号战舰赴哈瓦那。与此同时,美国国内报刊趁机煽风点火,挑起民众的反西情绪。1898年2月,泊于哈瓦那港口的"缅因"号战舰被炸沉,350名船员大部分伤亡,美西关系急剧恶化。4月25日美正式向西宣战,美西战争爆发。战争历时仅三个多月,衰落的老牌殖民帝国西班牙不堪一击,美军迅速在太平洋战线和加勒比海战线击败对手,赢得这场所谓"小而辉煌的战争"的胜利。同年12月10日双方在巴黎签署和约,西班牙放弃古巴并承认其独立,将关岛和波多黎各割让给美国,还以2000万美元的代价将菲律宾群岛的主权转让美国。从此,美国取得了对古巴和菲律宾的控制权。

美西战争是美国第一次在海外进行的大规模侵略战争,是美国推行帝国主义战争政策的起点,同时也是世界资本主义向帝国主义转变的标志性事件之一。

夺取菲律宾之后,美国的目标对准了太平洋西岸的中国。一般说来,19世纪中叶,美国的对华政策还依赖英国而尚未形成其独立、系统、完整的体系。19世纪末期,随着世界强国地位的最后确立,出于同老牌帝国主义国家重新瓜分世界的需要,美国开始推出其独立的对华政策。美西战争前后,列强掀起瓜分中国的狂潮,纷纷划出在华势力范围,美国也不甘示弱。1899年9月,美国国务卿海约翰(1838—1905)提出对华国际贸易原则,主张在中国享有势力范围的各大国应该一视同仁地将各通商口岸向所有贸易国开放,任何势力范围或通商口岸不得实行贸易的歧视性待遇。1900年6月,美国派出5000人军队,加入八国联军血腥镇压中国的义和团运动。同年7月,美国又照会列强,重申美国"门户开放"政策是"保全中国领土及行政的完整,保护各友邦受条约与国际法所保障的一切权利,并维护各国在中国各地平等公正贸易的原则"。这便是所谓"门户开放"政策。实质上,该政策完全是美国政府从其自身利益出发、以损害中国人民利益为目的的侵华政策。

第七节 传统与现代交织的俄国

一、农奴制改革后资本主义的发展

1861年改革标志着俄国由封建社会向资本主义社会的转变,俄国资本主义从此获得迅速发展。

农奴制的废除解放了生产力,扩大了工业品的国内销售市场。农奴制改革后,农民为赎地而支付了高达20亿卢布的资金,这些钱绝大部分流入铁路、矿山、工厂和银行,成为发展经济不可或缺的资本来源。由于农奴制的废除,第一次工业革命得以深入开展,加上第二次工业革命浪潮的兴起,到19世纪80年代,俄国主要工业部门中机器生产逐渐排挤手工劳动而占统治地位,基本完成了从手工工场向工厂的过渡。作为年轻的资本主义国家,俄国在农奴制改革后可以充分利用老牌国家的雄厚资本以及第二次工业革命进程中兴起的技术成就,来推动本国经济的发展。此外,沙皇政府不断地对外扩张,强占和掠夺殖民地,也给予国内经济一定的刺激。到90年代,原本死气沉沉的俄国开始出现经济的高涨。

随着工业革命的推进,俄国工业生产大幅度增长,工业产量在19世纪最后40年间平均增长了6倍。其中:煤产量由1800万普特增至9.95亿普特,增长55倍;生铁产量由1900万普特增至1.76亿普特,增长9倍多;铁路长度由1500公里增至6万多公里,增长44倍。90年代末,俄国铁路长度仅次于美国,居世界第二。1860—1890年间,俄国的棉纺织业产值由5000万卢布增至2亿卢布,增长3倍;钢产量由1250万普特增至5200万普特,增长3倍;石油开采量由不足100万普特增至2.43亿普特。

经济的发展导致了工业中心的形成。除老的工业中心彼得堡、莫斯科外,出现了一些新的工业区,顿巴斯是煤炭工业、冶金工业区,巴库是石油工业区,克利沃罗格是铁矿工业区,波罗的海沿岸成为机器制造业和纺织工业区。

农奴制废除后,俄国的农业经济也日益走上资本主义道路。

然而,总体而言,俄国社会、经济较之西欧、美国仍显落后。19世纪下半叶,俄国基本上还是一个靠输出谷物换取外国工业品的农业国。1899年农业人口仍然占全国人口的5/6,20世纪初,工业总产值在国民经济中仅占41%。工业生产发展水平、技术水平均落后于西欧北美。90年代初俄棉纺织业中劳动生产率比英国低1/2至2/3。钢、铁、煤等的人均占有量也都无法与西欧、北美诸国相提并论。落后的原因在于:改革前工业基础太差,技术底子太薄,经济上极端落后;大量的封建农奴制残余存在,贵族地主大土地所有制导致经营方式落后,生产水平低下,农村贫困,原料缺乏,市场狭小;沙皇专制制度的腐败,忽视了对于经济发展的支持,而同时期的西欧诸国纷纷利用政权杠杆刺激经济。

二、军事封建帝国主义的形成

俄国的垄断组织出现于19世纪80年代,90年代经济高涨期间获得进一步发展,20世纪初年的经济危机加剧了资本的集中与垄断,使得垄断在经济生活中的地位日渐突出。

俄国垄断组织最普遍的形式是辛迪加,且垄断组织的集中程度相对而言较高。1900年,南俄7个大企业生产的生铁占了全国生铁总产量的37.6%。巴库5个大公司生产的石油占了全国石油产量的42.6%。最大的冶金工业垄断组织"金属销售公司"联合了30个大冶金企业,控制的固定资本占全国冶金业资本额的70%以上,拥有工人85000名,占全国冶金工人总数的1/3。1904年建立的煤炭公司辛迪加垄断了顿巴斯煤区的75%。俄国工人集中的程度也超过了美国和德国。据研究,1910年俄国有53.4%的工人集中在拥有500人以上的大企业里,而美国同类企业中工人的比重仅占33%,德国的工人则大部分就业于500人以下的企业。

19世纪末20世纪初,俄国处于帝国主义的形成和过渡阶段。俄国帝国主义被列宁称为军事封建帝国主义,这是由其特性所决定的。

俄国垄断资本与封建残余的结合程度相当紧密。俄国的资本积累和工业革命是在沙皇政权的卵翼下发展起来的,俄国资产阶级的出生证上打上了深深的封建烙印。改革前,沙皇政权便发动频繁的战争,通过国家军事供应培植了一批富有的军火贩子,这些人后来大多成为大资本家。彼得大帝之后的历代沙皇还经常把领地、农奴、黄金等赐予宠臣,这些获赐者当时即已成为工厂、矿山的业主、国家的供货人和专卖人,其后裔后来多成为工业家、公司创始人、工厂和银行股票的所有者。1861年的农奴制改革冲击了落后的农奴制,但改革很不彻底,保留了大量农奴制残余。由于沙皇依靠的是地主贵族,为保护地主利益,就要维护农奴制残余;另一方面,沙皇政府也不得不照顾资产阶级的利益,特别表现在公债制度、政府的军事订货上。结果,资本主义阶段兴起的许多垄断组织本身具有明显的半封建特点。例如,糖业辛迪加是由制糖工业家和种植甜菜的大地主共同组成的;乌拉尔"克罗夫罗"辛迪加的参加者是一些拥有几十万俄亩土地的大领主。这些金融寡头还在政治上与沙皇专制政权相勾结,彼得堡的5家银行中就有4家隶属于前财政部的主要官员。

沙皇政权本来就具有军国主义的传统,加上垄断资本与其勾结,就使得俄国帝国主义的军事性质更加浓厚。农奴制残余的存在,限制了国内市场的开拓,为满足资产阶级的要求,沙皇政府乃借助于发动侵略战争,开辟国外市场,争夺世界霸权。沙皇制度由此带有高度的军事掠夺和侵略性质。19世纪末年,俄国的侵略矛头分别指向巴尔干、中亚和中国。其先后征服了布哈拉汗国、希瓦汗国、浩罕汗国和土库曼,将中亚近390万平方公里的土地变成俄国的殖民地;发动俄土战争,与列强争夺巴尔干和中近东;积极推行与西方各国瓜分中国的政策,通过一系列不平等条约割占了我国东北及西部大量领土。

半封建农奴制残余的存在以及资本主义经济的缓慢发展,造成了俄国国内经济的落后以及对外国资本的严重依赖,生产技术明显落后于西欧,几乎缺乏机器制造业和化学工业,工业生产量也大大低于西欧北美。由于工业落后,在经济上对于西欧国家存在着半殖民地性的依附。表现为:一、对外国资本和技术的依赖。俄国本身有大量廉价原料和劳动力,为发展经济不得不大量吸引西欧资本家投资,引进的外资以英、法、德、美、比利时为主。1900年外资达到全俄股份公司总额的近50%,直接或间接控制了俄国的冶金、煤炭、石油及机器制造业,每年获利润高达900多万卢布。二、财政上对西欧的依赖。俄国从法、英举借了大量债务。三、资本输出方面,往往充当外国资本的代理人或仆从的角色,如对波斯、土耳其和中国的资本输出。四、俄国垄断资本大部分是在外国资本的直接影响及参加下发展起来的,俄国的垄断组织本质上往往是外国垄断公司的分公司或子公司。

俄国经济上的落后,政治上、军事上的保守反动以及对西欧国家的依赖,造成国内各种矛盾尤其尖锐突出,最终使它成为整个帝国主义链条上的最薄弱环节。

三、民粹派运动

农奴制废除后,俄国农村中资本主义和农奴制残余紧密结合,广大农民遭受资本主义与封建主义的双重压迫和剥削,农村的阶级矛盾日趋尖锐,农民反对地主土地所有制、沙皇专制制度的斗争日益高涨。在此形势下,形成了反映农民愿望、要求消灭农奴制残余和资本主义制度的民粹派。

19世纪60年代末70年代初,第一批民粹派组织成立于彼得堡、莫斯科、基辅和敖德萨等地。领导人有拉甫罗夫(1823—1900)、特卡乔夫(1844—1886)等。

民粹派主要由平民知识分子组成,是一些小资产阶级空想社会主义者,但其捍卫农民利益,坚决反对沙皇政府,在70年代具有进步性。他们提出过一些积极主张,例如:消灭沙皇专制制度和封建农奴制残余;废除地主土地所有制,把土地分给农民;在俄国实现社会主义。民粹派的基本观点是错误的,他们认为资本主义在俄国只是"偶然"现象,发展不起来,因此无产阶级也不会成长壮大;否认工人阶级是革命中的先进阶级,妄想不要无产阶级而达到社会主义,认为俄国革命的主要力量是知识分子领导的"具有共产主义本能的农民",农民村社是"社会主义的胚胎和基础",实现社会主义的途径是:知识分子领导农民骚动,推翻沙皇政府,然后依靠农民,通过农民村社就可实现社会主义,根本无需通过无产阶级专政;认为历史不是人民群众所创造,而是个别杰出人物、"英雄"创造历史,人民群众是"群氓",只是盲目地跟着"英雄"走。

民粹派组织建立后,最初工作重心在城市。他们一方面在知识分子中间宣传,另一方面在工人中间进行鼓动,并把这种宣传活动视为将来在农民中间开展工作的一种准备,在知识分子和工人群众中间产生了一定影响。1874年春夏之交,民粹派把工作重心转向农村,发起"到民间去"运动("民粹派"的名称由此而来),参加者约千人。这些人以"英雄"、"救世主"自居,抱着天真幻想,充满胜利信心,换上农民服装,模仿农民的语言,进行宣传鼓动,但收效甚微。由于没有得到农民的支持,"到民间去"运动很快被镇压下去。一大批民粹派分子被捕入狱。

1876年,一部分民粹派分子鉴于过去的失败教训,成立新的民粹派组织——"土地与自由社",提出与农民现实利益相结合的"土地与自由"的民粹主义纲领,主张把土地分给农民,让农村村社实行自治;还在农村建立了固定的组织,以教师、医生等身份下到农村进行工作,以便发动农民起义。这时期的民粹派运动比前期有所进步,但由于民粹派坚持自己的错误观点,没有正确看待农民,农民也不了解民粹派,因此这种"救世主"行动同样因得不到农民的支持而遭失败。

1879年,"土地与自由社"因内部意见分歧一分为二:一派称"土地平分社"(又名"黑分社"),另一派称"民意党"。前者坚持原来立场,找不到正确斗争方式,不久停止活动。后者奉行唯心的英雄史观,污蔑人民群众是"群氓",鼓吹"英雄"可决定历史的发展,个别"豪杰"的冒险行动能在瞬间扭转乾坤,为此于1881年3月在彼得堡炸死沙皇亚历山大二世。

民粹派运动以彻底失败告终并产生了恶劣影响,其阻碍了工农革命运动的发展,使得许多革命者遭到逮捕和杀害。

四、工人运动的兴起和马克思主义的传播

19世纪六七十年代,随着大工业的兴起,俄国工业无产阶级逐渐形成,到80年代已发展成为一支独立的政治力量。1870年5月,彼得堡涅瓦纱厂爆发了俄国工人的首次罢工。

俄国工人阶级有着显著特点:受压迫重,斗争精神强烈;工人集中的程度高,超过西欧、北美。由于身受农奴制残余、本国资本主义和外国资本主义的三重压迫,俄国工人的处境恶

劣。日工时一般长达12—14小时,多者达到16—18小时;工资待遇低,男工月均工资14卢布,女工10卢布,童工7卢布。工厂主还任意罚款,克扣工资。工人的工作条件也十分恶劣,没有任何劳动立法,不准举行罢工。俄国工人集中的程度也远远超过欧美主要资本主义国家。1866年,千人以上工厂的工人占全部工厂工人数的27%,1879年上升到40%,1890年达到46%,1902年增至47.8%。1870—1875年,俄国共发生105次罢工,54次暴动,平均每月2次。1875年,敖德萨成立了俄国第一个工人阶级的独立组织——"南俄工人协会",1878年彼得堡成立了"俄国北方工人协会"。两个协会展开宣传、组织工作,多次领导工人罢工。然而,这些组织未完全摆脱民粹主义的影响,还没有马克思主义的理论指导,并且很快被沙皇政府所摧毁,但它们的出现标志着俄国无产阶级的觉醒。

80年代俄国工人运动得到进一步发展。1881年至1886年间,累计举行了348次罢工,其中最大的一次是1885年奥列哈夫·祖也夫城莫罗佐夫工厂的罢工,8000名工人团结一致,争得了俄国历史上第一个工厂立法——《关于限制罚款法令》。

工人运动的发展推动了马克思主义在俄国的传播。1883年,普列汉诺夫(1856—1918)在日内瓦建立"劳动解放社"。这是俄国第一个传播马克思主义的团体,先后翻译出版了《共产党宣言》、《雇佣劳动和资本》、《社会主义从空想到科学的发展》等著作,并将其秘密运回俄国散发。为扫清传播马克思主义的障碍,"劳动解放社"同民粹派的错误观点展开了针锋相对的斗争。普列汉诺夫为此撰写了一系列马克思主义著作,包括《社会主义和政治斗争》、《我们的意见分歧》、《论一元论历史观之发展》以及《论个人在历史上的作用》等等。这些著述,全面地批驳了民粹派的错误理论与主张,以翔实的材料证明俄国已经走上资本主义的发展道路;指出农民虽占俄国绝大多数,但分散、落后、革命彻底性差,不是增长着的阶级,而是日益分化的阶级,无产阶级是同先进的经济形式和大生产相联系的,因而是革命的主要力量;历史并非"英雄"创造的,是人民创造了英雄,人民群众创造并推进历史的前进。

"劳动解放社"的活动,教育和培养了俄国第一批马克思主义者,为马克思主义在俄国的胜利奠定了理论基础,但是,以普列汉诺夫为首的"劳动解放社"本身犯有严重错误,对民粹派的批判不够彻底,保留有民粹主义观点的痕迹,如采纳个人恐怖的策略等。普列汉诺夫一面否认工农联盟和农民在革命中的作用,一面又过高地估计了资产阶级的作用,这些原则性的错误观点是其后来堕落为孟什维克的思想根源。

在"劳动解放社"建立的同时,19世纪80年代末90年代初俄国许多地区都建立了马克思主义小组。但这些小组都只是从事马克思主义宣传活动的狭小团体,很少联系工人群众,都还没有把马克思主义与俄国工人运动结合起来。于是,在思想上彻底粉碎民粹主义,纠正"劳动解放社"的错误,克服马克思主义小组的局限,把马克思主义同俄国工人运动结合起来,把零星的马克思主义小组统一成为一个无产阶级的革命政党,以便领导俄国人民推翻沙皇政府,进而夺取社会主义革命的胜利,这个光荣艰巨的历史任务就落到无产阶级的伟大导师列宁和老一辈无产阶级革命家的肩上。

参考书目

1. [美]R. R. 帕尔默等:《工业革命:变革世界的引擎》,苏中友、周鸿临、范丽萍译,北京:世界图书出版公司,2010年版。
2. [英]艾瑞克·霍布斯鲍姆:《帝国的年代:1875—1914》,贾士蘅译,北京:中信出版社,2014年版。
3. [英]F. H. 欣斯利编:《新编剑桥世界近代史(第11卷)》,中国社会科学院世界历史研究所组译,北京:中国社会科学出版社,2018年版。
4. [德]于尔根·奥斯特哈默:《世界的演变:19世纪史》,强朝晖、刘风译,北京:社会科学文献出版社,2016年版。
5. [俄罗斯]M. 图甘-巴拉诺夫斯基:《19世纪俄国工厂发展史》,张广翔、邓沛勇译,北京:社会科学文献出版社,2017年版。
6. [美]乔伊斯·阿普尔比:《无情的革命:资本主义的历史》,宋非译,北京:社会科学文献出版社,2014年版。(重点阅读第6—8章)

第七章 工业文明在全球的扩张

1415年,葡萄牙国王若奥一世率领船队,渡过直布罗陀海峡,侵入摩洛哥,占领了休达城,由此开始了近代欧洲人对非洲、亚洲、澳洲和美洲的殖民活动。征服与反征服的斗争在亚非拉此起彼伏,这种斗争实际上是东西方不同的价值观、西方的工业文明和东方的农业文明间碰撞的一种表现形式。当然,在碰撞的同时也有融合,西方近代的工业文明被传入东方,在一定程度上促进了东方各国生产力的发展和社会的进步。

第一节 殖民入侵与非洲社会的变革

一、黑奴贸易

1415年葡萄牙人武力占领了摩洛哥的休达城后,在"黄金热"的驱使下,他们沿着西非海岸,一步步冒险南下,直到1498年达·伽马船队绕过好望角,在东非沿海建立殖民据点时止,完成了环绕非洲海岸的航行。在此期间,他们的黄金梦始终没有实现,却发展起来了西方殖民史上最黑暗的一页——黑奴贸易。

黑奴贸易在非洲前后持续了400多年,可分为三个时期:15世纪中叶—17世纪中叶的勃兴期、17世纪中叶—18世纪末的繁荣期、18世纪末—19世纪末的衰亡期。大多数西方国家都参与了经常性的黑奴贸易,包括葡萄牙、西班牙、荷兰、英国、法国、瑞典、丹麦和美国。

黑奴贸易的兴盛 1441年,葡萄牙探险队在西非布朗角附近虏获了10名摩尔人(北非柏柏尔人与黑人的混血后裔),他们被当作新发现的"海外怪物"运到了葡萄牙,在巡游示众以后,在奴隶市场上被高价出售。1444年葡萄牙人又从塞内加尔河口掳掠到235名黑人[①],运回葡萄牙后拍卖为奴。这些都是欧洲人在非洲掠夺奴隶的最早记录,葡萄牙由此成为世界范围内贩卖黑奴的开山鼻祖。在以后的半个世纪里,葡萄牙人贩卖的黑奴总数大约有15万名。他们起初是填补葡萄牙国内劳动力的不足,后来被大量带到葡萄牙人在西非圣多美群岛上开办的种植园劳动。

美洲新大陆发现后,随着西班牙、葡萄牙的大规模殖民活动,黑奴贸易也被延伸至美洲,这里逐渐成为黑奴最大的接受地。1501年第一批黑奴被运抵圣多明各岛,开始了横跨大西洋的黑奴贸易。但是,直到17世纪中叶,黑奴贸易的体制尚未完全建立,每年从非洲运出的黑奴在几万人左右,奴隶几乎都来自非洲的西海岸。

从17世纪中叶起,伴随着西方殖民者在美洲种植园经济的迅速发展,黑奴贸易的规模迅速扩大。仅在17世纪下半叶,荷兰就从西非海岸运出了至少10万名黑奴。同一时期各贩奴国从西非运走的黑奴人数超过了以前200年的总和。在整个18世纪,英国约从西非运出了200万黑奴,法国和葡萄牙分别运出了约60多万黑奴。其中在18世纪中叶黑奴贸易进入鼎盛时期,从非洲沿海平均每年要输出10万名黑奴。

"三角贸易" 黑奴贸易体制也于17世纪中叶以后,随着贩卖黑奴规模的扩大而逐步建立起来。

欧洲各国的奴隶商从欧洲运来枪械、火药、纺织品、烈性酒、小型饰物等,与非洲本土的奴隶贩子交换黑奴。欧洲人亲自猎取黑人或把人质当奴隶,只是在黑奴贸易的初期实行过,但这种方式既冒风险,又不能满足大规模获取奴隶的需要。于是,欧洲奴隶商便用枪支弹药"资助"非洲一些部落酋长,挑起部落战争,从而获得大批战俘奴隶。他们在非洲沿海建立奴隶堡和商站,作为收购和贩运奴隶的据点,非洲内地的奴隶贩子则通过贩奴路线,把奴隶一批批地运到这里。为了最大限度地赚取利润,每艘贩奴船在横越大西洋时总是装得很满,据史料记载,一艘90吨的小船竟塞进390名奴隶。由于船舱过于拥挤,许多黑奴在贩运途中患病被扔进大海,以至贩奴船后面经常尾随着一群等待食人肉的鲨鱼。

贩奴船到美洲后,卖给种植园的奴隶价格一般比在非洲的买价高30—50倍。商人用出卖奴隶的钱购买美洲种植园和矿场由奴隶生产的农矿原料,如蔗糖、棉花、烟草和金银铜等,运回欧洲。

这样,在欧洲、非洲和美洲之间形成了一种"三角贸易"。一个奴隶商船走完全程约需6个月,可做成三笔交易,获取高额利润。

---

① 陆庭恩、艾周昌:《非洲史教程》,上海:华东师范大学出版社,1990年版,第150页。

奴隶反抗与废奴运动 就在黑奴贸易盛行之时,非洲大陆上黑人的反抗斗争与欧美国家掀起的废奴运动遥相呼应。

非洲人为摆脱被奴役的命运,常采取集体暴动、个别逃亡甚至自杀的手段,同奴隶贩子进行斗争,表现出不甘屈服、宁死不到美洲当奴隶的决心。在贩奴船上,经常发生黑人绝食而死的事件,以至奴隶商发明了一种开口机械强迫他们进食。有些奴隶纵身跳入大西洋,甘愿被鲨鱼吃掉或溺水而死。在有关奴隶贸易的档案中,奴隶在船上集体暴动的事件也屡见不鲜。1700年,贩奴船"卡洛斯"号上的奴隶经过周密的策划,趁餐后下舱之机,拿起他们所能获得的小刀、铁棒等作武器,杀死凶恶的船员,或将他们抛入海中,发动起义。后来,奴隶贩子凭借手中的枪支进行疯狂屠杀,才将起义镇压下去。

惨无人道的黑奴贸易和奴隶制也激起了许多欧美知识分子和其他正义之士的愤慨。18世纪,当黑奴贸易走向高潮的时候,法国启蒙运动思想家伏尔泰、孟德斯鸠等人就开始谴责它侵犯了人权。欧洲教友派、福音派等宗教团体也纷纷批判它反宗教的野蛮性。到18世纪下半叶,在美国独立战争和法国大革命的影响下,反对黑奴贸易同废除奴隶制的呼吁结合在一起,在欧美大陆形成了一个波澜壮阔的废奴运动。在英、美、法等国,群众经常举行废奴集会,成立各种废奴团体。1783年,英国议会收到了首份要求禁止黑奴贸易的请愿书,此后有关废奴问题经常成为议会的辩论议题。两年后的1785年,剑桥大学把一年一度的获奖学位论文题目定为"能够把人变成违反其意志的奴隶吗?"鼓励大家就此问题展开讨论。废奴运动对推动欧美各国政府制定相关的废奴政策产生了一定的影响。

黑奴贸易的终止 1792年,丹麦率先宣布废止惨无人性的黑奴贸易。1807年英国和美国也先后宣布禁止黑奴贸易。1833年法国又加入禁奴行列。但是,黑奴贸易是禁而不止,一些不法的欧洲商人打着各种旗号,主要从东非继续贩运大批黑奴。1861—1865年美国南北战争中,南部奴隶主的失败和奴隶制的废除使大西洋黑奴贸易的根基发生了彻底的动摇。此后,黑奴贸易的规模急剧缩小。1890年在布鲁塞尔国际会议上,通过了反对奴隶贸易的总决议书,这标志着盛行了约400年的大西洋黑奴贸易被划上了句号。

黑奴贸易的衰落有其深刻的经济原因。从18世纪下半叶起,西方资本主义经济已发展到一个新阶段,从资本原始积累时期逐渐向自由资本主义时期过渡。从英国开始的工业革命逐渐波及到其他欧美国家,随着机器的轰鸣和蒸汽的呼啸,它们对外殖民政策也必然要发生变化。许多国家相继奉行自由贸易政策,资产阶级热衷于把包括非洲在内的海外殖民地变成他们的投资场所、原料产地和工业品销售市场,而不再是把黑人当作"活商品"输往其他大陆。

黑奴贸易的影响 黑奴贸易涉及到非、美、欧三大洲,它对非洲的影响和对欧美的影响截然不同。

对非洲大陆而言,它是黑人传统文明衰落、经济发展倒退的祸根。400年的黑奴贸易使非洲丧失了约2.1亿人口[1](包括运到海外、在掠奴战争中被打死的以及在贩运途中死亡的

---

[1] 联合国教科文组织:《15—19世纪非洲的奴隶贸易》,北京:中国对外翻译出版公司,1984年版,第213页。

人数),其中主要是青壮劳动力,社会人口得不到稳定的集中。掠奴战争使非洲已有的物质文明受到巨大的破坏,许多繁华的村镇被毁,一些传统的手工技术失传。非洲社会发展的正常进程被打乱,很多部落为躲避奴隶贩子的袭击而迁入人迹罕至的热带雨林,在沿海则出现了多种社会形态并存的局面。掠奴战争还加剧了非洲部落间的冲突,有些部落甚至结下了世仇,并一直延续到现代,成为独立后非洲政局不稳的一大根源。黑奴贸易还衍生了对黑人的种族歧视,18世纪下半叶,一些为奴隶贸易辩护的种族主义者逆历史潮流而动,试图从生理学的角度论证黑人在智力发展上低于其他种族,天生的要受白人奴役。尽管这套歪理邪说早已被否定,但其恶劣影响至今未完全消除。

　　黑奴贸易对欧美大陆的影响恰恰与非洲相反,它促进了欧美资本主义的发展。"三角贸易"给西欧各国,特别是英国资本家带来了巨额的财富,成为其资本原始积累的一个重要来源,推动了工业革命的到来和发展。英国第二大商港利物浦就是在黑奴贸易中,从一个荒凉的小渔村发展而来的,18世纪末黑奴贸易每年给它带来30万英镑的纯收入。马克思曾称利物浦是"以奴隶贸易名扬天下的城市","奴隶贸易是它进行原始积累的方法"。黑奴贸易为美洲殖民地的开发,提供了大批最廉价的劳动力,美国南部和拉丁美洲的种植园经济就是在奴役黑人的基础上建立起来的。另外,随着大批黑奴的输入,古老的黑人文化也传入美洲大陆。黑人传统文化具有高度的艺术性和大众性,它对美洲文化的形成和发展起了重要的影响。

二、内陆探险与对非洲的殖民瓜分

　　在黑奴贸易时期,欧洲殖民者对非洲的兴趣主要是"黑色的金子",除了个别地区外,他们只是在大西洋和印度洋的非洲沿岸建立了一些殖民据点和商站。但是,到了19世纪下半叶,他们加快了殖民步伐,到20世纪初便将非洲领土瓜分殆尽。对非洲殖民瓜分的前提是"内陆探险"。

　　内陆探险　到18世纪晚期,尽管欧洲人在非洲沿岸的活动已有300多年,但他们对内陆仍一无所知。在当时欧洲人绘制的地图上,非洲内陆几乎是一片空白,只画着几条道听途说来的大河和几个未经确定的国家的名称。有时,为了填补空白,画上一些动物或人像。18世纪末19世纪初,随着工业革命在欧洲的蓬勃进行,倾销商品和掠夺原料成为一种强大的经济动因,推动着工业资产阶级以新的狂热向世界各个角落进军。了解非洲内陆的市场、原料供应情况,以及地理环境和风俗习惯等,已经成了西方资产阶级的迫切需要。

　　欧洲人对非洲内陆的探险活动,根据探险者动机的差别分为前后两个阶段。

　　从1768年英国人布鲁斯(1730—1794)在埃塞俄比亚探索青尼罗河的源头算起,到1873年利文斯顿病逝于班韦乌鲁湖附近,是"探险"的第一个阶段,习惯上称为"地理探险时期"。在这期间,主要是在教会和各种地理学会的赞助下,来自英、法、意、葡等国的探险家,先后探索了尼罗河、尼日尔河、塞内加尔河、冈比亚河和刚果河等河流的走向。1854年,英国著名探险家、传教士利文斯顿(1813—1873)完成了从非洲东海岸的莫桑比克横穿大陆,到达西海岸的安哥拉。随后,他又开始了对非洲心脏地区的探险,陆续发现了恩加米湖、赞比西河、尼亚萨湖和维多利亚瀑布。①

从利文斯顿之死到 19 世纪末非洲的被瓜分,是内陆探险的第二个时期,又称"政治探险时期"。此时,大多数探险队由各国政府资助或直接派遣,队员也多半是军人和冒险家,他们的工作便是直接为本国政府瓜分非洲服务,成为列强瓜分非洲总体工程的一部分。代表人物是法国探险家布拉柴(1852—1905)和美籍英国探险家斯坦利(1841—1904),他们分别受法国和比利时政府所派,通过在刚果河流域的探险活动,为法、比两国划分了在这里的"势力范围"。

在对非洲内陆 100 多年的探险中,大的探险活动有 200 多次,参加的人员极为复杂,有的是为了解决非洲地理中的一个个谜团,有的是想把"基督福音"传到非洲内陆,有的则是想一举成名,为政府去非洲

立于维多利亚瀑布津巴布韦一侧的利文斯顿雕像

内陆抢占土地。因对非洲内陆自然环境的不适和探险条件的恶劣,他们当中的许多人倒在了非洲,有的便一去杳如黄鹤。1854 年,发现奎宁能治疗黄热病(热带地区一种流行的疟疾),大大减少了死亡率。同时,利用工业革命成就之一的汽艇沿着河流前往非洲内陆,也加速了探险的速度。应当指出的是,历次探险活动都是在当地非洲人的帮助下进行的。

从内陆探险的结果看,它撩起了非洲内陆神秘的面纱,解决了许多非洲地理之谜,推进了人类对非洲自然地理和人文科学的研究,探险家们留下的记述向后人真实地再现了 18—19 世纪非洲人的社会风情。但是,内陆探险活动也为欧洲人将殖民魔爪伸向非洲内陆创造了条件,加速了非洲的殖民化过程。

争夺刚果河流域与柏林会议的召开　在欧洲列强瓜分之际,比利时首先粉墨登场。比利时是欧洲的小国、弱国,从 19 世纪 40 年代起工业化进展迅速,工业产量跃居世界前列,大量产品急需寻找国外市场。被列宁称为"狡狯的生意人、金融家、奸商"的比利时国王利奥波德二世(1835—1909),曾尝试在莫桑比克和德兰士瓦等地建立殖民地,但均告失败。他转而打出"国际旗帜",用"利益均沾"为诱饵,试图在殖民列强的鹬蚌相争中谋取自己的殖民利益。

1876 年 9 月,利奥波德二世在"赞助伟大的科学研究工作"的名义下,召开布鲁塞尔国际

---

① [英]威廉·H.G.金斯顿:《伟大的非洲探险家》,龚雅静译,上海:上海社会科学院出版社,2020 年版,第 309-342 页。

地理学会议,决定成立"国际考察和开发中非协会"(通称"国际非洲协会"),总部设于比利时,在欧洲其他国家设立分会。1877年8月斯坦利经过约1000天的艰难跋涉,从非洲东海岸经大湖区域,顺刚果河而下,抵达大西洋海岸。之后,他在自己的出生国——英国,大肆鼓吹开发非洲内陆会给英国资本家带来如何巨大的收益。不料,他的"宏伟计划"没有受到同胞们的欣赏,在海峡对岸的比利时却引起了很大的反响。利奥波德二世用巨资雇佣他在中非建立殖民地。1879年,斯坦利第三次去非洲,在进入刚果河口后弃船步行,深入刚果河流域,沿途采用欺骗和武力威胁的手段,同各地的酋长签订了数百个"保护"条约。1881年底,当他踌躇满志地来到马莱博湖左岸时,却发现对岸已有法国的三色旗在飘扬。原来,在斯坦利前往刚果河时,法国政府派布拉柴由加蓬悄悄地前往刚果河流域,同刚果河左岸的酋长们签订了"保护"条约。斯坦利和布拉柴隔河相对,双方都有政府的支持,互不相让,遂分别在刚果河两岸建立殖民据点,即后来的利奥波德维尔(今金沙萨)和布拉柴维尔。

刚果河流域矿产资源极其丰富,有"中非宝石"之称。就在比利时和法国争得不可开交之时,葡萄牙声称它对刚果河流域早已拥有不可否认的"历史权利",并获得英国的支持。1884年,德国宣布支持法国的要求,美国则支持比利时。在此情况下,德国首相俾斯麦建议召开国际会议,讨论在非洲的争端。

1884年11月15日,在俾斯麦主持下,德、英、法、美、比、葡、俄等欧美15国在柏林开会。利奥波德二世利用列强之间的矛盾,开展会外交易,促使会议达成了有利于自己的《总决议书》。它规定:①"国际协会"占有的刚果河流域改称"刚果自由国",属利奥波德的私人领地,但刚果河口和附近地区为自由贸易区,输入的货物免征进口税;②任何国家在非洲进行新的领土占领时,必须通知与会各国,同时建立维护自由贸易的统治机构,这就是通常所称的"有效占领"原则;③与会各国主张禁止奴隶贸易。柏林会议开创了召开国际会议来解决分割非洲领土争端的先例,反映了列强之间的矛盾及其力量对比的变化,后起的德国和美国在会上扮演了重要角色。会议也标志着帝国主义瓜分非洲高潮的到来。

英、德、法争夺非洲殖民地 柏林会议后,欧洲列强各自制定了在非洲强占领土的计划。英国制定了从开普到开罗的"二C"计划,企图建立纵贯非洲大陆的殖民帝国。德国想将德属东非与西南非洲、德属西非连接起来,建立横穿中部非洲的殖民帝国。英、德在推行各自的殖民计划时,不可避免地在东非和南非发生了矛盾。1890年双方签订了《赫耳果兰条约》,德国承认英国占领乌干达、肯尼亚和桑给巴尔,英国则承认德国占有坦噶尼喀,并把欧洲的赫耳果兰岛让给德国。双方在南非的矛盾集中体现在:德国支持南非布尔人建立的德兰士瓦共和国与英国对抗,声称是其"最忠实的朋友"和"独立的捍卫者",试图控制这块盛产黄金的宝地。经过1899—1902年的战争英国取得英布战争的胜利,布尔人共和国被纳入南非联邦,英德在南非的争夺告一段落。

法国在非洲的殖民计划是建立横贯非洲中部的殖民帝国,从大西洋沿岸的塞内加尔,到红海沿岸的索马里,史称"二S"计划。为此,法国以塞内加尔和达荷美、象牙海岸的沿海殖民据点为基地,向东北方向推进。与此同时,英国也从塞拉利昂、黄金海岸和尼日利亚海岸向内地推进。为解决双方在西非的殖民争端,1898年6月,英法签定《巴黎协定》,英国获得西非的冈比亚、塞拉利昂、黄金海岸和南、北尼日利亚;西非其余部分,包括塞内加尔、马里、几内亚、象牙海岸和达荷美等地归法国占有。

英、法在东非的争夺主要是对尼罗河上游地区的控制,最终导致了法绍达危机。1896年,法国派出一支由100多人组成的远征队,从大西洋沿岸的加蓬向尼罗河挺进。经过两年的长途跋涉,1898年7月他们抵达尼罗河左岸的法绍达村(今苏丹境内的科多克),宣称已"有效占领"尼罗河上游谷地。英国得知此消息后,立即派在埃及驻扎的军事首领基切纳,驾驶5艘炮艇,星夜兼程沿尼罗河而上,9月到达法绍达,与法军处于临战对峙状态。当时,法国正面临内政危机(德雷福斯案件),在外交上也没有得到俄、德的支持,因而不敢同英国开战。同年11月3日,法国政府以"环境卫生不佳不宜驻扎"为由,命令法军撤出法绍达。作为补偿,英国让其占领中非乍得湖地区。

在欧洲列强竞相瓜分非洲狂潮的席卷下,到1914年,非洲96%的土地被欧洲列强占领,只有埃塞俄比亚和利比里亚保持名义上的独立,而此前的1876年,非洲被占领土只有10.8%。在非洲占有殖民地的欧洲国家主要有英国、法国、德国、意大利、比利时、葡萄牙和西班牙,其中法国占地面积最广,达1038.7万平方公里,占非洲总面积的35%。[①]

三、殖民统治和经济掠夺

受欧洲各殖民国家自身的政体形式和经济发展程度差异的影响,在非洲形成了不同的殖民统治制度和经济掠夺形式。

"直接统治"与"间接统治" 从统治形式上看,欧洲列强在非洲的统治制度主要分直接统治和间接统治两种形式,但彼此在具体政策上又有所不同。

英国最初实行的是直接统治制度,剥夺原有酋长和其他统治者的权力,建立新的统治体系。20世纪初开始推行"间接统治"制度。所谓"间接统治",是指各殖民地的地方政权仍由当地的封建王、部落酋长掌管,并保留传统的政权组织形式和法律制度;省一级和中央的政权由英国人掌管,依靠军队和警察维护其统治。这套统治制度起初在英属西非推行,因手段隐蔽狡猾,所受阻力较小,后推广到英国在非洲的大部分殖民地。

法国主要推行直接统治制度,即摧毁部落势力,由法国直接委派总督和各级行政官吏进行统治,推行法国的法令。

德国把普鲁士的一套军国主义官僚机构搬到了非洲,政权一般都操纵在军事长官手里,在各战略要地派驻军队和警察,实际上也是实行直接统治。

葡萄牙把其非洲殖民地——安哥拉和莫桑比克划为本国的"行省",实行人为的同化政策。

英、布殖民者在南非实行种族歧视和种族隔离政策,把非洲人限制在范围很小的"保留

[①] 艾周昌、郑家馨主编:《非洲通史(近代卷)》,上海:华东师范大学出版社,1995年版,第623页。

地"内。

经济掠夺的形式 欧洲列强在非洲建立殖民地的目的主要是获取经济利益,为本国的垄断资产阶级服务。由于非洲各地自然资源和经济发展程度的差异,欧洲列强实施了不同的经济掠夺形式:

单一作物或矿产制。这是对非洲最普遍的一种剥削方式。殖民者运用经济手段,迫使非洲人种植某一种或几种作物,开采某一种或几种矿产,使殖民地成为宗主国的农业或矿业原料生产地,如黄金海岸(今加纳)专门种植可可,冈比亚和塞内加尔种植花生,尼日利亚生产棕榈油、可可,北罗得西亚(今赞比亚)开采铜矿。同时,以高价输入日用必需品和粮食,榨取"剪刀差"的双重剥削利润。

强征实物赋税制。这主要流行于比属刚果、德属喀麦隆和法属赤道非洲。在利奥波德二世统治下的比属刚果,居民须按期交纳一定数额的橡胶、象牙,逾期未交者由税吏或士兵砍其手、足或耳,送交殖民当局查验,为逼税而打死人屡见不鲜。在此暴政下,1891—1900年的10年中,刚果每年象牙出口值从280万法郎骤升至530万法郎,而刚果人口则从2500万人降至约1000万人。①

强迫劳动制。为筑路、采矿和修建公共工程,殖民当局经常向各部落无偿征用劳力。1899年葡萄牙颁布《劳动法》,规定每个非洲人必须为白人劳动5年。因劳动条件极端恶劣,劳工经常死亡殆半。在热带非洲,平均每修一公里铁路要死200个黑人,相当于每根枕木下面躺着一具尸骸。

殖民统治的影响 欧洲列强的殖民统治使非洲人民的政治、经济和文化生活都发生了很大的变化。在政治上,非洲各国原有的部落组织、酋长制度陷于崩溃边缘,从欧洲引进了西方的司法和管理体制。通过列强在谈判桌上的讨价还价,非洲各国的疆界大体确定。在经济上,非洲被卷入资本主义世界市场,欧洲商品的输入破坏了原有的经济形态,形成了经济畸形发展的单一作物或矿产制,商品经济有所发展。交通状况得到改善,在原来小村镇的基础上,出现了现代的港口和城市。在欧洲人和非洲人经办的工厂和企业里,出现了一批雇佣工人。在文化上,除北非阿拉伯国家外,撒哈拉以南非洲开始普遍采用拉丁字母书写当地语言,结束了无文字时代。宗主国的语言成为殖民地的官方语言,形成了所谓英语国家、法语国家。在欧洲人或当地统治上层创办的学校里,产生了非洲近代的知识分子,他们当中的不少人后来走上了与殖民者愿望相反的道路,成为非洲民族解放运动的领导者。

四、巨变下非洲人的抗争

从15世纪初欧洲殖民者踏上非洲大陆起,一直到20世纪初非洲被瓜分殆尽,非洲经历了一个由表及里、由沿海到内地的深刻变化过程,延续了数千年传统的部落生活方式受到严重冲击。面对凶残至极的奴隶贩子、欧洲列强的炮火、现代工业生产的大批廉价工业品、手

---

① [匈]西克·安德列:《黑非洲史》第2卷上册,上海:上海译文出版社,1979年版,第167页。

捧圣经到处渗透的传教士,非洲人出于自卫的本能,在不同的阶层和不同的时期进行了种种不同的反抗。概括起来主要有三种:消极的避让,如整个部落迁入人迹罕至的原始森林;各种形式的武装斗争;统治者的变革图强运动。其中武装反抗斗争贯穿于整个非洲殖民史。根据斗争领导的形式,它可以分成四类:下层人民自发的反抗斗争、部落起义、王国政府组织的卫国战争和资产阶级革命运动。

南非科萨人和祖鲁人的反殖民斗争 1652年,荷兰东印度公司为给往返东方的船只补充新鲜食品,在南非好望角建立了开普殖民地。18世纪以后,荷兰殖民者(此后称"布尔人",意为"农民")不断向内地扩张,建立奴隶占有制的大牧场。住在开普殖民地周围的布须曼人和霍屯督人首先成为受害者,他们大部分被杀,剩下的沦为布尔人的家奴。此后布尔人开始侵吞南班图人在南非的两个重要分支——科萨人和祖鲁人的领地。

1779年,科萨人与向大鱼河扩张的布尔人发生首次大规模的战争。因布尔人借用阿拉伯语"卡弗尔人"(意为"异教徒")贬称科萨人,这场战争又称"卡弗尔战争"。在以后的100年里,科萨人为保卫自己的家园,先后同布尔人及英国人进行了9次战争,留下了许多可歌可泣、充满悲壮色彩的斗争故事。由于英、布殖民者拥有先进的武器,善于施用"分而治之"的伎俩,最后以科萨人的失败而告结束。

祖鲁人是南班图人恩戈尼人的一支,原先生活在南非东部纳塔尔地区。1816年恰卡担任了该部落的酋长。他打破原部落界限,规定强壮的男子要从原部落中分离出来,接受统一指挥,男子从12岁起接受半军事训练,随军从事后勤服务工作;18岁成为新兵,按年龄等级,每600—1000人组成一个兵团,接受正式军事训练,直到35岁时成为退伍的老兵。他还改进了武器装备和战术,设计了一种短柄刺矛,取代了过去的长柄标枪,每位战士还配备一个大盾牌,采用密集的公牛角阵形作战。此后,祖鲁军队依靠矛和盾,在南部非洲几乎战无不胜,兼并了100多个恩戈尼人部落,在原来一盘散沙的南非内陆建立了一个单一民族的国家——祖鲁王国。1826年丁干成为祖鲁新国王,他面临的敌人是强大的布尔人和英国人。

从1835年起,原来生活在南非开普殖民地的布尔人,因不满英国殖民统治者剥夺他们种种的生活特权,赶着马车,带着家小,一批批地向东和向北迁徙。他们凭借手中的新式火器——枪支和胯下的战马,把土著居民赶往更

祖鲁王国的创立者——恰卡

北的地区，夺占他们的土地。这就是南非历史上有名的所谓"大迁徙运动"。1838年2月，布尔迁徙者的急先锋和主要首领雷提夫侵入祖鲁王国，在祖鲁首府姆冈冈德洛武被丁干全部智歼。但在同年12月恩康姆河战斗中，布尔人凭借优势炮火和牛车阵获胜，数千名祖鲁战士的鲜血染红了该河，使此河改称"血河"。不久，丁干本人遇害，祖鲁人大片土地被布尔人侵占。

19世纪下半叶，祖鲁国王开芝瓦约（1826—1884）通过重建"同龄兵团"制度和购买枪支弹药，领导了反对英军入侵的斗争。1879年1月，祖鲁军在伊桑德卢瓦纳附近的山中，打死打伤1600多名英军，取得了自15世纪初欧洲殖民者侵入非洲以来最大的一场胜利。在同年6月的一次战斗中，又击毙了在英军中服役的前法皇路易·波拿巴的独生子路易王子。7月初，英军调集主力和几十门大炮，攻陷了祖鲁新首府乌伦迪，开芝瓦约被俘，祖鲁王国被分成13个"酋长国"。祖鲁人大规模抗击欧洲入侵者的斗争暂告一段落。

"金凳子"与阿散蒂人抗英斗争　17世纪末奥赛·图图（约1697—1717在位）继任为阿散蒂人（今加纳境内）的首领。他以库马西为统治中心，在过去邦联的基础上，初步建立了一个部落联盟国家——阿散蒂王国。为巩固新生的联邦国家，军师安诺基利用阿散蒂人对凳子的传统信仰，设计了阿散蒂人团结和统一的象征——"金凳子"。对"金凳子"的共同信仰和崇拜，也促进了阿散蒂王国的强盛。到18世纪80年代，阿散蒂已扩展为一个帝国，受它直接控制的地区东西长150英里，南北宽90英里。19世纪初，当英国入侵阿散蒂时，"金凳子"成为鼓舞阿散蒂人团结御敌的精神力量。

1809—1900年间，英国为了占领整个黄金海岸，对阿散蒂人先后发动了8次殖民征服战争，双方互有胜负。1900年3月，英国总督逼迫阿散蒂人交出金凳子，在遭到拒绝后，双方发生了"金凳子之战"。阿散蒂人进行了誓死保卫，表示"那黄金饰成的金凳子，必将在白人的鲜血中洗刷干净"。战争持续了一年多，英军在死亡1000多人的情况下，虽然占领了库马西，却始终找不到金凳子。原来，阿散蒂人早已把它藏在一望无际的大森林里。直到20年后，它才重见天日，后被一直保存在库马西的宫殿里。

苏丹马赫迪起义　东北非的苏丹，在近代长期处于衰微之中，内部分裂为一个个伊斯兰教长国，彼此争斗不已。国弱人欺。从1820年起，北部的奥斯曼埃及不断派兵南下，用了半个世纪的时间，在苏丹全境建立了殖民统治。到70年代末，在苏丹穆斯林中开始出现了"马赫迪期待"现象，他们期待"马赫迪"（救世主）的降临，恢复最初的伊斯兰教义，建立千年幸福王国。就在人们苦苦相盼的时候，传教士穆罕默德·艾哈迈德（1844—1885）宣称自己就是"马赫迪"。

艾哈迈德出生于一个贫苦的造船工家庭，他自幼在清真寺拜师研读伊斯兰经典。成年后，他把净化伊斯兰教和拯救苦难同胞作为己任，到处宣讲伊斯兰教中有关平等的教义，抨击殖民官员和社会上的不公。1881年6月，他在阿巴岛召集了一次盛大的穆斯林集会，公开号召对外来入侵者进行圣战，以《古兰经》和圣训作为指导思想，建立一个"普遍平等，处处公正"的理想社会，揭开了苏丹马赫迪大起义的序幕。起义队伍迅速壮大，多次打败政府军的围攻。

1882年7月,英国在掌握了埃及的实际统治权后,派军官指挥埃及军队镇压马赫迪起义。从此,马赫迪起义的矛头从反对奥斯曼埃及统治为主,转变为反对英、埃的联合侵略。1883年初,起义军攻占了苏丹第二大城市乌拜伊德;11月在希甘战役中,一举歼灭由英国军官希克斯(1830—1883)率领的1万余名远征军。1885年1月,起义军终于攻占喀土穆,并刺杀了总督英国人戈登(1833—1885)。到这一年的夏天,起义军已占领了除红海港口萨瓦金以外的整个苏丹,建立起一个统一的、独立的苏丹国家,定都于喀土穆西北角的恩图曼(今乌姆杜尔曼)。但是,英国觊觎苏丹之心未死。1896年英国派英籍埃军司令基切纳(1850—1916)率25000名远征军,由北向南扼杀新生的苏丹国家。1898年9月,英军凭借马克沁机枪的威力,攻占了恩图曼。马赫迪的继任者阿卜杜拉(约1846—1899)及其战友转入游击战,一直坚持到1900年。

马赫迪起义是非洲近代史上反殖民斗争中规模最大的一次。它不仅使苏丹暂时摆脱了异族的压迫,建立了独立的国家,还以宗教为纽带,整合了互相隔绝的各部落,极大地促进了苏丹现代民族的形成。

埃塞俄比亚抗意卫国战争 在19世纪末欧洲列强瓜分非洲的狂潮中,后起的意大利把殖民目光瞄上了他们认为软弱可欺的埃塞俄比亚,企图在东北非建立一个庞大的殖民帝国。

1889年3月,意大利支持绍阿省的地方统治者孟尼利克(1844—1913)登上埃塞俄比亚"万王之王"的宝座。同年5月,在意大利草拟的初稿基础上,双方签订了《乌查里条约》。其中的第十七条规定,埃塞俄比亚皇帝在与其他国家发生关系时,"可以借助意大利政府"。后来,意大利在向西方国家公布该条约内容时,将埃塞俄比亚阿姆哈拉语文本中的"可以",篡改为意大利文本中的"务必",要欧洲各国承认埃为它的保护国。等孟尼利克发现意大利有诈时,在英国出版的地图上,埃塞俄比亚已被描绘为"意属阿比西尼亚"。孟尼利克对此十分气愤,要求意大利改正其错误。在遭到拒绝后,孟尼利克在1893年初宣布废除《乌查里条约》,告知欧洲列强:"埃塞俄比亚不依附于任何国家,她只受上帝的保护。"意大利见自己的如意算盘落空后,便集结重兵,于1894年底向埃塞俄比亚不宣而战。

1896年2月,双方都把主力部队调到埃塞俄比亚北部重镇阿杜瓦地区,进行决战。参战的意军人数约有17000人,他们拥有先进的枪支和56门大炮,但指挥官巴拉蒂里高傲轻敌。埃军在装备上虽然比不上意军,但在人数上占有优势,总兵力达12万人,并事先作好了充分的准备。经过3个多小时的激战,意军被彻底击败,当场战死的约有6000人,伤1428人,伤亡占总人数的43%,另有1800名意大利人被俘。[①]

意军在埃塞俄比亚惨败引起意大利政府克里斯皮(1818—1901)内阁垮台,新政府无力再战,被迫与埃塞俄比亚签订和约,承认埃塞俄比亚是一个享有独立主权的国家,放弃其侵占的领土,并赔款1000万里拉。西方舆论对此发出惊呼:"不敢想象,一个文明的欧洲国家的

---

① 艾周昌、郑家馨主编:《非洲通史(近代卷)》,上海:华东师范大学出版社,1995年版,第720页。

军队会在一名非洲酋长的士兵的手中遭到如此巨大的灾难。"不久,意、法、英、俄等国相继与埃塞俄比亚建立了正式外交关系。埃塞俄比亚上下一心共同抗击入侵者,终于打破了欧洲列强不可战胜的神话,捍卫了民族独立和尊严。

19世纪中叶非洲的改革风潮　殖民者的枪炮声震醒了非洲国家的统治者和知识分子,他们开始感到欧洲列强的入侵与昔日临近部落或国家的入侵有着很大的不同,前者不仅船坚炮利,而且有先进的经济、文化和政治制度。他们亟思仿效,在19世纪中叶掀起了一股自救图强的改革之风。

大的改革运动包括:埃及穆罕默德·阿里(1769—1849)改革,马达加斯加的拉达马一世(1793—1828)改革,埃塞俄比亚的狄奥多尔二世(1818—1868)改革,突尼斯的宪政改革,摩洛哥的哈桑一世(1836—1894)改革等。这些改革在国内保守势力的反对、自身政策的某些失误和欧洲列强的干预下,尽管都以失败而告终,但是在改革中引进的一些工业革命物质成果,如现代的机器生产,以及接触到了西方现代人文思想和科学技术的人才,却是无法抹掉的。它们虽然还不能称之为完全意义上的"现代化"运动,但也应视为非洲国家现代化运动的最早尝试,是世界现代化运动在非洲的回声。

揭开19世纪中叶非洲改革运动序幕的是穆罕默德·阿里。

此次改革发生于19世纪初,在40年代达到高潮。改革的前奏是拿破仑的入侵及其改革。

1798年5月,为切断英国通往印度的最近通道,法国政府派拿破仑率32000多名官兵远征埃及。拿破仑打着"从马木路克暴政下解放埃及人"的旗号,加上他杰出的指挥才能,很快打败了腐败的马木路克军队,占领了全埃及。此后,拿破仑进行了巩固其殖民统治却又带有反封建性质的改革,宣布没收不愿归顺的马木路克的土地,废除他们拥有征税特权的土地税制度;扩大谷物种植面积,修建风车磨坊;建造金属铸造厂、机械厂、军工厂和造船厂等。1799年8月,拿破仑得悉法国国内政局不稳,只身潜回法国。两年后,在埃及人民、英军和奥斯曼军队的共同打击下,法国远征军被迫投降撤出埃及。拿破仑的入侵在给埃及带来战火破坏的同时,也带来了近代工业和技术,使埃及人成为奥斯曼帝国境内率先觉醒的民族。

1805年7月,穆罕默德·阿里在商人、地主的支持下,被土耳其苏丹任命为埃及总督。他上台后,认识到落后的埃及只有通过改革,学习西方先进技术,才能富国强兵。为此,他实行了一系列改革。在政治上,建立中央集权统治,彻底消灭了马木路克集团;经济上,实行土地改革,发展农业生产,从欧洲引进技师和技术,兴办近代工业;军事上,废除雇佣兵,实行征兵制,聘请欧洲教官训练一支新军;文化上,创办了几十所新式学校,并向欧洲派遣留学生,建立了埃及第一所印刷厂。

穆罕默德·阿里改革使埃及的生产力得到很大发展,不仅暂时摆脱了受外族奴役的地位,还向四周扩展自己的影响,成为奥斯曼土耳其帝国"唯一有生命力的部分"。但是,埃及的强大是英、法、俄和土耳其所不愿看到的。在1839年爆发的第二次土埃战争中,他们联手打击埃及军队,迫使阿里屈服,使其裁减军队和接受英土商约、关闭造船厂。穆罕默德·阿里改革的成果不久就付诸东流。

阿拉比领导的埃及反英斗争 1863年,伊斯梅尔(1830—1895)成为埃及的"赫迪夫"(奥斯曼帝国驻埃及最高统治者的称号)。他好大喜功,不惜向西方借高利贷,大兴土木,搞"全盘欧化",到1875年共欠外债9100万英镑,而政府年财政收入仅为1054万英镑,埃及陷入严重的财政危机。1878年,被迫接受英、法、意、奥的代表担任埃及政府的大臣,组成"欧洲内阁"。此举遭到埃及社会各阶层的强烈反对。第二年1月,一批爱国军官和地主资产阶级出身的知识分子创立"祖国党",主张维护埃及主权和国家独立,实行宪政。这是非洲大陆第一个民族主义组织。同年11月,阿拉比(1841—1911)出任祖国党的主席,1879—1882年埃及进行了轰轰烈烈的资产阶级改革和反帝运动。

1882年2月,阿拉比担任陆军大臣,成为政府的实际负责人,在司法制度、发展商业、兴修水利、普及教育等方面实施了一系列改革,受到欧洲敌对势力和国内保守派的仇视。6月11日,亚历山大城发生埃及人和欧洲人之间的流血冲突,阿拉比派军队入城维持秩序。7月11日,英国舰队炮击亚历山大城,发动了入侵埃及的战争。在城防要塞均被轰毁后,阿拉比率军撤出,在开罗的北面、西面进行了重点部署,多次打退英军的进攻。但在东线防务上,因为轻信列强关于苏伊士运河区中立的保证,他仅部署了20%的兵力,且是新兵。9月13日,英军主力经运河区突破东线防御,15日兵临开罗城下。城内封建上层集团不顾民族利益,主动打开城门投降,阿拉比被俘。持续了两个多月的抗英战争最终失败,英国得以占领整个埃及和苏丹。

第二节 拉美从殖民地走向民族国家

拉丁美洲是指美国以南的美洲地区。1492年哥伦布(1451—1506)航行到美洲,打破了这里的孤立状态,新旧大陆逐步连成一体,在亚非拉三大洲中率先被纳入资本主义世界体系。但是,这个过程是血与火造就的,在殖民者的刀光剑影下,拉美很快被殖民地化,无数的印第安人遭屠杀和奴役,数以万计的黑奴被从非洲贩运到这里,承担起开发这块肥沃土壤的重担。随着殖民地经济、文化的发展,殖民地人民逐渐形成新的、属于现代范畴的民族。为摆脱宗主国的殖民统治,实现从欧洲传来的自由、平等、博爱的新理想,他们踏上了铸造民族国家的奋斗历程。

一、拉美的殖民地化

西班牙是美洲殖民地化的急先锋。1496年克里斯托弗·哥伦布之弟巴托罗梅·哥伦布(1461—1515)在海地岛上建立了西班牙在美洲的第一个永久性殖民据点——圣多明各。在以后15年里,西班牙相继占领了波多黎各、牙买加、古巴等岛屿,完成了对西印度群岛的征服。此后,西班牙开始向南北美洲扩大自己的殖民地。

1519年西班牙贵族冒险家科尔特斯(1485—1547)率领近千名殖民军,从古巴向墨西哥进犯。他用欺骗、威吓和屠杀等手段,用了两年多时间,征服了墨西哥,毁掉了印第安人著名古都特诺奇蒂特兰,墨西哥转而成为西班牙向北扩张的基地。20年代他征服了中美洲地区,三、四十年代又占领了下加利福尼亚和旧金山湾地区。

在南美大陆,1532年西班牙另一个冒险家皮萨罗(1474—1541)率殖民军翻越安第斯山,准备利用印加帝国衰落之机将其征服。在同印加帝国皇帝阿塔瓦尔帕(约1502—1533)会晤时,皮萨罗摆下了"鸿门宴",将阿塔瓦尔帕囚禁起来,在勒索了13000余磅黄金、26000磅白银后,又背信弃义地将其杀害。第二年,占领了印加人古都——库斯科。到1535年基本征服了秘鲁全境。此后,西班牙殖民者继续向南进军,先后征服了智利、哥伦比亚、委内瑞拉和阿根廷等地,建立了世界近代史上第一个规模空前的殖民帝国。

1500年,葡萄牙的卡布拉尔(1467—1520)远航船队在赴印度途中,被热带风暴吹离了航线,而到达巴西海岸。他随即以葡萄牙国王的名义宣布该地归葡萄牙所有。在此后的30年里,葡萄牙对巴西未进行实际占领,因为它当时的注意力主要是在亚洲的殖民扩张,只是偶尔派船去巴西采伐"巴西木"。1530年,当发现西班牙和法国企图染指巴西后,葡国王约翰三世(1502—1557)才派海军将领索萨(1500—1564)前往巴西建立殖民地。1532年,索萨在今圣保罗市附近建立了第一个永久性殖民据点圣多斯镇。接着,他率部不断地向内陆扩张,建立了面积广大的巴西殖民地。

在西、葡征服美洲之时,两国都正处在封建社会的盛期。因此,它们给殖民地带去的是宗主国封建专制主义的政治统治体系和农奴制的经济剥削方式。

统治西属拉美殖民地的最高管理机构是1524年在马德里设立的"西印度王家最高事务院",通称西印度院。在美洲先后设立了四个总督辖区,从北到南分别是:新西班牙总督辖区、新格拉纳达总督辖区、秘鲁总督辖区和拉普拉塔总督辖区。总督由国王任命,掌管殖民地军、政、司的一切大权。在各总督辖区,设有郡、市、镇等行政机构。在经济上,起初推行"监护制",即将印第安人以区域为单位,"委托"给白人殖民者"监护",后者在自己的监护区内有权征收贡赋和征用劳役。1720年,这套制度被大地产制取代。在大地产制下,"监护主"变成拥有土地所有权的大地产主和大庄园主,残酷地盘剥印第安农民。在西印度群岛、中美洲等地还发展了更加残酷的黑人奴隶制种植园。

在葡属巴西,总督之下划分为若干个将军辖区,将军们在自己的辖区内拥有广泛的权力。在经济上主要推行封地制,由殖民当局将土地封赏给殖民者,形成了占有大片采邑的地主阶级。采邑内使用黑人奴隶,建立起甘蔗、咖啡等种植园经济。

二、殖民统治危机的加深

殖民地经济和社会的变化 到18世纪后半叶,拉美殖民地经济有了明显发展。随着殖民者从欧洲带来许多新的农作物品种、家畜和较先进的生产工具,各殖民地的农业发展很快,蔗糖、咖啡、棉花、烟草等的产量在世界上占有举足轻重的地位。矿业,特别是金、银的开采受到重视,墨西哥、上秘鲁白银的产量一度占世界一半以上。在城市和集镇出现了许多手工作坊,纺织、皮革、制铁、家具和其他日用品加工业都比较发达,在瓜亚基尔、布宜诺斯艾利斯、哈瓦那等港口城市建立了船舶制造厂。工农业的发展促进了商品经济的繁荣,各地相继出现了商业中心。到18世纪末,资本主义生产关系已在殖民地封建社会内部孕育成长。

但是,代表宗主国利益的殖民政府不能顺应历史发展的潮流,依然固守着许多限制殖民地经济发展的陈规陋习,尤其是严厉禁止殖民地同任何外国进行贸易。另一方面,殖民地制造的财富却被源源不断地输往宗主国,用于王朝战争和宫廷靡费,阻碍了殖民地资本的原始积累。因此,殖民地新兴的工商业者、农场主提出了自由贸易的口号,要求在经济上摆脱宗主国的控制。

解放生产力、冲破殖民统治的束缚,到18世纪末已成为拉美殖民地不可阻挡的趋势。

在拉美殖民地,一直存在着严重的阶级矛盾和种族歧视。但是,到19世纪初,来自西班牙、葡萄牙的殖民统治者已成为殖民地土生土长的白人(克列奥)、印第安人、黑人和广大混血种人一致仇视的对象。

在西属拉美殖民地,社会最上层是直接来自西班牙的高级官吏、僧侣,被称为"半岛人",他们自恃出身高贵,不仅蔑视有色居民,也看不起土生白人,把持了殖民地的一切高级职务;土生白人占有殖民地大部分土地,构成了殖民地地主集团和中级官吏的核心,有些人则经营工商业,他们不满在政治上受排挤和在经济上受束缚,有的人后来成为独立战争的领导力量;各种混血种人在名义上被视作自由人,但不享有法律上的公民权利,大多是手工业者、低级教士和农民,缺少稳定的生活来源,他们构成独立运动的一支重要力量;占殖民地人口半数以上的印第安人和黑人处于社会的最底层,承担着繁重的生产劳动,遭受"半岛人"和克列奥的残酷剥削,他们为改变自身的处境早已开展各种形式的反抗斗争,当独立运动兴起后,他们自然成为最坚定的参加者。

18世纪欧洲启蒙运动和美、法革命中产生的资产阶级进步思想,如阵阵春风,不断地吹醒拉美殖民地的有识之士,他们当中有的还直接到欧美接受新思想的熏陶,甚至参加了美国独立战争和法国大革命,为拉美独立运动积累了经验。资产阶级革命思想的传播为拉美独立运动起了鼓动和指导作用。

此外,19世纪初欧洲大陆的形势也有利于拉美的独立。西班牙和葡萄牙此时已今不如昔,在欧洲降到了二等甚至三等国家的地位,特别是在1807年,它们被迫参加拿破仑的大陆封锁体系后,英国加强了对欧洲西海岸的控制,造成宗主国与殖民地的联系近乎中断,包括法国与其海地殖民地的联系。这些为拉丁美洲独立战争的胜利创造了良好的条件。

海地独立运动 海地在印第安语中意为"多山的地方"。1697年,该岛的西部(即今海地)从西班牙手中被划归法国,改称法属圣多明各①。18世纪末拉丁美洲独立战争率先在这里打响。

---

① 其东部仍归西班牙,称西属圣多明各,即今多米尼加共和国,1844年独立。

海地的人口主要由黑人组成。据记载,1791年海地的总人口为54.5万人,其中白人只有4万,另有混血种人2.5万,其余几乎都是黑人,岛上原有的几十万印第安人在西班牙统治时期已被屠杀殆尽。

皮埃尔·杜桑

1789年8月,法国制宪会议公布了《人权宣言》。消息传到海地,黑白混血种人和自由黑人根据人权平等的原则,向法国提出了获得全部公民权的要求。在遭到拒绝后,1790年10月,200多名混血种人和自由黑人举行了武装起义,揭开了海地革命的序幕。因起义者力量单薄,1791年初便遭到失败。同年8月,海地北部平原的奴隶再次发动起义。10月,布雷达庄园的黑人管家杜桑(1743—1803),在烧毁了庄园后,率领1000多名黑人奴隶参加了起义,使起义队伍立即得到壮大。

杜桑虽然是奴隶家庭出身,但勤奋好学,先后掌握了法文和拉丁文,阅读过古希腊和法国启蒙思想家的许多著作。他参加了起义后,很快就成为一名指挥有方的起义领袖,屡创法军,被法国殖民军司令拉沃送了个绰号"卢维杜尔",意为"善于打开局面的人"。后来,就称他为杜桑·卢维杜尔。到1795年,杜桑实际上已控制了整个海地。1801年1月,又解放了西班牙占据的圣多明各城,统一了整个圣多明各岛。同年7月,颁布了海地第一部宪法,规定杜桑为海地终身总督;废除奴隶制,居民不分肤色在法律面前一律平等;提倡自由贸易。

1802年1月,拿破仑派他的妹夫勒克莱尔(1772—1802)统率4万多名法军,试图恢复在海地的殖民统治。勒克莱尔在武力镇压失败后,便以和谈为名设计逮捕了杜桑,随后将他押往法国。勒克莱尔的背信弃义更加激怒了海地人民,抗击法国远征军的斗争越演越烈。不久,黄热病也向法军袭来,包括勒克莱尔本人在内,有许多法军死于该病。1803年10月,法军终于无法支持而宣布投降。1804年1月1日,海地正式宣布独立。

通过武装斗争,海地成为拉丁美洲第一个摆脱殖民统治获得独立的国家,也是拉美黑人第一次废除奴隶制后建立的第一个黑人国家,为拉美被压迫人民自己解放自己树立了光辉的榜样。

三、西属美洲独立战争

西属拉丁美洲是指除巴西以外的几乎整个拉丁美洲大陆。其独立战争在时间上可分为两个阶段:1810—1815年为大起大落阶段。1810年拿破仑占领西班牙全境,这成为西属美洲各殖民地发动起义的信号。到1811年,大陆上除秘鲁外,绝大部分地区都建立了独立政权。可是,当1814年拿破仑失败被囚,西班牙军队到拉美进行反扑后,各地新建的独立政权又很快被摧毁。1816—1826年是独立战争稳步发展阶段,并最终赢得了独立战争的胜利。

在地域上,西属拉美独立战争主要是围绕三个战场进行的,即墨西哥战场、南美北部战场和南美南部战场。

墨西哥战场 墨西哥因为盛产白银,成为西班牙殖民帝国最富的殖民地之一,西班牙在这里的统治力量也最强。该战场的主要领导人是伊达尔哥(1753—1811)。

伊达尔哥出身于墨西哥一个土生白人家庭,曾在墨西哥大学获得神学学位,后担任多洛雷斯地区的神甫。1810年他参加了克雷塔罗城"文学和社交会"的秘密活动,准备在当年12月8日发动起义。不料,有人向殖民当局告发了他们的计划。9月15日,殖民当局开始大逮捕。为了摆脱被动局面,伊达尔哥决定提前在多洛雷斯单独举行起义。16日凌晨,他率领自己的支持者冲进了监狱,释放了被捕的革命者,又逮捕了城内所有的西班牙殖民者。然后,他敲响了教堂的大钟,号召在场的1000多名印第安农民起义:"你们要成为自由人吗?把可恨的西班牙人300年前从我们祖先手里偷去的土地夺回来,你们愿意吗?"农民们以雷鸣般的欢呼声响应他的号召。这个事件,史称"多洛雷斯呼声",它标志着墨西哥独立战争的正式开始,9月16日后来被定为墨西哥的独立节。

在伊达尔哥的号召和领导下,起义队伍迅速扩大。10月下旬,起义军以七八万之众逼近墨西哥城,吓得城内西班牙贵族纷纷外逃。但是,伊达尔哥却没有下令攻进城内,令人不解地撤走了起义军,使墨西哥城一直成为西班牙殖民势力的堡垒。11月,起义军在攻占了瓜达拉哈拉后建立了革命政权,宣布废除奴隶制,取消人头税及烟草、火药等专卖权,归还印第安人的土地。1811年1月,起义军在瓜达拉哈拉郊外的战斗中严重受挫。3月,伊达尔哥在向北转移途中,被叛徒出卖而被捕牺牲。此后,起义军在莫雷洛斯的领导下在南方继续战斗,直到1815年底兵败牺牲。墨西哥独立运动暂时转入低潮。

1820年3月,西班牙国内爆发了由自由派领导的起义,这给墨西哥独立运动带来了新的转机。1821年2月,曾参与镇压起义军的墨西哥土生白人军官伊图尔维德(1783—1824),在伊瓜拉城宣称拥护独立,公布了一份包含"保证独立、种族平等、保护教会"三原则的"伊瓜拉计划"。该计划得到了墨西哥土生白人上层的支持,因为他们担心宗主国的局势会引起印第安人、黑人掀起新的革命高潮,危及到他们的切身利益。同年8月,西班牙总督见大势已去,被迫承认"伊瓜拉计划"。9月,墨西哥宣布脱离西班牙独立,组成以伊图尔维德为首的摄政会议。1822年5月,伊图尔维德发动政变,自立为帝,建立墨西哥帝国,但只做了10个月的皇帝便被赶下了台。1823年墨西哥公布了新宪法,确定墨西哥为联邦共和国。

南美北部战场 这是拉丁美洲独立战争中争夺最激烈的一个战场,解放的地区主要是新格拉纳达总督辖区,包括今哥伦比亚、委内瑞拉、厄瓜多尔等地。领导独立运动的先驱是米兰达(1750—1816)。

米兰达出身于委内瑞拉首府加拉加斯一个富裕的白人家庭,早年曾在西班牙军队中服役。从1783年起,他先后到美、英、法、俄等国旅行考察,并一度参加了法国大革命,深受资产阶级革命思想的影响。1806年,他组织了一支360人的远征队,从美国返回委内瑞拉,由于力量太薄弱,很快被殖民军打败。1810年4月,加拉加斯的土生白人驱逐了以总督为首的一批殖民官员,成立"最高执政委员会"(洪达)。12月,米兰达再次回到委内瑞拉,并在第二年7

月成立了以他为首的共和国政府,史称委内瑞拉第一共和国。1812 年 3 月,加拉加斯发生强烈地震,死亡 2 万多人,西班牙军队趁机反扑,打败了共和军,迫使米兰达在 7 月签订协议,结束了第一共和国。不久,米兰达被捕,押往西班牙入狱。但是,共和国的一个重要军事将领玻利瓦尔(1783—1830)得以逃脱,他后来成为委内瑞拉乃至整个南美北部战场的杰出领导者。

西蒙·玻利瓦尔,加拉加斯种植园主、大工商业者家庭出身,共和国失败后,他逃到哥伦比亚组织黑人军队。1813 年 3 月,他率领 1000 多人翻越安第斯山,攻进委内瑞拉,8 月建立了第二共和国,并获得委内瑞拉"解放者"的称号。这届共和国寿命也不长,1814 年 9 月被殖民军队和国内保守势力所摧毁,玻利瓦尔再度流亡国外。

玻利瓦尔

1816 年 12 月,玻利瓦尔在海地共和国的支持下,率军再次打回委内瑞拉,1819 年 2 月在东部重要城市安哥斯图拉城建立了第三共和国,自任总统。这一次他总结了过去多次失败的教训,意识到争取下层人民支持的重要性,采取了许多社会改革措施,如废除奴隶制,解放黑奴,取消等级特权,没收西班牙王室和共和国敌人的土地,许诺将之分配给参加独立斗争的战士。新生的政权因获得大批黑奴和农民的支持而得到巩固。

1819 年 6 月的隆冬之际,玻利瓦尔又率领军队翻越安第斯山,解放了哥伦比亚,12 月成立了包括哥伦比亚、委内瑞拉和厄瓜多尔在内的大哥伦比亚共和国。到 1822 年 6 月,南美北部战争基本结束。为把西班牙殖民军彻底赶出拉丁美洲,玻利瓦尔准备与南美南部战场的领导人圣马丁会晤。

南美南部战场 该战场主要解放的地区包括拉普拉塔总督辖区和秘鲁总督辖区。1810 年 5 月起,拉普拉塔总督辖区的阿根廷、巴拉圭、乌拉圭等地的土生白人相继推翻殖民统治,成立了"洪达"地方政权。西班牙殖民军退守上秘鲁等地,对各地新生政权形成极大的威胁。1813 年,阿根廷政府任命圣马丁(1778—1850)为北方军总司令,负责解放上秘鲁。

圣马丁,职业军人出身,11 岁便参加了西班牙军队。1812 年他从西班牙回到阿根廷,立即投身到民族独立运动的洪流中。他经过实际调查分析后,认为从阿根廷直接进攻防守严密的上秘鲁不可能取胜,主张采用迂回进攻。为此,他辞去总司令职务,担任与智利接壤的库约省省长,在省会门多萨筹建著名的安第斯军。1817 年 1 月,圣马丁和智利民族英雄奥希金斯率领 5500 名训练有素、主要由黑人组成的安第斯军,翻越安第斯山,出其不意地击溃了智利的西班牙军队。第二年 2 月智利宣布独立。之后,圣马丁开始筹建拉丁美洲国家的第一支舰队,准备从海上进攻秘鲁。1821 年 7 月终于攻克利马,秘鲁宣布独立,圣马丁被推举为"护国公"。此时,仍有 2 万多名殖民军盘踞在东部山区,圣马丁兵力单薄,一时难以取胜。为尽快全歼西班牙军队,防止他们卷土重来,圣马丁决定争取玻利瓦尔的援助。

1822年7月26日,南美大陆南北两支大军的领导人——圣马丁和玻利瓦尔相会于厄瓜多尔的瓜亚基尔。两人经过秘密会晤后,圣马丁将秘鲁军队交给玻利瓦尔统一指挥,自己于27日登舟回秘鲁,9月辞去"护国公"职务,经智利返回阿根廷。不久,他又悄然离开美洲大陆,前往法国定居,直到1850年病逝。

1823年玻利瓦尔挥师进入秘鲁。1824年8月6日,在胡宁平原会战中消灭殖民军1000余人。同年12月9日,在苏库雷指挥下,在阿雅库乔高地彻底击溃了西班牙殖民军,俘虏了秘鲁总督。1825年8月,上秘鲁宣告独立,改名玻利维亚,以纪念玻利瓦尔的历史功绩。1826年1月23日,秘鲁革命军攻下西班牙盘踞的最后一个据点——卡亚俄港。至此,西班牙在拉丁美洲大陆300年的殖民统治宣告结束。

四、葡属巴西的独立

巴西的独立是通过自上而下的方式实现的,没有经历过类似西属美洲殖民地那样的独立战争。

1807年拿破仑军队侵入葡萄牙,葡摄政王唐·若奥(1767—1826)及王室成员在英国军舰的护送下来到巴西。若奥为建立一个忠于王室的基地,在巴西实行了一些有利于土生白人的改革,如开放巴西的港口,1815年底,又改国名为"葡、巴西和阿尔加维联合共和国"。他的这些措施部分满足了土生白人的要求,削弱了他们独立的愿望,延缓了巴西的独立进程。

1816年,唐·若奥即位为葡萄牙国王,是为若奥六世。1820年葡萄牙爆发了资产阶级革命。在新议会的要求下,1821年4月,若奥六世回国,留下长子佩德罗(1798—1834)摄政。这时,巴西要求独立的呼声日益高涨,一些州成立了新政权"洪达",宣布与佩德罗政府脱离关系。由资产阶级自由派控制的葡萄牙议会不同意若奥六世的安排,几次下令撤销巴西摄政王机构,勒令佩德罗返葡。而巴西的大地主、教会及殖民官员都不愿意受葡萄牙资产阶级议会的控制,也主张与葡萄牙完全分离。巴西政局一时处于混乱状态。

1822年8月,佩德罗再次接到回葡的命令。不久,又从欧洲传来消息,里斯本宫廷准备立他的弟弟为王位继承人。在内外形势逼迫下,佩德罗不得不作出决断。9月7日,他在圣保罗郊外的伊皮兰加河畔撕下了制服上的葡萄牙徽章,宣布独立。10月22日,巴西降下了葡萄牙国旗,升起绿、黄、蓝三色新国旗。12月1日,佩德罗把王冠戴到了头上,称佩德罗一世。巴西正式成为一个独立的君主制国家。

五、独立战争的影响和独立后的拉美

独立战争的历史影响 18世纪末19世纪初的拉美独立战争,前后持续了近40年。在广大下层人民的积极参与和土生白人的领导下,独立战争完成了推翻殖民统治和黑人奴隶制度的主要任务,摧毁了西、葡、法在拉美的殖民统治,先后建立了海地、委内瑞拉、巴西等17个独立的国家,基本上形成了今日拉丁美洲的政治版图。

除巴西外,新独立国家都建立了资产阶级共和国,废除了殖民贵族称号等封建等级制,中世纪遗留下来的宗教裁判所被取消,各国天主教会的政治经济势力受到很大限制。

在独立过程中及独立后不久,大部分国家都废除了奴隶贸易和奴隶制,局部取消了印第安人的徭役和纳贡制,取缔了限制各国工商业发展的殖民垄断制度,实行了自由贸易,为各国资本主义发展创造了条件。

独立战争胜利后,各国的政权大都从欧洲殖民贵族手中转移到土生白人上层地主或种植园主手中,正在形成的资产阶级在政治上发言权极小,殖民地时期的社会经济基础——大地产制始终都没有被触动,在经济上又陷入对英美的附属和依赖地位。因此,拉美的独立战争虽然属于资产阶级革命范畴,但它没有完成资产阶级民主革命的任务。这对独立后拉美各国的发展道路产生了很大影响。

大地产制 大地产制是在殖民统治时期殖民者强占印第安人土地的基础上形成的,其表现形式是大庄园制。独立后,这种封建土地占有制不仅没有取缔,而且还有所发展。一方面,独立战争中的有功之臣和克列奥地主在战后瓜分了原殖民者占有的大片土地,并用廉价收购、重新丈量和强迫迁移等手段,进一步兼并印第安人的土地;另一方面,独立后单一作物制迅速发展,使土地面积的需求增大,加速了土地集中的过程。

在大地产制下,19世纪中叶以后虽然有些大庄园的经营方式日益资本主义化,但对农民的剥削方式基本未动,如劳役地租、实物地租等封建剥削方式,在拉美农村仍广泛流行。庄园的生产带有自给自足的性质,庄园主在庄园内享有至高无上的权力,实行君主式和家长式的统治。

大地产制是拉美农业和资本主义工商业发展的阻碍因素,造成国内市场狭小。在政治上,大地主与天主教高级僧侣和高级军官关系密切,操纵国家政治,是考迪罗主义的主要支柱。大地主还常常与国外势力相勾结,成为欧美帝国主义在拉美的代理人。

考迪罗主义 拉美各国独立后,在政治上一个普遍的特点是盛行考迪罗主义。"考迪罗"(caudillo)在拉丁语中意为"军事首领"或"领袖",起初是指与布宜诺斯艾利斯省作战的普拉塔地区的首领,以后泛指拉美各国的军事独裁者。这种军事独裁统治制度或政治形式,则称为考迪罗主义。它的主要特点是:通过暴力夺取政权,同时也依靠暴力维持其统治。

在独立初期,考迪罗大多数是独立战争时期的领袖,后来多半是出身军官或某一地区地主集团的首领。他们不同于封建时代的国王或大封建领主,因为他们的权力并非来自世袭。他们也不同于英、美等国的总统、首相,无须通过选举产生。各个考迪罗统治的时间差异很大,从几小时到几十年不等,至于能维持终身统治而不被推翻者,非常罕见。

考迪罗主义不利于拉美政治经济的健康发展。它使拉美国家长期处于政局动荡不安的状态,政变和内战连绵不断。在同邻国的关系上,考迪罗往往好大喜功,穷兵黩武,彼此发动战争。为了夺取和巩固自己的独裁政权,考迪罗还常常勾结并投靠某一外部势力,从而为欧美国家重新插足拉美创造了条件。

英、美势力的渗入 独立战争后,英、美开始取代西、葡在拉美的位置,积极渗透到拉美政治、经济、文化的各个领域。两者的区别在于:西、葡主要以超经济强制为主的殖民掠夺方式,而英、美主要通过政治、经济和军事上的压力,来获取自己的利益。

在拉美独立战争期间,英国曾给予军火、金钱和外交上的支持,为此后英国势力的大举进入打下了基础。从拉美独立到第一次世界大战爆发前,英国通过贷款、直接投资等手段,成为拉丁美洲,特别是南美洲经济上的主要控制者。在整个19世纪,英国的工业品充斥了拉美各国的市场。

1822年3月,当拉美独立战争的胜利已成定局之时,美国总统门罗(1758—1831)宣布承认墨西哥、智利等国的独立,并同它们建立外交关系。此前,美国对拉美独立战争持"中立"态度。1823年12月,门罗在议会咨文中宣称:美国不干涉欧洲事务和任何欧洲国家在美洲已有的殖民地,但也反对任何欧洲国家干涉美洲事务和在美洲进行新的殖民扩张。此即著名的"门罗宣言"。它对防止欧洲"神圣同盟"干涉拉美独立运动,对拉美人民取得独立战争的最后胜利,起了一定的积极作用。但它也暴露出美国想把自己凌驾于拉美各国之上的企图。美国大规模向拉美渗透是在19世纪80年代以后,1889年10月在华盛顿召开了美洲18个国家参加的泛美会议,成立了"美洲各国商务局"。从此,泛美主义成为美国在西半球扩张的工具。

各国经济的缓慢发展 独立初期到50年代以前,是拉美各国经济最困难的时期,战争创伤迟迟没有恢复,有些国家因政局不稳更加剧了人民生活的痛苦。

从19世纪50年代起,巴西、智利、墨西哥、阿根廷等几个拉美较大的国家经济首先复苏,逐渐恢复了过去被破坏的矿场和农庄,开始从事铁路和港口等基础设施的建设,某些新的加工业和轻工业,以及银行、信贷也逐步建立起来,对外贸易显著增加。

19世纪80年代以后,上述国家以及乌拉圭、古巴等国的资本主义经济有了进一步的发展,各国相继建立了一些现代工厂。在沿海出现了较大的现代化城市,如布宜诺斯艾利斯、里约热内卢、乌拉圭的蒙得维的亚等。不过,各国资本主义经济的发展主要集中在农业、畜牧业和矿业生产上,单一生产制更加明显。如巴西的咖啡生产从60年代起扶摇直上,到一战前,其产量已占全世界咖啡产量的70%以上。古巴的产糖量在60年代还只有50万吨,到19世纪末,已超过100万吨。

在拉美各国经济恢复和发展中,来自欧亚的移民作出了重要的贡献。为了尽快恢复和发展经济,19世纪50年代后,拉美国家采取了鼓励移民前往定居的政策。结果,到20世纪初,掀起了一股移民拉美的高潮,其中来自欧洲国家的移民多达数百万,中国移民主要是"契约华工",约25万—50万人,他们当中的许多人在期满后定居在西印度群岛、墨西哥和秘鲁等地。

第三节 两种文明在亚洲的碰撞

1498年5月,达·伽马率葡萄牙船队从东非海岸横渡印度洋,成功地来到印度的卡利卡特(旧称古里),开辟了东西方的新航路。在此后的400年里,东西方间的联系在世界一体化的大潮中日益密切,物质交流、文化交流和人员往来是过去任何历史时期所无法比拟的,促进了双方在这段历史时期里社会、经济和文化的发展。但是,这个过程并不是在和风细雨中进行的,而是充满了刀光剑影,殖民者依仗自己的船坚炮利,试图把亚洲各国变成殖民地和半殖民地。双方的获利也不是对等的,西方殖民者更多的是以"血与火"的形式,在亚洲各国攫取各方面的利益。但是,已有数千年文明发展史的亚洲各国人民不是轻易就能被征服的,他们进行了多种形式的英勇抗争,包括大的民族起义和变法图强的改革运动。近代东西方文明在亚洲碰撞过程中产生的许多经验教训,更值得后人认真总结和反思。

一、西方殖民势力在亚洲的扩张

在亚、非、拉三大洲中,到14世纪末西方殖民者到来之时,亚洲的社会经济发展程度最高,中国、印度等亚洲国家当时的发展水平还居世界前列。因此,西方殖民者在亚洲的扩张表现出许多与在非洲、拉丁美洲的不同之处。在亚洲,殖民者的手法更加多样化,除了签订"保护"条约、武力征服等常见手法外,还有租借地、联姻、签订不平等条约等一些独特的方式;400年中参与殖民亚洲的国家更多,除了西、葡、荷、英、法等老牌的殖民国家外,还有俄国及后起的美国、德国和日本;殖民化的时间更长,从15世纪到19世纪几乎没有间断过,其中对印度一地的殖民征服就长达一个世纪;殖民者之间争夺殖民地的斗争更激烈,许多殖民地是多次易手,被列宁称为早期三大帝国主义战争的有两次发生于亚洲。

对亚洲殖民的急先锋葡萄牙和西班牙 最早对亚洲进行殖民扩张的是葡萄牙和西班牙。

1503年,葡萄牙殖民者利用印度次大陆小邦林立、教派矛盾尖锐之机,在马拉巴海岸的柯钦建立了在亚洲的第一块殖民据点。1506年,葡萄牙船队首次进入东印度洋,在斯里兰卡的科伦坡获得了居留地和多种特权。此后,葡萄牙人以此为基地扬帆东进,1511年进军马六甲,然后将触角伸向东南亚,相继使许多小岛王公俯首称臣,包括香料群岛中一些盛产丁香的小岛。从1513年起,葡萄牙殖民者又侵入东亚地区,在中国东南沿海和日本九州等地试图建立殖民据点。1557年终于以欺骗手段获取澳门,并使澳门成为葡萄牙对华贸易的重要港口。

西班牙对亚洲的侵略对象主要是菲律宾。继麦哲伦到达菲律宾群岛后,西班牙人便不断地来此从事征服活动。1556年,菲利普二世继任西班牙国王,在他统治时期(1556—1598),西班牙的对外扩张达到高峰。他即位不久就策划把太平洋变成西班牙的"内湖",建立一个从美洲到亚洲的西班牙帝国。为此,他指示,西班牙驻墨西哥总督负责组织对以他名字命名的菲律宾的远征。1564年,在墨西哥组成了以黎牙实比(1505—1572)为总指挥的远征队。翌年,攻占了宿务城,在此建立了第一个殖民据点。1571年,黎牙实比又占领了马尼拉,开始在这里修建城堡和教堂,使马尼拉成为西班牙在菲律宾群岛的殖民首府。16世纪下半叶,西班牙的商人和传教士开始进入中国东南沿海,但他们发现中国是一个统一的泱泱大国,未敢采取大的侵略举动。

荷兰与英国的后来居上 从17世纪初开始,荷兰、英国以强大的经济实力为后盾,逐渐成为世界的海上霸主,在西方对亚洲的殖民活动中,他们成了主角。

1602年,荷兰东印度公司成立,它很快从葡萄牙人手中夺取了印尼群岛,1619年在爪哇岛的巴达维亚(今雅加达)建立殖民总部。1603和1624年还两次占领中国澎湖列岛,并侵入台湾。荷兰商人还从日本德川幕府那里获得了"朱印状",享受在日本免除关税的贸易特权。

英国东印度公司成立于1600年,经营的重点是印度。1609年得到莫卧儿王朝的许可,在苏拉特建立了第一个商站。1637年英国舰队进入中国珠江口,炮击虎门,被中国军队击退。在17世纪,英国及其东印度公司的力量还较弱,对东方封建大国还不占明显优势,因此,其殖民征服活动被局限在一些沿海地区。18世纪下半叶以后,英国以印度为中心,加紧了在亚洲的殖民扩张,东向缅甸、马来亚和中国沿海,北向中国的西藏地区和喀什噶尔,西北向阿富汗、伊朗、中亚地区。英国对印度的殖民征服持续了近100年。1757年英国在普拉西战役中打败了孟加拉王公的军队,为英国在印度的帝国奠定了基础。此后,英国以孟加拉为基地,利用当地富庶的资源、人力征服印度其他地区,直到1849年3月将旁遮普并入英属印度领地,完成了对印度次大陆的征服。在征服印度期间及以后,英国对尼泊尔、缅甸、不丹、阿富汗、中国也发动了侵略战争,扩大了在亚洲的殖民范围和种种特权。

俄国、日本在亚洲的扩张 以莫斯科公国为中心崛起的俄罗斯帝国,在17世纪以后不断地向中亚和西伯利亚扩张。17世纪40年代侵入中国的黑龙江流域,直到19世纪末,通过武力征服和签订不平等条约等手段,先后在中国东北和西北强占了几百万平方公里的领土,成为近代侵占中国领土最多的殖民国家。

俄国在东亚的扩张同19世纪下半叶迅速崛起的帝国主义国家日本发生了尖锐的冲突。日本在经历了明治维新后,军国主义势力和国家经济实力几乎同步增长,积极向朝鲜半岛和中国东北地区扩张自己的势力,建立特务机关,培植亲日势力,以武力打开了朝鲜的国门,并发动了甲午中日战争,为20世纪上半叶对中、朝的全面征服打下了基础。

法国在东南亚的扩张 法国在亚洲的扩张几乎与英国同步,18世纪中叶以前在印度等地建立了众多殖民据点和商站,但是,"七年战争"(1756—1763)的惨败使其殖民活动严重受挫,许多殖民据点被英国夺取。19世纪中叶,特别是拿破仑三世的法兰西第二帝国建立以后,法国加快了在亚洲的殖民活动,重点是印度支那地区。1884年法国强迫越南阮氏王朝签订了《巴特诺条约》,经过20多年的逐步蚕食,终于将越南变为自己的殖民地,而且打开了中国西南的门户,为进一步扩大对中国的侵略创造了条件。法国还通过武力征服和签定条约等手段,占领了柬埔寨和琅勃拉邦(今老挝)。19世纪末,法国将越南、柬埔寨、老挝和广州湾(今北部湾)合并成"印度支那联邦",归驻西贡的法国总督统治。此外,法国还积极参与列强对中国的侵略活动,并在1883—1885年发动了中法战争。

美国夺占菲律宾 在殖民亚洲的众多西方国家中,美国是最后一个。1898年美国与西班牙爆发了殖民争夺战,西班牙在亚洲经营了300多年的殖民地——菲律宾成为美国觊觎的目标。此前菲律宾已爆发了反对西班牙殖民统治的独立战争。美国打着支持菲律宾独立运动的旗帜，利用菲律宾革命军的力量打击驻菲的西班牙军队。到1898年底，除了若干据点外，整个菲律宾群岛都在菲律宾革命军的控制之下。1899年1月菲律宾共和国宣告成立。菲律宾独立是美国不愿看到的，根据美、西1898年12月在巴黎签订的和约，美国以2000万美元的代价，从西班牙手中"购得"了菲律宾。1899年2月4日，美国军队在马尼拉郊区同菲律宾革命军发生了武装冲突，开始武力逼迫菲律宾就范。至1902年4月，经过3年多的殖民战争，美国占领了菲律宾全境。

至此，经过400年的殖民活动，亚洲大部分国家沦为西方的殖民地，朝鲜、伊朗和奥斯曼帝国等少数国家虽然还保持名义上的独立，但正加速走向被吞并、被瓜分的结局，中国的半殖民地化程度在进一步加深。殖民化使亚洲传统的社会经济形态发生了很大的变化，在不同的殖民时期也引起了亚洲人民不同的反抗。

二、近代亚洲社会结构的变动

亚洲传统的社会经济结构是一种自给自足的封建自然经济，建立于个体小农业和家庭手工业之上，农民不但生产自己需要的农产品，而且生产自己需要的大部分手工业品。虽然交换也存在，但商品经济在社会中所占地位微弱。

在16—18世纪，西方资本主义的发展尚处在工场手工业阶段，所生产的产品，无论是数量还是质量都无法与亚洲千百年来发展起来的传统手工业匹敌。因此，在西方资本原始积累时期，受其本身经济力量不足的限制，殖民东来表现出赤裸裸的暴力特征，以掠夺东方财富，特别是金银为主要目的，再加上这个时期西方殖民者在亚洲占领的地区有限，以在沿海建立商业据点为主，亚洲传统的社会经济结构没有受到大的触动。

但是，进入19世纪以后，随着越来越多的欧洲国家开始工业革命，步入自由资本主义时期，在亚洲殖民的范围进一步扩大，西方殖民主义对亚洲的影响不再是表面的，而是对其社会经济结构开始猛烈撞击。此时，西方工业资本家依靠自己经济上越来越明显的优势，打着"自由贸易"的旗帜，极力把亚洲各国变成其工业品的销售市场和原料产地。当商品倾销受阻时，他们便借助"炮舰政策"，强迫亚洲国家给其"协定关税"、"领事裁判权"、"片面最惠国待遇"等特权，或将其直接占领，以实现其经济目的，获取最大的利润。

机器生产的廉价商品如潮水一般，终于冲垮了亚洲传统的社会经济结构，手工生产经不住机器的竞争，农业和手工业的结合被摧毁了，牢固的自然经济开始解体。当然，亚洲各国所遭受的破坏程度不完全一样，殖民地、半殖民地和独立国家的受破坏程度依次递减。在印度，英国机器大工业所生产的廉价商品几乎彻底破坏了印度原有的手工业，特别是棉纺织业，使千百万手工业者失去生计，有的被冻饿而死，产生了一次极大的社会震荡。

在产生破坏性影响的同时，西方殖民主义又带来了某些"建设性"的作用。封建自然经济的解体促进了亚洲国家城乡商品经济和货币关系的发展，造成了许多廉价劳动力，为亚洲各国资本主义的发展创造了某些客观条件。从19世纪40年代起，西方资本主义生产方式开始在亚洲国家出现,首先是铁路的修建以及与其有联系的工业部门的建立,刺激了亚洲现代工业的出现。1853年当铁路刚刚在印度修建时,马克思就指出:"铁路在印度将真正成为现代工业的先驱。"50年代,英国和印度商人在西印度同时大规模兴办近代工厂,1854年印度人在孟买建立了第一座棉纺织厂,到1860年孟买已建立8座棉纺织厂,诞生了亚洲第一批民族工业。

必须要指出的是,自由资本主义时期产生的这种"建设性"作用,并不是殖民者的主观所为。相反,他们为了维护宗主国工业品对殖民地市场的垄断,不惜采取一切手段,扼杀亚洲新生的民族工业,使亚洲民族资本主义从一开始便在恶劣的环境中痛苦地蹒跚前行。马克思在19世纪50年代分析英国殖民统治给印度带来的后果时,曾指出:"英国在印度要完成双重的使命:一个是破坏性的使命,即消灭旧的亚洲式的社会;另一个是建设性的使命,即在亚洲为西方式的社会奠定物质基础。"[1]马克思著名的"双重使命"理论已为历史的发展所证实。

19世纪晚期,当西方主要国家进入垄断资本主义时期以后,它们加速了对亚洲国家的资本输出,利用当地廉价的劳动力,兴办种植园、工厂、银行、保险、贸易公司等企业,发展铁路、海港、航运等现代交通业。亚洲社会经济结构开始在广度和深度上发生变化。"资本输出总要影响到输入资本的国家的资本主义发展,大大加速那里的资本主义发展。"[2]资本输出使亚洲各国民族资本主义有了进一步发展,民族资产阶级的力量进一步壮大,在中国、印度等国开始走上了政治舞台。伴随西方国家在亚洲直接兴办企业,亚洲国家工人阶级的产生普遍先于本国民族资产阶级。新生的资产阶级和工人阶级在20世纪初将各国的民族解放运动带入一个新阶段。

三、民族大起义

殖民入侵和社会经济结构的变动,使亚洲各国下层民众在遭受本国封建统治者剥削的同时,又增添了一个外国压迫者,各国封建统治者的地位也受到了异族的威胁。因此,殖民者东来以后,民族矛盾逐渐上升为被侵略国家的主要矛盾。矛盾激化的表现形式之一便是民族大起义。19世纪中叶,在亚洲主要国家都爆发了声势浩大的民族起义,如印尼蒂博尼格罗(1785—1855)起义、中国的太平天国运动、印度民族大起义、伊朗巴布教徒起义等。在这些起义中,有的将矛头直接对准了殖民者,有的则是反对殖民势力在国内的代理人——封建统治者。这些起义共同构成了近代亚洲第一次反殖反封建的高潮。尽管这些起义最后都以失败而告终,但它们英勇顽强的反抗精神增强了民族自信,有的延缓了殖民进程,有的则迫使殖民者或封建统治者改变统治政策。

印尼蒂博尼格罗起义 蒂博尼格罗是爪哇岛日惹苏丹的庶子,虔诚的伊斯兰教徒,具有强烈的爱国思想。1825年7月,他出于反对荷兰殖民者要强行修建一条穿过他祖坟的公路,

---

[1] 《马克思恩格斯选集》第2卷,北京:人民出版社,1972年版,第70页。
[2] 《列宁选集》第2卷,北京:人民出版社,1960年版,第785页。

以及取消他的苏丹继承权，在日惹附近的斯拉朗举起反荷大旗。10月，他建立了独立的伊斯兰教王国，自立为苏丹，将慕名而来的6万名起义战士分成若干支500—1000人的小部队，灵活地打击殖民者。1827年起，荷兰殖民当局实行碉堡战术，在起义军控制区四周每隔20—30公里修筑碉堡，然后进行分片"围剿"，才控制住了起义的发展势头。第二年，起义军领导集团的内讧被殖民当局利用，以封官许愿的方式使一部分高级将领脱离了起义队伍，严重削弱了起义力量。1830年3月，蒂博尼格罗在同荷兰殖民者进行停战谈判时，因为拒绝投降，坚持要在爪哇保持一个独立的伊斯兰教王国，殖民者背信弃义地将他逮捕，后将他终身幽禁在苏拉威西的望加锡。起义在坚持了5年后最终被镇压下去。

印度民族大起义　1849年英国征服印度全境后，为加速印度的"西化"过程，开始实行殖民新政策：对一些封建王公土邦实行领土兼并；进行"地税改革"，推行长期固定的税率，促进土地私有制的发展；降低和减少军队中印度籍士兵的待遇和特权，并派他们到境外作战；培植买办商人，为扩大销售英国的工业品和获取印度的农产品进一步创造条件。这些政策的实施，导致殖民者与部分封建主的关系恶化，农民的贫富分化加剧，手工业者破产的速度加快，印度籍士兵的不满情绪日增。到50年代中叶，印度的政治局势已呈现紧张状态，到处弥漫着对英国统治者的愤恨。

1857年初，在印度士兵中盛传新近装备的步枪子弹润滑油用猪油和牛油制成，这极大地伤害了士兵中伊斯兰教徒和印度教徒的宗教感情。在兵营中遂屡次发生拒绝使用新子弹的事件，并开始传递红荷花，作为起义的联络信号。5月10日，德里北面30英里的米拉特第三骑兵团发动起义，第二天起义队伍开到德里城下，得到城内印度卫戍部队的响应。5月19日，起义部队完全占领了这座古老的都城。他们拥戴早已徒有虚名的莫卧儿皇帝巴哈杜尔沙，成立由10人组成的行政会议，颁布《德里起义宣言》。起义烽火很快波及到西北省、奥德地区、詹西地区和南印度的个别地区。但是，各地起义军之间缺少紧密联系，并普遍采取消极防御，没有趁势向英军发起战略进攻，给了殖民者喘息和反扑的机会。

英印总督坎宁(1812—1862)从伊朗、锡兰和印度南部急调援军，并截住从英国派往中国参加第二次鸦片战争的英军。6月初，殖民军开始围攻各地的起义军。9月20日，德里被英军攻陷，起义中心转到奥德首府勒克瑙。1858年3月19日，经过一个月的激战，勒克瑙失守。4月3日，英军又攻入詹西城，詹西女王拉克西米·巴伊(1835—1858)突围后继续作战，于6月19日战死疆场。1859年4月中旬，最后一支起义军领袖唐提亚·托比(1814—1859)也被俘就义。由封建主领导的近代印度最大的一次民族起义宣告结束。此次起义极大地震撼了英国在印度的殖民统治，迫使它对殖民政策作出新的调整。

伊朗巴布教徒起义　19世纪上半叶，伊朗是列强在西亚争夺的主要目标。卡扎尔王朝的统治者执行以抗俄为中心的多极外交，虽然使伊朗没有沦为某国的殖民地，但是，为此同俄、英、法、美、奥等国签订的一系列不平等条约，使伊朗丧失了一个主权国家的独立性，逐渐沦为一个半殖民地国家。根据不平等条约中规定的低关税率（值百抽五），外国商品，尤其是英国棉织品大量倾销伊朗，对伊朗手工业造成严重破坏，上万织工失去生计。在农村，封建地租逐年上升,农民生活每况愈下,许多人离乡背井,四处流浪,再加上天灾不断(旱灾、鼠疫、霍乱),有些农村的人口减少了一半。封建统治者的腐败无能和人民生活的不断恶化,激起了一场大规模的民众起义。

1844年,伊朗伊斯兰教什叶派谢赫教派信徒赛义德·阿里·穆罕默德(1820—1850)自称巴布,宣称自己是人类与救世主马赫迪之间必经的门户("巴布"是"门"之意),创立巴布教派。它迎合了当时人们期盼"救世主"降临人间,让人们过上平等、幸福生活的美好愿望。巴布教这种带有社会政治性质的朴素教义吸引了成千上万的群众。1847年2月,王国政府为阻止巴布教的传播,逮捕了巴布。不料,巴布在狱中没有放弃自己的信仰,反而写成《默示录》一书,系统阐述了自己的教义。他认为,人类社会是依次向前发展的,随着新时代的到来,必须制定新制度、新法律;新制度和新法律是由真主派来的先知制定的;他自己就是真主派来的先知,《默示录》是代替《古兰经》的新经典;应当把贪官污吏和外国资本家的财产分给巴布教徒。巴布对教义的进一步阐述,吸引了更多的民众信奉此教。

1848年9月,老国王去世,统治集团内部的权力之争引发政局动荡,巴布教徒趁机在北部马赞德省掀起起义。有2000多名起义者在塔别尔西陵墓建立自己的理想社会,多次打败政府军的围攻。此时,全国各地的巴布教徒已达10多万人。1849年5月,政府采取欺骗手段,诱使塔别尔西陵墓内尚存的200多名起义军走出陵墓,然后将他们全部杀害。一年后,赞兼、尼里兹等地又相继爆发了起义,声势浩大。政府认为这是巴布在狱中指使的结果,7月下令将他处死。但是,各地的起义军依然进行了殊死的战斗,一直到1852年才被镇压下去。此后,一些巴布教的领袖流亡国外,继续传教。

四、亚洲国家上层的变法图强活动

殖民入侵及其造成的社会结构的变化,也迫使亚洲各国的统治阶层作出反应。在那些已经沦为殖民地的国家,他们当中的一些人加入了民族起义,甚至成为起义的组织者和领导者;而在那些殖民炮声越来越近,民族危机日益严重的国家,统治阶层中的有识之士率先觉醒,主张改变旧的陈规陋习,引进西方先进的统治体系、科学技术和军队组织,形成一个积极推行改革的社会集团。在他们的主持下,19世纪中叶前后,在亚洲几个主要文明古国不约而同地都出现了改革运动,包括奥斯曼帝国的改革、伊朗塔吉汗改革、缅甸曼同王改革、泰国朱拉隆功改革、中国的洋务运动等。

这些改革在性质上几乎都属于封建主义的范畴,目的是巩固和加强封建统治,"师夷长技以制夷",通过"富国强兵"摆脱民族危机。但是,在内部保守派的极力阻挠、破坏和外部殖民势力的干涉下,这些改革除个别取得成功外,绝大多数没有达到预期目的,有的在中途便夭折。尽管如此,这些改革活动开创了近代亚洲国家引进西方先进生产技术之先河,为以后各国资本主义的发展和近代民族国家的形成起到了客观上的推动作用。

奥斯曼帝国的改革　它发轫于18世纪末,经历了三次改革浪潮。18世纪下半叶的奥斯曼帝国进一步走向衰落,帝国境内被压迫民族的解放运动日趋高涨,昔日十分充裕的国库日渐空虚,军队的战斗力每况愈下,曾经所向披靡的近卫军已成为帝国政治中的一大毒瘤,不仅干涉朝政,而且在民间胡作非为;帝国所面临的国际环境也日益险恶,随着帝国的衰落,西方列强对中近东地区的政治经济渗透逐渐加强,或通过不平等条约,或通过武力入侵,都想在这块大蛋糕上啃一口。

为摆脱内外交困的局势,1789年谢里姆三世(1761—1808)继任苏丹后,开始进行改革的尝试。他加强了中央政权的力量,改组了帝国国务会议,用欧洲的战术方法和装备组建新军,派人去欧洲留学。遗憾的是改革未能持续下去,1807年保守势力的代表——近卫军发动了叛乱,废黜了谢里姆三世的帝位,并杀害了改革派的主要人物。

1808年马哈茂德二世(1785—1839)即位。他经过长期准备,于1826年彻底消灭了近卫军,为改革扫除了一大障碍。此后,他展开了全面的改革活动。在政治上,加强了对各地总督的控制,将死刑审核权收归中央,取消了政府中许多闲职和繁文缛节;在军事上,继续组建并扩大新军,兴办军事院校,废除封建军事采邑制;在经济上,改革税制,由中央政府直接派员到各地征税,并统一帝国的关税,修建公路,保障商人的合法财产;在文化上,兴办印刷厂,出版发行报刊书籍,还开办了医学院。1839年马哈茂德不幸去世,其子阿卜杜拉·迈吉德一世(1823—1861)继任,他的改革事业在雷希德(1802—1858)帕夏主持下,得以继续下去。

1839年11月,雷希德在皇宫内玫瑰园前的广场上宣读了改革诏令,史称"玫瑰园敕令"。主要内容有:保护人的生命安全和财产安全,未经公开审讯,不得处死任何罪犯;税收根据各人的财产状况征收;改革征兵方法,确定服役期限。在此后的16年中,雷希德多次出任宰相和外交大臣,推行敕令中确定的改革方向。他主张以法制代替传统的专制,先后主持颁布了《刑法》、《商法》、《刑法补充条例》等法律条文;废除了包税制和非常税,统一和整顿了什一税;重视发展世俗教育,确定了大中小三级教育体制。同前面两次改革相比,雷希德改革又进了一步,吸收了一些法国大革命中产生的进步思想,具有资本主义倾向,但他所遇到的阻力更大,包括来自官僚贵族和宗教势力的反对,他本人曾几次被免职。到50年代中叶,改革便不了了之。

伊朗塔吉汗改革 19世纪中叶伊朗改革的推行者是宰相密尔札·塔吉汗(1805—1852),改革是在镇压巴布教起义的同时进行的,即在1850年前后。

在军事上,他改组军队,整顿军纪,严禁侵吞士兵军饷,并在德黑兰创办军事学校;在经济上,大力整顿财政,采取多项措施增收节流,如裁减宫廷侍役,削减官吏俸禄,取消王子们在各地的直接收入,改由国库支给费用等。同时积极发展工商业,建立兵工厂,振兴传统手工业,设立路警保护商队和商道;在文化教育方面,他在德黑兰筹办高等学校,派青年学子赴俄留学,延聘外籍专家学者到伊朗任教讲学,创办了伊朗第一张报纸《时事日志》。

塔吉汗改革的目的是为了加强国家的军事和财政实力,巩固中央政权,抵御英、俄殖民势力对伊朗的渗透。改革尽管没有触及到国家政治制度,但许多内容涉及到官僚贵族、高级阿訇的切身利益,所以遭到了他们的反对。1851年11月,国王听信谗言将他免职,第二年1

月又下令将他处死。改革失败。

泰国朱拉隆功改革　从 19 世纪初起,以英、法为首的西方殖民势力加紧了对泰国的渗透,特别是 1824 年英缅战争和 1840 年中国鸦片战争打响后,泰国统治集团的民族危机感日益强烈。于是,出现了一批以国王为代表的改革家。

近代泰国的改革运动始于 1851 年登基的拉玛四世(1804—1868)。他在位时,曾努力发展经济,如开凿运河,修建道路,统一币制,取消大米出口禁令,废除食糖收购的封建垄断制等,为朱拉隆功改革的顺利进行打下了良好的基础。

1868 年拉玛四世去世,其子朱拉隆功(1853—1910)继位,称拉玛五世。朱拉隆功自幼受到良好的教育,9 岁时随其英国女教师学习近代西方文化。1871—1907 年间,他又多次出访西方国家统治下的新加坡、爪哇、印度和一些欧洲国家,这既增加了他对西方近代物质文明的感性认识,又增强了他改革的决心。在经济方面,他采取和平、渐进的手段,用了近 30 年的时间,废除了奴隶制,并免除农奴向封建主登记的陈规,解放了劳动力,鼓励发展大米的生产和出口;在军事上,实行义务兵役制,创办军事院校,为泰国军队的现代化奠定了基础;在行政上,建立了全国划一的地方行政体制,使中央政权得以保持对全国各地的有效控制。此外,他还创办了泰国第一批邮政、医院和世俗学校。

朱拉隆功改革取得了明显的效果。大米出口量在 1868—1900 年间增长了 800%,国家财政收入从 1868 年的 350 万铢,增加到 1910 年的 6000 万铢,军队到 20 世纪初已发展到 9 个师,其实力已能同在印度支那的法军相匹敌。直到 20 世纪初,泰国还是南亚与东南亚地区唯一未沦为殖民地的国家,改革使国家实力增强不失为其中的重要原因。

第四节　英国在加拿大和澳大利亚的殖民扩张

到 18 世纪中期以后,英国依靠自身的经济实力和对外发动一系列战争,几乎完全控制了大西洋上的主要航道,在印度洋上也牢牢控制了航海权,开始了海上霸主时代,对外殖民扩张的步伐也进一步加快,相继建立了加拿大和澳大利亚两块殖民地。

一、英属加拿大殖民地的建立和发展

位于北美洲的加拿大是一个面积辽阔而又年轻的国家。作为世界上面积第二大的国家,加拿大的建国时间比美国还晚。考古学和人类学的研究成果表明,其原住民——古印第安人大约在 1 万多年前利用冰封的"白令陆桥"从亚洲来到北美。[1] 到 16 世纪初,人口大约有 30 万人,不均衡地分布在今加拿大各地,他们主要以渔猎和采集为生。欧洲人的到来彻底地改变了这里的一切。

---

[1] [加]罗伯特·博斯韦尔:《加拿大史》,裴乃循等译,北京:中国大百科全书出版社,2012 年版,第 3 页。

英国夺取加拿大殖民地　　从 15 世纪末开始,在寻找前往东方新航路的驱使下,英国人、葡萄牙人、意大利人和法国人相继踏足加拿大东西沿海地区。从 1534 年起,法国水手雅克·卡蒂埃先后三次航行到这里,绘制了东部的地图,确定纽芬兰为一座岛屿,并发现了圣劳伦斯河。据说,他在 1535 年第二次航行至加拿大时,在圣劳伦斯河附近问当地土著民这是什么地方,得到的答复是 Kanata,意指他们居住的村庄的名字,而卡蒂埃误以为是这块地区的名字,随后被标记在地图上,是为加拿大名称来源说法之一。

1608 年法国探险家塞缪尔·尚普兰在今魁北克城(当地印第安语意为"河流变狭窄的地方")的钻石角山崖下登陆,建立居留地,是为欧洲人在加拿大建立的第一块永久居住地。他利用土著人部落间的矛盾,各个击破,抢占他们的领地,将这块居留地逐渐扩展为"新法兰西殖民地"。1612 年,他被任命为新法兰西副总督并代行总督之职。殖民地建立初期经济发展缓慢,主要经济活动是与土著人的毛皮贸易。1661 年法国国王路易十四亲政后,大力推进新法兰西的扩张,在镇压了易洛魁部落的抵抗后,改革殖民地的管理,将其置于王室的直接管辖之下,建立行省,同时加速移民,推动殖民地的开发。1663 年改为行省殖民地前这里的人口有 2000 多人,到 1681 年时已接近 1 万。到 18 世纪 50 年代,猛增到 7 万人。[①] 他们仍然以经营毛皮贸易为主,只是在蒙特利尔、魁北克城等沿河地区建立了小型农场,种植小麦、玉米、烟草等作物,农业得以初步发展。为满足居民的生活需求,鳕鱼加工、造船、铸造、木材加工等手工业也已出现。

几乎在法国人开发新法兰西殖民地的同时,英国人也对这里虎视眈眈。1664 年英国打败荷兰,夺取了新阿姆斯特丹(后改名纽约),英、法在北美北部直接相逢。1670 年英国建立哈德逊湾公司,除从事毛皮贸易外,公司还在一些河口建立贸易据点,直接对法属殖民地形成威胁。

从 17 世纪末开始,英、法两国进行了长达数十年的争夺战,最终在经历了英、法争霸的七年战争(1756—1763 年)后,英国获胜,迫使法国在 1763 年退出了北美。

1783 年美国经过独立战争摆脱了殖民地身份后,英国在今加拿大经营其所谓的"北美第二帝国"。1791 年英国议会通过殖民地宪法,加拿大开始具有行政区域的含义,根据文化和法律的差异,魁北克地区被划分为上、下加拿大省。前者即今安大略省,居民以英裔为主,后者为今魁北克省,以法裔为主,保留其大陆法制度。到 18 世纪末,共建立了 6 个省:上加拿大省、下加拿大省、新斯科舍省、新布伦瑞克省、爱德华岛和纽芬兰。接受北美 13 个殖民地独立的教训,英国加强了对加拿大各殖民地的控制,如严格限制殖民地议会的权力,由总督、行政委员会和司法委员会掌控殖民地,各省之间几乎没有联系;不许殖民地设市,要求工商业者等居民在城镇事务上听从各殖民地政府的安排。

改革运动　　到了 19 世纪后,殖民地依靠单一皮毛贸易的时代已经结束,上、下加拿大省转向从事农业生产和森林砍伐;小麦、面粉和木材成为东部出口的主要商品;在沿海地区,则

---

① 李节传编著:《加拿大通史》,上海:上海社会科学院出版社,2014 年版,第 64 页。

发展了造船业和渔业,通过大西洋水系与英国、西印度群岛等地进行贸易往来。稳定的市场和丰富的自然资源使各省的经济日趋繁荣。

随着各省经济的发展,殖民地人们的民族意识逐步增强,政治上也萌发了自主的要求,当地的农民和工商业者发起了一场改革运动,在蒙特利尔和多伦多等地甚至出现了小规模的武装起义,甚至还有人提出并入美国的要求。在改革运动的推动下,1838 年,英国政府派德拉姆担任加拿大总督,他在《关于英属北美事务的报告》中提出了在殖民地建立责任政府的改革意见,并主张地方事务由殖民地自己处理。从 1847 年开始,各殖民地陆续建立了责任政府,由总督任命殖民地议会中得到多数议员支持的议会领袖组阁,掌握殖民地的行政权,并设立了城市,建立了市议会,使城市工商业者获得了管理权。英国总督成为殖民地名义上的首脑。此后,英国政府只负责殖民地的对外关系、贸易政策和公共土地等重大事务。

自治领的建立和最终独立 进入 19 世纪下半叶,英国推行的自由贸易政策使加拿大各殖民地丧失了向英国出口谷物、木材等产品的优惠待遇,殖民地开始向南方寻求出路,发展与美国的贸易关系。此时,美国正值向西部迅速扩张,新的城市、村镇不断涌现,带动了对木材、谷物的需求量大增。1850 年,殖民地与美国的贸易额是 1460 万美元,1854 年增至 3280 万美元,到 1864 年就达到 5610 万美元。

19 世纪 60 年代中期,几个殖民地的代表数次磋商后,达成了进行联合的《魁北克决议案》,并于 1867 年 2 月在英国议会以《英属北美法案》的形式获得通过,7 月 1 日生效,建立了英帝国的第一个自治领,后来这一天被定为加拿大的"国庆日"。根据该法案,自治领组建一个联邦政府,实行内阁制,最高行政权属于女王,由总督代行职权,但以总理为首的内阁实际上掌握了联邦的行政权,内阁由议会中多数党组成,联邦政府获得了管理整个殖民地内部事务所需要的政治、军事、财政金融和司法等权力;安大略、魁北克、新斯科舍和新布伦瑞克四个殖民地各自建立省级政府,负责地方和城市管理、省内税收、文化教育、社会福利等;英国仍然掌控外交权,联邦与各省之间产生纠纷后由英国枢密院司法委员会进行裁决。自治领的建立为加拿大经济的发展奠定了基础。

19 世纪 80 年代起,加拿大开始开发西部草原,建立起现代牧区和农场,到 20 世纪初形成大谷物农场,小麦成为加拿大的主要出口商品之一。此外,利用皮毛贸易形成的圣劳伦斯河东西轴心,成功地抵消了南部美国的吸引力,成为维系加拿大这个年轻国家的统一和独立的重要因素之一。工业化同期也在迅速发展,1878 年实施新的关税,意图保护自身的羊毛、棉纺、钢铁、制鞋等工业生产;1881 年,太平洋铁路开工,1890 年又开始修建北方铁路,构成了加拿大运输大动脉,到 1900 年,加拿大全国铁路里程已达 2.9 万公里。

1914 年第一次世界大战爆发后,加拿大在英国的要求下参战,一共向欧洲派出军队 63 万人,位居英国各自治领之首,为协约国的胜利立下了汗马功劳。在南非等自治领的共同努力下,英帝国战时内阁宣布自治领是"在外交政策和外交关系拥有足够发言权的帝国联邦中的自主国家",向独立国家又迈进了一步。1926 年,帝国议会发表了由英国内阁大臣贝尔福起草的《贝尔福公告》,宣布英国和加拿大、南非、澳大利亚、新西兰等自治领是"英帝国中的自治共同体,在内政和外交事务上相互平等而不再隶属,只是在共同忠诚于英王的基础上联合在一起,自由地组成英联邦"。1931 年,英国议会通过了《威斯敏斯特法案》,加拿大和其他自治领一样,通过渐进的、非暴力的宪政道路,最终获得了国家独立。

二、澳大利亚殖民地的建立和现代文明的初创

作为地球上最大的岛屿和最小的大陆,澳大利亚很早便有人类生活的痕迹。其原住民"肤色为棕色偏黑,近黑色,但从体格外貌上看,他们像高加索人种,而不像尼格罗人种或蒙古人种"①。到 18 世纪末,土著民总人口约 70 多万,分属 700 多个部落,处在原始社会状态,过着狩猎和采集的生活。

1606 年,西班牙人皮·奎罗斯率领的探险队发现一块陆地,以为找到了传说中的"南方大陆",为了取悦于当时统治奥地利和西班牙的哈布斯堡王朝,生造了一个词汇"澳大利亚",意为"南方的奥地利"。后继的探险家发现,他所发现的实际上是今天南太平洋岛屿中的瓦鲁阿图。同年,荷兰东印度公司派遣航海家威·扬茨率队前往南太平洋探险,到达南纬 14 度附近的约克角半岛,成为第一个登陆澳洲的欧洲人。此后,荷兰人不断派人来此探险,建立属地"新荷兰"。

1769 年英国海军上尉詹姆斯·库克率领探险队抵达澳大利亚东海岸,命名为"新南威尔士"。在如何利用该殖民地的问题上,随同库克探险的植物学家 J. 班克斯建议开辟为流放犯的关押地。这得到了英国内务大臣悉尼子爵托马斯·汤森的赞赏:"是个好地方!——一个地球上离英国最远的地方。这些穷鬼没有一线逃回英国的希望。太妙了!"②1784 年,英国议会通过法案,决定在此建立关押英国罪犯的殖民地。1788 年 1 月,作为新南威尔士首任总督兼驻地司令官的海军上校亚瑟·菲利普率领船队,经过 8 个月的航行,抵达植物湾,由此开始了澳洲历史上作为英国"海外监狱"的时代。首批男犯 568 人,女犯 191 人,含 13 名儿童。到 1846 年,总人口 6.6 万英国人中,接近一半是流放犯。

澳洲殖民地的管理体制最初以专制的强迫劳动为主要特征,犯人被迫从事繁重的体力劳动,如伐木、建房、筑路、开荒等,也有许多人在殖民当局开办的农牧场干活,以解决生存问题。1809 年,随着陆军上校拉克兰·麦夸里就任新总督,这种状况得以逐步改变。他致力于正常的社会建设和经济生产,鼓励发展由军政人员、自由移民和刑满释放人员进行的私营经济,具有资本主义性质的商业生产迅速发展起来,特别是养羊业。英国工业革命期间,毛纺织业的发展加剧了对羊毛的需求。由于澳大利亚养殖的是美利奴优质绵羊,自 19 世纪初进入英国市场后,其市场占有率不断攀升,从 1830 年的 10%、1840 年的 25%,增加到 1850 年的 50%,年出口量达到 3500 万吨。

---

① R. Ward. *A Nation for a Continent, the History of Australia*. Richmond (Vic): Heinemann Educational Australia, 1977, p. 1.
② 转引自王宇博:《澳大利亚史》,南京:江苏人民出版社,2017 年,第 35 页。

到19世纪40年代,随着殖民地经济的欣欣向荣,吸引了许多英国移民,殖民地人口构成出现了囚犯逐渐少于自由民的现象,社会规模得以扩大。英国的多种政治理念和社会制度也得以进入澳洲,这块流放殖民地开始向自治殖民地转型。

为了扩大牧场,白人殖民者不断侵占土著人居住和生活的地区,后者或惨遭屠杀,或被驱赶到大陆内地。19世纪30—40年代,天花在澳洲大规模爆发,土著人口数量锐减一半。据1844年的人口统计,土著民的人数已从18世纪末的30万人,下降到71895人。[1]

1851年在新南威尔士发现的黄金引发了一场大规模的"淘金热",各种人等蜂拥至澳洲,为19世纪后半期澳大利亚经济的发展注入了强劲的动力。在澳大利亚大分水岭发源的河流和溪流将较重的金矿矿砂冲刷下来,形成东南部的金矿矿脉。到1861年,开采出的黄金价值1.24亿英镑,仅维多利亚州的产金量就超过了世界黄金总产量的1/3。黄金出口换回了经济发展急需的资金、技术和设备,刺激了制造业和农业的发展。1861—1891年,澳大利亚经济年平均增长率为4.7%,经济结构也发生了变化,以牧羊及羊毛贸易为主要内容的单一经济体制逐渐向多种经济体制转变,民族经济进入了工业化的发展轨道,到19世纪末,澳大利亚民族工业体系已基本形成。其中,冶金业发展尤其显著,冶金公司及其所属的冶金工厂构成了澳大利亚钢铁工业的基础,它们主要分布于新南威尔士和维多利亚,如新南威尔士的埃斯克班克钢铁厂。

以交通运输业为代表的第三产业在国民经济中所占地位越来越重要。1850年澳洲开始修建铁路,"淘金热"带动了"筑路热"。1860年澳洲共有铁路126英里,到1900年已达到10566英里。通讯事业同期也有长足进步,到80年代末,已经形成了以悉尼和墨尔本为中心的电讯网。城市化进程迅速,到1888年,墨尔本的人口为42万,悉尼为36万。墨尔本还兴建了当时世界第三高的46米的商业中心大厦。[2]

民族经济的发展也促进了澳大利亚社会政治的变革。以自主、平等和自由为主要内容的澳大利亚民族意识逐渐形成。19世纪中期以后,澳洲各殖民地拥有了按照英国"威斯敏斯特体制"建立的立法和行政机构,组建了代表各自利益的责任政府。它们与英王的代表——总督之间的矛盾日益显现。建立统一、独立的民族国家成为澳大利亚社会的共识和目标。

第五节 明治维新和日本的崛起与扩张

19世纪中叶,当亚洲许多国家因殖民入侵和民族危机日益加剧而走上武装反抗的道路,掀起第一次民族解放运动高潮之时,位居亚洲最东边的岛国——日本却通过自身的变法维新,走上了一条同亚洲其他国家不同的资本主义发展道路,实现了富国强兵,避免了沦为殖

---

[1] 王宇博:《澳大利亚史》,南京:江苏人民出版社,2017年,第83—84页。
[2] [澳]斯图亚特·麦金泰尔:《澳大利亚史》,潘兴明译,上海:东方出版中心,2014年版,第101页。

民地或半殖民地的命运,成为近代东方国家学习西方先进技术的成功典范。

一、德川幕府的垮台和明治政府的建立

幕藩体制的弊端 从1603年起,日本进入德川幕府统治时期。由于政治中心设在江户(今东京),又称江户幕府时期。

在德川时代,国家统治权掌握在将军和藩侯手中,实行的是封建领主制度。全国最大的封建主是幕府的最高首领,即出自德川家族的"征夷大将军",全国约30%的土地在其名下。他还直辖江户、大阪、京都、长崎、伊豆等重要工商业城市和矿山,控制了全国的经济命脉。全国其余的土地被分封给260多家藩侯(称"大名")。大名对幕府负担政治、经济和军事的义务,但他们在领地内拥有财政、军事、司法和行政的权力,具有相对独立的统治权。将军和大名都养着大批的家臣——武士。通过分封领地和赏赐禄米,将军、大名与武士结成君臣、主从关系。武士队伍庞大,共有约40万人,占全国总人口的7%左右。天皇作为精神上的最高权威虽然还保留着,但已无实权,不能过问政治,唯一的"工作"是读书、作诗,他拥有的领地只相当于一个中下等的藩侯。

在这种幕藩体制下,中央集权受到极大削弱,幕府与藩侯、幕府与天皇之间的矛盾始终存在,特别是到了幕府后期,随着商品经济和资本主义生产力的发展,有些藩侯的实力已接近甚至超过将军。他们对幕府的独断专行越来越不满。

为了巩固封建统治秩序,幕府实行严格的身份等级制度。社会全体成员被分成士(贵族)、农、工、商和贱民等身份等级,彼此不得违制逾越。其中的"士"是封建统治阶级,上自将军,下至武士;农民占全国总人口的80%,是社会财富的主要创造者,他们为领主耕种一块世袭份地,交纳50%—70%的实物地租,还要负担各种杂税和劳役;城市工商业者被称为町人,他们个人发展的机会较多,但受到封建统治阶级的轻视,其经济活动甚至穿着打扮都受到严格的限制,幕府还经常恣意没收他们的财产;那些罪犯和被贬黜人的后裔被称为贱民,他们处在社会最低层,从事被认为是最低贱的职业,如屠宰、掘墓、卖艺、制革、狱卒等。幕府强制推行的这种身份等级制到18世纪已遇到种种挑战。新兴的工商业者首先强烈反对,因为社会地位的低下与他们的经济地位格格不入;沉重的剥削和压迫促使农民不断起来反抗。据统计,18世纪初,日本平均每年爆发农民起义5次,18世纪后半期增加到15次,进入19世纪更加频繁,每年有几十起之多,1865—1867年平均每年发生55.3起。[①] 贱民争取解放的斗争也愈演愈烈。

从17世纪30年代起,幕府为防止西方势力的渗入,从禁止天主教传播演化为锁国政策,先后5次颁布禁令,严禁与外国贸易,驱逐外国商人和传教士,只许中国和荷兰商人在长崎一地定期通商。锁国政策隔绝了日本与西方正常的经济和文化交往,阻碍了日本国力的发展。

资本主义因素的成长和社会关系的变化促使幕府体制开始瓦解,日本封建社会母体内

[①] 吴廷璆主编:《日本史》,天津:南开大学出版社,1994年版,第324页。

资本主义因素逐渐发展,并进而引起社会关系发生变化。

随着生产力的发展,商品经济不可阻挡地发展起来。以大阪、江户、京都为中心,形成了全国商品经济网,商业城镇一个接一个地出现,城市人口迅速增加。在町人中出现了像三井、鸿池、小野、岛田那样的富甲天下的大商人。在农村,出现了雇工耕种的富农、地主,家庭手工业开始向工场手工业过渡,因破产而丧失土地的农民成为小生产者或短工,传统的自然经济在瓦解。19世纪初,以丝织业为首的手工工场已有显著的发展,出现了资本主义的生产关系,一些商人开设作坊,购置织机,雇佣贫家女来做工。个别的手工工场拥有的织机多达120台,染缸300多个,并利用水力作为动力。到1854年,全日本雇佣工人10名以上的手工工场已有300余家。

但是,在幕藩体制下,日本资本主义不可能顺利发展。幕府为维护封建领主经济,竭力压制和阻止商品经济和资本主义生产关系的发展。采取的措施包括限制手工工场的规模,实行商品专卖制,设关卡,对过境商品征收重税等。在幕府的压制下,日本资产阶级的力量十分弱小,无力发动类似于英国、法国那样的资产阶级革命。同时,他们往往还兼具商人、地主等几种身份,同封建关系有着千丝万缕的联系。他们正期待着借助其他力量来发泄内心对幕府体制的不满。

在商品经济的冲击下,日本统治阶层发生了分化。由于固守传统的封建剥削方式,幕府和各藩领主的经济实力相对下降,有的甚至是捉襟见肘,财政收入每况愈下。在此情况下,他们纷纷裁减武士的人数或减少武士的禄米,使许多武士沦为无主的浪人,有的被迫从事他们过去所鄙视的商业和手工业。经济地位的变化改变了他们传统的道德观和社会观,逐渐向新兴的资产阶级靠拢,在思想上滋生了反幕府、求改革的意识。从18世纪上半叶起,在下级武士中出现了一个通晓"兰学"的新知识分子集团,他们忧国忧民,思考着国家和民族的出路,萌生了走资本主义发展道路的想法。当西方殖民的脚步也踏上日本列岛、民族危机到来之时,他们富国强兵的思想变得更加强烈。

黑船事件和被迫"开国" 19世纪中期,亚洲许多国家已沦为殖民地或半殖民地,地处东亚边陲的日本也不可避免地成为殖民的对象。

1844年7月,荷兰军舰率先来到日本,要求日本对外开放。此后,英、美、法的军舰都相继到日本提出了类似的要求。只因它们来去匆匆,未产生大的影响。1853年7月和1854年3月,美国东印度舰队司令培里(一译佩里,1794—1858)率领由4艘黑色大船组成的舰队,两次来到日本。与以往不同的是,培里这次来是软硬兼施,在随身携带的美国总统给日本天皇的信中,声称要与日本"友好、通商",希望日本供应美国船只煤炭和粮食,保护遇难船员,如果不答应,他们将兴师问罪。

面对美国的快船大炮,外强中干的德川幕府被迫接受了培里的要求,1854年3月31日与美国签订了《日美亲善条约》,规定开放下田、箱馆(今函馆)两个港口,允许美国在下田派驻领事并享受最惠国待遇,今后日本给予外国的一切权益,美国也同样享受。在此后的4年里,日本又先后与英、俄、荷、法等四国签订了类似的条约,并增加了通商的条款。由于这些条约是在日本安政年间缔结的,所以被统称为《安政五国条约》。这些条约使日本陷入了半殖民地的危机之中。日本被迫承认西方国家在日本享有领事裁判权、片面最惠国待遇,接受协定关税制,并允许西方国家在日本设置"居留地"(租界)。日本的大门从此被打开,闭关自守的局面结束。

开国对日本的社会经济生活产生了很大的影响。西方廉价的工业品大量倾销日本,同时,生丝、棉花等原料产品源源不断地被运往国外,致使日本传统的丝织业和棉织业出现了危机,不少织工失业流离。西方商人和驻日本使领馆人员还利用日本金价与国际市场金价的差额,用墨西哥银元大肆套购日本黄金,造成日本黄金大量外流,钱价下跌,促使米、麦、盐等必需品涨价。

经济的混乱使包括下级武士在内的人民生活更加艰难。19世纪60年代,农民和城市贫民起义的次数剧增,1865—1867年间平均每年发生农民起义55.3起,城市贫民起义16.6起。许多下级武士已不再向幕府体制寻求出路,而开始向城市小资产阶级自由职业者转化,他们与代表领主门阀的上级武士的矛盾和斗争更加激烈。在内外矛盾日益加剧的情况下,以萨摩、长州为代表的西南强藩大名与幕府的矛盾也加深了。他们反对幕府的专制,要求改革朝政,推动了尊王攘夷运动及倒幕运动的兴起。

"尊王攘夷" 1860年3月,一些下级武士在江户制造了"樱田门外事件",刺死了对民众反抗进行残酷镇压的大老(幕府首脑)井伊直弼。这标志着日本政局开始发生转变,以"尊王攘夷"为口号的下级武士一跃成了政治舞台的主角。

"尊王"是指尊奉天皇,"攘夷"即驱逐外国入侵者。尊王攘夷思想本源于中国朱熹"攘夷狄以尊周室"(《论语章句·宪问篇》)的学说,19世纪初始流行于日本有识之士的著述中,目的是加强幕府统治。到《安政条约》签订后,尊王攘夷思想成为下级武士反对幕府的指导思想,他们与手工工场主、商人、新兴地主相结合,形成了势力强大的尊王攘夷派。

尊攘派志士制造了多起反对外国人的事件,并用恐怖手段袭击幕府的首脑人物,试图通过这些行动给幕府施加政治压力。1863年1月31日,长州藩的高杉晋作(1839—1867)、伊藤博文(1841—1909)等人放火焚烧了英国公使馆。同年5月,长州藩尊攘派炮轰通过下关的美国商船和法、荷军舰。此后,英、美、法、荷四国作为报复组成联合舰队,进攻下关,炮击萨摩藩的鹿儿岛。在抗击外国入侵的斗争中,高杉晋作在长州藩组织了一支战斗力很强的"奇兵队"。这支由农民、町人和下级武士组成的队伍在后来的倒幕运动中也发挥了很大的作用。

尊攘派势力的发展壮大引起幕府的恐慌。1863年8月18日,幕府和孝明天皇联手在京都发动政变,将尊攘派势力赶出了京都。"八一八政变"后,各藩的尊攘运动也遭挫折,不少领导人被捕入狱,甚至被处死。为了扭转颓势,长州藩尊攘派志士久坂玄瑞(1840—1864)、真木和泉(1813—1864)带兵前往京都,于1864年7月19日进攻皇宫,不幸在禁门被藩兵击败。"禁门之变"被视为大逆不道,孝明天皇命幕府兴师问罪。8月,幕府纠集西南35藩的兵力讨伐长州。与此同时,英、美、法、荷的联合舰队也从海上发动进攻。在内外夹击下,长州藩被迫屈服。长州藩的政权由此落入主张"恭顺"幕府的人手中。历时约4年半的尊王攘夷运动到此结束。尽管这场运动没有实现初衷,但在失败和挫折面前,许多日本知识分子认识到,盲目的"攘夷"是行不通的,要改变日本落后的现状,必须首先打倒幕府。于是,尊攘派升华为倒幕派,尊王攘夷运动开始演变为倒幕运动。

"倒幕运动" 1865年初,高杉晋作在豪农富商的支持下,夺取了长州藩的政权。随后,在木户孝允(1833—1877)的主持下进行了藩政改革,对外开港贸易,从英国购买武器。不久,大久保利通、西乡隆盛等倒幕派人士在萨摩藩也夺取了政权。1866年1月,长州、萨摩两藩结成反对幕府的军事同盟。

1866年5月,幕府发动了第二次征讨长州的战争。此次战争的结局与上次完全相反,不仅以幕府军失利而告终,还加速了幕府统治的垮台。7月20日,第十四代幕府将军德川家茂(1846—1866)在大阪暴病身亡,德川庆喜(1838—1913)继任,他以办丧为由匆匆收兵。1867年1月30日,亲幕府的孝明天皇(1831—1867)也去世,皇位由年仅15岁的睦仁(1852—1912,即后来的明治天皇)继任。与倒幕派有联系的岩仓具视(1825—1883)、三条实美(1837—1891)掌握了京都朝廷的实权。1867年10月,萨摩、长州和广岛三藩联合发兵东进,朝廷也向萨、长两藩下达了"讨幕密敕"。在此形势下,为消除倒幕派出兵的口实,幕府奏请把政权"奉还"天皇。这样,延续了260多年的德川幕府在形式上宣告终结。

由于幕府依然掌握着国家的行政和兵权,并在大阪集结了1万精兵,倒幕派不敢松懈。1868年1月3日(旧历12月9日),倒幕派调集军队控制了京都皇宫,以天皇名义宣布"王政复古",废除幕府,建立了"三职"制(总裁、议定、参与)的天皇新政府。德川庆喜不甘心就此退出统治舞台,准备以武力推翻新政府。

戊辰战争 1868年1月27日,讨幕军与幕府军在京都附近的鸟羽、伏见发生激战,揭开了新旧势力生死大较量的序幕。根据干支纪年,1868年是"戊辰"年,故在该年的战争被称为"戊辰战争"。因为得到人民的广泛支持,讨幕军在这场战斗中以5000人的兵力战胜了三倍于己的幕府军[①]。从3月4日起,5万讨幕大军以不可阻挡之势向幕府的老巢江户挺进。4月"无血入城",德川庆喜退隐水户。此后,新政府军集中打击东北部的幕府残余力量,直到1869年5月攻克五棱廓,胜利结束了历时一年半的"戊辰战争"。这场战争沉重打击了德川幕府的封建统治,为日后的改革奠定了基础。

1868年7月,江户改名为东京,9月改元"明治"。翌年4月,明治政府正式迁都东京。

二、明治维新和日本的崛起

1868年4月6日(旧历3月14日),天皇首次发布了新政权的国策方针,即《五条誓文》:"广兴会议,万机决于公论;上下一心,盛行经纶;官武一途以至庶民,各遂其志,务使人心不倦;破历来之陋习,基于天地之公道;求知识于世界,大力振兴皇基。"这五项内容反映了新政权的进取精神,传统的"锁国"政策被摒弃,为日本的现代化改革选定了基本的方向。

---

① 吴廷璆主编:《日本史》,天津:南开大学出版社,1994年版,第366页。

废除封建旧体制　1869年3月,大久保利通(1830—1878)等人首先促成萨、长、土(佐)、肥(前)四个强藩的藩主请求"奉还版籍",向天皇交还原有的领地和领地上人民的统治权。此举迫使其他诸藩相继仿效。到6月天皇收回了全国所有的版籍,藩主改为藩知事。1871年7月,天皇又宣布废藩置县,废除260余藩,设置由中央政府直接管辖的府和县,免除原来的藩知事职务,令其来东京居住,坐食俸禄。通过"奉还版籍"和"废藩置县",彻底打破了日本千百年来封建割据的局面,建立了统一的中央集权国家,为全国统一市场的形成创造了条件。

明治政府还改革了封建身份制,取消大名、公卿的旧名称,统称"华族",即贵族;将中下级武士、大夫改称"士族",他们原来的俸禄领地也一并收回;从事农工商职业的人和过去的"贱民"都称"平民",允许他们使用姓氏,在形式上消灭了士、农、工、商四个等级。

发展资本主义经济　首先是进行土地改革和地税改革。1872年解除了禁止买卖土地的禁令,颁发土地执照、确认土地私有权。第二年公布了《地税改革条例》和《地税改革规则》等5个文件,确定以土地价格为课税的标准,地税一律向土地所有者征收,税额为地价的3%。新税制保证和扩大了明治政府的财政收入,使地税成为政府的主要财源,有力地支持了国家的工业化政策,从而推动了日本资本主义经济的发展。

明治天皇

1870和1873年,明治政府先后设置了工部省和内务省,前者偏重发展重工业,后者以发展农业、产品加工和海运业为主。此后日本的工业化主要是在这两个机构领导下进行的。在1880年以前,主要是大力创办国营企业,由国家资本带动资本主义工业化。1874年身为内务省长官的大久保利通向政府提出了"殖产兴业"的建议,主张"依靠政府官吏诱导奖励之力",来促进产业革命的发展。该建议被政府采纳。结果,以国家财力引进了西方先进生产技术、设备和人才,建立了一些规模大、投资多的国有企业。到1880年,政府已拥有矿山10处、造船厂3个、军械所5个、工厂52个。

进入80年代后,"殖产兴业"的重点转向扶植和保护私人资本主义企业,除铁路和军工企业外,大部分国有企业被处理给私人经营,通过给予各种补助金、优厚贷款等形式,扶植了一批大财阀和大资本家,如三井、三菱、古河、浅野、川崎等。1882年,由私人资本家合资创办了大阪纺织厂,机器从英国引进,以蒸汽为动力,成为日本纺织业中最早的现代化工厂。此后,在造纸、制糖、炼铁和造船等部门也相继实现了现代化生产,并发展了自己的机械制造业。到90年代初,日本基本上完成了第一次产业革命,在纺织业等轻工业部门实现了资本主义工业化,"从封建的农业国初步变成一个资本主义农业工业国"①。

---

① 吴廷璆主编:《日本史》,天津:南开大学出版社,1994年版,第399页。

在推行工业化的同时,明治政府积极发展国内市场,撤销了商路上的各种关卡,禁止对商人随意抽税加捐,废除特权行会的垄断制,推行自由贸易,并鼓励发展对外贸易。基础设施建设也取得明显成就。1869年在东京与横滨间架设了第一条有线电报,1872年在这两座城市间又建成了日本第一条铁路。到1891年,已建成国营铁路551英里,私营铁路1165英里。

倡导"文明开化"　在明治维新初期,政府提出了"文明开化"的口号,即引进西方资本主义文明。此后,日本的风俗习惯和文化教育出现了许多新气象。如:武士发结被剪去,不再随身佩刀;改旧式礼服为和服或西服;天皇带头喝牛奶、吃牛肉,西餐也开始流行。但对日本影响最大的还是教育改革。

1871年文部省设立后,西方近代教育制度被系统引进日本。废除了旧的藩校和设在寺院中的学塾,确立了小学、中学和大学三级教育体制,其中小学为义务教育。1877年成立了东京大学。政府还每年选派品学兼优的青年到欧美留学。通过各项教育改革,为日本经济的迅速发展和其他维新事业的顺利进行,输送了必不可少的人才。

建立新式军队　明治维新是在日本民族危机的大背景下发生的,因此"强兵"被认为是"富国之本"。明治政府的军队最初是藩兵改编而来。1870年山县有朋等人从欧洲考察军事回国后,开始改革旧的藩兵制。1873年1月,政府发布《征兵令》,正式取消武士垄断军事的特权,实行与西方国家相仿的义务兵役制,建立了一支近代资本主义国家常备军。军队分炮兵、骑兵、步兵、工兵和辎重兵5种,按法国陆军操典进行训练,使用新式枪炮。与西方国家不同的是,日本在建立现代军事制度的同时,封建时代的"忠节"、"礼仪"、"武勇"、"信义"等武士道精神也在向军队灌输,培养官兵对天皇和神灵的迷信。到1890年,日本已拥有陆军7个师团,包括现役军人5万余名,预备役军人20多万,拥有军舰25艘,鱼雷艇10艘。

明治维新是日本现代化的起点。它开辟了日本历史的新纪元,使日本由封建社会过渡到资本主义社会。通过各项资产阶级改革,日本得以"脱亚入欧",从一个处于亚洲文明边缘的小国,一跃成为对亚洲历史产生深远影响的"侵略大国",为其在20世纪跻身于世界强国之列打下了基础。

日本的迅速崛起得益于多方面的因素。明治维新推翻了幕府的封建统治,摆脱了日本沦为半殖民地的民族危机,推动了资本主义的大发展。在"殖产兴业"、"富国强兵"和"文明开化"三大口号下,明治政府积极推行扶植和奖励资本主义发展的政策,或由政府斥资创办"模范工厂",或直接给予私人企业以补助金、贷款、减免捐税等优惠,推动了资本主义工业、特别是私人企业的长足发展。1881—1893年间,工厂数目由1100家增加至3340家。

日本的迅速崛起与工业化的进展紧密相关。日本的工业革命大致经历了前后两个阶段。以明治维新为发端,资本主义工业的发展获得前所未有的动力,到中日甲午战争前夕,日本初步实现了资本主义的工业化,即完成了以棉纺织业为中心的轻工业部门的工业化。工业革命的第二阶段始自甲午战争,一直延续到20世纪初年,其内容为重工业体系的建立和完善。日本工业化的推进,得益于国家资本的建立及其对私人资本的大力扶植,在一个相当长的时期内,日本的国家资本占有非常重要的地位。据日本经济学家的研究,1875—1905年间在国家资本和私人资本的总和中,国家资本所占比重分别为:1875年81.7%,1880年57.5%,1885年74.9%,1890年29.8%,1895年31.7%,1900年52%,1905年44.1%。[①]

日本的迅速崛起与对外战争密切相连。战争刺激了日本资本主义的发展,加速了工业化的进程。由于在甲午战争中的胜利,日本割取中国的台湾、澎湖列岛,从中国勒索了2亿3千万两库平银的巨额赔款,取得掠夺中国资源、倾销商品和开设工厂的特权。这些大大有助于日本资本主义的发展。战后日本出现一个兴办企业的热潮,机器制造业、能源动力工业和造船业有了很大发展。

从1880年开始,政府以优惠条件转让官营企业,那些与政府官僚有密切关系的高利贷"政商"因之取得一些部门的经营特权,成为新兴工业资本家。这些人在国家直接扶植下发展起来,并逐渐形成财阀集团,如三菱、三井、住友、安田等。

甲午战争后,日本获得资源、市场、赔款,资本主义发展步伐加快。赔款中的75%以上转化为资本与军费。1899—1902年间新建的公司和工厂分别比战前增长5.2倍和1.3倍。1894—1903年公司的实收资本增长3.3倍,其中工业资本增加2.7倍。工厂中使用的机器动力增加5.9倍。1897年创办的八幡制铁所,所用铁矿石全部从中国进口,1901年生铁产量占全国的53%,钢材占83%,奠定了日本钢铁工业的基础。此外,铁路1893—1901年间增长了1倍;航运1893—1903年间增长了6倍。1893年进出口总额达9000万日元,1903年增长到3亿1500万日元。到20世纪初,日本完成工业革命,资本主义经济发展接近欧美资本主义各国的水平。

三、垄断资本与封建残余的结合体

日本资本主义是在政府的扶植下成长起来的,表现出"早熟"的特点。与之相对应,从自由资本主义向垄断资本主义发展的阶段性不明显,具有相互结合在一起的一致性。

19世纪80年代,日本纺织、造纸、制麻等轻工业部门开始出现垄断组织。为增强在国内外市场的竞争力,日本经济中的垄断组织出现较早。80年代,先后出现三井银行(1882)、邮船公司(1885)、纺织联合会(1882)、制纸联合会(1880)等垄断组织。19世纪末,三菱、三井、住友、安田等已成为操纵国家经济命脉的四大财阀。世纪之交时,垄断组织逐渐统治了各个工业部门。纺织业中,纺织联合会取得垄断地位,其中属于三井财阀和三菱财阀的八大公司所拥有的机械设备占联合会拥有的机械设备总数的51.6%。造纸业中,由王子制纸和富士制纸等联合组成的辛迪加1900年时垄断了造纸生产总额的64%。此外,制麻、面粉、火柴、烟草等轻工业部门也都出现了卡特尔。重工业和交通运输部门一开始就控制在国家和少数财阀手中,采煤业主要在九州,20世纪初产量的一半掌握在三井手中。住友、古河、藤田、久原四大公司的铜矿产量占全国总产量的69%。造船业方面,19世纪末20世纪初三家大公司

[①] 引自万峰:《日本资本主义史研究》,长沙:湖南人民出版社,1984年版,第157页。

建造的船舶吨数占全国总吨数的一半。

财阀是日本垄断资本所具有的一种特殊形式,它就是金融寡头。20世纪初,三井财阀通过银行取得了对于纺织、造纸、电机、矿业等企业的支配权;三菱财阀控制了造船、铜矿、海运、造纸等许多大企业。三井、三菱、住友、安田都拥有银行,投资于各种主要企业,并向国外输出资本。

世纪之交时,日本与欧美资本主义国家一样,进入了帝国主义阶段。日本帝国主义被称为"带军事封建性的帝国主义",无论在经济、政治和思想意识中,都保留了浓厚的封建残余和强大的军国主义势力。形成这一特点的根源在于日本自身的历史和经济条件。

首先是资产阶级革命的不彻底性。明治维新初期的改革虽然有利于资本主义的发展,但在农村保留了大量封建残余,到世纪之交时,仍有50%的土地掌握在地主手中。因此,大垄断资产阶级的统治和半封建的土地所有制并存。

其次,日本的垄断资本本身具有浓厚的封建性。控制日本国民经济命脉的四大财阀都是日本政府一手扶植起来的幕末特权商人兼封建大地主。例如:三菱就是占有2000多町步土地的大地主。这些财阀多以家族为中心建立垄断公司,公司股票并不广泛发行,只卖给与其家族有密切联系的少数人。公司内部存在着严格的"宗法式"的统治,最高权力往往不属于股东选举的董事会,而属于家族会议,甚至集中在一人身上。三井为了巩固其家族统治,在1900年修订的《三井族规》达10章100条之多,对族人从一般修身齐家之道,到商业经营、财产管理均作了规定。

第三,日本垄断资本带有浓厚的军事性。由于大量封建残余的存在,民众生活极端贫困,购买力低下,国内市场狭小。由于较晚走上资本主义发展的道路,经济技术水平落后于欧美国家,加上国内资源缺乏,农业落后,无法指望通过经济竞争去夺取国际市场和原料产地。于是,与好战军阀相勾结的日本垄断资产阶级在发动对外侵略战争方面表现得更为疯狂。明治维新后,政权掌握在好战的武士出身的元老、军阀手中,由这些人组成的参谋本部直接统帅军队,掌握军事工业,在决定国策方面有极大的发言权,使得资本主义的发展与军事紧密地结合在一起。

由于垄断资本既与封建残余相结合,又与天皇制军国主义相结合,致使日本帝国主义特别富有侵略性。

四、自由民权运动与1889年帝国宪法

社会矛盾的激化和自由民权运动的高涨 明治维新后,封建地主和大资产阶级掌握了政权。新建立的政权采用"天皇制"形式,宣布由日本天皇亲自执政,实际上,地主、武士出身的官僚和军阀控制着政府和军队,既无宪法又无议会,控制政府的官僚和军阀以天皇的名义随意发号施令,日本实质上是一个君主专制国家。

明治政府的改革措施未能解决农民的土地问题,农民依旧生活贫困。农民曾经幻想从明治政府得到土地、减免地租,但地税改革加重了其负担,现金地税制又使得其受到商业资

本的剥削。1871—1874年间发生了80余次农民暴动。地税改革期间农民的反抗更加强烈，有的起义卷入几个县的数十万农民，袭击官府、焚烧各种文件簿册，捣毁监狱、释放犯人。声势浩大的农民起义沉重打击了天皇政府。

中小资产阶级和中小地主也对现状多有不满。资产阶级在维新后随着资本主义经济的发展力量日益壮大，但政治上无权。特别是中小资产阶级对明治政府与三井、三菱等特权"政商"的勾结深怀不满。因为政府在经济上依靠大商人和大资产阶级，给予其种种特权和经济上的扶植。明治政府的土地法令虽然确认了中小地主的土地所有权，但高额地税对他们非常不利。他们迫切要求参与地方政权、减轻地税、改变社会地位。

部分士族(中下级武士)也不满政府的改革措施。废除武士制度使得中下级武士中的大部分人丧失了往日的社会地位和特权，甚至连生活也无保障。1877年2月，反动的封建武士曾发动士族暴动(即所谓"西南之役"、"西乡隆盛之乱")。还有些士族，特别是他们中间的知识分子，倾向于中小资产阶级和中小地主，并成为他们在政治上的代言人。

总之，明治政府的藩阀专制及其政策，引起中小资产阶级和地主、没落士族阶层的不满。从19世纪70年代开始，以这些阶层为基础，掀起了要求开设民选议会、实行君主立宪、减轻地税、废除不平等条约的政治斗争，并演变为全国范围内的运动，史称"自由民权运动"。

自由民权运动是由板垣退助(1837—1919)、后藤象二郎(1838—1897)等因主张"征韩论"而被萨摩、长州"藩阀"排挤下野的参议发起的。1874年1月，板垣退助等8人联名向政府提出《设立民选议院建议书》，揭露官僚们的专制，要求给人民以选举权和租税共议权，并公开发表在报上，引起极大反响。同年4月，板垣又和士族出身的片冈健吉(1844—1903)等在土佐创立"立志社"，宣扬资产阶级的天赋人权说。1875年2月"立志社"与其他性质类似的地方团体代表在大阪集会，成立了"爱国社"，在全国展开宣传活动。此后，地方性的政治结社遍布日本各地，到1881年达200余个。

自由民权运动初期，主要的参加者是不满"藩阀"政府的士族和士族知识分子。他们当中很多人受到西方资产阶级革命思想的影响，客观上反映了资产阶级地主的政治要求。从1877年起，出现了自由民权运动与农民运动相结合的趋势，其主张既代表中小资产阶级、地主利益，又在一定程度上反映农民要求。这年6月，土佐立志社的代表片冈健吉向政府提出了《立志社开设议会建议书》，列举藩阀专政的八大罪状，更加明确地提出了自由民权运动的三大基本纲领：开设议会、减免地税和修改不平等条约。该建议书更多地反映了中小资产阶级的愿望，它的公开印行，推动了运动的发展。

1878年11月，爱国社召开第一次代表大会，成立了全国性的领导组织，由此运动进入有组织的发展阶段。1880年3月，在爱国社第四次全国大会上，改爱国社为"议会开设促成同盟"，同年再改组称"大日本议会促成有志会"。由此，运动发展成全国规模的政治运动，会员很快发展到13万人。

为限制和分化自由民权运动，政府早在1875年就颁布《新闻条例》、《出版条例》和《谗谤令》。1879年设置府县议会，第二年又颁布《集会条例》。1881年10月颁布诏书，宣布10年后(即1890年)设立议会,颁布宪法。政府的禁令和压制未能阻止自由民权运动的扩展。

1881年10月,板垣退助等人创立"自由党",主张建立立宪政体,提倡"主权在民"的资产阶级民主思想,以实行法国式议会民主为标榜。自由党的基层组织尤其激进,往往与农民运动相配合,发动反对专制政府的斗争。1882年,大隈重信(1835—1924)、犬养毅(1855—1932)等创建"立宪改进党",主张实行英国式的君主立宪政体,宣扬"主权属于君民之间"的理论。二者都是代表资产阶级利益的政党,但前者较激进,后者相对较为温和。

政党的活动引起政府的恐惧,于是采取严格限制、镇压和收买党魁、挑拨离间的手段,分化瓦解各政党。此后,改进党与三菱、自由党与三井相勾结,并互相攻讦,导致政党威信下降。1884年自由党宣布自动解散,改进党也趋向消沉。至此,由资产阶级政党及其代表人物领导的自由民权运动乃告终结。1884—1886年,自由党人领导下层人民群众进行了一些反政府的零星分散起义,遭到镇压。直至1890年议会选举时,各政党经过重新改组才重新回到政治舞台上。

自由民权运动是日本近代史上的一次资产阶级民主运动,向广大人民传播了资产阶级革命思想,推动了1889年宪法的颁布。

1889年宪法 在工农群众运动与自由民权运动的冲击下,日本政府为适应资本主义工业化的需要,决定在政治上进行若干改革。

1882年日本政府委派伊藤博文起草宪法。伊藤博文(1841—1909),长州藩士出身,早年留学英国,归国后参加"尊王攘夷"和明治维新运动。明治初年任参与、外国事务局判事等职,1871年随使团赴欧美考察,回国后参加币制改革、财政整理等工作,受到重视。1885年明治政府废太政官制,实行内阁制,伊藤任日本第一任内阁总理大臣(首相),此后4次出任首相、3次出任枢密院议长,并在1900年创立政友会。1882—1883年,伊藤博文等人以一年半时间出国考察欧洲国家的宪法和政治制度,结果选中了最富有军国主义色彩、维护绝对君主权力最强烈的普鲁士宪法作为蓝本。1888年4月,由井上毅(1844—1895)等人起草的宪法草案被提交天皇并经枢密院审议。

1889年(明治22年)2月,日本以天皇名义颁布钦定宪法——《大日本帝国宪法》。

宪法共7章76条。名义上宣布君主立宪,实际上天皇享有绝对的权力,宣称"天皇神圣不可侵犯",有批准法律、任免大臣、召集和解散议会、宣战、媾和、统帅海陆军等权力。日本国民称"臣民",在"法律范围内"享有言论、通信、出版、集会、结社的自由。

议会分贵族院和众议院。前者由皇族和华族组成,后者由选举产生。选举权和被选举权有资格限制。1890年举行首次选举时,取得选举权的人仅45万,占总人口的1.24%。议会只参与制定法律,天皇可"敕令"制定法律。议会通过法案后,须经枢密院和天皇批准,才能成为法律。

宪法规定设内阁和枢密院。内阁作为行政机关辅佐天皇行使权力,只对天皇负责而对议会只间接地负"道德上的"责任。枢密院由高官和大臣组成,名为天皇的顾问机关,实与议会、内阁鼎足而立,是实际上的国家最高决策机关。

1889年宪法标志着日本天皇制地主资产阶级联合专政统治秩序的基本确立，巩固了明治维新后在日本确立起来的近代天皇制度。宪法承认了人民的基本权利和参政权，确立了三权分立的国家机构，使得日本的国家形态与以前的绝对专制主义有所区别，在一定程度上反映了自由民权运动的成果。

宪法颁布后，自由党与改进党作为议会中的反对派重新活跃起来，要求修改宪法。但明治政府的对外扩张政策符合有势力的资产阶级集团利益，因而在实质上摧垮了议会中的反对派。甲午战后，两党不再提改革要求，资产阶级自由民权运动也就停止了。19世纪末，自由党与改进党联合成为宪政党，1900年又改为政友会。资产阶级完全同官僚、军阀结合在一起，成为天皇专制政权的三大支柱。

五、日本军国主义的对外侵略扩张

明治维新后，日本以"富国强兵"为国策，一面推行"国权外交"，摆脱殖民地危机，一面对外扩张，发动侵略战争，掠夺殖民地。

摆脱对欧美各国的从属地位，是日本明治政权对外政策的既定目标。明治政府建立初期，就着手开展废除不平等条约的外交活动，但由于自身国力的局限，在19世纪七八十年代一直未能实现目标。进入19世纪90年代，列强在远东的角逐加剧，国际局势呈现出有利于日本的新变化，为日本"修约"创造了时机。由于英、俄有矛盾，英国力图利用日本对抗俄国。1894年订立的《日英通商航海条约》，撤销了过去不平等条约规定的治外法权。此后三年间，日本又同美国、德国等15个国家缔结了类似的条约。至此，日本摆脱了不平等条约的束缚，改善了国际地位。

然而，这些条约并未使日本取得完全的关税自主权，直到1911年2月日、美在华盛顿签订新的《通商航海条约》，才对有关两国人民的交往、居住、旅行、人身、财产安全保护、领事职务、通商贸易、关税、最惠国待遇等作了平等互惠的规定。其他国家继之。至此，日本取得了关税独立自主和法权上的独立平等。

在进行修约外交的同时，日本为转移国内矛盾、促进资本主义的发展，首先将侵略的锋芒指向了朝鲜与中国。

早在明治初年，西乡隆盛（1828—1877）等"征韩论"派就提出侵略朝鲜的主张，但当时木户孝允、岩仓具视、大久保利通等当权派赴欧考察后深感日本国力不足，认为应"以内治为急务"。

1872年，日本迫使琉球国王宣布自己是日本的藩王。1874年又借口琉球船民漂流至中国台湾被杀害，派出6艘战船侵入台湾，攫取"抚恤金"50万两白银作为退兵的条件。

1875年日本侵入朝鲜的江华岛，翌年迫使朝鲜订立不平等的《江华条约》，攫取治外法权和领事裁判权等特权。1879年强行吞并琉球群岛，改设冲绳县。1882年朝鲜爆发人民反侵略者及其走狗的起义，日本借机出兵，干涉朝鲜内政，8月迫使朝鲜订立《仁川条约》，获得赔款，攫取在汉城驻兵的特权。1885年中、日两国签订关于朝鲜问题的《天津条约》，使得朝鲜由清朝的藩属变成两国的共同保护国。1894年7月25日,日本利用欧美各国在亚洲尖锐而复杂的矛盾,挑起中日甲午战争,结果通过《马关条约》从中国割得台湾、澎湖列岛,获得2亿两白银的赔款。这时的朝鲜名为"独立自主国家",实际上开始沦为日本殖民地。

甲午战后,日本积极参与国际帝国主义瓜分中国的狂潮,1900年义和团反帝爱国斗争爆发,日本积极参加八国联军,先后派遣2.5万军队,占联军总兵力的2/3。进入20世纪以后,日本在英、美的纵容下不断扩大侵略,最终走上了侵略中国、称霸亚洲的军国主义道路。

参考书目

1. 斯塔夫里阿诺斯:《全球分裂:第三世界的历史进程》,王红生等译,北京:北京大学出版社,2017年版。
2. 艾周昌、郑家馨主编:《非洲通史(近代卷)》,上海:华东师范大学出版社,1995年版。
3. [美]本杰明·吉恩、凯斯·海恩斯:《拉丁美洲史(1900年以前)》,孙洪波、王晓红、郑新广译,上海:东方出版中心,2013年版。
4. 林承节:《印度近现代史》,北京:北京大学出版社,1995年版。
5. [加]罗伯特·博斯韦尔:《加拿大史》,裴乃循、符延军、邢彦娜等译,北京:中国大百科全书出版社,2012年版。
6. [澳]斯图亚特·麦金泰尔:《澳大利亚史》,潘兴明译,上海:东方出版中心,2014年版。
7. [加]赫伯特·诺曼:《日本维新史:日本明治时期的政治与经济》,赵阳译,北京:新星出版社,2018年版。

第八章
工业文明下的社会、思想与文化

19世纪下半叶,世界历史进入一个全新的、前所未有的大变革时代。电学、磁学、光学、化学等科学技术突飞猛进,科技发明层出不穷,人类的智慧魔术般地将电灯、电话、电报、电站、电车、电机、电缆等新生事物接二连三地呼唤出来。电力、钢铁、化工、机车制造等新兴产业蓬勃兴起,交通运输、冶金等老产业焕发青春。工业化浪潮滚滚向前,其势不可阻挡,传统的农业和半农业、乡村和半乡村社会迅速告别历史舞台,人类满怀激情地迎来城市社会和工业社会的新阶段。与此同时,资本主义生产关系发生某些质变,得益于"电气时代"、"钢铁时代"的巨大生产力推动,集中化、垄断化以及世界经济的整体化趋势大大加强。在物质文明取得长足进步的同时,精神文明也有所创新和发展。

一言以蔽之,第二次工业革命的兴起及其深远影响力,使得资本主义的工业文明获得"新"的发展,人类历史出现了"新"的飞跃。

19世纪末席卷欧美的第二次工业革命风暴,为人类迎来了一个崭新的时代——电力时代。作为一种"神奇的力量",电能由于具有磁、光、热、化学等多种效应,因而对于人类的社会生活与思想文化所引起的巨大变革,要比一个世纪以前的蒸汽机深刻、广泛、深远得多。19世纪是以"英雄世纪"而载入近代科学史册的,基础科学、技术科学、应用科学等等方面所取得的成就,比历史上任何时期都要多都要大。这个世纪的最后30年,资本主义的物质文明获得巨大发展,人类在思想文化上也取得令人赞叹的新成就。自然科学方面,出现了许多划时代的重大发现和发明;人文科学涌现出许多新学科新见解;艺术领域内流派纷呈,不断出新。

第一节　现代社会的新面貌

早在19世纪50年代初电力时代的曙光初现时,马克思就预言过电的伟大革命力量,当时"马克思嘲笑欧洲得胜的反动势力,它们幻想革命已经窒息,而没有想到自然科学正在准备一场新的革命。蒸汽大王在前一个世纪中翻转了整个世界,现在它的统治已到末日,另外一种更大得无比的革命力量——电力的火花将取而代之"①。高压输电技术突破后,恩格斯敏锐地觉察到它将产生深远的影响,指出:"这一发现使工业几乎彻底摆脱地方条件所规定的一切界限,并且使极遥远的水力的利用成为可能,如果在最初它只是对城市有利,那么到最后它终将成为消除城乡对立的最强有力的杠杆。"②正是由于电这种"更大得无比的革命力量"以及它所产生的"强有力的杠杆"作用,人类社会的工业化、城市化进程大大加速,工业化推进到一个决定性的新阶段,城市化跃进到一个更新更高的层次。当人类告别19世纪时,欧美主要资本主义国家已基本完成了由农业社会向工业社会、由乡村社会向城市社会的转变,现代社会的主要特征和形态基本上已经显现出来。同样,由于科技革命及工业革命带来的无比能量,人类认识自然、改造世界的能力空前提高,世界市场更加紧密地联系在一起,全球经济的依赖性、互动性前所未有地加强。

一、工业社会的新特点

第二次工业革命迎来了工业社会的新阶段。工业化指的是以传统生产技术占支配地位的农业经济向以现代机器生产为主的工业经济的转化过程。这一过程始于第一次工业革命,第二次工业革命浪潮掀起后加速进行。到19、20世纪之交时,欧美主要资本主义国家均已相继步入工业化社会。在这些国家里,制造业在工业中的比重达到50%以上,工厂制企业主导了工业生产,非农业劳动力超过农业劳动力,工业在国民经济中的比重过半。伴随工业化的完成,现代工业社会的雏形显现出来,并形成若干特征:工业生产日益成为国民经济的决定性力量;政治民主化的进程加速并取得显著成果;社会的整合力上升,整体化趋势加强;文化观念和社会利益方面出现多元化的态势。

工业化的完成,是世界近现代史上具有根本性意义的事件。随着经济的腾飞,现代制造业、交通运输业、钢铁业、电业等部门崛起,大工业构成国民经济的主导力量,驱动整个国民经济的发展,成为国民生活水平的主要依托。国民消费品主要来自工业,农业仅提供粮食、

---

① [德]威廉·李卜克内西:《忆马克思》,载[法]保尔·拉法格等:《回忆马克思恩格斯》,马集译,北京:人民出版社,1973年版,第35页。
② 《马克思恩格斯选集》第4卷,北京:人民出版社,1972年版,第436页。

水果、肉类等原料或半成品。人们的衣、食、住、行更与工业密不可分。工业的影响渗透到国民生活的各个角落,现代社会生活离开它便陷入瘫痪状态。与此同时,农业对工业的依附性加强,生产技术上、资金上、市场上无不受到其制约。

工业化的实现使得机械化、电气化的程度大大提高,前所未有地提高了劳动生产率,也在相当程度上解放了劳动者。虽然机械化在 19 世纪中叶以前已经开始,但直至 19 世纪末工业化的影响才实际上改变了人类生活的各个方面。新动力、新机器的投入使用,互换机件、标准工序的问世,使得旧有工业急剧扩展。过去从事独立劳动的裁缝、鞋匠、磨坊工人以及其他很多职业的劳动手段突然机械化了,这些人也进了工厂,不再是手工业者,而成为操纵机器的"雇佣工人"。世纪之交时,机器提供的产品囊括了绝大多数男子从头到脚的全部穿戴,以及一半的妇女和儿童服装;肉类包装工业装配线差不多提供了人们食品中的 1/3。罐头食品工业中,从罐头盒的制造到罐头的制成均在迅速地实现机械化。电气化是 19 世纪下半叶的新现象,它的进展对于现代工业社会面貌的改观意义巨大。1894 年美国一家棉花加工厂率先实现电气化,其供电系统全部采用交流电。20 世纪初,所有新建工厂都使用电动机为动力。1899—1909 年的 10 年是实现工业电气化的转折点。1899 年,美国生产的 16 万台电动机中,3.6 万台用于工业。到 1909 年,生产的 50.4 万台电动机中,24.3 万台是工业用电动机,10 年中电动机产量增长了 215%,而工业用电动机猛增了 584%。

19 世纪末,欧美各国的人民亲身体验着一项又一项的技术革新,目睹着一项又一项奇迹的出现。1876 年费城举办的美国建国百年纪念展览会、1893 年的芝加哥哥伦布博览会、巴黎世界博览会、伦敦世界博览会等,每一次展示出的工业新成就,无不令人兴奋不已、赞叹不绝,为之震撼。于是,19 世纪末的人们理所当然地将技术看成是"秩序的源泉和团结的捍卫者,和平的先驱和繁荣的保护人",并为之欢呼雀跃。

然而,工业化在带来进步以及进步信念的同时,也引起社会结构的大变动、大调整。大企业的崛起使得资产阶级中的少数人成为垄断资本家,成为高踞社会之上的特权阶级。这些人掌握了巨额社会财富和巨大的政治权力,过着花天酒地的糜烂生活,一些适应他们需要的诸如夜总会之类的娱乐场所应运而生,形成大都市生活中非常奇特的景观。处于垄断资本家对立面的是人数众多的现代工人阶级,他们被剥夺了生产手段以出卖劳动力为生,白天被束缚在半自动的生产流水线上,夜间栖身于贫民窟内,形成都市生活中的"另一个世界"。中产阶级的兴起是社会结构变化中最显著的一点,由于企业所有权和管理权的分离,社会上形成了一支有一定数量的管理人员队伍;同时,在技术日益提高的现代化企业中,也出现一支掌握复杂技术和技能的技术工人队伍。这些所谓的"白领"阶层一般有良好的工资待遇和生活条件,但在激烈的社会竞争中社会地位朝不保夕,时有被排挤的危险。农民作为一个阶级早在第一次工业革命期间即已从某些国家消失,在 19 世纪末工业化新浪潮的冲击下,苟延残喘的农民要么转化为农业工人要么上升为小农场主,前者的命运与工人阶级相同,后者可归入中产阶级行列。此外,大城市中还存在着为数不少的无家可归的流浪汉。

工业化也带来了一系列的新问题,工业污染和对自然资源的破坏便是其中之一。由于工业化进程中缺乏可持续发展的意识和长远眼光,人们对自然资源、矿产资源的滥伐滥砍及开采利用,达到了竭泽而渔的程度,既导致了惊人的浪费,又带来了水土流失、环境污染、生态失衡的长远的严重的后果。社会问题也层出不穷,其中尤以大城市内最为集中。例如令人咋舌的贫富两极分化,落后的市政建设和管理,每况愈下的社会治安,对妇女和童工的不公正待遇,凡此种种,不一而足。其结果只能是拥挤的道路交通,日渐猖獗的犯罪活动,恶劣的卫生状况和居住条件。所有这些,均成为摆在人类面前必须予以正视和解决的严峻课题。19世纪末年,欧美主要资本主义国家都程度不同地呈现出社会动荡,也都在不同程度上针对工业社会的弊端作出相应的调整与改革,原因盖源于此。

二、城市生活的新面貌

伴随工业化而来的往往是同步进行的城市化进程,两者本质上相互为用。一般而言,城市化指经济、人口集中到城市或城市地区的历史过程,具体表现为城市人口的增长和人口分布向城市地区的集中。19世纪下半叶,这一过程加速进行,到世纪之交时,现代城市社会的雏形初步显现出来。

工业化直接推动了城市的兴起。随着工厂厂房的兴建、机器的运转,大量劳动者汇集于一地,带动了住宅、饮食、商业、娱乐、交通、照明等设施的发展,使得现代工业城市平地而起。美国的普尔曼城、芝加哥、底特律、匹兹堡、旧金山都是这种类型。工业的发展还推动了原有城市的壮大,使得城市规模、功能、外貌特征发生巨大变化。1880年,世界最大城市伦敦的人口达到400万,在一个世纪内增长340%;巴黎达300万,增长345%;俄国的圣彼得堡增长300%;维也纳增长490%;柏林增长872%。① 此间,纽约从一个普通商埠迅速壮大,1870年成为国际性大都市,1898年大纽约成立时城市面积扩大到320万平方英里,拥有人口330万,成为仅次于伦敦的世界第二大城市。城市规模扩大的同时,城市内部的产业结构也发生重大调整。原来城区内比较发达的机器制造、造船业等第二产业开始让位于服装、运输、建筑等行业;老的产业部门开始向城郊转移,中心城区内的第三产业部门如通讯、商业、金融保险等的地位日益显著。与之相对应,城市的旧城墙逐步被新城区吞没,昔日的郊区成为烟囱林立的新工业区,随之而来的是空气混浊设备简陋的工人住宅区。以前富人和穷人杂居一处,如今富人区和穷人区截然分开,泾渭分明。

城市化的过程,也就是城市逐步取代乡村而成为国民经济和社会生活的中心的过程。1815年,全欧仅2%的人居住在10万人以上的城市里,1910年则已提高到15%。此时全欧有6个超过百万人口的大都市,55个超过25万人口的城市,180多个超过10万人口的城市。1880年,美国的城市人口占全国总人口的28.2%,1900年上升到39.6%。虽然19世纪结束时,世界上绝大部分人口仍然居住在乡村,但城市已显而易见地成为国民经济的主体——工业的所在地、商业的中心、金融的心脏、信息的源头乃至时尚的中心。

---

① Edward R. Tonnenboum. *European Civilization (Since the Middle Ages)*. New York: John Wiley and Sons, Inc., 1965, p.470.

城市化带来了人类社会生活的新面貌,最集中地体现在城市家庭生活方面。

科技革命和工业革命改变了家庭的性质和人们的日常生活,尤其是群集于城镇中的人们的日常生活,"现代技术正在改变着它处于其中的这个家"①。工业化对家庭生活的影响至深至远。19世纪末年,一个兴旺但并非富裕的城市家庭,不出家门就可发现许多正在发生或者已经发生了的"迹象"。暖气、热水或蒸汽供暖系统(仍以煤作原料)取代了壁炉和老一辈用的更为原始的中心取暖系统,使得严寒季节室内温暖如春。19世纪后期自来水管也慢慢地进入住宅。据调查,19世纪80年代美国5/6城镇居民家用的洗澡设施,还"只有水桶和海绵"。冷热自来水取代手摇水泵后,先是用于厨房的洗涤槽,而后用于面盆,最后用于浴盆。抽水马桶也代替了旧式厕所和便壶,大多数较大城市有了市政下水系统。

电的问世,极大地改变了社会面貌,给人类带来了新时代的曙光。神奇的电走进千家万户后,不仅用于照明,也用于无数其他方面。铸铁炉让位给煤气炉甚至电炉;冰箱让位给原始形态的机械电冰箱。电动洗衣机、电熨斗、真空吸尘器的使用大大减轻了繁重的家庭劳动。19世纪60年代末期冷藏车的发明,改变了人们的饮食习惯。诸如此类的技术革新,在给所有家庭成员带来舒适和闲暇的同时,也解放了妇女,改变了妇女与家庭其他成员的关系及在家庭中的地位。

城市建筑的新面貌也许最能够使人们感受到城市生活的新变化。随着第二次工业革命的推进以及社会生产与人们物质文化生活的发展,对建筑物的需求越来越大,适应不同需要的建筑物类型越来越多。同时,工业和力学、数学、材料科学的发展,为建筑工程提供了新的建筑材料和新的施工设备,促进了建筑技术的进步。19世纪下半叶,建筑工程中除砖瓦、天然石料、木材、石灰等传统材料外,铁、钢材、水泥逐步采用且越来越占据主要地位。钢的冶炼、轧制和加工技术的重大突破,使得钢产量大幅度增加,钢材开始大量应用于建筑,并逐渐成为最重要的结构材料。1824年英国人获得专利的水泥制造技术由于1885年回转炉的诞生而奠定了连续化、机械化生产的基础。1867年,法国人蒙涅取得钢筋混凝土技术专利,90年代以后应用越来越广,到20世纪初期几乎成为一切新型建筑物的标志。建筑的新面貌充分体现在建筑结构的变化上,出现了钢铁构件与采光玻璃相结合、宽敞明亮的高大建筑,1851年伦敦海德公园建成的世界博览会"水晶宫"展览厅便是典型。建筑物的高度和跨度也不断刷新,1889年为在巴黎举行的世界博览会建造的一座由法国工程师埃菲尔(1832—1923)设计的铁塔,它是一座高达328米的巨型高架钢铁结构建筑,同时建造的机械馆是一座采用三铰拱钢结构、跨度达115米的大跨度建筑。1850—1880年是美国历史上的所谓"生铁时代",铁框架建筑获得大发展,兴建的商店、仓库、政府大厦等等,无不采用铁框架建筑结构。19世纪末年,欧洲出现了钢筋混凝土的框架结构,1894年法国建筑师包杜(1834—1915)首次成功地将其运用于教堂建筑,1903年另一位法国建筑师贝瑞(1874—1955)设计建造了8层高的巴黎富兰克林路25号公寓。

---

① 胡志宽译、刘绪贻校:《美国工业技术发展概况》,《世界历史译丛》1980年第5期。

水晶宫

高层建筑也于19世纪末开始出现。19世纪中叶以前,欧美各国的城市建筑一般都在6层以下,主要原因在于垂直交通的限制。升降机的发明、运用克服了这一障碍。1852年,美国的奥蒂斯兄弟公司发明蒸汽动力升降机,1857年将其安装于纽约的哈瓦特公司,这是世界上最早的乘客用升降机。1878年该公司又设计了高速水压动力升降机,时速达180—240米/每分钟。1889年2月纽约的迪马列斯特大楼安装了主要用于运货的电动升降机,从此名副其实的"电梯"出现。1883—1885年芝加哥修建了10层的家庭保险公司大楼,这是第一座用铁和钢材按照现代钢框架结构原理建造的高层建筑。1895年建成的20层、92米高的美国公证大楼是第一幢全部用钢做骨架的高层建筑。19世纪末年,美国的高层建筑已达29层118米高。第一幢钢筋混凝土高层建筑是1903年在美国的辛辛那提建造的16层伊格尔斯大楼。

城市交通的改观同样令人体会到现代城市生活的新气象。19世纪80年代电气时代的到来揭开了市内铁路发展史的新篇章。发电机发明10年后的1879年,德国西门子公司和哈尔斯克公司研制成功第一台电力机车,并同时建立起第一条电力铁路。1880年巴黎展出载客以供娱乐的有轨电车。1881年5月1日,世界上第一条有轨电车线路在柏林交付使用,由电动机作引擎,由轨道中间的第三条轨道供电,时速15公里。同年巴黎也出现有轨电车。1888年弗吉尼亚首府里士满建成美国第一个大规模的电车系统。此后,欧美许多大城市也相继出现有轨电车。随着输电技术与电动机本身的进步,有轨电车很快演变为无轨电车。1884年美国的斯普雷奇建立电气化铁道和发电机公司,1887年开始承建弗吉尼亚州里士满市12英里长的城市铁道。1893年芝加哥建成第一条高架电气铁路,1897年波士顿建成第一条地铁,1904年纽约建成第一条地铁线。欧洲的伦敦(1899)、巴黎(1900)、柏林(1902)也先后建成第一条电气化地下铁道。城市电车、地铁的出现以及随后汽车的问世,结束了城市交通中的"公共马车时代"。

工业化、城市化的飞速进展,大大改变了现代社会生活的属性。交通、运输、通讯革命,把一个个孤立的社区所构成的社会,改造成一个有机联合的、并在越来越大程度上相互影响、相互依存的统一共同体。而一系列新技术发明的推广运用,则极大地增强了现代商业社会的色彩。1867年,美国印刷工肖尔斯(1819—1890)发明打字机,提高了办事效率,也预告了印刷新时代的来临。轮转印刷机、卷筒纸印刷机和折叠机的问世,使印刷厂每小时可印出每份8版的报纸24万份,刺激了大众化报纸杂志的出版发行。广告也逐渐变成重要的行业。1879年酒馆老板里蒂(1839—1918)发明现金出纳机,1888年巴勒斯(1857—1898)发明加法机,同年爱迪生制成留声机的副产品录音电话机,此外还有成百上千种供办公室和商务交往用的器具,所有这一切,都大大加快了商业发展的速度。

第二节 自然科学的巨大进步

19世纪后半叶是物理学酝酿和发生重大变革的时代,所取得的突破性成果远远超过以前若干世纪所取得的成果的总和。热力学和电磁学的发展,对第二次工业革命产生了直接的影响。德国物理学家迈尔(1814—1878)、赫尔姆霍兹(1821—1894),英国物理学家焦耳(1818—1889)的研究为能量守恒与转换定律(表现在热力学问题中称"热力学第一定律")的建立作出了主要贡献。能量守恒和转换定律认为,宇宙中的全部能量是永恒的,只能从一种形式转化成另外一种形式,既不能被创造也不能被消灭。英国物理学家麦克斯韦(1831—1879)确立了经典电磁理论。1888年,德国青年物理学家亨利·赫兹(1857—1894)用实验方法证明了电磁波的存在,从而为无线电技术奠定了基础。人类对光、粒子、放射性也有新的认识,1895年德国科学家伦琴(1845—1923)发现X射线,1897年英国科学家汤姆逊(1856—1940)发现电子,1898年法国科学家居里夫人(1867—1934)发现放射性元素。所有这些表明,人类对物质结构、时空、运动的认识达到了一个新的高度。天文学方面,整个19世纪观测天文学与理论天文学取得惊人的成就,新行星、小行星、新卫星的相继发现,使得日心学说和牛顿的万有引力定律一次又一次地得到证实。

生物学的成就令人瞩目,其中最大成果是生物进化论的新解释得到发展和证实。法国生物学家拉马克(1744—1829)在1809年发表的《动物哲学》中第一次提出生物进化的系统解释,认为一种动物在环境影响下会发生变化而获得新的特性,而且它能反映在结构的变化之中,久而久之,新的物种就会脱颖而出。英国生物学家达尔文(1809—1882)将生物进化的理论推进到更加科学的高度。他在1859年出版了《物种起源》,指出每一物种的祖先总是产生出大量的后代,但其中仅有某些个体在生存竞争中因为变异而取得优势存活下来。他于1871年发表的《人类的起源》还试图说明人类的祖先源于某种类人猿。达尔文的进化论,不仅引起生物学上的一场革命,而且对人类的思想产生了深远影响。

微生物学突破性发现的意义同样不可低估。法国化学家和微生物学家巴斯德(1821—1895)在19世纪中叶发现并证实了发酵和传染病是微生物引起的,酵母是一种微生物,食物的腐烂是细菌所致。基于对微生物的研究,他开创了应用疫苗接种预防狂犬病的实践。由

巴斯德

于他的研究,人类认识到所有生命的现成形式都是通过活的生物而生殖的。由此在科学研究方法上带来一场革命,使得人类开始注重在自然环境中而不是在实验室里研究病原体,找出病因和解决办法。

同微生物学相联系的医学也取得惊人成就。巴斯德的科学成果经过不断的实践和证明后为医学界所接受。到19世纪末,人类已经确诊了诸如疟疾等疾病的病原体和病原菌。防治白喉、淋巴腺鼠疫、破伤风等疾病的抗毒素和血清也先后获得发展,因而一些致命疾病的死亡率大大降低。消毒技术的发展也是医学上的重要成就。被誉为"防腐外科学之父"的英国人约瑟夫·李斯特(1827—1912)采用大量石炭酸之类的杀菌剂制止感染的扩散,后来又采用无菌技术。于是,麻醉技术、消毒技术、无菌技术的结合,在19世纪末引起医学特别是外科实践的革命,近代外科的原理基本确立。同时化学疗法也在这个时期奠定了基础。德国有机化学家保罗·伯利希(1854—1915)在组织和细胞的化学染色方面进行了开创性研究,被誉为化学疗法的先驱,1901年在法兰克福建立了癌症研究室。

化学方面的最大成果是有机化学的发展,导致人工合成大量有机物的实现。德国化学家维勒(1800—1882)于1827和1828年先后发现化学元素铝和铍。1828年又从无机物中"不需要一个动物的肾脏"而合成有机物——尿素,开创了化学研究的新时代,动摇了"生命力学说",消除了有机物和无机物之间的人为壁垒。此后,大量有机物被合成,合成染料工业迅速发展。更加重要的成就是德国化学家凯库勒(1829—1896)提出了有机化合物中碳原子为四价的理论和碳链学说以及苯分子为环状结构的理论。

第三节 思想文化的创新与发展

一、哲学、文学新思潮的涌现

19世纪后期人文科学获得长足发展,人类吸收自然科学的新成果,加深了对人类自身发展和本质的认识。随着视野的开阔及对社会研究的深入,人文学科领域内的新观念、新思潮、新学科门类不断涌现。

思想、观念和意识随社会巨变而更新进步。马克思主义的发展和传播无疑是该时期思想界最重大的成果之一。马克思主义和社会达尔文主义成了影响那一代人和指导思想界最强烈的两大思潮。这时期的哲学家深受自然科学特别是进化论的影响,深信达尔文的进化论不仅是理解自然发展的钥匙,也是解释社会现象的思想指南,因而提出了进化论哲学,也即社会达尔文主义。英国社会学家、哲学家斯宾塞(1820—1903)将达尔文进化论的原理从自然界推进到人类社会,认为社会也是一个有机体,会按照自然界进化的规则进行变异,因自然选择和遗传而发展。大自然总是选择最优秀和最能适应环境的人,让他们取得巨额财富和优越的社会地位。

英国博物学家赫胥黎(1825—1895)力图把进化论的原理推广到人类社会,其著作《人类在自然界中的地位》对学术界有很大影响。他支持达尔文的观点并同教会作坚决斗争,第一次在历史上提出"不可知论"的概念,认为物质实体、上帝和灵魂都是不可

达尔文

认识的,因为人只能认识感觉现象,因此他比达尔文更加具有战斗性。进化论哲学家中,德国博物学家欧内斯特·海克尔最坚定,阅读达尔文的《物种起源》后对进化论深信不疑,他的哲学包括无神论、唯物主义和机械论;其哲学观点充分体现在《宇宙之谜》一书中。

受进化论影响又对后世有重大影响的哲学当推德国哲学家尼采(1844—1900)的唯意志论哲学。尼采否定传统的哲学、宗教和伦理道德,宣称"上帝死了",将生命意志置于理性之上,提出自然与社会中意志是唯一的决定力量,人类历史就是强力意志自我实现的过程;人生的意义在于强力的发挥和扩张,因此创造出超越善恶,超越凡人,在人类进化达到顶点时才出现的"超人"概念,认为超人将决定历史的发展,而凡人只是超人实现其意志的工具。

19 世纪末年的哲学思潮和流派中,实用主义和新黑格尔主义颇具声势。前者发源于美国,迅速传播到世界各地,影响下及 20 世纪中叶。皮尔斯(1839—1914)是创立者,威廉·詹姆斯(1842—1940)是奠基者和发展者,杜威(1859—1952)在发展和传播实用主义方面影响最大。实用主义一词源于希腊文"行动",派生而为现在的"实用的"或"实践"等含义,强调经验的重要性,认为实践经验优先于确定的原则和先验的推理。真理论是它的重要组成部分。在"真理即有用"的基础上,杜威主张"所谓真理即效用,就是把思想或学说认为可行的拿来贡献于经验改造的那种效用"。

新黑格尔主义同样是 19 世纪流行于欧美的唯心主义派别,其活动也下及 20 世纪中叶。代表人物有英国的格林(1836—1882)、鲍桑葵(1848—1923),美国的罗伊斯(1855—1916)、克莱顿(1861—1924),意大利的克罗齐(1866—1952)。虽然他们的思想不完全一致,但总的特点是在"复兴黑格尔"的旗号下,从右的方面承袭黑格尔的世界观和认识论,并将主观唯心主义和客观唯心主义糅合起来,把黑格尔和康德混合起来,阐述他们的哲学思想。

19 世纪末的文学,群星璀璨,名作迭出。欧美国家涌现出一批批判现实主义文学家,为人类留下了反映时代风貌和内在本质的传世之作,塑造了许许多多栩栩如生的人物形象。法国是现实主义文学的发源地,继巴尔扎克之后的现实主义文学大师福楼拜(1821—1880)在文学史上占有很高地位,其代表作《包法利夫人》揭露教会的虚伪、贵族和资产阶级的自私

无耻，暴露了资产阶级道德的堕落。左拉（1840—1902）是自然主义文学流派的领袖。自然主义流派在19世纪后期的法国文坛占有主导地位，它强调艺术创作中的科学性，认为艺术构思必须以自然（即事实）为根据；作家的创作实践就像科学试验一样，要把人放在根据事实创造的环境中，研究环境对人的影响；作家要像科学家找出科学中的规律那样，在生活中也应找出固有的规律。左拉从1871年开始创作以《卢贡-马卡尔家族》为总名的系列长篇小说，计20部之多，它以法兰西第二帝国为历史背景，系统而全面地描述了这个家族的盛衰兴亡，展示出一幅广阔的社会图画，揭露了资产阶级社会的尖锐矛盾，刻画了社会各阶层的生活。莫泊桑（1850—1893）的创作受福楼拜、左拉影响，以短篇小说创作享名，对劳动人民寄予同情，对资产阶级的虚伪和自私进行了鞭笞，对法国人民的爱国热情进行了歌颂。他的长篇小说《一生》、《漂亮朋友》等也是佳作。

英国批判现实主义文学家在维多利亚时代前期有萨克雷（1811—1863）和狄更斯（1812—1870），后期的代表是哈代（1840—1926）。萨克雷的代表作长篇小说《名利场》和《亨利·埃斯蒙德》，着力塑造了英国社会中的上层人物，如《名利场》中的女冒险家贝基·夏普。狄更斯的作品更多的是落墨于社会的下层小人物，人物逼真，尤其是小说内容涉及工业社会的种种问题，因而社会意义巨大，其代表作有长篇小说《匹克威克外传》、《大卫·科波菲尔》、《双城记》等。哈代的长篇小说《德伯家的苔丝》、《无名的裘德》等都因背离传统道德观念而引起较大争议。作品表达了一种思想，即支配世界的是一种不知善恶、没有感情的"内在意志"，人则是无情命运的玩物。作者对人们的这种不幸遭遇深表同情。

在美国密西西比河沿岸成长起来的现实主义文学家马克·吐温（1835—1910）堪称美国最负盛名的小说家。他在19世纪最后几十年创作的大量杰作，强烈地表现了美国人民那种敢于冒险进取开发西部的"移民精神"，《汤姆·索耶历险记》和《哈克贝利·费恩历险记》是其中的代表。马克·吐温的作品还尖锐地揭露社会弊端，抨击帝国主义。

俄罗斯文学的丰硕成果当推陀思妥耶夫斯基（1821—1881）和列夫·托尔斯泰（1828—1910）为最杰出代表。陀思妥耶夫斯基的小说《罪与罚》、《白痴》、《群魔》和《卡拉马佐夫兄弟》都是传世精品，作品擅长心理分析，深刻揭示人物复杂甚至变态的心理和思想动机，充满了对人物的痛苦而表现出来的深深同情。被誉为世界最伟大的小说家之一的托尔斯泰还是一位思想家，他的《战争与和平》、《安娜·卡列尼娜》享有世界盛名，作者因之受到人们的崇拜。晚年他批评各种暴力活动，谴责文明社会的各种习俗，号召人们要培养安贫乐道、逆来顺受的道德性。

有"现代戏剧之父"美称的挪威剧作家易卜生（1828—1906）是现实主义散文剧的创始人，他强烈反对专制和无知，努力唤醒人们的良知，拯救灵魂。他的《培尔·金特》是国际公认的杰作，《玩偶之家》在启发妇女的解放意识方面有较大影响。

二、新学科的形成

人文科学最明显的发展是新学科的形成。19世纪最后30年，心理学作为一门近代科学的诞生具有重要意义。它发端于欧洲,首先在英国和法国出现,70年代前后脱离哲学怀抱作为独立学科在德国形成。生理学家和心理学家冯特(1832—1920)是杰出创始人,1863年出版《关于人和动物心理的演讲》,提出心理学习课程的主旨,后又撰写多卷本的《生理心理学原理》,提出完整的心理学原理。1879年他在莱比锡大学创办世界上第一个具备研究室的心理研究所,成为近代心理学形成的标志,两年后又创办心理学专业杂志;还著有10卷本的《民族心理学》,用内省法研究人类直接经验的内容,区分出感觉、情感的心理元素,人称"内容心理学"。

奥地利也是近代心理学形成地之一。近代心理学的另一位创始人布伦塔诺(1838—1917)认为心理学的研究对象不是心理内容而是心理活动或意动,心理现象中存在一种"心理对客体的指向性",1894年发表最有影响的专著《从经验立场看心理学》,还著有《感官心理学研究》等,人称其学说为"意动心理学",对后世有较大影响。这两人都培养出大量优秀学生,为后来心理学的发展作出了重要贡献。

奥地利心理学家弗洛伊德(1856—1939)提出了精神分析法的理论和方法,开创了心理学研究的新局面。1895年问世的合作著作《癔病研究》,首创精神分析法的理论和方法;同年刊行的专著《梦的解析》又提出对梦的独特解释。在医疗实践中他采用"自由联想法"取代传统的催眠术,认为人的心理包含意识和潜意识两部分,且后者比前者更加重要,认为人的欲望因种种原因被压制而依然存留在潜意识中,可能导致疾病;还强调性的重要性,认为性冲动贯穿人的一生,且支配一切精神活动,认为人的一切快感都直接或间接地同性有关。弗洛伊德的学说长期流行,被西方人文学科各领域广泛吸收和运用。

心理学在美国取得进展并走向繁荣。当心理学在欧洲发展时,美国也先后出现一些颇有影响的本土心理学流派,特别是行为主义和机能主义心理学。欧洲的心理学传进美国后,形成流派林立局面,主要流派有构造主义心理学、机能主义心理学、行为主义心理学等等。铁钦纳(1867—1927)是美国构造主义心理学的重要代表,是冯特的学生,1892年到美国康奈尔大学任教,悉心介绍老师的学说,除翻译德文心理学著作外,还潜心著述,有4卷本的《实验心理学》和《心理学》。其主张心理学是纯科学,不同意带有实用主义目的的机能主义心理学,继承了冯特的内容心理学并将其引向极端。与构造主义心理学相对立的是机能主义心理学,在美国的早期代表是实用主义哲学创始人詹姆斯和霍尔(1844—1924)。詹姆斯曾留学德国,1872—1876年在哈佛大学执教心理学,1890年出版《心理学原理》,认为每一种意

弗洛伊德

识状态都是心物总体的一种机能,思维和知识在人类生存斗争中具有工具作用。霍尔曾是冯特的助手,回国后建立了美国第一个心理实验室,创办《美国心理学杂志》。他把达尔文和弗洛伊德的思想引入心理学思潮,因而是一位心理学的进化论者,1909年他大胆邀请弗洛伊德和荣格参加克拉克大学20周年纪念活动和访美讲学,推动精神分析法在美国的传播。但

是机能主义心理学的真正创始人当推美国实用主义哲学家杜威,1896年他在《心理学评论》上发表题为《在心理学中的反射弧概念》的论文。

美国心理学家桑代克(1874—1949)在19世纪末20世纪初还创立了联结主义心理学流派。他是詹姆斯的研究生,1898年撰写的《动物智慧》提出两个行为定律:效果定律和练习定律。认为动物由于多次尝试错误与偶然成功而形成"联结"是学习,一种成功动作获得满意效果印入机体加强"联结"也是学习,前者是练习定律,后者是效果定律。

社会学的最终形成也是19世纪末的重大文化成果。19世纪上半叶,社会学已在法国诞生,孟德斯鸠被视为社会学的先驱,而孔德堪称社会学的创始人。19世纪末社会学从其他学科中脱颖而出。1876年美国霍普金斯大学开始讲授社会学,1892年芝加哥大学创立了世界上最早的社会学系,三年后社会学专业杂志《美国社会学杂志》创刊,1905年美国社会学学会成立。

法国社会学家迪尔克姆(一译涂尔干,1858—1917)对于法国社会学贡献巨大。1893年的博士论文《社会分工论》首次提出了他的社会学思想,两年后完成专著《社会学方法论》,1896年创办《社会学年刊》。他从法国历史发展的事实中认识到科学和技术的发展未必导致社会进步,认为社会研究需要辛勤的观察、真实的描写,并运用归纳法的理论去研究社会的具体现象,如劳动、自杀、宗教行为等;认为应该而且能够建立一门与其他学科一样客观的科学——社会学,其研究对象是完全不同于其他学科的"社会现象"。

三、"历史学的世纪"

19世纪被誉为"历史学的世纪"。该世纪下半叶,真正意义上的世界历史最后形成,进化论等科学思想得到广泛传播,促使人们越来越相信历史发展具有某种"规律性",并努力去探求这种"规律性"。在此过程中,欧美各国的历史研究取得显著成就,历史学的专业化和职业化趋势大大加强,最终摆脱了昔日对于文学、神学等学科的依附地位而成为一个独立的学科,历史成为一门科学。

德国的史学有优良传统和巨大成就,形成于19世纪20年代的"兰克学派"以强调"客观主义"和"科学方法"而著称于世。自成一体又独具匠心的史学家当推蒙森(1817—1903),其史学成就在许多方面足以代表19世纪西方史学的最高成就。其代表作《罗马史》堪称史学巨著,不仅史料准确可靠,文笔优美华丽,而且运用新的史学方法,开辟新的研究途径,得出某些新的结论;所著《罗马国家法》则具有很高学术价值。在史料收集和辨伪方面,蒙森也有深湛造诣,领导编著了15卷本的《拉丁文铭刻集成》。19世纪中期德国又形成了普鲁士学派。在史学方法上,德国史学家伯因汉(1850—1922)的《史学方法论》被认为是权威著作。

英国在维多利亚时代形成了名为"牛津学派"和"剑桥学派"的两支历史学家队伍。牛津学派的创始人历史学家斯塔布斯(1825—1901)所著3卷本《英格兰政治体制的起源和发展》有较大影响。最杰出著作被认为是他的《英格兰中世纪大事年表》,共19卷。牛津学派的布赖斯(一译白赉士,1838—1922)别具一格,《神圣罗马帝国史》使其一举成名。他的《美利坚共和国》与法国作家托克维尔(1805—1859)的《论美国的民主》深受美国人民欢迎。他还同阿克顿(1834—1902)共同创办著名史学杂志《英国历史评论》。阿克顿堪称"剑桥学派"的精神创始人,1895年任剑桥大学钦定近代史讲座教授,其发表的就职演说《论历史研究》对后世影响极大,后从事《剑桥近代史》的主编工作。在阿克顿之后,伯里(1861—1921)继任剑桥钦定近代史讲座教授,他的《后期罗马帝国史》受到学术界的好评。他对吉本的名著《罗马帝国衰亡史》详加注释,使原著增色添彩;还主编了《剑桥古代史》和《剑桥中世纪史》,认为历史是不折不扣的"科学"。

法国史学研究反映了法国自身的历史传统和民族特点。迪律伊(1811—1894)著有《罗马史》和《希腊史》,主编《世界史汇编》。法国大革命是当时历史学家研究的热点课题,勃朗(1811—1882)的12卷本《法国大革命史》肯定了法国革命的重大历史意义,评价了大革命不同时期领导人物的功过,后又出版了《1848年革命史》。索列尔(1842—1906)的《法国大革命与欧洲》从外交角度评价大革命,认为大革命时期的外交政策只是波旁王朝外交政策的继续而已。奥拉尔(1849—1928)出版有《制宪议会的演说家》和《立法议会和国民公会的演说家》,指导出版了重要刊物《法国研究》,还主编了大型文献《救国委员会法令集》(16卷)、《热月反动和督政府时期的巴黎》(5卷)。其最著名的作品《法国大革命政治史(1789—1804)》,分析入微,文笔生动。1887年担任巴黎大学为他特设的法国大革命史讲座教授,还成立专门研究法国大革命的学会。他肯定和赞赏丹东,批评指责马拉和罗伯斯比尔。全盘否定、敌视法国大革命的学者以泰纳(1828—1893)为最,他是实证主义哲学家、文艺理论家和史学家,在《当代法国的起源》中,与奥拉尔的要"热爱大革命"的立场完全相反,他认为大革命是巴黎乌合之众的暴行,雅各宾政权是一座要不断用人头献祭的嗜血神坛。此外,朗格卢瓦(1863—1929)对法国中世纪史的研究也多有建树,其与瑟诺博斯合著的《史学研究法导论》是一本史学方法专著,有很高学术价值。

美国史学在欧洲尤其德国的直接影响下迅速地走向专业化。19世纪七八十年代一批从德国留学的史学家回国,开设历史专业课程,介绍兰克史学理论和方法,并运用"讨论班"形式培养史学专业人才。1884年美国历史学会成立,1895年《美国历史评论》创刊。亚当斯(1850—1901)是兰克的嫡传弟子,回国后在约翰·霍普金斯大学执教,培养了一大批著名的史学家,包括特纳(1861—1932)和威尔逊(1856—1924)。19世纪后期的美国史学实际上尚处于"引进学习"阶段,带有明显的欧洲印记。当时的绝大多数美国史学家曾经留学德国或英国,在美国史坛占主导地位的是风行欧洲尤其德国的"盎格鲁-撒克逊学派"的历史解释,历史哲学乃至史学培养模式均照抄照搬自德国。直到19世纪快结束时,美国才形成带有本土特色的美国史学,特纳"边疆学派"的兴起便是其体现。

四、教育的新发展

19世纪末,教育所取得的成果同样引人注目。欧美各国出现不少新大学,旧大学也进行了改革。美国的康奈尔大学创建于1865年,首任校长怀特(1832—1918)推行教育改革,实现男女同校、宗教自由和种族平等,开设自然科学课程。还提出国家应集中人力和财力发展大学教育,高等教育应成为整个公共教育体系的一部分。该时期的国家立法推动了教育的发展。1862年议会通过的"莫里尔法案"规定州立学院应该以教授有关农业和机械技术的科目为主要目标,政府应该向学院提供土地。

英国多数新大学建于1870年以后,其中包括维多利亚大学和威尔士大学,办学目的是为培养适应制造业和工业发展需要的人才,因此新学校取消了神学和纯文学的课程。瑞士、斯堪的纳维亚半岛诸国家、荷兰、德国等,都开办了一批适应地方需要的新大学。中小学教育和成人教育也相应得到发展。在遭受殖民主义侵略或统治的亚非拉广大国家和地区,也出现了一批西式教会或者官办民办的世俗学校。

教育理论的发展尤其令人瞩目。19世纪上半叶,瑞士教育理论家和实践家裴斯泰洛齐(1746—1827)提出一系列开创性的观点:人性具有无限应变能力;德育是教育中最重要的部分;教育应随儿童智力的发展而进行,且这种教育主要来自事物而不是书本。德国幼儿园创始人和教育改革家福禄培尔创立了学前教育的完整理论,倡导了有世界影响的幼儿园运动,提出自我能动性理论。德国哲学家和教育家赫尔巴特(1776—1841)提出了应用心理学,力主建立教育科学,坚持教育学应成为大学的一门学科,创立了备课、授课、联想、概括和应用的所谓教学五步骤法,其教育理论在德、美有较大影响。著有《普通教育学》(1806)。19世纪末年,教育事业和教育理论在此基础上获得新的发展。德国教育家齐勒尔(1817—1883)将前辈赫尔巴特的理论运用于实践,并有所创新。强调教育以道德为目的,根据教育应符合儿童心理发展的原理,创立了"文化阶段"说,认为儿童心理的成长阶段与人类文明发展阶段一致。著有《教育性教学原理》(1865)。

被誉为美国儿童心理学和教育心理学的奠基人的霍尔在《青春期》一书中充分阐述了心理发展呈现阶段性的思想,1893年在美国创办第一份儿童教育杂志《教育学研究》。美国实用主义哲学对教育理论的影响极深,詹姆斯1890年出版的《心理学原理》主张将心理学作为一门专门学科,他的《对教师们谈谈心理学》对于教育实践的影响超过同类任何著作。集哲学家、心理学家和教育家于一身的杜威在教育界有不可替代的作用,教育方面的著作《学校与社会》《孩子和课程》提出了自己的教育哲学原则,其哲学思想和教育思想的影响超越国界,远及日本、中国、俄国、土耳其、墨西哥等国。

进化论哲学对教育理论发展的贡献也值得肯定。最早提出"适者生存"口号的斯宾塞(1820—1903),发表的论著《教育、智育、德育和体育》影响很大,极力肯定现代学科的教育价值,反对占有垄断地位的古典学科。英国科学家赫胥黎(1825—1895)19世纪70年代起投身于教育改革,在英国首创科学教师训练班,确定小学教育的普及形式。

五、艺术的繁荣

19世纪下半叶,人类在艺术上的成就同样引人注目,呈现出浪漫主义、现实主义、象征主义和新浪漫主义的多种流派的更替或并存。19世纪上半叶,浪漫主义思潮席卷西方;19世纪中叶,现实主义作为一种美学原则在法国提出,主张表现现代生活,以现实为依据,反对粉刷生活,拒绝虚伪。库尔贝(1819—1877)是现实主义绘画的创始人,代表作有《库尔贝与黑狗》、《碎石工》、《画室》、《奥南的葬礼》等。随后法国绘画中又出现了在欧洲传统绘画基础上进行革新的画家马奈(1832—1883),马奈把重点置于绘画艺术的颜色和形体上,力图客观地描绘视觉现实中的刹那间的画面,注意色调关系,重视光度和气氛的复杂关系,他的主要作品有《喝艾酒的人》、《草地上的午餐》、《奥林匹亚》、《左拉像》等。印象主义绘画源自1874年法国画家莫奈(1840—1926)的作品《印象:日出》的展出,当时记者以"印象主义者的展览会"为题发表文章加以批评,"印象主义"由此得名。此派反对学院派的保守思想和表现手法,反对宗教神话题材和陈旧的灰褐色调,着意探索表现大自然的方法,记录和描绘刹那间的感觉印象。代表性的画家除莫奈外,还有毕沙罗(1830—1903)、雷诺阿(1841—1919)、西斯莱(1839—1899)和德加(1834—1917)等。

19世纪末还涌现出一批成就卓著的画家和传世之作。凡·高(1853—1890)是继伦勃朗之后最伟大的荷兰画家,虽然他的成名是在20世纪,但其大量作品完成于19世纪最后20年,主要作品有《吃土豆的人们》、《邮递员鲁兰》、《椅子和烟斗》等。同时期的法国著名画家高更(1848—1903)反对印象主义中的自然主义成分,反对把绘画看成是描绘,认为它是某种内在的幻象的表现,其艺术成就对后来产生了决定性的影响,主要作品有《四个布列塔尼女人的舞蹈》、《黄色的基督》、《在海滩上的塔希堤女人》等。另一位法国著名画家塞尚(1839—1906)毕生追求绘画中形、色、节奏、空间的表现形式,其创作有很大的创造性,被后人尊为"现代艺术之父",主要作品有《果盘》、《玩纸牌者》、《圣维克图山》等。以上三人通常都被称为后印象画派的主要代表。此外还有表现主义绘画的先驱挪威画家蒙克(1863—1944)、作品富于神秘性和象征性的法国画家雷东(1840—1916)、以风景画和寓意画著称的意大利画家塞冈第尼(1858—1899)、善作插图的唯美主义杰出人物英国画家比亚兹莱(1872—1898)、以画大海而闻名的美国画家霍默(1836—1910)、主张"为艺术而艺术"且一生创作许多油画、水彩画和铜版画的美国画家惠斯勒(1834—1903)等。

对近代欧洲雕塑的发展影响颇大的法国雕塑家罗丹(1840—1917),善于用丰富多彩的手法塑造神态生动、富有想象力和别具风格的艺术形象,其现实主义创作方法深受米开朗琪罗作品的影响。其传世作品包括《青铜时代》、《思想家》、《雨果》和《巴尔扎克》等。他的作品由于冲破了传统的清规戒律、富于创造性而受到法国官学派的抨击,他的186件《地狱之门》雕塑设计因官方阻挠而未能全部问世,只完成了其中的《吻》、《夏娃》等部分作品。

19世纪末20世纪初,俄国的一批画家组成艺术团体,携带自己的作品往返国内各大城市之间举办画展,由此而被称为巡回画派。其创始人和领导者是克拉姆斯柯伊(1837—1887)和彼罗夫(1834—1882),代表性的画家还有列宾(1844—1930)、苏里科夫(1848—1916)等。他们的作品同样富有现实主义精神,主要揭露农奴制的残余,反映人民的现实生活。

19世纪后期的西方音乐一直沉浸在浪漫主义的运动之中。德国音乐家、作曲家、钢琴家勃拉姆斯(1833—1897)在1868年完成了著名的合唱曲《德意志安魂曲》,1876年完成《C小调第一交响曲》,此外还创作了11首风琴协奏曲。其音乐作品及其作品中洋溢的浪漫主义精神同他本人的声誉一样,流传至今,长盛不衰。匈牙利作曲家、钢琴家李斯特(1811—1886)一生留下700多首音乐作品,在钢琴演奏技巧上作了大胆并富有成效的改革,首创交响诗体裁,创作了大量标题音乐。活跃在当时音乐舞台上的还有德国19世纪后期最著名的作曲家、音乐戏剧家瓦格纳(1813—1883),毕生从事歌剧的改革和音乐理论的探索,成绩斐然,影响深远,留下了《尼贝龙根的指环》、《纽伦堡的名歌手》等音乐名篇以及《德国音乐》、《艺术与革命》等音乐理论著作。

浪漫主义和民族主义的结合是此时期西方音乐的一个显著特征。捷克民族乐派奠基人、杰出的民族主义作曲家斯美塔那(1824—1884)创作了歌剧《在波希米亚的勃伦登堡人》和《被出卖的新娘》、交响诗套曲《我的祖国》和弦乐四重奏《我的一生》,作品充满了民族感情和爱国主义精神。德沃夏克(1841—1904)是另一位富有民族主义精神的捷克作曲家,领导了当时的民族音乐运动,著名作品有《第九交响曲》、《摩尔维亚二重唱》、《斯拉夫舞曲》等。芬兰作曲家西贝柳斯(1865—1957)在交响乐发展史上占有重要地位,创作了《卡列拉》、《芬兰颂》、《库雷沃交响曲》等,作品洋溢着对大自然和故乡的热爱,充满了浪漫主义精神。挪威民族乐派奠基人、作曲家格里格(1843—1907)在19世纪最后30年间创作了《霍尔堡组曲》等10部钢琴抒情曲集,巧妙地将民歌的欢快节奏和浪漫主义的音乐风格糅合起来。他的重要作品还有《培尔·金特组曲》等。俄罗斯作曲家柴可夫斯基(1840—1893)的作品着力于内心的刻画,不少具有悲剧性的色彩,反映了沙皇统治下知识分子的苦闷心情以及追求幸福的愿望。他在创作上继承了前辈浪漫主义的手法,创作了《第六交响曲(悲怆)》,歌剧《黑桃皇后》、《叶甫根尼·奥涅金》,舞剧《天鹅湖》、《睡美人》、《胡桃夹子》等,驰誉世界。

法国作曲家德彪西(1862—1918)早期受浪漫主义音乐熏陶,后在象征派诗歌、印象派绘画的影响下,形成了新的音乐风格。德彪西的作品融合了诗、画、乐等艺术因素,体现了印象主义的创作原则,以朦胧的形式表达梦境,1894年创作的管弦乐《牧神的午后序曲》即为一例。他的主要作品另有歌剧《佩利亚斯与梅丽桑德》,管弦乐组曲《夜曲》、《大海》,钢琴曲《版画集》、《意象集》等。

参考书目

1. [英]彼得·克拉克:《牛津世界城市史研究》,陈恒、屈伯文等译,上海:上海三联书店,2019年版。
2. 童鹰:《世界近代科学技术发展史》,上海:上海人民出版社,1990年版。
3. [美]杰克逊·丁·斯皮瓦格尔:《西方文明简史(第四版)(下册)》,董仲瑜、施展、韩炯译,北京:北京大学出版社,2010年版。
4. 刘文龙、袁传伟主编:《世界文化史(近代卷)》,杭州:浙江人民出版社,1999年版。
5. [美]理查德·塔纳斯:《西方思想史》,吴象婴、晏可佳、张广勇译,上海:上海社会科学院出版社,2017年版。

第三版后记

《世界通史》原为世界银行贷款资助项目,初版于2001年,2009年出了修订版。承蒙广大师生和学界的厚爱和好评,该书为诸多兄弟院校历史学系采用为教材和参考书。2005年被评为普通高等教育"十一五"国家级规划教材。2017年被列入"十三五"国家重点图书、音像、电子出版规划的图书之一。

根据国家级规划教材编写的新要求,本版做了较大幅度的修订。在修订中,编撰体系和理论框架基本不变,指导思想和史学理念仍一以贯之。作为宏观史学的通史,其灵魂在于"通",作为由众多民族、国家组成的世界历史,其要义在"整体性"(世界性),力求上下贯通,左右融会,纵贯交织,从多维的视角总体上把握人类社会发展的历史进程、基本脉络和演化大势。本教材以人类文明的演变为线索,按前工业文明和地域性历史、工业文明的兴盛、现代文明的发展和选择三大阶段,在宏观与微观、纵向与横向的结合上,勾勒出人类社会嬗变演进的总体运动,揭示世界文明发展的共同性、多样性和丰富性。

本教材此次修订时,努力体现科学性和时代性相结合,吸纳国内外学术界最新研究成果、充实新史料,尽力使叙述的内容更接近于历史的本相。同时,站在时代的高度,用现代的理论、方法,对历史做出客观、中肯的诠释,知往鉴今,涵养历史智慧。

作为教材,本书力求贯彻立德树人、全面加强素质教育的方针和深化教学改革的精神,重视创新精神和实践能力的培养,推动学生向自主学习方式的转变。内容力求少而精，强干削枝，突出重点，简明扼要，更符合大学本科教材的特定要求。

《世界通史》共分三编，本卷为第二编。本次修订在内容体系上做了较大调整，除了对一些表述做了润色外，重点对第六章、第七章和第八章内容做了增删，将原书中的第六章改为第七章，增加了第四节"英国在加拿大和澳大利亚的殖民扩张"，同时对第六章和第八章的部分内容做了合并和增补。作为一本大学历史专业教材，为便于教学和同学课后自学，本次修订时增加了参考书目。

本卷作者分工如下：李宏图撰写第一章的第一、第五、第六节和第五章，沐涛撰写第二章、第六章第四节、第七章，卢海生撰写第三章、第四章，王春来撰写第六章（除第四节以外各节）、第八章，朱明撰写第一章的第二、第三、第四节。全书由沐涛统稿。

本书此次修订时，华东师范大学出版社编辑范耀华女士给予了大力支持和协助，对提高本书质量提出了很好的建设性意见，谨在此深表感谢。

限于学术水平和时间的局促，书中难免有不当和疏漏之处，恳请专家同仁和广大读者指正。

主编

2019 年 11 月